<제3판>

교육학에의 초대

홍은숙 · 우용제 · 이한규 · 김재춘 · 김영화 · 김재웅 공저

교육과학사

제3판 머리말

2022년 11월 30일에 ChatGPT라 불리는 대화형 인공지능이 공개되자 교육계 관계자들은 큰 충격을 받았다. 지식을 생성하고 변형할 수 있는 인공지능이 미래학자나 인공지능 전문가들이 예상했던 것보다 훨씬 빨리 출현한 것이다. 학교교육에서 인공지능의 사용을 억제할 것인가, 아니면 적극적으로 활용할 것인가? 학교교육의 시대는 끝난 것인가? ChatGPT류 인공지능의 출현으로 우리는 학교교육의 성격에 대해 다시 한번 성찰하지 않을 수 없다. 교육이란 무엇인가? 왜 교육을 해야 하는가? 어떻게 교육해야 하는가?

사실 교육학에 대한 근본적인 성찰의 필요성은 이미 오래전에 제기되었다. 특히 평생교육학계를 중심으로 전통적인 교육을 '교육주의 교육' 또는 '교수주의 교육'으로 규정하면서 그 대안으로 '학습주의 교육'을 주장하는 담론이 유통되기 시작했다. 교육의 언어를 학습의 언어로 대체하려는 이런 시도는 구성주의 학습이론, 교육의 종말을 함의하는 포스트모던 담론, 공급자의 판단보다 수요자의 선택을 중시하는 신자유주의 사상 등으로 인해 더욱 힘을 받고 있다. 교육보다 학습에 더 많은 관심이 있는 일부 교육학자는 '교육'을 '학습관리'로, '교육학'을 '학습학'으로 대체하자는 주장을 하기에 이르렀다. 이런 '과격한' 주장의 배후에 깔려있는 문제의식에는 우리 집필진도 공감하는 점이 없는 것은 아니다.

그러나 '가르치는 자 중심'의 교육에 문제가 있다고 해서 '교육'이나 '교육학'이라는 개념 자체를 폐기할 필요는 없다. 그리고 '가르치는 자 중심'의 교육의 대안을 '배우는 자 중심'의 교육에서 찾는 것도 바람직하지 않다. 교육은 가르치는 주체(teaching agent)나 배우는 주체(learning agent) 어느 한쪽과 관련된 활동이라기보다는 이들 두 주체의 상호작용, 즉 상호주체성과 관련된 과업이기 때문이다. 교육철학자 게르트 비에스타(Gert Biesta)의 지적처럼, 교육은 (가르치는) 주체와 (배우는) 주체의 만남이라는 특성 때문에 본질적으로 어려운 활동이다.

제3판 개정 작업도 교육과 교육학에 대한 근본적인 성찰이라는 문제의식을 놓지 않으려고 애를 썼다. 즉 저자들은 교육과 관련된 다음과 같은 본질적인 질문을 염두에 두고, 각 장의 내용을 비판적으로 성찰하면서 관련 내용을 최대한 수정 · 보완하고자 시도했다. 제1부 교육이란 무엇이고 어떻게 변해왔나? 제2부 인간은 어떻게 발달하고 어떻게 배우나? 제3부 무엇을 가르치고 평가하나? 제4부 교육은 사회와 어떤 관련을 맺고 있나? 제5부 교육을 어떻게 운영하고 관리하나? 이번에 나온 『교육학에의 초대』 제3판이 독자들에게 더 가까이 다가갈 수 있기를 바란다.

시간은 화살처럼 빠르게 흐른다. 초판이 출판된 지 벌써 12년이 흘렀다. 그리고 제2판이 출판된 지도 7년이 지났다. 지난 12년 동안 이 책에 보내준 독자들의 한결같은 성원에 감사드린다. 그리고 제3판이 나올 수 있도록 지원해준 교육과학사의 한정주 사장님과 정경식 부장님, 그리고 번거로운 편집 일을 기꺼이 맡아 주신 이정호 실장님께 깊이 감사드린다.

2023년 8월

저자 일동

제2판 머리말

「교육학에의 초대」가 출판된 지 어언 5년이 흘렀다. 집필진은 이 책에 보내주신 독자들의 성원에 감사드리며, 이 책에 대해 다시 생각해보는 시간을 가졌다. 과연 이 책은 본래 의도 했던 바, 교육을 쉽고 재미있게 이해시키는 데 도움이 되었는가, 그리고 이 책은 우리나라의 교육을 바른 방향으로 이끄는 데 조금이라도 도움이 되었는가? 이런 점을 반성하면서, 집필진은 몇 가지 이유에서 개정판을 낼 필요가 있다는 점에 합의하였다.

첫째, 교육학 개론서는 교육에 대한 여러 관점을 균형 있게 제시할 필요가 있다. 이 책은 구성 면에서 교육의 역사 부분을 다루지 않았다. 이에 개정판에서는 한국교육사에 대한 내용을 서울대 우용제 교수가 추가로 집필하였다.

둘째, 교육학 개론서는 교육에 대한 참신한 내용을 다루어야 한다. 책의 내용 면에서 개정판은 교육환경의 변화 및 학문적 발달 등을 반영할 필요가 있다. 이 책에서는 교육 관련 법규나 교육과정의 변화 등을 고려하여 관련 내용들을 보완하였다.

셋째, 교육학 개론서는 교육을 쉽고 재미있게 이해시키는 데 도움이 되어야 한다. 이 책은 학생들이 교육과 교육학에 대해 흥미를 가지도록 하는 축제의 역할을 성공적으로 달성했는가? 솔직히 이 책에 쉽고 흥미로운 부분도 있지만, 어려운 부분도 있다. 이에 책 내용을 보다 더 쉽고 재미있게 제시하고자 하였다. 그리고 교육에 대한 이론적인 설명을 하기 보다는 실제적인 교육 문제와 교육 장면을 다룸으로써 교육에 대한 학생들의 흥미를 높이고자 하였다.

넷째, 교육학 개론서는 사회적 요구나 학생들의 특성을 반영한 교수법을 활용할 필요가 있다. 오늘날 과학기술의 발달로 인하여 MOOC(Massive Online Open Courses)

와 같이 질 높은 온라인 강의들이 대중에게 무료로 제공되고 있으며, 이에 미래에는 대학이 없어질 것이라는 위협적인 예측까지 나오고 있다. 최근에는 학생들이 온라인 수업을 통해 기본 정보에 대한 사전 학습을 한 후, 그것을 바탕으로 교실 수업에서는 다양한 학습활동을 하도록 하는 flipped learning이 하나의 교수법으로 유행하고 있다. 이에 대학의 수업은 학생들에게 정보를 전달하기 보다는, 학생들을 다양한 수업 활동에 참여시킴으로써 학생들의 고등 사고 능력을 촉진시키는 역할을 감당해야 한다는 주장이 힘을 얻고 있다. 이러한 교육환경의 변화를 고려할 때, 교수자 및 학생들에게 책 이외에도 여러 가지 교육용 보조 자료가 교재로써 함께 공급될 필요가 있었으며, 이를 반영하고자 하였다.

교재는 시대적 특성에 따라 항상 개편되어야 하는가? 교재의 모든 내용이 시대에 따라 변하는 것은 아닐 것이다. 교육에는 시대와 사회를 넘어서 본질적으로 지켜야 하는 가치가 있다. 그러나 이와 동시에 교재는 사회적 특성과 시대적 상황에 적절하게 새로운 옷을 입을 필요가 있다. 지금 이 시대에 우리 사회에서 교육이 고민하며 해결해야 하는 문제는 무엇이고, 보다 나은 미래를 위해 교육이 나아가야 할 방향은 무엇인가? 집필진은 교육을 올바르고 쉽게 이해하면서도 교육의 문제를 깊이 있게 토론할 수 있는 교재, 학생들의 고등 사고 능력을 기르고 사회 발전에 도움이 되는 교육학 개론서를 위해서 개정판을 내게 되었다. 애벌레가 고치를 뚫고 나와 나비로 변형되듯이, 이 교재를 통해 학생들이 자신의 고치를 뚫고 나와 새로운 희망의 날개짓을 배우고 새로운 모습으로 살아갈 수 있기를 희망한다. 그동안 이 책을 아껴주신 독자들에게 감사하며, 개정판이 나올 수 있도록 도와주신 교육과학사의 김동규 사장님, 정경식 부장님, 그리고 편집을 맡아 주신 이정호 실장님께 다시금 감사의 말씀을 드린다.

2016년 8월
저자 일동

제1판 머리말

교육은 먼 앞날을 내다보고 세우는 크고 중요한 계획, 즉 '백년지대계(百年之大計)'이다. 자녀의 교육을 어떻게 하느냐에 따라 개인은 물론, 가정, 공동체, 사회, 인류의 미래가 달라진다. 우리와 우리의 후손이 웃으면서 아름다운 열매를 거둘 수 있도록 하기 위하여, 지금 우리는 교육의 좋은 씨를 뿌려야 한다. 교육의 좋은 씨가 무엇일까? 교육의 방향과 비전이 잘못되면, 우리가 아무리 열심을 내더라도 좋은 열매를 거둘 수 없다. 오히려 열심을 낸 만큼 썩은 열매를 얻을 수도 있다. 이에 우리는 무엇이 교육의 좋은 씨이며, 그것을 어떻게 효과적으로 뿌리고 가꾸고 거둘지를 함께 깊이 고민해야 한다.

교육에 목숨을 거는 유대인의 사례는 교육에 많은 시사점을 준다. AD 70년경 로마군에 의해 예루살렘 성전이 파괴되고 유대인이 거의 멸족되기 직전의 이야기이다. 유대인 랍비 벤 자카이는 목숨을 걸고 로마군 사령관 베스파시아누스를 만나, "모든 것을 파괴하더라도 학교 교실 한 칸만 남겨서 가르칠 수 있게 해달라."고 부탁을 했고 이것이 이루어졌다. 벤 자카이의 예측대로 성전을 비롯한 모든 것이 거의 파괴되었으나, 교실 한 칸에서의 교육을 통해 유대 민족의 지식과 전통, 신앙 등 유대의 얼이 지켜졌다. 그 결과 오늘날 유대인들은 어디서나 정체성을 가지고, 적은 수의 인구로 세계의 다양한 분야에서 엄청난 영향력을 끼치고 있다. 개인과 사회와 인류가 살아남을 수 있는 유일한 길은 바른 교육이다.

교육학 개론서는 이미 충분히 나와 있다. 그러나 저자들은 여러 해 동안 교육학 강의를 해오면서 마음에 흡족한 교재를 찾기 어려워 이것저것 짜깁기 하며 수업을 진행하곤 하였다. 이 책은 교육을 올바르고 쉽게 이해하면서도, 교육의 문제를 깊이 있게 토론할 수 있는 새로운 책을 만들 필요를 공감한 저자들이 한 마음이 되어 쓰게 되었다. 집필진은 서울대학교 교육학과 76학번 동기들 네 명과 전공자의 부재로 인해 도움을 받은 한 명의 후배인 82학번 김재춘 교수로 이루어졌다. 집필을 시작한 2010년은 76학번 집필진이 대학을 졸업한 지 마침 30년이 되는 해이기도 하였다. 저자들은 사명감을 가지고 의기투합하여 교육학을 공부하려는 사람에게 도움이 될 수 있는 좋은 책을 쓰고자 하였다.

이 책에서는 토끼해(辛卯年)를 맞아 두 마리의 토끼를 잡기를 희망한다. 하나는 교육학을 처음 접하는 학생들이나 교육에 관심을 가진 일반 사람들을 교육학 연구의 자리로 초대하여 그들이 편안하고 즐거운 축제의 시간을 보내도록 하는 일이다. 다른 하나는 교육학 연구의 축제에 먼저 온 사람이나 나중 온 사람이나 가릴 것 없이, 교육의 중요성과 교육의 비전을 함께 깊이 고민하며 연구하며 실천하는 일에 하나의 공동체가 되도록 하는 일이다.

이 책은 전체 5부로 구성되어 있다. 집필자의 전공과 관심에 따라 제1부 '교육이란 무엇인가?'는 홍은숙, 제2부 '인간은 어떻게 발달하고 어떻게 배우나?'는 이한규, 제3부 '무엇을 가르치고 평가하나?'는 김재춘, 제4부 '교육은 사회와 어떤 관련을 맺고 있나?'는 김영화, 제5부 '교육을 어떻게 운영하고 관리하나?'는 김재웅 교수가 각각 책임 집필하였다. 그러나 여러 차례 만나 함께 책을 구상하고 책 전체의 유기적 관련성을 살리기 위해 초고를 읽고 토론하면서 논지의 내용과 흐름을 가지고 고민했다는 점에서 이 책은 공동의 산물이라고 할 수 있다. 이 책이 교육학의 모든 부분을 완벽하게 다루었다고 생각하지는 않는다.

이 책을 통하여 독자들이 교육에 대해 모종의 새로운 관점을 가지게 될 뿐만 아니라, 새롭게 형성된 교육의 개념을 토대로 교육 실천을 비판적으로 이해하고 적극적으로 개선하고자 하는 마음을 조금이라도 가진다면, 그것만으로도 저자들에게는 큰 기쁨이 될 것이다. 빠르게 변화하는 세상과 학문의 요구에 충분히 부응하지 못하고 부족한 부분이 많을 것이다. 잘못된 부분이나 독자들의 새로운 요구는 앞으로 적극 고쳐나갈 것을 약속드린다.

이번 교재를 위하여 대부분 새로 집필하였지만, 다음 장의 내용은 저자들의 다른 글을 중심으로 수정, 보완, 편집하였음을 밝혀 둔다.

제7장: 김재춘, 부재율, 소경희, 양길석(2010), 『교육과정과 교육평가』 1장과 2장, 김재춘, 박순경, 이동주(2010), 『교육과정 및 평가』 1장을 중심으로 재구성

제8장: 김재춘, 부재율, 소경희, 양길석(2010), 『교육과정과 교육평가』 7장을 중심으로 재구성

제9장: 김재춘, 부재율, 소경희, 양길석(2010), 『교육과정과 교육평가』 8장~10장, 김재춘, 박순경, 이동주(2010), 『교육과정 및 평가』 11장을 중심으로 재구성

제10장: 김영화(2022), 『교육사회학』 7장과 8장 수정 보완

제11장: 김영화(2022), 『교육사회학 3판』 13장 수정 보완 및 김영화(2000), 『한국의 교육과 사회』 5장에서 발췌, 재구성

제12장: 김영화(2022), 『교육사회학 3판』 3장 수정 보완

제13장: 진동섭, 이윤식, 김재웅(2011), 『교육행정 및 학교경영의 이해』(제2판) 1~3장 내용을 중심으로 재구성

제14장: 진동섭, 이윤식, 김재웅(2011), 『교육행정 및 학교경영의 이해』(제2판) 11장 내용을 중심으로 재구성

졸업한 지 30년 만에 처음으로 교육학 개론서를 세상에 내놓으면서, 교육에 관한 고민을 치열하게 하도록 지도편달 해주셨던 서울대학교 교육학과의 존경하는 여러 은사님들께 마음 깊이 감사드린다. 여러 가지 부족한 점으로 인하여 스승님들께 조금이라도 누가 되지나 않을까 염려하며, 앞으로 더욱 연구에 매진하여 이 땅의 교육과 교육학에 기여할 수 있기를 기원한다. 끝으로, 책을 집필하고 출판하도록 적극적으로 격려하고 지원해주신 교육과학사의 김동규 사장님, 정경식 부장님, 그리고 편집을 맡아 주신 이정호 실장님께 깊은 감사를 드린다.

2011년 2월

저자 일동

Contents

Contents

제1부

교육이란 무엇이고 어떻게 변해왔나?

CHAPTER_ 1

교육의 필요성과 성격

인간은 태어나서 죽을 때까지 여러 형태의 교육을 받기도 하고, 하기도 한다. 인간에게 교육은 왜 필요한가? 인간의 삶에 필수불가결한 교육을 우리는 어떤 형태로 해 왔으며, 어떤 형태의 교육이 바람직한 교육인가? 교육을 구성하는 기본 요소는 무엇인가? 교육학이라는 학문은 어떻게 생겨났는가? 우리가 직면한 교육의 문제에는 어떤 것이 있는가? 이 장에서는 교육의 필요성과 유형, 교육의 기본 요소, 교육학의 발생과 성격, 그리고 교육의 문제 등을 살펴본다.

인간은 교육을 필요로 하는 유일한 동물이다. 교육이란 무엇인가? 그것은 양육, 훈육, 그리고 문화를 익히는 일을 포함하는 교수로 이해되어야 한다. 교육에 의해서 인간은 양육을 필요로 하는 젖먹이에서, 훈육을 필요로 하는 어린이가 되고, 그 후에 교수를 필요로 하는 학습자가 된다.

– 칸트(Kant)의 『교육학 강의』에서

제1절 교육의 필요성과 유형

1. 교육의 필요성

인간의 삶은 교육과 분리하여 생각할 수 없다. 우리는 태어나기 전부터 '태교'라는 이름으로 교육을 받기 시작하여, 가정교육, 학교교육, 사회교육 등 다양한 형태의 교육을 평생 동안 받으며 산다. 칸트(Kant)는 『교육학 강의』에서 '인간은 교육을 필요로 하는 유일한 피조물'이라고 말한다(김영래, 2003: 199). 인간은 다른 동물들과는 달리 앞 세대의 경험을 다음 세대에 의도적으로 계승하는 교육활동을 한다. 이런 점에서 인간은 '교육적 동물(educational animal)'이라고 부를 수 있다(강선보 · 신창호, 2009: 62; 한준상, 1999 참조). 인간에게 교육이 필요한 이유를 우리는 생물학적 측면, 사회 · 문화적 측면, 도덕적 측면, 영적 측면으로 나누어 생각해볼 수 있다.

가. 생물학적 필요성

생물학적으로 인간은 다른 동물에 비해 매우 미성숙한 상태에서 태어난다. 대부분의 동물들은 태어나서 몇 시간 내에 사물을 보거나 걷는 등 자신의 생존에 필요한 기본적인 신체적 성숙을 이룬다. 이에 비해 인간은 오랜 기간 부모나 사회의 도움을 필요로 하며, 장기간의 이러한 도움 없이는 생존조차 불가능하다. 이처럼 인간은 생물학적으로 미성숙하고 의존적인 존재로 태어난다. 이러한 미성숙하고 의존적인 인간을 돌보기 위해 교육이 필요하다.

한편, 다른 동물은 초기의 성숙 정도와 충분한 성장 후의 성숙 정도에 큰 차이가 없다. 그러나 이와는 달리 인간은 초기와 비교해 성장 후에 엄청난 발전과 성숙을 이룬다. 이것은 인간이 무한한 잠재가능성과 변화가능성을 가지고 있기 때문이다. 이러한 잠재가능성과 변화 가능성으로 인해 인간에게 교육이 필요한 동시에 가능한 것이다. 인간은 교육을 통해 자아실현을 하며 다양한 문화적 업적을 창출하는 등 놀라운 성숙을 이루는 것이다.

나. 사회 · 문화적 필요성

인간을 인간이라고 부르기 위해서는 사회 · 문화적 측면에서의 교육이 필요하다. 1920년 인도의 늑대 굴에서 발견된 늑대소녀 이야기는 이 점을 잘 보여준다. 당시 2세의 아말라와 8세의 카말라는 신체적으로만 인간이었지 행동과 말은 늑대와 동일하였다(서울대학교 교육연구소 편, 1999: 192). 이들은 외모상으로는 인간이었지만 습성상으로는 늑대에 가까워서 '늑대소녀'라 불리웠다. 이들을 인간이라고 단정적으로 부르기 어려운 것은 어떤 이유 때문인가?

인간이라고 불리기 위해서는 생물학적으로 인간의 형체를 가지는 것 이상으로, 인간 사회에서 어울려 살아갈 수 있는 능력이 있어야 한다. 흔히 인간을 사회적 동물 혹은 정치적 동물이라고 부르는 것은 인간의 사회적 특성을 보여준다. 인간은 다양한 사회적 활동을 통해 인류의 문명을 발전시키고 문화유산을 축적하여 왔다. 우리는 인류의 문화유산을 어느 정도 습득하여 인간 사회 속에서 구성원으로 살 수 있는 사람에 대해서 '인간'이라는 말을 사용한다.

이처럼 인간은 사회 속에서 진정한 인간이 된다. 개인은 인류의 문화유산을 습득함으로써 자아를 실현하고 인간다운 생활을 향유할 수 있게 되는 것이다. 그러나 사회 역시 사회 구성원인 개개인을 통해 문화유산이 계승되고 발전된다. 이처럼 개인은 사회 속에서 생물학적 의미를 넘어선 사회 · 문화적인 인간이 되며, 사회문화는 개인을 통해 유지 발전되는 등 개인과 사회는 상호 불가분의 관계를 가진다. 교육은 개인이 사회의 구성원으로서 진정한 인간이 되고, 자아를 실현하는 데에, 그리고 사회를 지속적으로 발전시키도록 하는 데에 필요하다.

다. 도덕적 필요성

'사람이라고 다 사람이냐, 사람다워야 사람이지'라는 말이 있다. 이 말은 무슨 뜻인가? 생물학적으로 인간에 속하고 또한 인간 사회 속에서 소통하며 살아도, 어떤 경우 "그 사람(A)은 사람(B)도 아니야. 사람의 탈을 쓴 짐승이지"라고 그의 사람됨을 부정하는 말을 하기도 한다. 여기서 사람(A)는 생물학적 및 사회 · 문화적 특성 면에서의 인간을 가리킨다. 반면에 사람(B)는 인간다운 인간이 되기 위해서 갖추어야 할 최소한의 도덕성과 규범을 가진 사람을 뜻한다.

인간에게 교육이 필요한 이유는 도덕성을 가진 인간다운 인간, 즉 고상한 인격 내지 인간성(humanity)을 가진 인간을 기르기 위해서이다. 도덕적 인간의 기준은 사회마다 다를 수 있다. 사회에 따라 도덕과 규범의 내용이 다를 수도 있고, 도덕성의 기준이 높거나 낮을 수도 있다. 그러나 분명한 것은 인간 사회에는 모종의 도덕과 규범이 요구되며, 이러한 도덕과 규범을 만족시키지 못할 때 우리는 그 사람을 도덕적 혹은 규범적 의미에서 진정한 인간이라고 부르기를 망설인다는 사실이다. 교육은 도덕적 인격을 가진 인간다운 인간을 기르는 데 필요하다.

라. 영적 필요성

인간은 다른 동물과 구분되는 '종교성' 내지 '영성'을 가진다. 인간과 가장 유사하다고 보는 현대의 원숭이에서조차 우리는 '기도하는 원숭이'나 기타 종교적 행위의 흔적을 찾을 수 없지만, 우리는 원시인에게서도 수많은 종교 행위의 흔적을 찾을 수 있다(라원기, 2008: 33–35). 실지로 '종교(宗敎)'는 '으뜸가는 가르침'이라는 의미를 가지며, 17세기 중반까지는 교육의 핵심이었다. 그러나 사회가 분화되고 여러 종교들 사이의 갈등이 부각되면서 공적인 교육에서 특정 종교를 가르치는 것이 어렵게 되었다. 이것은 종교가 가치가 없어서가 아니라 각각의 종교가 너무나 중요하였기 때문이다. 그러나 종교를 공적으로 가르치지 않은 채 오랜 세월이 지나자, 종교교육 내지 영성교육의 중요성이 망각되었다. 즉, 종교나 영성은 공적 영역에서 가르칠만한 가치가 없는 사적이고 사소한 일로 간주되었다. 특히 현대 자유주의 사회에서는 특정 종교의 교리 및 신앙을 가르치는 종교교육이 거부감을 일으키기도 한다.

그러나 '넓은 의미의 종교'는 세계관, 가치관, 존재론, 인간관계 등 인간의 삶의 양식을 통칭하는 것으로서 교육적으로 매우 중요하다. 종교는 자신이 누구인지, 어디에서 왔는지, 어떻게 살아가야 하는지를 규정하는 것, 즉 자신의 정체성과 삶의 기준과 가치, 존재의 의미와 삶의 방식을 규정하는 것이다. 삶의 양식으로서의 종교나 영성을 가르치지 않을 때, 교육은 '기능인' 양성에 치중하는 도구적 가치와 세계관을 강조하게 된다. 실지로 기독교, 천주교, 불교 등만 종교가 아니라, 무신론도 하나의 종교로서 그 나름의 세계관, 가치관 등을 가지는 것이다. 밀러는 '영성은 만물 속에 숨겨진 생명의 질서, 만물을 하나의 커다란 연관구조 안에서 엮고 이를 창조적으로 추동하는 원리'라고 말하며(Miller, 1999: 160), 전인교육을 위하여 영성교육을 회복시킬 것을 주장한다.

마. 전인교육을 지향하며

교육은 개념상 '전인(a whole person)'을 기르는 전인교육이 되어야 한다(홍은숙, 2007: 392). 교육에서 전인교육이 강조되는 상황은 어떤 경우인가? 피터스는 교육이 제한된 사고방식을 길러주는 '훈련'이 되어서는 안 되며, 폭넓은 신념체계를 다루어야 한다고 말한다(Peters, 1996/2003: 36-40). 대체로 전인교육은 지식 위주의 주지주의 교육을 바로잡기 위해 제안되었다.

흔히 전인교육은 지 · 정 · 의 혹은 지 · 덕 · 체의 조화로운 교육으로 이해되고 있다. 그러나 오늘날 전인교육은 지적 측면, 정의적 및 도덕적 측면, 신체적 측면과 함께 전우주적인 질서 및 생명을 강조하는 영적 · 초월적 측면의 교육까지 그 관심을 넓히고 있다. 예컨대 홀리스틱 교육(holistic education)[1]은 인간이 영성적 존재임을 지

1) 홀리즘(holism)이라는 단어는 1926년 남아프리카의 J. C. Smuts라는 철학자가 「홀리즘과 진화」라는 책에서 처음으로 사용했다고 한다. 그는 전체는 부분의 총화보다 훨씬 크기 때문에, 부분을 아무리 합쳐도 결코 전체에 도달할 수 없다고 주장하였다. 이에 의학 분야에서 인간 전체를 치유하고자 하는 홀리스틱 의학(대체의학)이

적하며, 교육에서 잃어버린 언어인 삶의 초월적 차원을 회복시키고자 한다(홍은숙, 2007: 410). 우리가 진정한 교육을 하기 위해서는 교육에서 전인을 길러야 한다는 말이 무슨 뜻인지, 그리고 이러한 전인교육을 어떻게 실현할 수 있을지를 고민하고 탐구할 필요가 있다.

2. 교육의 유형

교육에는 어떤 유형이 있을까? 교육의 유형은 여러 가지 방식으로 분류될 수 있을 것이다. 교육의 내용과 목적에 따라 '일반교육 또는 교양교육'과 '전문교육 또는 직업교육'을 대비시켜 구분할 수 있다. 혹은 교육 대상자의 연령에 따라 유아교육, 초등교육, 중등교육, 고등교육, 성인교육 등을 구분하기도 한다. 혹은 교육을 하는 장소에 따라 가정교육, 학교교육, 사회교육 등을 구분하기도 한다. 여기서는 교육이 발전되어온 제도적 특성에 따라 무형식적 교육(informal education), 형식적 교육(formal education), 비형식적 교육(nonformal education)을 구분하여 살펴보고자 한다.[2)]

가. 무형식적 교육

교육은 어떻게 생겨나서 발전해왔는가? 고대 원시사회의 교육은 실제 생활 속에서 부모나 부족의 어른들과의 접촉을 통해 사냥, 음식관리 등 살아가는 방법을 모방하며 배우는 형태로 이루어졌다. 이것을 우리는 '무형식적 교육'이라고 부른다. 무형식적 교육이란 제도적 교육기관이 아닌 일상생활을 통해 무의도적으로 이루어지는 교육을 뜻한다. 무형식적 교육에서는 자연이나 사물 및 인간관계 등을 통해 생활에

탄생했다. 이러한 맥락에서 교육 역시 기계론적 인간이 아닌 홀리스틱 인간을 교육하되, 온 우주까지도 함께 고려하여 가르치고자 하는 홀리스틱 교육관이 제시되었다(일본홀리스틱교육연구회, 1995: 1장 참조)

2) '무형식적 교육(informal education), 형식적 교육(formal education), 비형식적 교육(nonformal education)'의 용어 사용은 현재 평생교육 및 교육사회학 영역에서 합의된 번역을 따른다.

필요한 지식과 기술, 규범과 관습, 행동양식 등을 배운다. 이것은 교육을 위한 계획성, 조직성, 의도성이 미약하며, 개인이 처한 환경과 조건에 의해 많은 영향을 받는다. 무형식적 교육은 체계적으로 많은 내용을 전달하지는 못하지만, 학습자가 삶의 현장에서 생생하게 직접경험을 통해 배우는 것이기 때문에 흥미가 있고, 바로 생활에 적용될 수 있다는 장점이 있다.

이러한 무형식적 교육 중에는 '성년식'이라고 불리는 '통과의식'이 있다. 웹스터 사전은 '성년식'을 "어린이가 자신이 속한 분파나 사회의 어른으로서의 구성원이 되기 위해 그리고 특정한 기능이나 지위를 부여받기 위해 의례, 의식, 시련, 교수를 통과하는 의식"이라고 정의한다(Webster's Dictionary, s.v. "initiation").[3] 종교학자인 엘리아데(Eliade)는 인간의 성장단계에는 결정적 시기 및 그에 따른 위기가 있으며, 이를 극복하여 진정한 성인이 되도록 하기 위하여 신성화된 통과의식이 만들어졌다고 말한다. 즉, "참다운 의미에서의 인간이 되기 위해서는 자연적인 삶을 통과하여 종교적인 동시에 문화적인, 보다 높은 생명으로서 다시 태어나는" 통과의식을 거쳐야 한다는 것이다(신차균 외, 2013:20). 원시사회에는 다양한 형태의 성년식이 있었으며, 오늘날에도 아마존 원주민 사이에는 시련을 통과하는 원시적 형태의 성년식이 남아 있다.

이러한 무형식적 교육은 형식적 교육이 가지지 못하는 많은 장점과 중요성을 가진다는 점에서 오늘날 그 역할이 재인식될 필요가 있다. 밥상머리 교육, 베갯머리 교육도 이러한 무형식적인 교육의 한 측면일 수 있다. 우리의 일상 생활 속에 숨어 있는 여러 가지 무형식적 교육을 찾아보고, 이것을 어떻게 개선하고 활용할 수 있을지를 생각해볼 필요가 있다. 특히 현대 우리나라의 성년식을 교육적으로 어떻게 새롭게 만들고 의미를 부여할지를 생각해볼 필요가 있다.

---

3) 브리태니카 백과사전은 원시사회에서의 입문의 과정을 다음과 같이 설명한다: "입문은 입문대상자가 가족들과 분리되어 다른 입문대상자들과 함께 격리된 캠프에 보내지는 것에서부터 시작된다. 이렇게 격리시키는 목적은 입문대상자들로 하여금 가족에 대한 애착을 떠나 그가 속한 보다 넓은 문화의 망 속에 정서적 사회적 닻을 내릴 수 있도록 하기 위한 것이다. 입문의 교육과정은 대체로 실제적인 교과를 포함하지는 않는다. 그 대신 그것은 부족의 구성원에게 가장 필수적인… 일체의 문화적 가치, 부족의 종교, 신화, 철학, 역사, 의례, 그리고 다른 지식들로 구성된다"(The New Encyclopaedia Britannica, vol.18, s.v. "History of education").

성인식 사례: 고대 우리나라와 유대인의 성인식

우리나라 고대사회에도 이러한 성인식이 있었다. 『후한서』 동이전(東夷傳)에는 "(당시 삼한의) 사람됨이 씩씩하고 용기가 있었는데, 소년으로서 집을 지을 수 있고 힘을 쓰는 자는 밧줄로 등가죽을 뚫어 거기에 막대기를 대고 능히 견디면 사람들이 튼튼하다고 환호하였다"라는 기록이 있다(신차균 외, 2013: 20).

한편, 유대인은 탈무드의 랍비 전통에 따라 오늘날에도 13세에 성인식을 거행한다. 이것은 부모에게서 독립하여 성인 즉 스스로 하나님의 계명을 지킬 줄 알며 율법의 가르침에 책임을 질 줄 아는 사람이 되는 의식이며, 이를 통해서 이스라엘 계약 공동체의 회원이 된다. 유대인 부모는 성인이 된 자녀에게 여행 등의 큰 선물을 한다. 이스라엘 청소년들은 성인식을 통하여 하나님과 계약을 맺고, 그 후 1년간 하나님과 계약을 맺은 사람이 어떻게 살아야 되는가를 구체적으로 훈련받는다. 유대인의 성인식 순서는 다음과 같다: ① 본인이 토라 축복문 및 선지서 한 부분을 히브리어로 낭송, ② 부모가 자녀의 종교적 잘못에 대하여 더 이상 책임이 없음을 선포, ③ 본인이 준비된 말씀을 강론, ④ 계약을 경축하는 음식을 함께 나누는 축제를 함(최명덕, 1997: 35-45).

나. 형식적 교육

문명이 진보함에 따라 문자가 발명되었고, 다양한 기술이 발전되었으며, 많은 문화유산들이 축적되었다. 특히 사회의 발전에 따라 전문화, 세분화, 분업화가 이루어지고, 생활하는 영역과 일하는 영역이 분리되었다. 따라서 부모들은 전문적이고 방대한 지식을 가정이나 일상생활 속에서 직접 체험을 통해 전수하기가 어렵게 되었다. 이에 복잡하고 어려운 지식을 가르치기 위해 교육을 전담하는 전문적 교사가 생겨났으며, 이들이 체계적으로 교육할 수 있도록 제도적 형식을 갖춘 별도의 교육기관이 생겨났다. 이처럼 제도적 형식을 가지고 이루어지는 교육을 '형식적 교육'이라고 부른다.

형식적 교육은 교육방법 면에서 보면, 직접 체험을 통해 가르치기보다는 문자를 통한 간접 경험의 형태로 가르친다. 문자를 통해 내용을 전달할 경우, 직접 체험보다 많은 내용을 체계적으로 전달하는 것이 가능해진다. 요컨대 형식적 교육은 제도적 형식을 갖춘 일정한 교육기관에서, 전문 지식을 가진 교사가, 문자에 기초해 체계적으로 조직된 교육내용을, 계획적이고 의도적인 교육활동을 통해 전달하는 교육을 가리킨다.

형식적 교육은 기존의 원시적 형태의 교육을 제도화, 체계화했다는 점에서 발달된 형태의 교육이라고 볼 수 있으며, 실지로 개인과 사회의 발전에 많은 기여를 하였다. 듀이(Dewey, 1916)는 작은 사회로서의 학교교육이 가지는 긍정적 특성을 다음과 같이 설명한다. ① 학교는 복잡한 사회 속에서 배움에 적합한 '단순화된' 환경을 제공한다. ② 학교는 교육에 방해가 되는 것을 제거한 '정화된' 환경을 제공한다. ③ 학교는 개인의 삶의 범주를 넘어서는 동시에 다양한 삶을 접할 수 있는 '균형 잡힌' 환경을 제공한다. 그러나 형식적 교육의 단점도 있다. 듀이는 형식적 교육인 학교교육이 현장과의 연계성 및 생생한 체험이 부족하다는 점에서 '현실과 멀리 떨어진 죽은 교육' 혹은 '추상적이고 문자적인 교육'이 되기 쉽다고 비판한다. 이에 형식적인 학교교육 안에서 무형식적인 교육의 생생함을 어떻게 되살려내는가가 바로 교육철학이 해결해야 할 가장 중요한 문제 중의 하나라고 그는 지적한다.

교육사회학의 갈등이론에서는 형식적 교육으로서의 학교교육이 정치적, 구조적인 측면에서 자본가 계급의 지배 도구가 되고 있다고 강하게 비판한다(김신일, 2009: 68-88; 김영화, 2010: 43-49). 학교교육에 대한 다양한 비판들에 대해 학교 내부에서 학교교육을 개혁하려는 시도가 이루어지기도 하고, '학교없는 사회'를 주장하는 일리치(Illich, 1971)처럼 외부에서 학교 자체를 없애야 한다고 주장하기도 한다. 그러나 전체적으로 보면, 교육은 곧 학교교육을 지칭할 정도로 오늘날 학교교육은 공교육제도로서의 위상을 확보하고 있다.

다. 비형식적 교육

제도적 틀을 갖춘 형식적 교육은 여러 형태로 발전해 왔다. 특히 19세기 이후 국가주의 교육사상이 대두됨에 따라 국민교육제도가 정착되고, 이에 학교를 중심으로 이루어지는 형식적 교육이 더욱 강화되었다. 그러나 20세기 후반에 들어 절대적인 하나의 진리 대신 다양한 진리와 가치를 주장하는 포스트모더니즘 사조가 대두되고, 과학기술의 발달에 따른 정보사회가 도래하였다. 이에 하나의 틀을 강조하는 학교교육 대신에, 홈스쿨링, 사이버 공간을 통한 학습, 각종 사회단체를 통한 학습, 자발적 학습동아리를 통한 학습 등 '학교 외 교육' 내지 새로운 형태의 '비형식적 교육'이 엄청나게 출현하고 있다. 특히 1970년대에 들어서면서 "학교교육과 학교 외 교육을 동시에 포괄하는 평생교육론이 등장"하여 주목받고 있다(김신일, 2005: 65).

콤스(Combs)는 오늘날의 교육이 처한 상황을 위기로 규정하고, 이 위기 극복을 위해 '비형식적 교육'이라는 용어를 사용하여 그 필요성을 강조하였다. 정보의 홍수 속에서 정보를 공유하는 데에 있어서 학교중심의 형식적 교육은 한계가 있기 때문에 학교교육 외의 조직적 교육인 '비형식적 교육'이 필요하다는 것이다(김충기 외, 2002: 47-48에서 재인용). 비형식적 교육은 형식적 교육과 무형식적 교육의 중간 단계인 준형식적 교육으로도 불린다. 이것은 무형식적 교육과는 달리, 특정 학습자 집단에게 그들의 학습요구에 따라 조직적이고 체계적인 교육활동을 제공하되, 단지 학교제도 밖에서 제공하는 것이다. 이것은 학습목표는 있지만 학교교육보다는 덜 구조화되어 있다는 점에서 비형식적이라고 불린다.

비형식적 교육의 사례로는 '한국의 방송대학, 영국의 개방대학, 미국의 생애교육, 스칸디나비아의 국민고등학교' 등을 들 수 있다. 또한 구조화되지는 않았지만 규정적인 교육내용을 전파하는 '소비자교육, 인구교육, 보건위생교육 등'도 이에 속한다. 최근에는 MOOC(Massive Online Open Courses)라는 이름으로 다수의 학생들에게 대학 수준의 정규 강좌들이 온라인 형태로 무료로 공개되고 있다. 이에 우리나라에서도 K-MOOC가 등장하는 등 사이버 공간을 통해 좋은 강좌들이 많이 제공되고 있다. 교사의 가르침 없이도 학습이 가능하다는 점에서, 교육의 초점이 '교사의 가르침'보다는 '개인의 학습'에 맞추어져야 한다는 주장이 있으며, 이에 '학습사회'를 강조하는 교육의 개념이 제시되고 있다. 실지로 학습사회의 실현을 위해서 새로운 형태의 비형식적 교육의 필요성이 부각되고 있으며, 그것을 실현할 수 있는 다양한 방법에 대한 연구가 많이 이루어지고 있다.

이처럼 학교교육 외에도 다양한 형태의 교육이 가능하다는 점에서, '교육'을 '학교교육'과 동일시하는 기존의 협소한 교육의 개념은 많은 비판을 받고 있다. 비형식적 교육의 영역이 확대됨에 따라 형식적 교육인 학교교육에서의 교육방법과 교사의 역할에 대한 변화가 요청되고 있다. 그러나 비형식적 교육에 대해서, 그것을 형식적 교육과는 다른 교육 유형으로 발전시켜야 한다는 견해도 있고, 형식적 교육과 개혁적으로 통합하여 새로운 교육제도를 수립해야 한다는 견해도 있다. 평생학습 시대를 맞이하여 비형식적 교육을 어떤 방향으로 발전시키고 어떻게 활용할지에 대해서 깊이 생각해볼 필요가 있다.

제2절 교육의 기본 요소

교육을 구성하는 기본 요소들에는 어떤 것이 있는가? 전통적으로 교육의 3요소로서 교사, 학생, 교육내용을 제시한다. 그러나 여기서는 교육의 개념을 확장시켜야 한다는 '학습사회'의 관점에서 교육의 기본요소를 '교육자, 학습자, 교육내용, 교육환경'으로 구분하여 살펴보고자 한다.

1. 교육자

가르치는 사람을 지칭하는 용어에는 교사, 선생님, 스승, 교원, 교육자 등 여러 가지가 있다. 사마광의 『자치통감』에는 "경사(經師)는 만나기 쉬워도 인사(人師)는 만나기 어렵다"는 말이 있다. 경사는 경서(經書) 즉 지식을 강의하는 선생을 뜻하고, 인사는 인생의 스승이 될 만한 선생을 뜻한다. 오늘날 '교사는 많으나 스승은 없다'는 말도 이러한 맥락에서 이해될 수 있다. 교원관련법에서는 '교원'을 유치원, 초 · 중 · 고등학교 교사, 유치원장(감), 교장(감), 대학의 총(학)장, 교수, 부교수, 조교수 등을 총괄하여 가리키는 용어로 규정한다. 따라서 교사는 교원의 하나이다.

전통적인 교육관에서 학교의 교사는 권위를 가지고 가르치는 '교수자'이며, 이에 교육의 주체로 인식되어 왔다. 학교의 교사는 사회적 요구, 학문적 요구, 학생의 요구 등을 바탕으로 선정된 교육내용을 학습자에게 적합하게 재구성하고 조직하는 등 지도계획을 수립하여, 학습자에게 적절한 방식으로 가르치고 평가하는 사람을 뜻하였다. 그러나 아동중심 교육사상이나 진보주의 교육사조가 등장하면서 교사보다는 아동이 더 중요하다는 생각이 싹트게 되었다. 특히 과학기술의 발전에 따른 온라인 강좌의 확대 및 비형식적 교육의 확대, 그리고 인구분포 변화에 따른 교육적 수요의 변화에 따라 학습사회 및 평생교육이 강조되면서, '교사'에 대한 보다 폭넓은 시각이 요청되고 있다.

여기서는 제도적 · 법적 용어인 학교의 교사와 구분하여, 교육을 수행하는 모든 사람을 통칭하여 '교육자'라고 부르고자 한다. 교육자는 다양한 교육내용을 학습자가 깨닫도록 돕는 인도자의 역할을 한다고 볼 수 있다. 또한, 온라인상의 정보의 홍수 속에서 교육자는 직접적으로 내용을 전달하는 것을 넘어서 학습자가 좋은 정보를 판단하고 선택할 수 있도록 돕는 역할을 해야 한다. 따라서 오늘날 교육 현장에서 교육자의 역할이 어떻게 변화해야 하는지, 교육자가 어떤 역할을 하는 것이 바람직한지를 생각해볼 필요가 있다. 최근에는 AI 조교가 성공적으로 온라인 수업을 맡아 진행하는 등 AI 교사가 등장하고 있다. 이에 AI 교사가 인간 교사를 대신할 수 있느냐는 질문에 대해서 진지하게 고민하면서, 인간 교사의 역할에 대해 다시 생각해볼 필요가 있다.

어거스틴(Augustine)의 '교수(teaching)의 패러독스'

어거스틴은 다음과 같이 '교수의 패러독스'를 제시한다:'만일 학생이 교사가 하는 말을 알아듣는다면, 그는 이미 교사가 하는 말의 내용을 알고 있는 상태라고 보아야 한다. 이 경우 교사는 학생에게 아무 것도 가르친 것이 없다. 반면에 학생이 교사가 하는 말을 알아듣지 못한다면, 당연히 그는 교사가 가르치는 것에서 아무 것도 배울 수 없다. 따라서 어떠한 경우에도 학생은 교사로부터 말을 통해서는 아무 것도 배울 수 없다'(최병태, 1981: 109-122). 이러한 교수의 패러독스는 어떻게 해소될 수 있는가? 이것은 교육자의 역할을 어떻게 보는가?

어거스틴은 '내적 교사(inner teacher)'의 개념을 통해 이 문제를 설명한다(Price, 1967, Augustine의 「교사론」, K. Price, 125-130에서 재인용). 어거스틴은 우리가 무엇인가를 알게 되는 것은 단순히 외부에서 지식이 주입되어 축적됨으로써가 아니라, 인간의 마음이 무엇인가 적극적인 활동을 하여 지식을 형성함으로써 라고 생각했다. 그는 인간의 마음 '안에서' 지식을 깨닫고 형성하기 위해서는 '신의 조명(divine illumination)' 혹은 '내적인 빛(inner light)'이 필요하다고 생각했으며, 이것을 외부에서 말로써 가르치는 '인간 교사'와 대비하여 '내적 교사'라고 불렀다. 교육자가 똑같이 설명을 해도, 여러 학습자들이 "아, 이제 알았다!" 하고 깨닫는 시점은 서로 다르다. 또 학습자가 혼자서 공부하다 깨닫기도 한다. '내적 교사'의 개념은 학습자의 능동적인 학습 과정이나 깨달음의 과정을 설명하는 데 유용한 동시에, 인간 교사의 역할과 한계를 보여주는 데에도 유용하다. 따라서 현대 사회에서 우리는 학교 교사를 포함한 교육자의 역할을 재정립할 필요가 있다.

2. 학습자

전통적 교육에서 학습자는 교육의 대상 내지 객체로 간주되어 왔다. 교육의 대상으로서 학습자는 교사가 가르치는 내용을 일방적으로 받아들이는 수동적인 존재로 인식되었다. 그러나 아동중심 교육사상이 등장한 이후, 학습자는 모든 잠재가능성을 가진 능동적인 존재라는 새로운 시각이 강조되었다. 현대사회는 다양한 가치가 강조되는 포스트모더니즘 사회인 동시에 인터넷을 통해 정보가 빠르게 공유되는 정보사회로서, 개인의 주체적 판단이 강조된다. 특히 시 · 공간적으로 평생학습이 강조되는 '학습사회'이기 때문에 학습자가 교육의 주체라는 생각은 오늘날 더욱 확산되고 있다.

소크라테스는 교육을 '산파술'에 비유한다. 산파는 산모를 돕는 역할을 할 뿐, 결코 아기를 대신 낳아 줄 수는 없다. 궁극적으로 아기를 낳는 사람은 산모이므로, 진리라는 아기를 낳기 위해서는 산모가 힘을 주고 애를 써야 한다. 그런데 우리나라의 경우, 진리를 배우고 낳는 산모인 학습자는 힘을 줄 마음도 생각도 없고, 돕는 역할밖에 하지 못하는 부모나 교사가 마치 아이를 대신 낳아 줄 것처럼 온 힘을 주는 경우도 종종 있다. "교수자는 학습자의 학습활동을 지원하거나 통제할 수는 있어도 대신 학습할 수는 없다. 학습의 주체는 어디까지나 학습자 자신이다"(김신일, 2005: 79)라는 말을 우리는 새겨들을 필요가 있다. 따라서 교육에서는 교수자의 활동에 주의를 기울이는 이상으로, 학습자의 특성과 활동에 더 많은 주의를 기울일 필요가 있다. 즉, 적극적으로 학습자에게 학습동기를 부여하고, 타율적인 학습활동뿐만 아니라 자율적인 학습활동도 모두 교육의 대상으로 보고 관리하고 인정하는 제도를 구축하는 일이 필요하다.

이와 유사한 예로서 동양에는 '줄탁동시(啐啄同時)'라는 말이 있다. 알 속에서 자란 병아리가 세상으로 나오기 위해 안에서 쪼는 것을 '줄(啐)'이라 하고, 밖에서 어미닭이 그 소리를 듣고 도와서 함께 쪼는 것을 '탁(啄)'이라 한다. 이 일이 동시에 발생해야 탄생이 이루어질 수 있는 것이다. 그러나 어미닭은 병아리를 세상 밖으로 나오게 하는 데 작은 도움만 줄 뿐, 결국 알을 깨고 나오는 것은 병아리 자신이다. 알 속에서 껍질을 깨느라고 애쓰는 어린 새가 가여워 밖에서 껍질을 깨주면, 비록 어린 새는 쉽게 밖으로 나오지만 제대로 살아남지 못한다고 한다. 여기서 알껍질을 쪼아 깨려는 병아리는 깨달음을 향하여 앞으로 나아가는 수행자를, 어미닭은 수행자에게 깨우침의 방법을 일러주는 스승을 상징한다.

평생학습사회에서는 학습활동이 독립변수로서 중요하다. 이에 다양한 '학습양식(modes of learning)'을 발굴하고 이론화하는 작업이 활발하게 이루어지고 있다. 1980년대 이후 성인학습뿐만 아니라 홈스쿨링, 아동중심 대안학교 등 비전통적 학교에서 전개되는 청소년들의 자기주도적 학습에 대한 연구가 늘고 있다. 이에 '제도적 학습' 이외의 학습으로 자기주도적 학습(self-directed learning), 창조적 학습, 감성에 의한 학습, 생활현장학습, 계속학습, 관점전환학습, 경험학습, 반성학습(reflective learning), 동료학습, 협동학습, 집단학습, 조직학습, 원격학습, 학습방법의 학습(learning to learn) 등이 제안되고 있다(김신일, 2005: 80~82).

3. 교육내용

전통적으로 교육내용은 교육활동에서 교사와 학생 사이에 있는 매개체로 이해되어 왔다. 그러나 교육에서 교육내용은 단순한 매개체 이상의 중요한 의미를 가진다. 피터스는 극단적 아동중심주의자들이 부르짖는 "우리는 교과를 가르치는 것이 아니라 아동을 가르치는 것이다"라는 구호는 문법적으로 틀리다고 지적하며, 영어의 '가르친다(teach)'는 단어는 '누구에게' '무엇을' 가르친다는 식으로 표현되어야 한다고 주장한다(Peters, 1996/2003: 79). 즉, 교육에서 교육내용과 학습자는 두 개의 중요한 축으로서 균형 있게 강조되어야 한다는 것이다.

교육내용을 선정하여 조직한 것을 교육과정(敎育課程, currriculum)이라고 부른다. 교육내용의 성격을 어떻게 이해해야 하는가, 어떤 것이 교육내용이 되어야 하는가 등에 대해서 많은 논의가 진행되고 있다. 이때 주어진 자료 자체는 교육의 소재일 뿐 그 자체가 교육내용은 아니며, 그 자료를 통해 학습자가 궁극적으로 배우는 것이 진정한 교육내용이라는 점에 유의할 필요가 있다.[4] 예컨대 수학교사가 이차방정식을 소재로 하여 가르칠 때 교사가 가르치려고 의도한 교육내용은 다양할 수 있다. 그것이 이차방정식의 원리일 수도 있고, 이차방정식을 푸는 방법일 수도 있고, 수학적

4) 2015 국가 개정교육과정에서는 교과의 내용체계를 구조화할 때 교과의 소재나 주제를 열거하기보다는 그것을 통해 학습자가 궁극적으로 배워야 하는 '핵심 개념'을 부각시켜 드러내고자 한다.

사고방식일 수도 있고, 수학의 재미와 가치일 수도 있고, 수학의 아름다움일 수도 있다. 이것들 외에도 학생들은 수학에 대한 지루함이나 어려움 등 교사가 의도하지 않은 다른 내용을 배울 수도 있다.

교육내용의 선정 문제는 교육적 관점에 따라 달라질 수 있다. 보수적인 입장에서는 학문적 지식이나 인류의 문화유산을 교육내용으로 강조한다. 반면에 진보적 입장에서는 교육내용이 아동의 흥미에 따라 선정되고 구성되어야 한다고 본다. 한편, 비판이론이나 재개념주의와 같은 혁신적 입장에서는 기존에 학교에서 가르치는 교육내용들이 특정 집단의 지배 이데올로기를 가르치는 것이라고 비판하고, 그 대신 비판적 지식을 가르쳐야 한다고 주장한다.

보수적 입장에서의 교육내용에 관한 대표적인 논의로 브루너(Bruner, 1960)의 '지식의 구조' 이론이 있다. 브루너는 지식을 가르치는 것을 부정하지는 않지만, '지식의 더미'를 주입식으로 가르쳐서는 안 되고, 학문의 기본 아이디어와 탐구방식을 강조하는 '지식의 구조'를 가르쳐야 한다고 주장하였다. 또 다른 논의로서, 피터스와 허스트(Peters & Hirst)의 '지식의 형식(forms of knowledge)' 이론이 있다. 피터스는 인류가 발전시켜 온 문화유산을 교육내용으로 본다. 이러한 인류의 문화유산을 허스트는 '지식의 형식'이라고 부르며, 인간이 합리적 마음(mind)을 가지기 위해서는 지식의 형식을 배워야 한다고 주장한다(Hirst, 1974). 그러나 허스트는 1990년대에 들어 '지식의 형식'을 가르쳐야 한다는 자신의 주지주의적 교육관을 철회하고(Hirst, 1992, 1993), 그 대신 실제적 활동을 포함하는 다양한 '사회적 인간 활동의 실천전통들(practices)'을 가르쳐야 한다고 교육내용을 확장한다(유재봉, 2002; 홍은숙, 2007).

교육에 대한 입장에 따라 교육내용이 달라질 수 있다는 점에서 김신일은 타율적 학습관리를 자율적 학습관리 시스템으로 바꿀 것을 제안한다(김신일, 2005: 86). 그러나 자율적 학습관리 자체가 바람직한 교육을 보장하는 것은 아니다. 경험 없는 학습자의 경우 오히려 배우거나 들은 적이 없어서 학습기회를 박탈당할 수도 있고, 현재의 일시적 충동으로 판단을 그르쳐서 적절한 학습시기를 놓치고 뒤늦게 후회할 수도 있는 것이다. 따라서 가르쳐야 할 중요한 교육내용이 무엇인가에 대해, 그리고 교육내용을 어떻게 선정할지에 대해 진지하게 고민할 필요가 있다. 무엇이 교육내용이 되었으면 좋겠는지, 그리고 자신이 부모가 되었을 때 자녀들에게 어떤 교육내용을 가르치고 싶은지에 대해서 생각해보면 좋을 것이다.

4. 교육환경

교육자-교육내용-학습자 세 가지 요소들 사이의 역동적 관계를 이해하기 위해서 우리는 '교육환경' 내지 '교육의 장(場)'을 별개의 교육요소로 탐구할 필요가 있다. 소극적인 관점에서 보면, 교육은 항상 모종의 환경이나 장 속에서 일어난다. 이런 점에서 교육환경 내지 교육의 장은 교육 활동을 계획하고 시행하는 데 고려하지 않을 수 없는 필수적인 요소이다. 그러나 적극적인 관점에서 보면, 교육환경은 교육자, 교육내용, 학습자의 특성과 역할에 중요한 영향을 미친다. 교육환경에는 책상 배치, 교육 기자재 등과 같은 물리적 환경도 있고, 교육내용 결정이나 구성원들의 행동 규범에 영향을 미치는 사회 · 문화적 환경도 있고, 구성원 상호 관계 속에서 생겨나는 심리적 환경도 있다.

파머(Palmer, 1983)는 "가르침이란 진리에 대한 순종이 실천되는 공간을 창조하는 일이다"라고 말한다. 배움의 공간을 그는 물리적 배치를 통한 '물리적 공간', 교사의 말을 통해 만들어지는 '개념적 공간', 행위나 드라마를 통해 배움을 창조하는 '극적 공간'으로 설명한다. 극적 공간의 예로는 '죽은 시인의 사회'라는 영화에서처럼 교사가 물구나무를 서거나 책을 찢는 것과 같은 행위를 통한 가르침을 들 수 있을 것이다.

교육의 장에서 환경은 매우 중요하다. 맹자의 어머니가 맹자가 주변 환경에서 나쁜 영향을 받는 것으로 보고 맹자를 바르게 교육하기 위해서 세 번 이사를 했다는 고사에서 나온 '맹모삼천지교(孟母三遷之教)'라는 말은 교육에서 환경의 중요성을 잘 보여준다. 또한 부모를 믿고 막무가내로 행동하는 헬렌 켈러를 교육하기 위해 설리번 선생이 요청한 것이 바로 부모와 격리된 새로운 공간이었다. 설리번 선생은 마차를 타고 마을을 몇 바퀴 돌아 마치 멀리 간 것처럼 하여 부모와 격리된 새로운 공간을 만든 후에 비로소 헬렌의 교육에 성공한다.

한편, 교사의 말 한마디는 교육의 심리적 공간을 바꾼다. 따라서 교육을 할 때 교사는 눈에 보이는 물리적 공간뿐 아니라, 심리적 공간도 인식할 수 있어야 한다. 또한 그 공간이 개방성과 편안함과 환대가 있는 공간인지, 도대체 어떤 공간이 형성되고 있는지 마음의 눈을 밝힐 필요가 있다. 다음의 코이 물고기 예화가 보여주듯이, 교육자는 학습자의 잠재가능성을 계발할 수 있는 환경을 조성할 필요가 있는 것이다.

코이 물고기 이야기

관상어 중에 '코이'라는 잉어가 있다. 이 잉어를 작은 어항에 넣어 두면 5~8㎝ 밖에 자라지 않지만, 아주 커다란 수족관이나 연못에 넣어 두면 15~25㎝까지 자란다. 그러나 강물에 방류하면 90~120㎝, 심지어 2m까지 성장한다. '코이'는 자기가 숨쉬고 활동하는 환경에 따라 작은 물고기가 될 수도 있고 대어가 되기도 한다. 교육의 환경도 이처럼 인간의 발달에 큰 영향을 준다.

헬렌 켈러와 앤 설리번 선생님 이야기

헬렌 켈러(Helen Keller, 1880-1968)는 19개월 되던 때 열병을 앓은 후, 소경 · 귀머거리·벙어리가 되었다. 7세 때부터 가정교사 앤 설리번에게 교육을 받고, 1900년에 하버드대학교 래드클리프 칼리지에 입학하여 우등으로 졸업하여 세계 최초로 대학교육을 받은 맹농아자가 되었으며, 저술가, 사회사업가 등으로 기적의 주인공이 되었다. 그러나 헬렌은 말한다. "항상 사랑과 희망과 용기를 불어넣어 준 앤 설리번(Ann Sullivan, 1866-1936) 선생님이 없었으면 저도 없었을 것입니다. 만약 제가 볼 수 있다면 가장 먼저 설리번 선생님을 보고 싶어요."

헬렌을 키워낸 앤 설리번 선생은 많이 알려져 있지만, 설리번 선생 뒤에도 훌륭한 스승이 있었다는 사실을 알고 있는 사람은 많지 않다. 앤의 어머니는 앤이 8살 때 죽었고 아버지는 알코올 중독자였다. 보호소에 버려진 앤은 함께 온 동생마저 죽자 충격으로 인해 시력을 잃었고 수시로 자살을 시도하며 심한 정신질환을 앓게 되었다. 의사와 간호사들이 다가오면 사납게 괴성을 지르고 공격을 하였기 때문에 의사들도 포기하고 '치유불능'이라는 진단을 내린 후 정신병원의 깊숙한 독방에 두었고, 앤은 그렇게 수년을 지냈다.

이 때 은퇴한 노간호사였던 로라(Laura)가 앤을 돌보겠다고 자청했다. 로라는 가엾은 소녀에게 온갖 사랑을 쏟기 시작했다. 성난 짐승처럼 소리 지르는 앤 곁에서 가만히 친구가 되어주었다. 과자를 들고 가서 책을 읽어주고 기도해 주면서 고요한 미소를 보이며 소녀의 손을 잡고 부드러운 목소리로 "얘야, 나는 너를 사랑한다"라고 말했다. 그러나 앤은 침묵으로 일관했으며 가져다 준 음식도 먹지 않았다. 소리를 지르거나 덤벼드는 일은 점점 사라졌지만, 앤은 반 년 동안이나 침묵으로 일관하면서 이 늙은 간호사의 사랑의 속삭임을 물끄러미 바라보기만 했다.

그러던 어느 날 앤은 로라를 덥석 잡더니 떨리는 듯 자기의 볼에 갖다 대면서 웃음을 보였다. 앤은 독방 창살을 통해 들어오는 빛에 조금씩 반응을 보이며 가끔 정신이 돌아온 사람처럼 얘기했고 그 빈도수도 많아졌다. 지극한 사랑의 손이 앤의 마음을 움직인 것이다. 앤은 늙은 간호사의 부드러운 손길에 점점 익숙해져서 자기도 간호사의 손을 잡고 머리카락을 쓰다듬고 하였다. 어느 날 로라는 평소처럼 "얘야, 나는 너를 사랑한다"라고 말하였는데 "나~ 사랑해"하고 몇 년 만에 처음으로 말문을 열었다. 그리고 앤은 정신질환으로부터 서서히 해방되기 시작했다. 마침내 2년 만에 앤은 정상인 판정을 받아 퍼킨스 시각장애아 학교에 입학했고 밝은 웃음을 찾았다. 그 후 앤은 시련을 이겨내고 학교의 최우등생으로 졸업했으며 한 신문사의 도움으로 개안 수술에도 성공했다.

수술 후 어느 날 앤은 신문기사를 보았다. "보지 못하고, 듣지 못하고, 말하지 못하는 아이를 돌볼 사람 구함!" 앤은 그 아이에게 자신이 받은 사랑을 돌려주기로 결심했다. 사람들은 못 가르친다고 했지만 앤은 말했다. "저는 하나님의 사랑을 확신해요." 앤은 결국 사랑으로 그 아이를 20세기 대 기적의 주인공으로 키워냈다. 그 아이가 헬렌 켈러이다. 앤 설리번은 헬렌을 가르치기 위해서 부모와 격리된 새로운 공간과 환경을 만들며, 사랑으로 다가가고 엄격히 훈련했다.

로라는 앤과 함께 있어주고 앤의 고통을 공감하면서 앤을 비장애인으로 만들어냈고, 앤도 헬렌과 48년을 함께 있어 주었다. 헬렌이 하버드 대학에 다닐 때는 헬렌과 모든 수업을 함께 하면서 그녀의 손에 강의 내용을 적어주었다. 그래서 보지 못하고, 듣지 못하고, 말하지 못하던 삼중의 고통을 극복하고 세계적인 인물로 우뚝 선 헬렌 켈러를 존재하게 했다. 앤 설리번은 자기가 받은 사랑을 베풀었던 위대한 선생이었다. (2008.3.6 동아일보 참조)

5. 교육의 기본 요소 간의 역동적 관계

현대의 학습사회 속에서 학습자는 궁극적인 교육을 성취하는 주체가 된다. 교육자는 교육내용을 학습자에게 전달하는 인도자의 역할을 한다. 그러나 교육자와 학습자는 모두 사회의 구성원으로서, 인류의 문화유산인 교육내용을 바탕으로 개인적으로 자아실현을 하는 동시에 사회발전에 기여하게 된다.

이때 교육자는 학습자와의 상호관계를 어떻게 할지를 숙고해야 한다. 예컨대 교육자는 학습자를 사물로 보는 '나와 그것(I-It)'의 관계 대신, 학습자를 인격으로 대하는 '나와 너(I-Thou)'의 관계를 형성할 필요가 있다. 학습자를 인격체로 대할 때 비로소 '만남으로서의 교육'(Buber, 1937; 강선보, 1994)이 실현될 수 있다. 또한 교육자는 교육내용을 어떻게 선정하여 조직할지, 그리고 주어진 소재를 가지고 궁극적으로 가르칠 교육내용을 어떻게 재구성할지를 고민해야 할 것이다. 한편, 학습자는 교육자를 통해 배울 뿐만 아니라, 교수자 없이 교육내용을 스스로 학습하기도 하므로 다양한 학습자료에 접근하여 주체적으로 학습을 하려는 자세를 가질 필요가 있다. 또한,

교육이 제대로 이루어지기 위해서는 학습자와 교육자와 교육내용에 미치는 교육환경을 분석하여, 긍정적인 교육환경을 조성할 필요가 있다([그림 1-1] 참조).

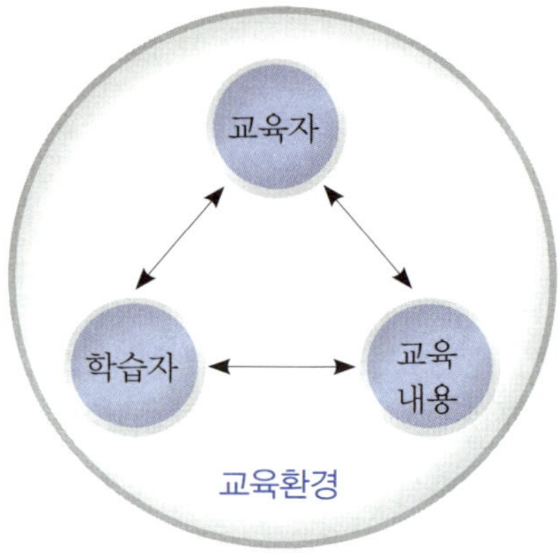

[그림 1-1] 교육의 기본요소

제3절 교육학의 성격과 교육의 비전

1. 교육학의 발생과 성격

가. 교육학의 발생

교육의 여러 현상을 다루는 교육학은 언제 생겨났을까? 교육학은 오래된 학문일까, 아니면 새로 생겨난 학문일까? 교육은 그 형태가 어떠하든지 인류의 출현과 함께 시작되었다고 말할 수 있다. 실지로 우리는 소크라테스의 교육사상, 공자의 교육사상 등 옛 성현들의 교육사상을 공부한다. 그렇다면 교육학은 적어도 이러한 교육사상이 있었던 시절부터 시작된 오래된 학문일까? 여기서 우리는 '교육'과 '교육학', 그리고 '교육자'와 '교육학자'가 다르다는 사실에 주의할 필요가 있다.

교육은 교육활동이 전개되는 실제를 가리키는 것으로서, 인류 역사 초기부터 존재했다. 그러나 교육학은 교육현상과 교육행위를 탐구하는 학문으로서, 교육이라는 실제적 활동을 안내하고 지도할 합리적인 이론적 근거를 찾기 위하여 근대에 생겨난 것이다. 이것은 인류 출현과 더불어 사회생활, 경제 활동, 의사소통 등이 이루어졌지만, 사회학, 경제학, 언어학 등의 학문이 생겨난 것은 19세기에 들어와서인 것과 마찬가지이다.

교육학과 관련하여 보자면, 역사상 최초로 교육학을 대학의 강의과목으로 개설한 사람은 칸트이다. 그는『교육학 강의』에서 인간은 교육을 필요로 하는 유일한 존재로서 오직 교육에 의해서만 인간이 인간다워질 수 있다고 보았다(김영래, 2003: 199). 한편, 교육학의 학문적 기초를 처음으로 체계화한 사람은 '근대 교육학의 아버지'라고 불리는 헤르바르트이다. 그는『일반교육학』이라는 책에서 교육목적은 윤리학에서, 교육방법은 심리학에서 도움을 받는다고 말하며, 교육학의 체계적인 이론을 구성하였다(Herbart, 1806).

나. 교육학의 성격

교육과 교육학의 구분에 비추어 볼 때, 교육자는 교육을 담당하는 사람이고, 교육학자는 교육과 관련된 활동 및 교육현상 등을 분석, 설명, 예측, 탐구하는 사람이다. 교육자라고 해서 다 교육학자는 아니며, 마찬가지로 교육학자가 다 교육자는 아니다. 그럼에도 불구하고 이론과 실제가 밀접한 관계인 것처럼, 교육학자와 교육자도 불가분의 관계에 있으며 또 그래야 한다.

그렇다면 교육학은 어떤 성격의 학문인가? 아리스토텔레스는 학문을 연구 관심에 따라 다음과 같이 세 가지로 구분한다. 첫째, 실재를 '보려는 관심', 즉 순수한 호기심에서 이론을 관조적으로 탐구하려는 관심이 있고, 여기에서 나온 것이 물리학, 형이상학, 수학 등과 같은 '이론적 학문'이다. 둘째, 인간 활동을 탁월하게 '수행하려는 관심'이 있고, 여기에서 나온 것이 '실천적 학문'이다. 정치학과 윤리학이 이에 속한다. 셋째, 무엇을 '만들기 위한' 관심이 있고, 여기에서 나온 것이 '제작에 관한 학문'이다. 시학과 수사학이 이에 속한다.

아리스토텔레스의 구분에 따르면, 교육학은 실천적 학문에 속한다고 볼 수 있다. 교육학은 교육이라는 실천 영역을 다루며, 그 활동을 잘 하기 위한 실천적 관심에서 수행되기 때문이다. 전통적으로 교육학의 관심은 교육 실제가 궁금해서 한 번 알아보려는 순전한 지적 호기심보다는 교육 실천을 개선하는 데 있어 왔다고 할 수 있다. 이런 점에서 교육학은 오랫동안 순수학문이라기 보다는 '응용학문' 혹은 '실천적 학문'으로 간주되어 왔다.

그러나 이와는 달리 교육학을 하나의 독립된 순수학문으로 보는 입장도 있다. 이홍우에 의하면, 학문은 특성상 "실제적인 가치와 상관없이 사물과 현상을 이해하는 수단이라는 점에서 가치"를 갖는다. 교육학 역시 그것이 학문인 이상 일차적으로 이러한 학문적 특성을 가진다고 보아야 한다. 이러한 이유에서 이홍우는 교육학의 이론적 특성, 즉 순수학문으로서의 특성을 강조한다(이홍우 외, 1981: 207-230; 조경원 외, 1994: 32-37 참조). 장상호 역시 그동안의 교육학 연구는 다른 학문들을 응용하여 '학교태'만을 연구한 '학교학' 또는 '학교연구'에 불과했다고 비판하며 이것을 '제1기 교육학'이라고 부른다. 제1기 교육학의 대안으로서 장상호는 학교를 대상으로 하는 것이 아니라 교육 현상 그 자체를 대상으로 하는 '제2기 교육학'이 필요하다고 말한다. 이에 그는 '교육본위론'을 제안하면서, 순수학문으로서의 새로운 교육학의 정체성을 추구한다(장상호, 1997, 2009a, 2009b).

교육학이 교육현상을 이론적으로 이해하려는 순수학문인가, 아니면 교육활동을 잘 하기 위한 응용학문인가의 논쟁은 오래 계속되어 왔다. 교육학을 실천적 학문으로 본다고 해서 교육학에서 순수한 이론적 연구를 비난할 필요는 없다. 교육학에는 다양한 영역과 접근방법과 이론들이 있어서, 어떤 것은 교육 현실과 직접적인 관련이 없는 상당히 사변적인 것일 수도 있고, 어떤 것은 구체적 교육 상황의 문제를 직접 해결하기 위한 처방적인 것일 수도 있다. 단지 교육학의 이론들은 비록 직접적으로 교육 현실의 문제를 해결하는 데 도움이 되지는 않는다 하더라도, 간접적으로라도 교육 현실과의 관련을 설명할 수 있어야 한다고 보아야 할 것이다(최병태 외, 2006:

37–38 참조). 이렇게 보면 교육학은 이론적 학문이면서 동시에 교육의 실천과 모종의 관계를 가질 수밖에 없는 실천적 학문이라고 할 수 있다.

다. 교육학의 하위 영역

학문이란 세상을 보는 지적 안목(眼目)으로서, 마치 안경과 같다. 노란색 선글라스를 쓰면 세상이 노란색으로 보이고, 파란색 선글라스를 쓰면 세상이 파란색으로 보인다. 사과를 보면 어떤 생각이 드는가? 어떤 사람은 그저 먹고 싶을 수도 있지만, 농학의 육종학자는 품종을 생각할 것이고, 미술가는 예술적 표현을 생각할 것이고, 과학자는 뉴턴처럼 떨어지는 사과를 보며 만유인력의 법칙을 생각할 수도 있다. 이처럼 동일한 사건이나 현상이 학문적 관점에 따라 다르게 해석될 수 있다. 교육학의 여러 하위 영역들은 모학문(mother disciplines)의 탐구방법과 개념들을 활용하여 특정 현상을 독특한 교육 문제로 해석하고 고유한 방식으로 해결한다.

첫째, 교육철학은 교육현상을 철학적 방법으로 연구하는 것이다. 여기에서는 주로 교육이 무엇인지, 교육을 왜 해야 하는지 등 교육의 개념, 교육의 목적과 가치, 교육사조 등을 탐구한다. 교육철학은 여러 가지 교육 문제들에 내재된 철학적 문제들을 분석함으로써 교육 실제를 개선하는 데 구체적인 도움을 주고자 한다.

둘째, 교육사는 교육을 역사적 관점에서 보고 역사 연구방법을 통해 교육현상을 이해하며, 바른 교육에 대한 역사적 교훈을 얻는 학문이라고 볼 수 있다. 교육사는 역사적 고찰을 통해 개인과 사회의 발전을 위하여 교육이 어떤 일을 해야 하는가에 대한 통찰력을 주고자 한다. 이것을 통해 개인은 자신의 정체성을 형성하고, 자신의 역사적 사명과 비전을 발견할 수 있다.

셋째, 교육심리학은 심리학의 연구방법론을 가지고 학습자의 심리적 측면을 탐구함으로써 관련된 학습현상을 이해하고 교육의 실제에 도움을 주는 학문이다. 여기서는 학습자의 인지, 정서, 사회성 발달 등 학습자의 심리적 특성, 여러 가지 학습이론, 동기이론 등 교육 장면에서 일어나는 다양한 심리현상을 탐구한다.

넷째, 교육과정은 일차적으로 교육에서 무엇을 가르쳐야 하는지를 탐구하지만,

그 내용을 어떻게 조직하여 제시하는가와 관련하여 교육의 과정 전체를 탐구하는 학문이다. 이것은 대체로 교육목표 설정, 학습경험(교육내용) 선정, 학습경험 조직 및 지도, 교육평가 등을 포함한다. 교육과정은 보수적, 진보적, 급진적 관점에 따라 다르게 구성된다.

다섯째, 교육평가는 교육에서 가르친 것을 어떻게 평가하는가라는 문제를 다룬다. 흔히 평가에 대해 부정적인 생각을 가지고 있는데, 평가를 '인간 규정'이 아닌 '인간 이해'와 교육의 개선을 위해 사용할 때 우리는 평가에 대해 긍정적인 생각을 가질 수 있다. 최근 다양한 평가유형 및 방법 등이 연구되고 있다.

여섯째, 교육공학은 수업을 어떻게 잘 할 것인가라는 교육방법론에 관심을 가진다. 이것은 1920년대 미국의 '시청각교육'의 전통에서 출발하였으며, 최근에는 정보통신기술의 활용, 웹기반 수업의 활용, 온라인 강좌의 활용 등 정보화 기술 발전에 부응하여 이에 따른 교육방법을 지속적으로 개발하고 있다. 교육공학에서는 수업매체 활용 외에도, 교수-학습 과정안 개발, 체계적 교수설계 등을 다룬다.

일곱째, 교육사회학은 교육이 사회와 어떤 관련을 가지는가를 탐구한다. 즉, 이것은 교육현상을 사회학적 관점으로 파악하고 탐구하며, 사회학적 방법론을 통해 교육 실제를 이해하고 발전시키는 학문이다. 여기서는 교육제도의 형성과 확대과정, 교육의 다양한 사회적 기능 등의 문제를 다룬다.

여덟째, 교육행정학은 교육을 어떻게 운영하고 관리해야 하는지를 다룬다. 즉, 이것은 교육제도의 기획과 정책, 교육법규와 교육행정조직, 교육재정, 교육인사행정, 장학 행정, 학교 및 학급의 경영 등의 문제를 행정학의 이론과 방법을 활용하여 탐구하는 학문 영역이다.

이렇게 교육학의 하위 영역을 나누는 것에 대한 비판도 있다. 장상호는 현존하는 교육학이 자율적인 고유한 개념체제와 방법을 찾아 나가기보다는, 기존의 여러 학문들, 예컨대 철학, 심리학, 사회학, 행정학 등을 빌려와, 그것을 '모학문'으로 삼아 교육학의 하위 전공영역을 구축하고 있다는 점에서 정체성을 가지지 못한다고 비판한다. 이것은 마치 백화점 안의 잡화상과 같아서, 자칫 교육학을 '정체불명의 이류잡학'으로 타락시킬 우려가 있다는 것이다(장상호, 2009b: 8-11). 실지로 교육학을 다양한 모학문들의 방법으로 연구한다는 것은 교육학의 고유한 연구 방법이 없다는 말로 해석될 수도 있고, 교육학이 잡다한 학문의 집합으로 생각될 수도 있다는 문제점이 있다. 이에 장상호는 학교교육만이 아닌 모든 교육현상을 대상으로 하는 동시에 고유한 개념과 방법론을 가지는 새로운 교육학의 가능성을 모색한다. 교육학의 정체성 문제는 교육의 진정한 발전과 개선을 위해서 우리 모두가 진지하게 고민해야 할 문제이다.

2. 교육의 문제와 비전

가. 교육의 문제 생각하기

오늘날 우리나라는 6 · 25 전쟁 이후의 폐허 속에서 세계가 놀랄 정도의 기적적인 성장을 이루었다. 그 과정에서 교육이 큰 역할을 했지만, 우리의 교육에 많은 문제점이 있는 것도 사실이다. 21세기의 새로운 도약을 위하여 사회 변화에 부합하는 미래의 교육을 '백년지대계(百年之大計)'의 자세로 구상할 필요가 있다. 우리나라 교육의 문제는 무엇이고, 우리는 그것을 어떻게 해결할 수 있겠는가?

우선 우리나라 교육은 지나치게 형식적 교육, 즉 학교교육 중심이라는 비판이 있다. 이 경우 학교교육이 아닌 것은 교육으로 인정받지 못하거나 간과된다. 그리하여 가정교육이나 사회교육도 학교교육의 보충 내지 연장선상에 놓인 것으로 그 성격이 변질되는 경향이 있다. 그 결과 평생학습 시대에 적합한 비형식적 교육 또는 무형식적 교육이 제대로 발전되어 정착되지 못한다는 문제가 생긴다. 따라서 일차적으로는 정보화 시대, 세계화 시대, 평생교육 시대, 학습사회 등에 걸맞게 교육의 개념과 제도를 확장할 필요가 있다.

그렇다면 학교교육은 제대로 잘 되고 있는가? 오늘날 '교실이 붕괴되고 있다'라는 말이 자주 거론되듯이, 학교교육 역시 많은 어려움을 겪고 있다. 한편으로 학교교육은 대학입시 준비교육으로 전락했으며 전인교육이나 인성교육에 실패하고 있다는 비판을 받는다. 그러나 다른 한편으로 학교교육은 학원 등의 사교육기관에 비해 교육의 질이 떨어지고 지식교육 조차도 제대로 못시킨다는 비판을 받기도 한다. 도대체 학교교육의 문제는 무엇이고 어떻게 개선되어야 하는가?

학교교육에서 강조되는 지식교육의 문제를 우리는 다음과 같이 세 가지 측면에서 생각할 수 있다(홍은숙, 2007: 1-3장 참조). 첫째는 지식교육의 편협성 문제이다. 교육은 본질적으로 지성, 감성, 신체, 인격, 기술 등 인간의 여러 측면을 통합적으로 발달시키는 전인교육이 되어야 한다. 그러나 학교교육은 입시 등을 이유로 주지 교과 중심의 제한된 지식 위주의 교육을 하는 경향이 있다. 현재의 다원화된 세계 속에서 창의적 사고를 하기 위해서는 교육내용이 다양한 지식과 능력 등을 포함하는 것으로 확대될 필요가 있다.

둘째, 지식교육의 무기력성 문제가 있다. 가르치는 지식은 학습자의 삶에 의미를 가지며 그 삶에 적용될 수 있는 살아있는 지식이 되어야 한다. 화이트헤드의 말을 빌리면, 우리는 '나무를 통해 숲을 보는 교육,' 즉 전문 지식을 통해 삶 전체에서의 의미를 깨닫게 하는 교육을 해야 한다(Whitehead, 1929: 15-18). 그런데 우리가 학교에서 가르치는 지식은 전체 삶 속에서 활용되고 그 의미를 깨닫게 하기보다는, 단편적이고 도구적인 무기력한 지식교육이 되는 경향이 있다.

셋째, 지식교육의 무도덕성 문제가 있다. 교육은 개인 및 사회의 발전과 행복한 삶에 기여하는 가치 전달을 전제한다. 인도의 성자 간디는 '인격없는 지식'은 사회악이라고 지적한 바 있다.[5] 지식을 많이 가진 사람이 그것을 이용해 자신의 이익만을 추구하고 다른 사람을 착취하거나 사회에 해악을 끼치는 문제는 우리가 교육에서 극복해야 할 문제이다.

인간다운 인간을 기르기 위해서, 개인의 행복한 삶과 인류 사회의 발전을 위해서 우리는 좋은 교육을 하고자 노력한다. 교육은 개념상 가치 있는 내용을 전달하며, 무엇인가 개선되고 발전되는 것을 전제한다. 그러나 우리가 거두는 교육의 열매는

---

5) 간디 묘소 돌 벽에 적힌 일곱 가지 사회악: ① 원칙 없는 정치, ② 노동 없는 부, ③ 양심 없는 쾌락, ④ 인격 없는 지식, ⑤ 도덕성 없는 상업, ⑥ 인간성 없는 과학, ⑦ 희생 없는 종교.

항상 긍정적인 것은 아니다. 개인과 사회의 보다 나은 삶을 위한 교육이 때로는 학생들에게 상처를 주고, 그들을 죽음으로 이끌기도 한다.

2002년 초등학교 5학년생의 자살 사건은 아직도 우리 마음을 아프고 답답하게 한다. 그 아이는 일기장에 다음과 같은 글을 남겼다(2002년 11월 10일 조선일보): "죽고 싶을 때가 많다. 어른인 아빠는 이틀 동안 20시간 일하고 28시간 쉬는데 어린이인 나는 27시간 30분 공부하고 20시간 30분을 쉰다. 왜 어른보다 어린이가 자유시간이 적은지 이해할 수 없다. 숙제가 태산 같다. 난 그만 다니고 싶다 … 물고기처럼 자유로워지고 싶다."

좋은 교육을 향한 우리의 열망과 노력에도 불구하고 때로는 기형적이고 문제 있는 교육이 생겨나는 이유는 무엇일까?

생각해 보기

다음은 정범모(2009: 1장)가 제시한 우리의 교육 현실에 대한 세 가지 우화이다. 이것을 읽고 우리나라의 교육 문제를 토론해 보자.

'애꾸눈 원숭이 나라' 우화

애꾸눈 원숭이들만이 살고 있는 마을에 두 눈을 가진 원숭이가 가게 되었는데, '병신' 취급을 받고 구박을 견디다 못해 자기의 눈 하나를 도려내어 외눈박이가 되었다는 이야기이다. 이것은 비정상을 정상으로 여기고, 거꾸로 정상을 비정상으로 여기는 현상을 비유한다. 비정상이 정상으로 여겨지는 교육현상에는 어떤 것이 있을까?

'단지 속의 사탕' 우화

단지 속에 들어있는 맛있는 사탕을 꺼내 먹으려고 아이가 목이 잘록한 단지 속에 손을 집어넣었는데 손이 빠지지 않아 부모가 예쁜 단지를 부득이 깨고 보니 아이가 손에 사탕을 움켜쥐고 있었다는 이야기이다. 움켜쥐어서 커진 주먹은 잘록한 목으로 뺄 수 없다. 단지를 깨지 않기 위해서는 놓을 것은 놓고 버릴 것은 버려야 한다. 우리나라의 교육을 바로잡기 위해서 우리가 버려야 할 것, 자신의 천부적 특권처럼 여기는 아집이나 태도는 무엇일까?

'오징어 장수' 우화

교통체증이 생기는 큰 도로에는 오징어 장수, 뻥튀기 장수 등이 나타난다. 그들에게는 교통체증이 심할수록 장사가 더 잘되고, 길이 시원하게 소통되는 날엔 폐업이다. 교통지옥처럼 사회적 병폐 또는 비리를 밑천으로 하는 업종의 이해 당사자는 그 병폐를 혁파하려는 노력을 은연중에 반대할 것이다. 한 가지 예로 '입시지옥'이라는 극심한 교통체증이 있다. 이때 그것을 밑천으로 하는 '입시산업'이라는 거대한 업종의 종사자들은 입시지옥의 혁파를 바라지 않을 수 있다. 한국 교육에는 어떤 병폐가 있고, 누구에 의해 옹호되는가?

나. 지식 위주의 교육을 넘어서: '생명을 살리는 교육'

교육은 무엇을 추구하고 무엇을 가르쳐야 하는가? "지금 입시가 코앞에 있는데, 다른 생각 말고 공부에만 집중해라. 가치관, 세계관, 인생 문제 등은 나중에 생각해도 늦지 않다."라고 조언하는 부모들을 우리는 자주 본다. 교육에서 강조하는 공부는 어떤 것이어야 하는가? 교육이라는 이름으로 입시준비만을 강요할 때, 스트레스로 자살을 하기도 하고, 학업성취에 걸맞는 전인적 자질을 발달시키지 못할 수 있으며, 내면적으로 자신이 어떤 존재인지, 자신의 삶의 목적과 사명이 무엇인지 모르는 공허한 삶을 살 수 있다.

행복한 삶을 위한 좋은 교육은 일단 잘 살기 위한 것이기 때문에, 적어도 학습자들이 상처받거나 죽음으로 이끌어져서는 안 된다. 교육은 우선적으로 '삶을 위한 교육' 혹은 '생명을 살리는 교육'이 되어야 한다. 이것은 얼핏 생활에 유용한 지식과 기능을 강조하는 실용주의 교육 또는 생활중심 교육을 연상시킨다. 사실 잘 살기 위해서는 먹고 사는 문제를 해결할 필요가 있다. 그러나 우리가 먹고 사는 일에만 관심을 가질 경우, 그것은 '교육(敎育)'이 아닌 '사육(飼育)'에 머무를 수 있다. 우리는 동물처럼 먹고 사는 일에만 관심을 가지는 '사육'을 넘어서, 진정한 자아를 발견하고 행복한 삶을 살게 하는 '교육'을 해야 한다.

행복한 삶을 위한 교육, 생명을 살리는 교육은 어떤 것일까? 그것은 기본적으로 생명을 존중하며, 보존하며, 발전시키는 교육을 뜻한다.

첫째, 자살이나 살인 등 생명을 경시하는 풍조 속에서 '생명을 존중하는 교육'이 필요하다. 이것은 타인은 물론 자신의 고유한 가치를 깨닫고, 인격을 인정하고 존중하는 것이다. 이에 교육내용이나 교육방법 면에서 생명의 소중함을 일깨우는 교육을 구상해야 한다. 우리가 보기에 남부러울 것이 없어 보이는 대기업 사장이 자살하기도 하고, 닉 부이지지처럼 손발이 없어서 너무 불행할 것 같은 데도 행복하게 사는 사람이 있다. 행복한 삶은 어디에서 오는 것일까? 기본적으로 우리는 개인의 외적 조건과 상관없이 개인이 가지는 인간으로서의 절대적인 가치와 존엄성을 존중하도록 교육할 필요가 있다.

닉 부이치치(닉 부이치치, 2010) 이야기

"어떤 상황에서도 내가 존귀한 사람이라고 믿고 절대 포기하지 않아야 합니다... 양팔과 양다리가 없지만 나는 행복합니다"

닉 부이치치는 1982년 호주 브리즈번에서 목사의 아들로 태어났다. 팔다리 없이 발가락 두 개가 달린 작은 왼발 하나만 있던 그는 자기 몸에 절망해 8살 어린 나이에 스스로 목숨을 끊으려고 했다. 힘든 청소년기를 거친 그는 부모의 적극적인 사랑과 격려 속에 비장애인들과 똑같이 공부해 호주 그리피스대학에서 회계학과 재무학을 복수 전공했다. 이제는 수영과 골프, 농구를 즐기고, 줄넘기를 한다.

힘겨운 청소년기를 보낸 그는 특히 청소년들에게 자존감과 희망을 북돋우는 메시지를 전달하는 데 관심이 많으며, "더 많은 사람에게 꿈을 주고, 계속 노력하라는 메시지를 주는 것이 인생의 목표"라고 말한다.

그는 미국 로스앤젤레스에서 '사지없는 삶(Life without Limbs)'이라는 장애인 비영리 단체를 만들어, 세계를 다니면서 절망에 빠진 세상 사람들에게 용기를 주고 있다: "절대로 포기하지 말라는 말을 하고 싶습니다. 희망을 가져야 합니다.... 돈이 아무리 많아도 자기 정체성과 삶의 목적을 발견하지 못하면 불행합니다."

둘째, '개인의 정체성과 비전 교육'이 필요하다. 행복하게 잘 살기 위해서는 개인의 비전과 삶의 목적을 발견해야 한다. 자신의 삶의 목적을 깨닫고 회복할 때 절망한 사람이 희망을 가지고 의미 있는 삶을 살아갈 수 있다. 비전을 발견하기 위해서는 공동체 및 인간의 이성을 넘어선 영적 세계나 절대적 진리의 세계 등을 인정하고, 자신을 그것에 비추어 볼 필요가 있다. 강영우(1998, 2009)는 장애를 통해 새로운 비전을 발견하여 세계적인 인물이 되었다. 빅터 프랭클은 아우슈비츠 나치 수용소에서 '살 이유와 목적이 있는 사람'이 살아남는다는 사실을 발견하고, 의미요법(logotherapy)이라는 상담이론을 만든다(Frankl, 1959).[6]

셋째, 학습자들의 억눌린 흥미, 창의성, 개성, 재능, 잠재가능성 등 '다양한 생명력을 회복시키는 교육'이 필요하다. 어린 아이들은 세상 모든 것에 대해 흥미와 호기심을 가지고 창의적으로 대처한다. 그러나 이러한 개인의 흥미, 개성, 잠재가능성 등은 교육을 통해 살려지기도 하지만, 때로는 억눌리거나 죽어버리기도 한다. 이에 학습자 개개인의 다양한 잠재가능성 및 생명력을 회복시키는 교육을 해야 한다. 이와 더불어 개인이 잘 살기 위해서는 삶의 터전인 공동체와 자연이 회복되어야 한다.

---

6) 의미요법이란 정신건강과 개인적 성장의 선결조건으로 가치와 의미를 중시하는 정신치료 접근이다. 정신과 의사였던 프랭클은 제2차 세계대전 때 유태인이라는 이유로 아우슈비츠 수용소에 갇히게 되었다. 그는 많은 수감자들 중에서 체력이 뛰어나거나 요령있고 민첩한 사람들이 살아남을 것이라고 생각했다. 그러나 마지막까지 살아남은 사람들은 겉보기에 허약하고 어수룩해보일지라도, 동료의 노래나 들꽃 같은 작은 것에 감동하는 사람, 극심한 굶주림 속에서도 병든 동료에게 자신의 빵을 나누어주던 사람들이었다. 최후의 생존자는 외부 환경에 스스로 의미를 부여하는 자유를 지닌 사람, 즉 삶의 의미를 생각하고 살아가야 하는 이유를 끝까지 포기하지 않았던 사람들이었음을 보고, 그는 수용소에서 풀려난 후 의미요법을 만들게 되었다.

이에 개인을 넘어서 '공동체, 인류, 자연 생태계 등을 보존하고 발전시키는 교육'이 필요하다.

강영우 박사와 두 아들(강영우, 1998, 2009)

"나의 실명은 장애가 아니라 하나님께서 나에게 주신 사명을 수행하는 도구라는 적극적인 신앙을 갖게 됐다"(강영우, 1998: 35)

1944년 경기도 양평에서 출생한 강영우 박사는 중학교 시절 사고로 실명하였고, 뒤이어 모친과 누나를 잃고 일찍이 맹인 소년 가장이 되었다. 그는 온갖 어려움 속에서 신앙과 굳은 의지로 1972년 연세대학교 교육학과를 졸업하였고, 미국에 유학하여 1976년에는 한국 최초의 시각장애인 박사(피츠버그대학교, 교육학 박사)가 되었다.

그는 미국 대통령이 임명하고 상원의 인준을 받는 고위 공직자 500명 중 한 명인 백악관 국가 장애위원회 정책차관보를 역임했고, 차남 강진영 변호사는 2009년 1월에 취임한 오바마 대통령의 백악관 특별 보좌관으로 임명되어 부자가 대를 이어 백악관에 입성하는 진기록을 만들었다. 장남 강진석은 시각장애인인 아버지를 직접 치료해주고 싶어 네 살 때 안과의사가 되기로 결심했다. 그로부터 32년 뒤 2009년 사상 첫 30대 워싱턴 D.C. 안과의사 협회장이 되었고, 2010년 그 지역 베스트 안과의로 뽑혔다.

학습과제

01

전인교육의 관점에서 우리나라 교육이 잘하고 있는 점과 부족한 점을 생각해보자. 그리고 전인교육의 실현을 위해 개인, 가정, 학교, 사회 차원에서 각각 교육을 어떻게 개선할 수 있을지 토론해 보자.

02

헬렌 켈러와 설리번 선생의 이야기를 읽고 좋은 교육을 하는 데 필요한 교육의 기본 요소에 대해 생각해보자. 교육의 여러 요소들 중에서 어떤 요소가 특히 중요하다고 생각하는지, 왜 그렇게 생각하는지 토론해 보자.

03

아래의 기사를 읽고 교육학의 여러 하위 영역의 관점에서 교육문제를 어떻게 이해하고 접근할 수 있을지 논의해 보자. 자신이 생각하는 우리나라 교육의 문제에 대해 토론해보자.

"아버지 꾸중에 중학생 방화: 가족 4명 사망"

(2010년 10월 21일 KBS 9시 뉴스)

중학교 2학년 이모 군은 평소 춤을 추거나 사진을 찍는 데 관심이 많아 예술고등학교에 진학하려 했다. 그러나 아버지가 반대하며 욕을 하고 공부하라고 폭행을 한 데 앙심을 품고 집 안에 불을 질러 아버지, 어머니, 여동생, 할머니 등 잠자던 일가족 4명이 숨지는 참사가 발생했다.

참/고/문/헌

강선보(1994). **마르틴 부버의 '만남'의 교육**. 서울: 양서원.

강선보, 신창호(2009). **교육의 이해**. 서울: 동문사.

강영우(1998). **아버지와 아들의 꿈**. 서울: 생명의 말씀사.

강영우(2009). 우리가 오르지 못할 산은 없다. 서울: 생명의 말씀사.

김신일(2005). 학습시대의 교육학 패러다임. 김신일, 박부권 편저(2005). **학습사회의 교육학**. 서울: 학지사. 61-101.

김신일(2009). **교육사회학**(제4판). 파주: 교육과학사.

김영래(2003). **칸트의 교육이론**. 서울: 학지사.

김영화(2010). **교육사회학**. 파주: 교육과학사.

김충기 외(2002). **교육학개론**. 서울: 동문사.

라원기(2008). **기독교를 알아야 인생의 답이 보인다**. 서울: 예영커뮤니케이션.

부이치치, 닉(2010). 최종훈 역. **닉 부이치치의 허그: 한계를 껴안다**. 서울: 두란노.

서울대학교 교육연구소 편(1999). **교육학용어사전**. 서울: 도서출판 하우.

신차균, 안경식, 유재봉(2013). **교육철학 및 교육사의 이해** (제2판). 서울: 학지사.

유재봉(2002). **현대교육철학 탐구: 자유교육에 대한 비판 및 대안 탐색**. 서울: 교육과학사.

이홍우 외(1981). **교육학개론**. 서울: 교육과학사.

일본홀리스틱교육연구회(1995) . 송민영, 김현재(공역)(1999). 홀리스틱 교육의 이해. 서울: 도서출판 책사랑.

장상호(1997) **학문과 교육(상)**. 서울: 서울대학교출판부.

장상호(2009a) **학문과 교육(중Ⅱ)**. 서울: 서울대학교출판부.

장상호(2009b) **학문과 교육(중Ⅲ)**. 서울: 서울대학교출판부.

정범모(2009). **교육의 향방**. 파주: 교육과학사.

조경원 외(1994). **교육학의 이해**. 서울: 이화여자대학교 출판부.

최명덕(1997). **유대인 이야기**. 서울: 도서출판 두란노.

최병태(1981). 어거스틴이 본 교수의 의미. **청주교육대학논문집** 제18집. 청주교육대학. 109-122.

최병태 외(2006). **교육학개론**. 서울: 학지사.

한준상(1999). **호모 에루디티오**. 서울: 학지사.

홍은숙(2007). **교육의 개념: 실천전통에의 입문으로서의 교육**. 서울: 교육과학사.

Bruner, J. (1960). *The process of education*. Mass.: The Harvard University Press.

Bruner, J.(1985). Narrative and paradigmatic models of thought. in Eisner(ed.). *Learning and teaching the ways of knowing: NSSE*. Chicago: University of Cgicago Press.

Buber, M.(1937). *Ich und Du*. 표재명(역)(1978). **나와너**. 서울: 문예출판사.

Dewey, J.(1916). *Democracy and education*. NY: Macmillan. 이홍우(역)(1987). **민주주의와 교육**. 서울: 교육과학사.

Frankl, V. E.(1959). *Man's search for meaning: An introduction to logotherapy*. Boston: Beacon Press. 김충선 역(1995). **죽음의 수용소에서**. 서울: 청아출판사.

Herbart, J. F.(1806), *Allgemeine pädagogik*. 김영래 역(2006), **헤르바르트의 일반교육학**, 서울: 학지사.

Hirst, P. H.(1974). *Knowledge and curriculum*. London: Routledge & Kegan Paul.

Hirst, P. H.(1992). Educational aims: Their nature and content. *Philosophy of Education 1991*. Normal, Illinois: Philosophy of Education Society. 40−59.

Hirst, P. H.(1993). Education, Knowledge and practices. R. Barrow and P. White(eds.). *Beyond liberal education: Essays in honour of P. H. Hirst*. London: Routledge, 184−199.

Illich, I.(1971). *Deschooling society*. New York: Harper and Row. 심성보(2004). **학교없는 사회**. 서울: 미토.

Miller, R.(1999). 송민영, 김현재 공역. **홀리스틱 교육의 이해**. 서울: 책사랑.

Palmer, Parker J.(1983). *To know as we are known: The spirituality of education*. 이종태 역(2000). **가르침과 배움의 영성**. 서울: IVP.

Peters, R. S.(1966). *Ethics and education*. 이홍우 · 조영태(역)(2003). **윤리학과 교육**(수정판). 서울: 교육과학사.

Price, K. (1967) *Education and philosophical thought*. Boston: Allyn and Bacon.

The New Encyclopaedia Britannica, vol.18, s.v. "History of education".

Webster's Dictionary. s.v. "initiation".

Whitehead, A. N.(1929). *The aims of education*. New York: Macmillan Company.

CHAPTER_ 2

교육의 개념과 목적

교육(敎育)은 문자 그대로 해석하면 '가르치고 양육하는 것'이며, 이러한 사전적 정의는 누구든지 알고 있다. 그렇다면 교육에 대한 수많은 정의는 도대체 왜 생겨났으며, 어떻게 교육 실제에 활용될 수 있겠는가? 우리는 교육을 어떻게 정의할 수 있을까? 또한, 교육이 추구하는 목적은 무엇인가? 이 장에서는 교육의 다양한 정의들을 살펴보면서 교육의 개념을 보다 체계적으로 이해하며, 교육의 목적과 관련된 여러 논의를 검토하고자 한다.

교육은, 자유가 그렇듯이, 당신을 행복하게 만들지는 못한다. 그러나 교육은 우리의 행복을 실현하는 수단이 될 수 있다. 교육은 우리의 눈과 귀를 열어 주며 … 정신의 자유라는 가장 소중한 자유가 있음을 깨닫게 해준다.

— 아이리스 머독(Iris Murdoch, '아이리스' 영화 중에서)

제1절 교육의 의미와 교육관

1. '교육'의 어원

가. 한자어 '敎育'의 의미

교육의 의미를 밝히기 위해서 흔히 교육이라는 말의 어원이나 사전적 의미를 탐색한다. 한자어 '敎育'은 '가르칠 교(敎)'와 '기를 육(育)'의 합성어이다. 먼저 '교(敎)'라는 말은 '우주 만물의 어우러짐(爻, 사귈, 본받을 효)', '어린이(子, 아들 자)', '치다, 때리다(攴, 칠 복)'라는 의미의 복합체이다. 여기서 왼쪽 부분은 '어린이가 우주의 상황과 마주치고 어우러져 본받는다', 즉 '우주의 얽힌 존재 근원을 어린이가 인식하고 모방'한다는 의미를 가진다. 오른쪽 부분은 '손으로 쳐서 사람을 인도한다'는 의미를 가진다.

요컨대 '교(敎)'는 "세상의 어우러진 사물에 대해 어린이가 이해하려고 할 때, 윗사람이 손으로 살짝 때려 깨우쳐 조심하도록 주의를 주니 아랫사람이 이에 따르는 것", 혹은 "세상의 사물을 마주하고 있는 어리석은 인간에 대해, 스승[혹은 자신]이 한 손에 회초리를 들고 공부하라고 재촉하는 모습"을 뜻한다는 것이다(강선보 · 신창호, 2009: 16-19). 중국 후한시대 『설문해자』에서는 '敎'를 '위에서 베푸는 것을 아래에서는 본받는다'라는 말로 압축적으로 설명한다(윤정일 외, 2002: 19).

한편, '육(育)'은 '아들 자(子)'와 '고기 육(肉)'으로 구성되어, 엄마가 자식을 낳아 기르는 것을 뜻한다. 『설문해자』에서는 '육(育)'을 '자녀를 길러 착하게 만든다'는 의미로 해석한다. 이에 기초하여 강선보와 신창호는 교육을 "인간의 탄생, 그리고 출생 이후의 세계와 마주치고 깨닫는 지속적인 성장을 통해, 자신을 생성해 가는 삶의 과정"으로 재해석한다(강선보 · 신창호, 2009: 19-20).

생각해 보기

다음을 읽고 교육이 삶에서 어떤 역할을 해야 할지, 교육받은 인간은 무엇에 가치를 두고 즐거움으로 삼아야 할지 생각해보자.

『논어』「학이(學而)편」

"배우고 때때로 익히면 이 또한 기쁘지 아니한가
벗(뜻을 같이 할 친구)이 멀리서 찾아오면 이 또한 즐겁지 아니한가
남이 나를 알아주지 않더라도 성내지 않음이 또한 군자가 아니겠는가"

學而時習之면 不亦說乎아 (학이시습지 불역열호)
有朋이 自遠方來면 不亦樂乎아 (유붕 자원방래 불역락호)
人不知而不慍이면 不亦君子乎아. (인부지이불온 불역군자호)

한자어 '敎育'이라는 단어가 처음 나오는 곳은 『맹자(孟子)』의 「진심(盡心)상편」 이며, 맹자는 군자의 세 번째 즐거움으로 '교육'을 언급한다.

"군자에게는 세 가지 즐거움이 있으니 세상을 다스리는 왕이 되는 것은 여기에 속하지 않는다.
부모가 살아 계시며 형제가 아무 탈이 없고 화목한 것이 첫째 즐거움이요,
우러러 하늘에 부끄러움이 없고 굽혀서 사람에게 부끄러움이 없는 것이 둘째 즐거움이요,
천하에 뛰어난 인재를 얻어서 그를 교육하는 것이 셋째 즐거움이니,
군자는 세 가지 즐거움을 가지지만 천하에 왕노릇하는 것은 여기에 속하지 않는다."

강선보와 신창호는 '군자'를 '건전한 인격자 내지 교육받은 사람'으로 보고, 군자의 세 가지 즐거움을 다음과 같이 해석한다. 첫째, 군자는 부모라는 인간의 수직질서와 형제라는 수평질서를 통해 우주 세상의 이치와 법칙체계를 파악하는 일을 즐거움으로 삼아야 한다. 둘째, 군자는 부끄럽지 않은 인생을 만드는 자기교육 내지 인격의 완성 추구를 즐거움으로 삼아야 한다. 셋째, 군자는 자신의 학문을 후세에 전하여 사회에 기여함을 즐거움으로 삼아야 한다(강선보·신창호, 2009: 27-30).

나. 한글 '가르치고 기르다'의 의미

한글의 '가르치고 기르다'는 말의 뜻을 생각해보자. 우리말 '가르치다'는 'ᄀᆞᄅᆞ치다'라는 고어에서 나온 것이다. 'ᄀᆞᄅᆞ치다'는 'ᄀᆞᆯ다 혹은 ᄀᆞᄅᆞ다'와 '치다'의 합성어이다. 'ᄀᆞᆯ다'는 '갈다'와 '가르다'의 두 단어를 포함한다. '갈다'는 칼을 갈다, 맷돌로 곡식을 갈다, 밭을 갈다, 새 것으로 갈다 등의 경우처럼, '깨뜨리고 부수다, 연마하다, 새롭게 바꾼다' 등의 의미를 가진다. '가르다'는 편을 가르다, 옳고 그름을 가르다 등의 경우처럼, '시비선악을 골라 판단하여 가르다'는 뜻이 있다. 그리고 'ᄀᆞᄅᆞ다'는 '공자 가라사대'에서처럼 '말하여 교훈을 주다'는 의미를 가진다.

한편, '치다'는 체를 치다, 사람을 치다, 나무의 가지를 치다, 동물을 치다 등의 경우처럼, 사람을 일깨워주고, 식물을 다듬어 잘 자라게 하고, 동물을 기르는 등 양육의 의미, 그리고 나쁘고 거친 것을 다듬어 착하고 아름답게 한다는 의미를 가진다. 따라서 한글의 '가르치다'라는 말은 '교(教)'처럼 성현 혹은 어른이 미성숙자를 갈고 닦아 단련시켜 좋은 방향으로 만드는 것을 뜻한다. 이와 비교하여 '기르다'는 말은 '육(育)'처럼 학습자의 선천적인 잠재가능성을 바람직한 형태로 발현되도록 성장시키고 길들이고 양육시킨다는 의미를 가진다.

다. 영어 'education'의 의미

교육을 뜻하는 영어 단어는 'education'이다. 이것의 라틴어 어근은 educo로서, 이것의 부정사형에는 educare(에듀카레)와 educere(에듀케레) 두 가지가 있다.[1)] 아동중심 교육 사상가들은 교육의 어원을 '내면의 것을 밖으로 이끌어내는' '에듀케레'라고 주장하지만, 에듀케레를 교육의 본질적 어원이라고 보기는 어렵다. 아동의 양육(rearing, upbringing, nurture)을 뜻하는 명사 '에듀카티오(educatio)'와 교육자 내지 양육자를

---

1) 옥스퍼드 라틴어 사전(Oxford Latin Dictionary)에 의하면, '에듀카레(educare)'는 '기르다, 양육하다(to bring up, nurture, rear, to tend and support the growth of (offspring))'의 의미를 가진다. 한편 '에듀케레(educere)'는 주로 '사람들, 특히 군사들을 이끈다(to lead or bring out(persons, etc))'는 뜻을 가지며, 부분적으로 '아동을 양육한다(to bring up, nurture, rear (children))'는 뜻을 가진다.

뜻하는 명사 '에듀카토르(educator)' 모두 '에듀카레'에서 파생된 말이다. 따라서 교육 내지 양육의 본질적인 라틴어 어원은 '에듀카레'라고 볼 수 있고, '에듀케레'는 오직 부차적인 뜻에서만 양육의 의미를 가진다.[2]

한편, 교육을 나타내는 다른 말로 'pedagogy'가 있다. 이것은 그리스어의 '파이다고고스(paidagogos)', 즉 가르침을 담당한 노예라는 뜻의 '교복(敎僕)'에서 유래하였다. 이것은 'paidos(어린이)'와 'agogos(이끌다)'의 합성어로서(Liddell & Scott, 1975: 584, 윤정일 외, 2002: 21에서 재인용), 어른인 교사가 학생인 어린이를 이끌고 지도한다는 뜻으로 '가르칠 교(敎)'와 유사하다.[3]

이 외에도 기원전 5세기 이래 서구에서 교육에 대한 총괄적인 명칭으로 쓰인 '파이데이아(paideia)'라는 개념이 있다. 이 말은 교육이 이루어지는 과정 및 교육의 결과를 모두 일컫는다. 인간은 어린 시절부터 파이데이아에 의해 만들어지고 또 자신의 본질을 스스로 만들어 가는 존재이다. 파이데이아는 '인간을 인간답게 하는 모든 활동'으로서, 교육적 의미에서는 "각자의 잠재능력과 소질에 따라서 탁월하게 자라날 수 있게 하는 작업"으로 이해된다(강선보 · 신창호, 2009: 24-25).

2. 교육관과 교육의 비유들

가. 교육관(敎育觀)

교육의 개념을 이해하고 설명하는 방식에는 여러 가지가 있다. 그 중의 하나는 개

2) 많은 교육학 개론 책에서 education의 어원을 educare로 보고, 이것은 '밖으로(out)'라는 뜻의 'e'와 '이끌어 내다(lead)'라는 뜻의 'ducare'의 합성어로서, '밖으로 이끌어 낸다'는 의미를 가진다고 설명한다. 그러나 이끌어내다(lead)의 의미를 가지는 것은 '듀카레(ducare)'가 아니라 '듀케레(ducere)'이다. 따라서 '밖으로 이끌어내는' 것은 '에듀케레'이다.(Peters, 1996/2003: 79; 박주병, 2010: 57 참고). 그러나 에듀케레는 라틴어에서 부차적으로만 교육의 의미를 가진다. 라틴어에서는 에듀카레나 에듀케레나 모두 교육 또는 양육을 뜻하는 것으로서 차이가 없다.

3) 'pedagogy'에 대비하여, 1970년대에는 어른을 가르치는 성인교육이 'andragogy'라는 명칭으로 등장했다(김민호, 2005: 366 참고).

인의 교육관을 설명하는 것이다. 교육관은 교육을 보는 관점 혹은 시각을 뜻한다. 사람은 동일한 대상을 여러 가지 관점과 시각에서 바라볼 수 있기 때문에 사람에 따라 교육관이 다를 수 있다. 이것은 인생관, 결혼관, 종교관, 사회관, 국가관 등 '관(觀)'이 붙은 용어의 경우 모두 마찬가지이다. 예컨대 어떤 사람의 결혼관을 묻는 것은 그가 가진 결혼의 개념을 세밀하게 규정하라는 요청이 아니라, 그가 결혼을 크게 어떤 시각에서 보는지, '행복의 관문'으로 보는지 아니면 '인생의 무덤'으로 보는지 등을 묻는 것이다. 이처럼 교육현상을 보는 자신의 시각이나 관점을 뜻하는 교육관은 교육의 개념을 엄밀한 용어로 규정하는 교육의 정의와 구분된다(최병태 외, 2006: 19-20).

사람마다 교육에 대한 시각과 관점 즉 교육관이 다르다는 점을 받아들일 때, 우리는 교육에 대한 진술들이 왜 그렇게 많고 다양한지를 알 수 있다. 그런데 '교육은 ~이다'라는 형태의 진술이 모두 교육에 대한 정의는 아니다. 예컨대 '사랑은 눈물의 씨앗이다'라는 진술은 사랑의 정의가 아니라, 사랑에 대한 특정 관점을 부각시키는 비유이다. 이처럼 교육관은 대체로 비유로 표현된다.

비유는 보조 관념이 가지는 특성을 원관념에 적용시킴으로써 원관념을 쉽게 이해할 수 있도록 하는 것이다. 비유는 풍자만화처럼 특정 문제나 측면을 부각시키기 때문에 교육의 특정 부분을 강조하여 설명하는 효과를 가진다. 그러나 그것은 교육의 한 부분을 강조하는 것이기 때문에 교육 전체를 온전히 드러낸다고 보기는 어렵다. 따라서 교육을 비유로 설명할 때, 그러한 비유가 어떤 문제의식 속에서 나왔는지, 그 비유가 교육의 어떤 측면을 부각시키는지, 그 비유가 간과하는 부분은 무엇인지 등을 함께 생각해야 한다. 가장 대표적인 교육의 비유는 교육을 주형(鑄型)의 과정에 비유하는 '주형 모형'과, 성장(成長)의 과정에 비유하는 '성장 모형'일 것이다. 그러나 그 외에도 '변혁으로서의 교육', '만남으로서의 교육', '성년식으로서의 교육', '예술로서의 교육' 등 많은 교육관 내지 교육의 비유들이 있다.

나. 교육의 '주형(鑄型)' 비유와 '성장(成長)' 비유

교육에 대한 여러 관점들을 아우르는 대표적인 비유로 주형 모형과 성장 모형을 들 수 있다. 교육의 주형(molding) 모형은 교육을 공장에서 일정한 형태의 틀(mold)에 쇳물 등의 재료를 부어 굳게 하여 그 틀과 같은 모양의 물건을 만들어 내는 일에 비유한다. 이것은 소위 '붕어빵 만들기' 식의 교육으로서, 이때 붕어 모양의 빵틀은 교육에서 최종적으로 길러내고자 하는 인간상을 가리킨다. 그리고 빵틀에 재료를 부어 넣고 열을 가하는 일은 아동이라는 재료에 온갖 작용을 가함으로써 설정된 인간상을 만드는 과정을 비유한다. 여기서 교사는 '장인'에 비유되며, 절대적인 권위를 가진다. 반면에 아동은 진흙이나 밀납에 비유되며, 교사의 손에 의해 만들어지는 수동적인 존재로 인식된다. 이러한 교육관을 우리는 '만드는 교육'이라고 부를 수 있다. 이 때 교육의 방향은 아동 밖에 있는 인류 문화유산이나 사회 규범 등을 아동 안으로 집어넣는 것이다. 주형 모형의 핵심은 교육받은 인간상을 규정하는 '틀'이므로, 그 '틀'이 되는 교육내용을 전달(transmission)하는 일이 강조된다.

한편, 교육의 성장 모형은 교육을 식물을 재배하는 과정에 비유한다. 식물을 재배하는 과정을 보면, 씨를 뿌린 후 적절히 물을 주고 김매고 가꾸고 보살핌으로써 뿌린 씨가 잘 성장하여 꽃을 피우고 열매를 맺게 한다. 여기서 아동은 씨앗에, 교사는 농부에 비유된다. 씨앗으로서의 아동은 모든 잠재가능성을 가진 능동적인 존재이다. '콩 심은 데 콩 나고, 팥 심은 데 팥 난다'는 속담처럼, 아무리 유능한 농부도 콩을 심고 팥을 나게 할 수는 없다. 농부에 비유되는 교사는 아동이 자신의 개성과 잠재가능성을 발현시켜 교육받은 인간으로서 자아실현을 하도록 돕는 조력자의 역할을 하며, 따라서 권위적이지 않다. 이러한 교육관을 우리는 '이끌어내는 교육'이라고 부를 수 있다. 이 때 교육의 방향은 아동 안에 있는 잠재가능성을 밖으로 이끌어내는 것이 된다. 이를 위해서 아동의 특성을 고려한 교육방법이 강조되며, 아동과 교사 간의 상호작용(transaction)이 강조된다.

주형모형은 성인이 미성숙자에게 문화유산을 가르치는 '교(敎)'의 측면을 강조하는 데 비하여, 성장모형은 학습자의 잠재능력을 이끌어내고 길러주는 '육(育)'의 측면을 강조하는 것이라고 볼 수 있다. 교육사조면에서 본다면 주형모형은 인류초기부터 존재한 전통적 교육관으로서, '고전주의' 혹은 '보수주의' 교육관이라고 불린다. 정범모의 '인간 행동의 계획적 변화', 뒤르켐(Durkheim)의 '사회화로서의 교육' 등의 정의가 이에 속한다. 이에 비해 교육의 성장 모형은 18세기 계몽주의, 합리주의, 자유주의 사조와 함께 생겨났으며, '낭만주의' 혹은 '진보주의' 교육관으로 불린다. 여기서 아동중심교육이 생겨났다. 대표적인 교육 사상가로는 루소(Rousseau)가 있고, '성장으로서의 교육'을 강조한 듀이도 여기에 속한다. 두 가지 모형은 〈표 2-1〉과 같이 정리될 수 있다.

〈표 2-1〉 주형 모형과 성장 모형의 비교

	주형(molding) 모형	성장(growth) 모형
사조 배경	– 전통적 교육관 – 고진주의, 보수주의 교육	– 18c 계몽주의 사조에서 시작됨 – 낭만주의, 진보주의 교육 – 아동중심교육
아동관	– 진흙, 밀납 등에 비유됨 – 수동적 존재	– 씨앗에 비유됨 – 잠재가능성을 가진 능동적 존재
교사관	– 장인에 비유됨 – 절대적 권위를 가짐	– 정원사, 농부에 비유됨 – 비권위적이며, 조력자 역할을 함
교육관	– 만드는 교육 – 교육의 방향(밖에서 안으로) – 전달(transmission)	– 이끌어내는 교육 – 교육의 방향(안에서 밖으로) – 상호작용(transaction)
강조점	– 교사의 권위 강조 – 교육내용 강조	– 학습자에 초점 – 교육방법 강조

그러나 주형 모형으로 비유되는 보수적 교육관과 성장 모형으로 비유되는 진보적 교육관을 모두 비판하고, 교육을 사회 재건 내지 변혁으로 보는 급진적 교육관이 있다. 급진적 교육관은 학교교육이 불평등한 사회 구조를 변화시켜 보다 정의롭고 평등한 사회를 만드는 데에 기여해야 한다고 본다. 즉, 교육은 교육활동에 관련된 정치, 경제, 사회, 문화적 권력관계를 분석함으로써, 불평등한 사회 구조를 유지하는

데 기여하는 내용 대신에 보다 정의롭고 평등한 사회를 만드는 데 필요한 내용을 가르쳐야 한다는 것이다. 이런 점에서 교육은 정치적일 수밖에 없다고 본다.

급진적 교육관에 의하면, 보수적 교육관은 학교에서 지배 이데올로기를 가르침으로써 현재의 불평등한 사회 구조를 적극적으로 유지하고 재생산한다. 한편, 진보적 교육관 역시 사회적 필요 및 아동의 흥미에 기초한 아동의 성장만을 강조하며 사회 구조적인 문제에 관심을 가지지 않음으로써 은연중에 불평등한 사회 구조를 재생산한다. 따라서 주형 모형이나 성장 모형 모두 현재의 불평등한 사회 구조를 재생산한다는 점에서는 동일한 잘못을 범한다.

이에 급진적 교육관에서는 보수적 관점인 교육내용의 '전달(transmission)로서의 교육'을 비판할 뿐만 아니라, 동시에 진보적 관점인 아동과 환경과 교사 사이의 '상호작용(transaction)으로서의 교육'도 비판한다. 그리고 그 대안으로서 '변혁(transformation)으로서의 교육'을 제안한다. 이러한 급진적 교육관은 사회의 구조적인 모순을 인식하고 비판하며 바꿀 수 있는 비판적인 능력을 지닌 인간을 길러내며, 이를 통해서 교육이 보다 정의롭고 평등한 사회의 변혁을 이룰 것을 기대한다. 교육의 세 가지 대표적인 관점인 보수적 교육관, 진보적 교육관, 급진적 교육관의 관계는 배타적으로 어느 하나를 선택해야 하는 것은 아니며, 상황에 따라 세 관점이 상호보완하면서 교육의 발전에 적절히 기여하는 것이 되어야 할 것이다.

생각해 보기

교사를 농부에 비유할 때 교사의 일을 열거해보고 그것의 교육적 시사점을 생각해보자. 특히 다음에 제시한 '조장(助長)'과 '모죽'의 예화는 학생의 어떤 특성과 교사의 어떤 역할을 강조하는지 토의해보자.

『맹자』의 『공손추 상편』에 보면 호연지기(浩然之氣: 넓고 큰 흔들리지 않는 바른 마음)를 키울 때 '조장(助長: 도울 조, 길 장)'해서는 안 됨을 다음 예화를 통해 가르친다.

'송나라 사람이 자기 집 논에 심은 모가 잘 자라지 않는 것을 걱정하고 한 뿌리씩 뽑아 올려 주었다. 그리고 가족에게 돌아와서 말했다. 내가 오늘 수고를 많이 했다. 내가 논의 모를 빨리 자라게 도왔느니라(助長).' 다음 날 정오가 지나니 뿌리가 들뜬 모가 말라 죽었다.

모죽

'모죽'이라는 대나무는 심은 지 5년 동안은 정성을 다해도 눈에 띄는 변화가 없다. 그러나 5년이 지나면 갑자기 하루에 70~80㎝씩 쑥쑥 자라기 시작하여 6주 만에 30m까지 자란다. 갑자기 크는 모죽이 쓰러지지 않는 것은 기다림의 5년 동안 십리가 넘는 땅에 사방으로 뿌리를 뻗어 기초를 다져놓았기 때문이라고 한다.

제2절 교육의 여러 가지 정의

1. 교육의 정의(定義) 방식

교육에 대한 정의는 교육관에 비하여 엄밀하고 보편적인 개념 규정을 요구한다. 그러나 그렇다고 해서 교육의 정의가 하나인 것은 아니며, 다양한 방식의 정의들이 있다. 교육의 정의는 왜 다양한가? 교육을 정의하는 일은 교육이라는 개념의 다양한 사용 방식을 그려내는 일이어서 한 마디로 규정하기는 어렵다. 특히 정의를 내리는 목적 및 맥락에 따라 정의 방식이 달라지기 때문에 여러 종류의 정의가 생겨난다(이홍우, 2009: 29-33). 따라서 교육의 개념을 적절히 정의하고 활용하기 위해서는 먼저 여러 가지 정의 방식을 이해할 필요가 있다. 먼저 셰플러(Scheffler, 1960)가 구분한 네 가지 정의 방식을 살펴보자.[4)]

가. 기술적(記述的) 정의(descriptive definition)

기술적 정의는 언제 필요한가? 이것은 어떤 말의 일상적 의미를 모르는 사람에게 그 말의 일상적 어법이나 사전적 의미를 알려줄 때 필요하다. '기술적 정의'는 어떤 개념이 일상적으로 어떻게 사용되고 있는지를 보여주는 것으로서, '사전적 정의', '서술적 정의', '보고적 정의'라고도 불린다. 이것은 그 개념의 일상적인 말의 뜻(語義)을 설명해줌으로써 그 용어를 올바르게 사용할 수 있도록 하는 데 그 목적이 있다. 이에 기술적 정의는 가치판단이 배제된 가치중립적인 태도로, 있는 그대로의 사실을 객관

---

4) 셰플러(Scheffler, 1960)는 정의 방식을 과학적 정의와 일반적 정의로 구분한다. 일반적 정의에는 '기술적 정의, 강령적(규범적) 정의, 약정적 정의' 등이 있고, 과학적 정의에는 '조작적 정의'가 있다.

적으로 정의하는 데 관심을 가진다. 따라서 기술적 정의는 정의하려는 개념의 폭을 넓히거나 그 활동을 하는 데 실제적인 지침을 주지는 못한다.

나. 강령적(綱領的) 정의(programmatic definition)

'강령적 정의'란 어떤 상황에서 제기되는가? 예컨대 사춘기에 첫사랑을 알게 된 소녀가 '사랑이 무엇인가'를 묻는다고 하자. 소녀는 사랑이라는 말의 사전적인 뜻을 몰라서 묻는 것은 아니다. 그녀는 어떤 것이 진정한 사랑이고 바람직한 사랑인지를 심각하게 고민하는 규범적 질문을 하는 것이다. '강령적 정의'는 그 정의 속에 '어떻게 해야 하는가, 어떻게 하는 것이 옳은가' 등의 행동 강령, 프로그램, 규범 등이 들어 있는 정의를 뜻하며, '규범적(規範的) 정의(normative definition)'라고도 부른다. 어떤 것을 진정한 '사랑' 혹은 '교육'이라고 말할 수 있기 위해서는 이러이러한 기준을 만족시켜야 한다는 식으로, 강령적 정의는 그 말을 사용하는 기준이나 규범을 제시하는 정의이다.

기술적 정의가 어떤 용어의 일상적인 뜻이 무엇인지를 객관적, 가치중립적으로 규정하는 데에 관심을 가지는 것과는 달리, 규범적 정의는 그 용어가 어떤 뜻으로 사용되어야 하는가, 그것의 바람직한 의미가 무엇인가 등의 가치판단에 관심을 가진다. 교육에 대한 대표적인 규범적 정의는 '교육'의 세 가지 준거를 제시하는 피터스의 정의에서 찾아볼 수 있다.

피터스는 어떤 활동이 '교육'이라고 불리기 위해서는 모종의 성취 기준 내지 규범을 만족시켜야 한다고 말한다. 그는 교육의 개념에 논리적으로 포함되어 있는 세 가지 기준을 다음과 같이 제시한다. 첫째, 교육은 가치 있는 것을 전달함으로써 그것에 헌신하는 사람을 만든다는 규범적 기준을 가진다. 둘째, 교육은 지식과 이해, 지적 안목을 길러주는 일이며 이런 것들이 무기력한 것이어서는 안 된다는 인지적 기준을 가진다. 셋째, 교육은 교육받는 사람의 의식과 자발성을 전제로 한다는 점에 있어 몇 가지 전달과정은 교육의 과정으로 용납될 수 없다는 과정적 기준을 가진다. 이러한 분석을 통해서 피터스는 교육을 학습자의 의식과 자발성을 존중하는 온당한 절차와 방법을 통해서 폭넓은 지적 안목을 형성함으로써 가치 있는 상태에 이르게 하는 것이라고 규범적으로 정의한다.

다. 약정적(約定的) 정의(stipulative definition)

약정적 정의는 어떤 맥락에서 사용되는가? 예컨대 사랑의 진정성을 가지고 다투는 연인이 있다고 할 때, "그래 이 정도 말과 행동까지를 사랑이라고 하자"라고 사랑의 의미를 임의로 동의하고 다툼을 끝낼 경우, 이것은 약정적 정의를 내린 것이라고 볼 수 있다. 약정적 정의는 의사소통을 위해서 복잡한 현상을 어떤 용어로 부르자고 약속하여 정하는 정의로서, 일상적인 뜻과는 무관하다. 약정적 정의의 대표적인 예로 성적표의 '수(秀), 우(優), 미(美), 양(良), 가(可)'를 들 수 있다. 말의 뜻만 보면 모두 좋은 뜻이지만, 우리가 '수'를 받으면 기뻐하고 '가'를 받으면 낙담하는 것은 '수'를 91점~100점으로, '가'를 60점 미만으로 약속했기 때문이다(이홍우, 2009: 36-39). 만일 반대로 약속한다면, 우리는 '가'를 받을 때 기뻐하고, '수'를 받을 때 꾸지람 들을까 걱정할 것이다.

약정적 정의는 교육에서는 어떤 경우에 사용되는가? 예컨대 교육 관료와 일선 학교장들이 모여 '평등교육'을 실시하기로 동의하고 전체 교육 지원금을 어떻게 분배할지를 협의한다고 하자. '평등교육'의 원칙에는 모두 동의하였지만, 한정된 지원금을 어떻게 평등하게 분배해야 하는가를 놓고는 격렬한 논쟁이 벌어질 수 있다. 그 논쟁의 이유는 '평등교육'의 의미가 애매하기 때문이다. '평등교육'은 ① 허용적 평등, ② 실질적 평등, ③ 내용적 평등, ④ 결과적 평등 등의 여러 의미를 가진다. 이때 관련자들이 '평등교육'의 의미를 어떻게 정의하기로 합의할 경우 그것은 '약정적 정의'가 된다. 약정적 정의에 합의하면 평등교육의 정책은 그 정의에 기초하여 논리적으로 도출될 수 있다.[5] 이처럼 약정적 정의는 절대적인 정의라기보다는, 의견충돌이나 의

---

5) '평등교육'을 법적, 허용적 평등으로 정의한다면, 정해진 원칙에 따라 모든 학교에 균등하게 지원하면 된다. 그러나 '평등교육'을 '실질적 평등'으로 정의한다면, 실질적인 교육 기회를 주기 위해서 학교가 없는 섬이나 산골마을에 우선적으로 학교를 지어주어야 하고, 돈이 없어 학교를 오지 못하는 학생들에게 우선적인 학비

사소통의 어려움이 있어서 효과적인 논의가 이루어질 수 없는 경우 "언어의 경제성과 논의의 편리성"(신차균 외, 2006: 336)을 위해 매우 유용하다.

그러나 개인이 논의를 한정하고 분명하게 하려는 목적에서 자기가 사용하는 개념을 임의로 약정적 정의를 내릴 때 주의할 점이 있다. 개인이 어떤 개념을 약정적으로 정의하여 사용하는 것을 비난할 수는 없지만, 특정 개념을 보편적인 의미가 아닌 제한된 의미로 임의로 규정할 경우 그 개념의 의미를 오도할 위험이 있다. 그 대표적인 경우가 허스트의 '자유교육'의 개념이다.[6] 때때로 논의의 편리성을 위해 어떤 개념을 약정적으로 정의하는 것은 필요하지만, 그것이 그 개념을 오해하게 만드는 것이 되어서는 안 될 것이다.

라. 조작적(操作的) 정의(operational definition)

'조작적 정의'라는 용어는 물리학자 브릿지만(Bridgman)이 처음으로 사용한 과학적 정의이다. 그는 과학적 지식은 관찰할 수 있는 반복적 조작에 의해 객관화되기 때문

지원을 해야 할 것이다. 한편 그것을 '내용적 평등'으로 정의한다면, 교육시설 및 교사의 질이 높은 학교보다는 교육시설과 환경이 낙후된 학교에 교육 재정지원을 해야 할 것이다. 만일 그것을 '결과적 평등'으로 정의한다면, 학습이 뒤떨어진 학교나 학생들에게 집중적으로 재정 지원을 해야 할 것이다.

6) 허스트는 '자유교육'을 '여러 학문들의 명제적 요소를 골라서 모아 놓은 것을 가르치는 일'이라고 다음과 같이 약정적으로 정의한다: "내가 지식의 형식에 기초하여 대략 그려낸 '자유교육'이라는 개념은 명백히 약정적(stipulative)이다. 그도 그럴 것이 이 개념은 우리가 가지고 있는 다양한 범주의 지식의 형식들을 통틀어 오직 지식과 이해만이 유일한 목적이 되어야 한다고 제안하기 때문이다. 내가 보기에 이 개념의 중요성은 상당하지만, 그것의 한계 역시 인식되어야만 한다. 원래 지적되었듯이, 그러한 자유교육은 전체 교육을 지칭하는 것으로 간주되어서는 안 된다. 왜냐하면 '자유교육'은 지적인 것 이외의 모든 다른 목적들을 명백히 제외시키기 때문이다. 이를테면 신체교육이나 인격교육의 주요 관심사들이 여기서는 무시된다. 그뿐만 아니라, 그것이 추구하는 지적인 목적조차 제한된 것이라고 할 수 있다"(Hirst, 1974: 96).이러한 허스트의 자유교육론은 교육에서 다루어야 할 감정, 정서 등 다양한측면을 도외시하고 지식과 이해의 획득만을 강조하는 주지주의 교육이라고 흔히 비판된다. 이에 대해 허스트는 자신의 '자유교육' 개념은 약정적 정의로서 교육 전체에 관한 이론이 아니라고반박한다. 허스트가 자신의 '자유교육' 개념을 교육의 한 부분만을 가리키는 것으로 약정적 정의를 내리는 것이 잘못은 아니지만, 교육 전체를 포괄하는 명예로운 호칭인 '자유교육'이라는 용어를 임의로 제한적으로 사용함으로써 자유교육의 의미를 오해하게 만들었다. 마틴은 허스트가 자유교육이라는 말 대신 주지주의 교육이라는 용어를 사용하였다면 그의 이론이 오늘날과 같은 영향력은 없었을 것이라고 비판한다(Martin, 1981).

에 "개념의 의미는 일련의 조작"으로 정의되어야 한다고 말한다(Bridgman, 1927, 윤정일 외, 2002: 38에서 재인용). 과학자들은 왜 조작적 정의를 만들어냈는가? 예컨대 '기압'을 '공기가 누르는 힘'이라고 사전적으로 문자의 의미를 말하는 것은 과학적 법칙을 발견하고 활용하는 데 도움이 되지 않는다. 반면에 토리첼리처럼 "기압은 수은을 가득 채운 유리관을 수은이 담긴 그릇에 거꾸로 세웠을 때 수은 면에서부터 수은 기둥의 높이(또는, 그 높이를 수은의 비중에 비추어 환산한 것)이다"라고 조작적 정의를 내릴 경우, 기상관측 등 과학적 활용이 가능하다.

교육에서도 '지능'을 '머리가 좋은 정도'라고 사전적으로 정의해서는 별 도움이 되지 않지만, "지능검사의 결과를 규준표에 비추어 판독한 수치"라는 조작적 정의는 지능을 교육적으로 활용하는 데에 도움이 된다(이홍우, 2009: 63). 이처럼 조작적 정의란 정의하려는 개념에 대한 관찰 및 측정이 가능하도록 상황을 조작한 후 그 조작 과정을 기술함으로써, 정의하려는 개념이 관찰되는 사태를 정의의 한 부분으로 포함시키는 정의이다.

2. 교육의 여러 정의

교육에 대한 정의는 다양하다. 사전적 의미를 소개하기도 하고, 규범적 준거를 밝히기도 하고, 약정적으로 그 의미를 규정하기도 하고, 조작적 정의를 내리기도 한다. 이제 대표적인 교육의 정의들을 살펴보자.

가. 교육의 공학적 개념

교육을 정의하는 방식 중에 '조작적 정의'가 있다. 조작적 정의는 앞에서 설명했듯이, 추상적 개념을 눈에 보이는 수치 등으로 객관화함으로써 과학적 법칙을 만들거나 실제 생활에 활용하기 위한 것이다. 이홍우는 조작적 정의가 "기술을 구안하고 시행하는 데 관련되는 사고방식"을 다루는 공학과 유사하다는 점에서 이것을 '공학적 개념'이라고 부른다(이홍우, 2009: 53). 교육에 대한 대표적인 조작적 정의는 정범모가 제시한 "교육은 인간 행동의 계획적인 변화"이다. 정범모는 왜 교육을 조작적으로 정의하고자 했는가?

정범모는 1960년대 우리나라의 낙후된 경제 발전을 위해서는 교육이 구체적인 힘을 발휘해야 하는데, 교육법에 제시된 '홍익인간(弘益人間: 인간을 널리 이롭게 한다)'과 같은 미사여구만으로는 실제적인 힘을 발휘할 수 없다고 보았다. 교육이 힘을 발휘하기 위해서는 교육이 과학적으로 파악되고 검증될 수 있는 관찰 가능한 조작적인 용어로 정의되어야 한다는 것이다. 이러한 생각은 행동주의자인 왓슨의 다음과 같은 말에 잘 나타난다.

> "열두 명의 건강한 어린 아기와 그들을 키우기에 적절한, 내가 바라는 바의 여건을 갖춘 장소를 달라. 그러면 어느 아기든지 마음대로 골라서 내가 만들고자 하는 어떤 전문가로든지 길러낼 수 있음을 보장한다. 그 아기의 재능, 취향, 성품, 능력, 그리고 조상의 직업과 인종의 여하에 관계없이, 의사, 법률가, 예술가, 판매원, 그리고 심지어는 거지나 도둑으로도 만들 수가 있다"(Watson, 1924: 82).

행동주의자들은 교육이 힘을 발휘하기 위해서는 교육의 결과를 관찰하고 측정할 수 있어야 하며, 이를 위해 교육목표를 관찰가능한 행동 용어로 진술해야 한다고 주장한다. 교육에 대한 조작적 정의는 이러한 맥락에서 제안된 것이다. 정범모는 교육을 "인간 행동의 계획적인 변화"라고 정의한 후, 이 정의를 구성하는 '인간 행동', '계획적', '변화'라는 세 가지 요소를 설명한다(정범모, 1976: 15-25).

첫째, 교육은 인간, 그 중에서도 특히 '인간 행동'에 관심을 가진다. 여기서 '인간 행동'은 겉으로 드러나는 외현적 행동뿐만 아니라, 인간의 지식, 사고, 가치관, 동기체제, 성격 특성, 자아개념 등의 모든 심리적 특성을 포함하는 내현적 행동도 포함한다. 이때 인간 행동은 관찰 및 측정이 가능한 행동 용어로 진술할 것이 요청된다.

둘째, 교육은 공학처럼 인간 행동의 '변화'에 초점을 맞추어야 한다. 이때 변화란 육성, 조성, 함양, 계발, 교정, 개선, 성숙, 발달, 증대 등을 포함하는 포괄적인 것으로서, 확인될 수 있어야 한다.

셋째, 모든 변화가 다 교육이라고 볼 수는 없다. 성형수술로 외모가 달라진 것은 교육이 아니다. 심지어 자연적 성숙이나 일시적이고 우연적인 변화까지도 교육이라고 보기는 힘들다. 이런 이유에서 교육은 '의도적이고 계획적'인 변화에 한정된다. 여기서 '계획적'이라는 말은 길러야 할 인간 행동에 대한 명확한 목적 설정과 그에 대한 인식이 있다는 뜻이며, 그와 더불어 그것을 기를 수 있는 교육 프로그램과 교육과정이 있다는 뜻이다.

이러한 조작적 정의는, 왓슨의 주장이 그러하듯이, 얼른 보기에는 강력한 교육력을 가지는 것 같다. 그러나 이것은 가치중립적이어서, 인간의 나쁜 행동 변화도 계획적이기만 하면 교육이라고 불릴 수 있다는 가치문제가 생긴다. 가령 독재자나 악한 사람이 강력한 최신 시스템을 갖춘 교육 프로그램을 통해 인간 행동을 나쁜 방향으로 효과적으로 변화시켜 위험인물들을 양산할 때, 예컨대 IS가 전문 테러리스트를 양산할 때, 우리가 보편적으로 그것을 교육이라고 부를 수 있을지 의문이다.

따라서 우리가 조작적 정의를 활용할 때 유의할 점이 있다. 조작적 정의는 수단의 측면에서는 과학적이고 효과적인 힘이 있으나, 목적의 측면에서는 극히 무력하고 위험할 수 있다. 교육이 본질을 잃고 외재적 목적의 수단으로 전락할 때 교육은 위험한 무기가 되는 것이다. 따라서 수단적인 힘만 가진다고 해서 참된 교육력이라고 보기는 어렵다. 교육의 조작적 정의는 수단적인 힘을 가지므로 수단의 측면에서 적절히 활용함으로써 교육의 효과를 높일 수 있다. 그러나 그것은 목적의 측면에서는 무력하기 때문에, 교육의 목적 및 방향, 그리고 가치체계의 형성 등에 관해서는 별도의 관심을 가지고 보완해야 할 것이다.

나. 사회화로서의 교육 개념

뒤르켐은 프랑스의 기능주의 교육사회학자로서, 『교육과 사회학』이라는 자신의 저서에서 교육의 개념을 '어린 세대를 대상으로 하는 체계적 사회화'라고 정의한다(Durkheim, 1956: 72). 뒤르켐이 교육을 '사회화'로 정의할 때 가지고 있었던 문제의식은 무엇인가? 그는 교육이 지나치게 개인의 심리적 측면에만 관심을 두고, 개인이 사회에 의해 형성된다는 교육의 사회적 측면을 간과하는 것을 바로잡기 위해 '사회화로서의 교육'을 강조한다. 이처럼 교육에서 간과되는 부분을 강조하여 교육이 나아가야 할 바람직한 방향을 제시하는 일련의 정의들은 규범적 정의에 속한다고 볼 수 있다.

뒤르켐의 '사회화' 개념을 이해하기 위해서는 먼저 그가 구분한 '사회적 사실(social facts)'과 '원초적 사실(brute facts)'의 개념을 이해할 필요가 있다. 예컨대 어떤 물체를 '그림 그려진 종이'로 보고 아무렇게나 사용할 때 그것은 '원초적 사실'인 반면에 그것을 '돈'으로 이해하여 물건을 살 때 그 돈은 '사회적 사실'이 된다. 마찬가지로 손에 끼운 동그란 고리는 '원초적 사실'이지만, 그것을 '결혼반지'라고 애지중지할 때 그 반지는 '사회적 사실'이다. 이처럼 '사회적 사실'은 '원초적 사실'에 사회적 의미를 부여한 것, 예컨대 돈, 결혼반지 등을 가리킨다. 교육은 사회의 한 하위체제로서, 사회적 사실 즉 사회적 의미와 규범을 전수하는 일을 하며, 이것이 '사회화'이다.

'사회화'는 '집단적 의식의 내면화'라고도 말할 수 있다. 사회화는 "이기적, 반사회적 존재로서의 개인이 집단적 의식을 내면화함으로써 사회적 존재로 변화되는 과정"을 말한다. 이 과정은 사회의 입장에서 보면, '그 자체의 존속을 위한 필요불가결한 조건'을 마련하는 수단이며, 개인의 입장에서 보면, 출생할 때 가지고 나온 것이 아닌 전혀 다른 존재로 '변형' 또는 '창조'되는 길이다(이홍우, 2009: 138-139). 이처럼 교육은 비사회적인 존재를 사회적 존재로 만들어 가는 과정이다.

뒤르켐은 사회화를 '보편적 사회화'와 '특수적 사회화'로 구분한다. 사회에는 그 성원들을 하나의 사회로 묶어주는 모종의 동질적 규범과 행동양식이 있다. 사회 전체의 공통된 의미와 규범, 행동양식 등을 내면화시킴으로써 개인을 사회의 구성원으로 만드는 것이 보편적 사회화이다. 그러나 사회에는 사회의 동질성과 더불어, 각각 다른 행동양식과 정신적 자질을 요구하는 수많은 이질적인 집단들이 존재한다. 이에 보편적 사회화를 추구하는 동시에 특정한 시대나 지역에 따른 '국적 있는 교육' 혹은 공동체의 분파교육을 할 필요가 있다. 이것이 특수적 사회화이다. 사회가 정상적으로 기능을 발휘하려면 사회의 다양성과 동질성을 동시에 보장하지 않으면 안 된다. 이에 뒤르켐은 사회화로서의 교육이 하나인 동시에 여러 개라는 이중성을 가지고 있다고 말한다.[7]

다. 성장으로서의 교육 개념

성장으로서의 교육 개념은 18세기 루소에서 시작되어, 19세기 말에 미국을 중심으로 발전된 진보주의 교육사조 등에서 발견된다. 진보주의 교육운동은 학습자의 흥미나 요구 등을 고려하지 않고 지식의 체계만을 강조하는 고전주의 교육, 학습자의 현재의 삶을 무시하고 미래생활에의 준비만을 강조하는 교육, 주입식 교육, 사회 적응이나 문제 해결과 무관한 학교교육 등에 반대하여 나온 것이다. 미국에서는 1919년에 '진보주의 교육협회'가 결성되어, 아동의 자연스러운 발달, 흥미, 욕구, 건강 등을 존중하는 교육, 아동의 전인적 발달을 추구하는 교육, 학교와 가정의 유기적 협력, 안내자로서의 교사관, 교육개혁을 주도하는 진보주의적 학교 등을 강조하였다.

성장으로서의 교육 개념을 주장하는 대표적인 교육사상가로는 듀이를 들 수 있다. 듀이는 그의 대표적인 저서 『민주주의와 교육』에서, 교육은 경험의 계속적인 재구성, 즉 더 나은 성장에 이르기 위한 유기체와 환경과의 상호작용의 과정이라고 말한다(Dewey, 1916/2007: 104-107). 듀이가 말하는 '경험'은 단순한 활동을 의미하지 않는다. 경험은 ① 능동적 측면에서 '해보는 것', ② 수동적 측면에서 '당하는 것' 혹은 '결과를 겪는 것', ③ 그 결과를 통해 관계를 깨닫는 '사고의 과정'으로 이루어진다. 예컨대 아이가 촛불에 손을 대는 능동적 측면, 뜨겁다고 느끼는 수동적 측면, 촛불은 뜨거우니까 만져서는 안된다는 것을 깨닫는 사고의 과정이 경험인 것이다(Dewey, 1916/2007: 227-245).

이처럼 교육적 경험은 '유기체와 환경과의 상호작용'을 통한 '반성적 사고(reflective thinking)'의 과정, 그리고 개인의 지속적인 성장을 가져오는 경험을 뜻한다. 듀이는

---

7) 이때 보편적 사회화와 특수적 사회화는 별개의 과정을 통해 이루어지는 것이 아니라, 동일한 과정 속에 서로 다른 측면을 가지는 것으로 보아야 한다고 이홍우는 지적한다(이홍우, 2009: 152).

탁월한 도둑질 능력을 습득하는 것은 교육이 아니라고 말한다. 왜 그럴까? 도둑질 경험은 궁극적으로 도둑을 사회와 격리시키게 되며, 그것은 다시 개인의 전체적이고 지속적인 성장을 방해한다. 따라서 그것은 지속적인 성장을 방해하므로 교육이 될 수 없는 것이다.

흔히 듀이를 진보주의 교육사상가로 간주하지만, 듀이는 진보주의 교육의 문제점을 지적하며 다소 중도적인 입장을 표명한다. 듀이는 단순히 아동의 흥미만을 강조해서는 안 되며, 훈련 내지 도야의 중요성을 동시에 강조한다. 또한 그의 책『아동과 교육과정』에서 듀이는 전통적 교육에서 강조하는 '교과'와 진보주의 교육에서 강조하는 '경험'이 상반된 것이 아님을 주장한다. 듀이는 아동의 경험으로 구성된 별도의 교육과정을 만들기보다는, 교과를 가르치되 아동의 생활경험과 관련시켜 가르침으로써 생활에 유용한 경험이 되도록 가르칠 것을 주장하는 것이다(Dewey, 1902/2002). 우리는 듀이의 성장으로서의 교육 개념을 통해 교육내용과 학습자 경험 사이의 조화, 그리고 사회와 개인 사이의 조화를 어떻게 이루어갈지를 생각해볼 수 있다.

진보주의 교육 및 성장으로서의 교육 개념은 전통적 교육관이 가지는 학습자와 교육내용의 괴리, 학교와 사회의 괴리, 주입식 교육, 권위적 교사관 등의 문제를 비판하고 새로운 대안을 제시했다는 점에서 교육에 큰 공헌을 했다고 볼 수 있다. 그러나 아동을 지나치게 강조하며 현재에의 유용성을 강조한다는 점에서 생활적응교육, 실용주의 교육에 머무른다는 비판을 받기도 한다(정윤경, 2010: 108).

라. 입문으로서의 교육 개념

'입문(성년식, initiation)으로서의 교육'의 개념은 피터스에 의해 제안되었다. '성년식'은 원래 무형식적 교육의 하나로서, 어린이가 자신이 속한 사회의 구성원이 되기 위해서 치러야 하는 통과의식을 일컫는 말이다. 피터스가 입문으로서의 교육을 제안한 것은, 어린이가 성인 사회에 입문하는 것처럼, 교육은 인간다운 인간을 기르기 위해서 인류가 발전시켜온 가치 있는 인간 활동, 즉 '공적인 세계, 문명된 삶의 양식, 사고의 형식'에 학습자들을 입문시켜야 함을 강조하기 위한 것이다.

피터스에 의하면, 기존의 주형 모형과 성장 모형은 교사와 학습자 모두가 입문되어야 할 공적인 문화유산을 간과하는 잘못을 범하고 있다. 즉, 주형 모형에서 교사는 공적 세계와 무관하게, 자신이 권위를 가지고 세밀한 계획에 의하여 모종의 내용을 학생의 마음에 날인하는 '조형(造型)' 과정에 관심을 가진다.[8] 반면에 성장 모형에서 교사는, 공적 세계와 초연하게, 학생이 발달 법칙에 따라 스스로 '성장'할 수 있도록 환경을 조작하는 것에 관심을 가진다. 이처럼 두 모형 모두 교사를 '학생 마음속에 모종의 결과를 일으키기 위하여 일하는 초연한 조작자'로 본다고 피터스는 비판한다(Peters, 1996/2003: 79: 71-72).

그렇다면 피터스의 '입문으로서의 교육'에서 교사의 역할은 무엇인가? 초기 단계에서 교사는 '사고의 형식'에 먼저 입문된 사람으로서 자기가 알고 있는 사고의 형식 안으로 학생들을 입문시키는 역할을 한다. 그러나 후기 단계가 되면, 교사와 학생의 차이는 단지 정도의 차이가 된다. 즉, "훌륭한 교사는 학생들이 하루 빨리 자기의 도움을 받지 않고 혼자 힘으로 설 수 있도록 도와주는 사람이다"(Peters, 1996/2003: 74). 따라서 교사가 가지는 권위는 절대적 권위가 아니라, 학생들이 공적 유산에 입문될 때까지의 '잠정적 권위'가 된다.

피터스(Peters, 1966)는 처음에는 학습자가 입문되어야 할 가치 있는 인간 활동을 이론적인 '지식의 형식'으로 보았다. 즉, 초기 피터스의 '입문으로서의 교육'은 '지식의 형식에의 입문'인 셈이다. 그러나 후기 피터스는 초기의 입장을 수정하여, 이론적인 지식의 형식에만 입문시킬 것이 아니라, 다양한 인간 활동들을 교육내용으로 가르쳐야 한다고 말한다(Peters, 1979). 허스트 역시 처음에는 '지식의 형식'을 가르쳐야 한다는 주지주의 교육관을 가지고 있었으나, 후기에는 초기 입장을 비판하고 교육내용을 '다양한 사회적 실천전통들'로 확장할 것을 주장하였다. 이에 후기 허스트 역시 '사회적 실천전통(practices)에의 입문으로서의 교육' 개념을 제안한다(Hirst, 1992,

---

8) 주형모형은 성장모형에 비해, 주형의 틀이 되는 교육내용을 강조하는 편이다. 그러나 주형모형은 입문될 문화유산이나 사고 형식에 관심을 가지기보다는, 어떤 내용이든지 상관없이 주어진 내용의 틀에 따라 학생을 '조형'하는 일에 관심을 가진다는 점에서 입문모형과 차이가 있다.

1993).[9)]

1990년대에 제안된 '사회적 실천전통에의 입문으로서의 교육' 개념은 다소는 공동체주의적 교육 개념으로서, 자유주의적 교육 개념에 대비된다. 이것은 다양한 분파의 포괄적 가치 교육을 강조하며, 다양한 가치의 공존을 위하여 교육이 학생들을 중요한 사회적 실천전통에 '입문'시키는 일을 해야 한다고 본다. 이것은 공적인 절차적 원리와 개인의 선택만을 강조하는 자유주의적 교육관을 보완하는 역할을 한다(홍은숙, 2007: 12장).

마. 자유주의적 교육 개념

현대 사회는 자유민주주의 사회, 다원주의 사회, 정보화 사회, 포스트모더니즘 사회 등으로 불린다. 자유주의 사상에 기초한 교육은 개인의 자율성 형성 및 스스로 자신의 삶을 선택할 수 있는 비판적 사고능력의 배양을 추구한다. 따라서 특정 활동을 가르칠 경우 그것에 '입문'시키기보다는 개인이 선택할 수 있도록 다양한 전통을 '소개'하는 수준에 그쳐야 한다고 본다(Kazepides, 1983; White & White, 1986). 즉, 자유주의적 교육은 학생들에게 다양한 공적 전통에 어떤 종류가 있는지를 설명하고 그것에 익숙해지도록 하지만 결코 그것에 헌신하거나 깊이 있게 참여할 것은 권유하지는 않는다. 이러한 교육을 홍은숙은 '소개(introduction) 모형'이라고 부른다(홍은숙, 2007: 146-149).

이러한 자유주의 사상과 교육관은 우리에게 너무나 당연한 것으로 받아들여지고 있어서 그 문제점을 찾기가 어렵다. 사실상 다양한 가치와 전통들 중에서 특정한 가치를 임의로 개인에게 강요할 수는 없으며, 다양한 가치들이 공존할 수 있는 장을 만

---

9) 1990년대에 들어 후기 허스트는 1960년대부터 30여 년간 영미 교육철학을 지배해온 자신의 '지식의 형식이론'을 스스로 철회하고, 그 대안으로서 '사회적 실제 혹은 실천전통(practices)에의 입문으로서의 교육' 개념을 제안한다(Hirst, 1992, 1993). 실천전통 교육관은 간주관적인 공적 전통에 입문시켜야 한다는 기존의 피터스의 '입문으로서의 교육' 개념에 바탕을 두되, 맥킨타이어의 '사회적 실천전통(practices)'의 개념을 원용하여(MacIntyre, 1984) 교육내용을 주지주의적인 '지식의 형식'을 넘어서 다양한 '실제적 실천전통'까지를 포함하는 것으로 확장하는 교육관이다.

드는 것은 자유 민주주의 사회의 장점이기도 하다. 그러나 자유주의 교육관이 전제하는 교육의 '소개 모형'에는 장점과 더불어 문제점도 있다.

먼저 인식론적 측면에서 볼 때, '소개 모형'에 따라 공적 전통을 배울 경우 다양한 활동을 접하며 개인의 선택의 범위를 넓힐 수 있다는 장점이 있다. 그러나 교육의 소개 모형은 '관람자'의 관점에서 그 활동에 '관하여' 피상적으로 배울 뿐이라는 단점이 있다. 다시 말하면, '소개 모형'에서는 구성원이나 참여자의 관점에서 그 활동의 내적 가치와 탁월성의 기준과 사고방식 등을 깊이 있게 배우지 못한다. 특히 어렸을 때 순전히 '소개 모형'에 따라 도덕적 가치를 가르칠 경우, 도덕적 진공상태를 유발함으로써 오히려 도덕적 상대주의자 혹은 회의주의자를 만들 위험이 있는 것이다.

예를 들어 한국의 엄마가 아주 어린 자녀에게 가치나 도덕을 가르칠 때, "이렇게 하는 것이 옳고 저렇게 하면 안 돼. 착한 아이는 이렇게 하는 거야."라는 방식으로 가르치지, "나는 네가 이렇게 하면 좋겠지만, 미국에서는 이렇게 하고, 중국에서는 저렇게 하고, 아랍에서는 다르게 하고, 아프리카에서는 또 다르게 한단다. 네가 판단해보고 마음대로 하렴." 하는 방식으로 가르치지는 않는다. 혹은 기독교인인 부모가 어린 자녀에게 기독교에서는 이것이 옳지만, 불교에서는 이렇게 생각하고, 이슬람교에서는 저렇게 생각하고, 유교에서는 다르고, 힌두교나 조로아스터교에서는 또 이러저러하게 다르다는 식으로 가르치지 않는다.

아주 어린 아이들에게 어떻게 해야 하는지를 가르칠 때, 처음부터 소개하고 선택하도록 하지는 않는다. 아동의 발달 단계상 '소개 모형'이 불가능하거나 부적절할 수 있는 것이다. 그 경우 일단 아이들에게 가치나 규범을 가르치고 훈련시키며 그 가치를 내면화하도록 한 후, 나이가 들면 차차 이유를 설명을 해주고 스스로 결단하고 선택하도록 한다. 뒤르켐(Durkheim, 1973)이 구분한 다음과 같은 도덕교육의 3단계는 이 점을 잘 보여준다: 첫째, 규범 및 습관 형성을 하는 '훈련의 정신' 단계, 둘째, 공동체에 일체감을 가지는 '공동체에의 애착' 단계, 셋째, 형성된 지식, 습관, 정서를 합리적으로 검토해보는 '자율성 또는 자기결정' 단계. 다원주의적 자유 민주주의 사회에서 다양한 가치를 존중하는 것도 필요하지만, 어린 아이에게는 '교화'시키는 일이 불가피하다는 주장이 많이 있다(홍은숙, 2007: 146-153 참조). 따라서 교육의 어느 시점에서 어떤 방식으로 공동체적 가치와 자율적 판단력을 균형 있게 가르칠지를 고민할 필요가 있다.

〈표 2-2〉 자유주의 교육 모형과 공동체주의 교육 모형의 비교

	자유주의 교육의 소개 모형	공동체주의 교육의 입문 모형
사조 배경	• 자유주의	• 공동체주의
교육의 목적	• 학습자의 자율성 형성	• 학습자의 정체성 형성 및 좋은 삶의 추구
교사관	• 제3자적 위치에서 다양한 공적 전통을 소개하고 선택 능력을 길러주는 사람	• 먼저 공적 전통에 입문한 후 학생을 그것에 입문시키도록 돕는 사람
학생관	• 다양한 공적 전통들에 관하여 피상적 수준에서 배우는 관람자	• 선택한 공적 전통의 구성원으로 입문하여 깊이 있게 배우는 참여자
교육방법	• 다양한 실천전통의 소개 • 자율적 판단력 배양	• 개인의 삶의 총체성에 비추어 실천전통 선택 및 입문 • 자아 정체성을 확립

제3절 교육의 목적

우리는 위에서 교육의 다양한 개념들을 살펴보았다. 이제 교육의 목적에 대해 살펴보자. 우리는 '교육의 목적이 무엇인가?'라는 질문을 '교육을 왜 하는가?' 혹은 '교육하는 이유가 무엇인가?'라는 질문으로 바꾸어 던질 수 있다. 그런데 이에 대한 다양한 답변이 가능하다. 실지로 교육의 목적은 그 질문이 의도하는 것이 다양한 애매한 질문이며, 이런 점에서 앞의 1장에서 말한 교육의 필요성과도 혼동될 수 있다. 여

기서는 '교육의 목적'이라는 말의 애매성을 밝히며, 교육이 궁극적으로 추구해야 하는 목적이 무엇인지에 대하여 생각해보고자 한다.

교육에서 목적은 필요한가? 학교의 교훈이나 급훈, 단위 수업의 목표 진술은 요식행위에 불과한가? 우리나라 양궁 선수들이 올림픽에서 금메달을 따는 것은 그냥 활 쏘는 자세가 좋다거나 화살이 멀리 나가서가 아니라, 과녁을 맞혔기 때문이다. 교육활동도 그것을 성공적이라고 말하기 위해서는 맞혀야 하는 과녁의 중심이 있을 것이며, 그것을 교육의 목표 또는 목적이라고 부른다.[10] 아무리 외적으로 화려한 교육활동이라도 교육의 목적을 이루지 못한다면 성공적인 교육이라고 말할 수 없다. 따라서 좋은 교육을 위해서는 교육의 목적을 분명히 할 필요가 있다. '우리가 이 모든 것을 무엇을 위하여 하고 있는가?' 하는 질문은 전적으로 한가하거나 실제적으로 의미 없는 질문이 아니라고 린지(Wringe, 1998/2013: 35)는 말한다. 이 질문에 대한 근본적인 성찰이 없다면, 우리는 기존의 교육을 타성적으로 따르거나 유행에 따라 변덕스럽게 대응하게 될 수도 있기 때문이다.

1. 교육의 내재적 목적과 외재적 목적

가. 내재적 목적과 외재적 목적

'교육을 왜 하는가?'라는 질문에 대해서 '나중에 커서 좋은 직장을 가지고 돈을 많이 벌기 위하여' 혹은 '좋은 배우자를 만나기 위하여'라는 답을 할 수도 있고, '좋은 인격과 실력을 가진 훌륭한 사람이 되기 위하여'라고 답을 할 수도 있다. 처음의 답변이 제시하는 이유는 교육을 수단으로 사용하며 교육과 직접적인 관련이 없는 외적인 이유지만, 뒤의 답변은 교육이 본래 추구하려고 하는 교육에 내재된 이유라고 할 수 있다. 여기서 우리는 먼저 교육의 외재적 목적과 내재적 목적을 구분할

10) '교육의 목적'이라는 말은여러 가지 의미를 가지는 애매한 용어이다. 목적이라는 말에 해당하는 영어에는 purposes, aims, objectives 등 여러 가지가 있다.

필요가 있다.

피터스는 '교육자는 목적을 가져야만 하는가?'라는 질문을 던지며, 이에 다음과 같이 답한다. "교육은 그 자체 이상의 어떤 목적도 가지지 않는다. 교육의 가치는 교육 안에 내재한 원리나 기준에서 나온다. 교육을 받는다는 것은 어떤 목적지에 도달하는 것이 아니라, 다양한 견해를 가지고 여행하는 것이다"(Peters, 1973: 107). 이 말은 무슨 뜻인가? 교육자는 목적을 가져야 한다는 뜻인가, 아니면 가지지 말아야 한다는 뜻인가?

이 질문에 답하기 위해서 피터스는 '내재적 목적'과 '외재적 목적'을 구분한다. '내재적 목적'이란 활동 안에 존재하는 '내재적(內在的) 가치(intrinsic values)', 즉 활동 '안에 있어서(internal)' 그 활동에 참여함으로써만 얻을 수 있는 '참가자적 관점'에서의 본질적인 가치를 가리킨다. 예컨대 미술 활동을 함으로써만 누릴 수 있는 창작의 기쁨, 미술 기법, 미술의 아름다움 등이 그것이다. 반면에 '외재적(外在的) 목적'이란 활동 밖에 존재하는 가치, 즉 그 활동과 본질적인 관련이 없는 '외재적 가치(extrinsic values)', 교육활동 밖의 '관람자적 관점'에서 보는 가치를 가리킨다. 예컨대 미술 활동을 수단으로 부와 명예, 권력 등을 얻는 것을 가리킨다.

피터스에 의하면, 외재적 목적은 종종 활동의 본질을 왜곡시키거나 활동 자체를 중단시킬 위험이 있다. 예컨대 의사가 순전히 돈벌이만을 위해 효과는 좋지 않으나 이익이 많이 남는 주사약을 처방한다든지 더 나은 보수를 위해 의사직을 그만두고 다른 사업을 시작하는 경우가 그것이다. 이처럼 '교육의 목적'이라는 말을 '교육의 외재적 목적'으로 해석하여, 교육을 받는 이유를 국가 발전, 좋은 직장과 부와 명예의 획득 등에서 찾을 때 교육의 본질이 왜곡될 수 있다. 따라서 교육자가 교육의 외재적 목적만을 강조해서는 안 된다.

반면에 '교육의 목적'이라는 말을 교육의 내재적 목적으로 해석할 수 있다. 이때 교육의 내재적 목적을 묻는 것은 교육을 하는 비본질적인 이유나 동기 혹은 그 결과로서의 교육 외적 산물을 밝히라는 요청이 아니라, 교육에서 하는 일의 내용 및 성격을 분명히 하고 구체화하라는 요청이다.[11] 교육의 목적을 내재적 목적으로 해석할 때, 교육자에게는 교육의 목적이 필요하다.

듀이 역시 "교육의 과정은 그 자체 이외의 다른 목적을 가지지 않으며 교육 그 자체가 목적이다"라고 말한다. 듀이는 교육을 경험의 재구성을 통한 계속적인 성장의 과정으로 본다. 따라서 계속적인 성장 이외에 교육활동과 별개로 존재하는 비본질적인 교육의 목적을 상정하는 것에 반대한다(Dewey, 1916/1987). 오늘날 이론상으로 교육을 다른 활동을 위한 수단으로만 보거나 혹은 교육의 본질을 무시한 채 교육이 가져오는 부수적인 결과만을 주장하는 사람은 거의 없을 것이다. 그러나 현실적으로는 교육의 본질적 목적보다는 그것이 부수적으로 가져오는 외재적 목적을 강조함으로써 교육 활동을 왜곡시키는 경우가 종종 있다. 이에 우리는 어떤 목적으로 자녀교육을 하며 학생을 가르치는지를 숙고할 필요가 있다.

나. 교육의 내재적 목적과 외재적 목적의 관계

교육의 외재적 목적이 교육을 왜곡시킬 수 있다면, 교육에서 외재적 목적을 추구해서는 안되는가? 아이들이 공부를 하는 목적을 생각해보자. 아이들 중에 과연 몇 명이나 교육의 내재적 가치를 염두에 두고 거룩한 사명감으로 공부를 할까? 대부분의 아이들은 부모의 선물 약속, 꾸지람에 대한 두려움, 자신의 장래 성공 등을 위해 공부하지 않을까? 후자는 공부를 하는 외재적 목적이고, 이것은 공부를 하거나 시키는 데에 매우 도움이 된다. 실지로 교육심리학적으로도 외재적인 상이나 벌은 교육에 효과적으로 활용된다.

이론상으로도 외재적 가치와 내재적 가치는 불가분의 관계를 가진다. 이것을 맥킨타이어는 '사회적 실천전통(practices)'과 '제도(institutions)'의 구분을 통해 설명한다.

11) 피터스에 의하면 '목적(aim)'이라는 말이 동사로 쓰일 경우, 그것은 '맞춰야 할 표적을 겨냥한다' 또는 '표적에 주의를 집중한다'는 뜻을 가진다. 따라서 어떤 사람에게 그가 하는 일의 목적이 무엇인가를 묻는 일은 그 활동이 어떤 것인가를 보다 엄밀하게 규정해 달라는 요청이며, 그로 하여금 자기가 하고자 하는 일에 주의를 집중하거나 그 일을 명확히 파악하도록 하는 한 가지 방법이다(Peters, 1996/2003: 19-21; Peters, 1973: 87-88).

예컨대 의술활동은 사회적 실천전통이고, 병원은 제도이다. '제도'는 특성상 "권력과 지위에 의해서 구조화되며, 보상으로써 돈과 권력과 지위를 분배"하는 외재적 가치를 통해 유지된다(MacIntyre, 1984: 194). 그런데 아무리 좋은 음식이라도 담을 그릇이 없으면 보존할 수 없는 것처럼, 과학, 의술, 농업, 건축, 예술 등 바람직한 '사회적 실천전통들'은 각각에 적합한 '제도'라는 그릇 없이는 잠시도 지속될 수 없다. 예컨대 어떤 의사가 의술활동의 내재적 목적만을 추구하기 위해 무료 진료를 하고 의료제도에 부수되는 어떤 직위나 보수도 받지 못할 경우 의술활동 자체가 지속될 수 없을 것이다. 이처럼 외재적 목적은 해당 활동을 타락시킬 위험성이 있음에도 불구하고, 그 활동을 유지 발전시키는 데 불가피하다.

외재적 가치의 불가피성을 생각할 때, 그것 자체를 비난할 수는 없다. 잘못은 실천전통의 본질적인 내재적 목적을 잊어버린 채, 그 활동이 부수적으로 가져다주는 외재적 가치를 그 활동의 본래 목적인 듯이 착각하는 '목적 망각의 오류' 또는 '목적 혼동의 오류'를 범하는 데에 있다(Green, 1987: 106; 홍은숙, 2007: 65-67). 외재적 목적은 어떤 활동을 시작하도록 동기를 부여하고, 또 그 활동을 지속하는 데에 효과적이지만, 그것이 궁극적인 목적이 되어서는 안되는 것이다. 따라서 교사나 부모는 교육을 통해 추구해야 할 내적 가치를 진지하게 생각해야 한다. 그리고 효과적인 교육을 위해 어떻게 적절히 외재적 목적을 활용할지를 연구해야 한다. 동기부여를 할 때에도 외재적 동기부여만을 해서는 안 되고, 궁극적으로 그 활동을 왜 배워야 하는지 내재적 가치를 습득하게 해야 할 것이다.

2. 추상적 교육목적과 구체적 수업목표

가. '교육목적'과 '수업목표'

교육의 목적이 무엇인가를 묻는 질문에 대해 우리는 추상화의 수준에 따라 여러 방식의 답변을 할 수 있다. 인류가 교육이라는 활동을 통해 공통적으로 추구하는 바를 물을 수도 있고, 우리나라에서 범국가적으로 추구하는 교육목적을 물을 수도 있고, 특정 학교에서 추구하는 교육목적을 물을 수도 있고, 한 교사가 특정 수업에서 설정한 수업목표 혹은 학습자가 스스로 설정한 학습목표를 물을 수도 있다.

여기서는 일반적이고 추상적인 것은 '교육목적'으로, 단위 시간에 완성될 수 있는 특수하고 구체적인 것은 '수업목표'로 뭉뚱그려, 두 가지 개념을 비교하여 생각해보고자 한다.[12] 먼저 '교육목적'은 궁극적으로 바라보고 나아가야 할 교육의 방향 내지 비전을 가리키는 것으로서, '추상적'이고 '일반적'이다. 이것은 여러 구체적인 활동들을 통해 '장기적'으로 '실현'되는 것이다.

이와는 달리 '수업목표'는 교육의 궁극적 목적을 달성하는 데 필요한 지침 내지 단계를 행동적 용어로 진술한 것으로서, 보다 '구체적'이고 '특수적'이다. 이것은 단위 활동을 통해서 '단기적'으로 '완성'되는 것이다. 예컨대 이차방정식을 배운다고 할 때 이차방정식을 풀 수 있다는 것은 수업목표이고, 이를 통하여 수학의 가치를 알고 수학자의 삶을 사는 것은 교육목적이라고 볼 수 있다. 또한 한옥을 지을 때 한옥 한 채는 단위 시간에 완성되는 것이지만, 한옥의 스타일은 완성되는 것이 아니라 지속적으로 실현되는 것이다. 교육목적은 집을 완성하듯이 완성할 수 있는 성질의 것이 아니라 모든 교육 활동에서 만족시켜야 할 준거인 것이다(〈표 2-3〉 참조).

〈표 2-3〉 교육목적과 수업목표의 특징

교육목적의 특징	추상적, 일반적, 장기적, 실현됨
수업목표의 특징	구체적, 특수적, 단기적, 완성됨

12) 이돈희는 추상화의 수준에 따라 교육목적 개념을 '교육의 목적', '교육목적', '교육의 목표', '교육목표' 등의 네 가지로 분석한다. '교육의 목적'은 "어떤 형태의 활동이든지 간에 보편적으로 '교육'이라는 활동을 왜 하느냐?"라는 교육의 개념 혹은 교육의 규범적 정의를 묻는 것이다. 여기서 한 단계 구체화된 '교육목적'은 "수학교육과 같이 어떤 특정한 교육활동을 왜 하느냐?"를 묻는 것이다. '교육목적'은 특정 교육활동을 통해 '교육의 목적'을 실현하는 특수한 방식을 가리킨다. 한편 '교육목표'는 특정 교육활동을 통해 '교육목적'을 실현할 때 어느 수준에서 완성하고자 하는지를 가리키는 가장 구체적인 수업목표를 뜻한다. '교육의 목표'는 단위 수업의 구체적 교육목표들을 통해 완성되는 다소 일반적인 목표를 뜻한다(이돈희, 1991: 116-118).

나. 교육목적과 수업목표의 관계

'교육목적'과 '수업목표'를 구분하는 것이 교육에 어떤 도움을 줄 수 있는가? 각각은 교육에서 어떤 역할을 하며, 둘 사이의 관계는 무엇인가? 먼저 수업목표의 역할을 살펴보자(홍은숙, 2007: 275-278 참고). 교육목적만 있고 수업목표가 없는 경우 어떤 일이 생길까? 그것은 마치 다섯 살짜리 아이에게 '너는 위대한 피아니스트가 되어야 해'라고 말하며 꿈만 심어주고, 피아노 치는 법을 쉬운 것부터 차근차근 가르치지 않는 것과 같다. 이 경우 그 아이는 그 꿈에 도달하는 방법을 몰라서 그대로 주저앉거나, 아니면 그 꿈이 현실과 너무나 거리가 멀어서 포기할 수 있다. 시냇물을 건너고자 할 때, 시냇물 건너편이 교육목적이라면, 그것을 건널 수 있게 놓인 징검다리 돌은 수업목표라고 할 수 있다. 시냇물을 건너려는 희망이나 의지만으로는 그것을 이룰 수 없다. 성취 가능한 하나하나의 수업목표를 징검다리처럼 제시할 때, 그것을 따라 궁극적인 교육목적을 이룰 수 있는 것이다. 목표가 없는 목적은 공허한 환상으로 끝날 수 있다.

이제 교육목적의 역할을 생각해 보자. 수업목표만 있고 교육목적이 없다면 어떤 일이 생길까? 첫째, 시냇물을 건넌다는 목적이 없을 경우, 목표에 해당되는 징검다리 돌은 목적으로 연결되지 않고 엉뚱한 방향으로 놓일 수 있다. 이 경우 우리가 열심히 징검다리 돌을 따라 앞으로 나아갈지라도 우리는 시냇물을 건널 수 없게 된다.

둘째, 목적이 없을 경우 우리는 열심히 어떤 일을 하면서도 그 일의 의미를 알지 못하게 된다. 죽으라고 공부해서 좋은 성적 얻고, 좋은 대학에 들어가고, 좋은 직장에 취직해도, 왜 이렇게 하는지 의미를 알지 못하고 허무해하며, 극단적인 경우 자살까지 하는 것은 바로 개인의 구체적 행동의 의미를 드러내주는 장기적인 교육목적이 없기 때문인 것이다.

셋째, 목적이 없을 경우 하나의 일을 끝낸 후 무엇을 할지 모르게 된다. 예컨대 미술 활동의 목적이 있는 사람은 하나의 미술작품을 완성한 후 또 다른 작품을 시도한다. 그러나 주어진 목표의 완성에만 초점을 둘뿐 궁극적인 목적이 없는 사람은, 그 일이 끝난 후에는 무엇을 할지 당황하게 된다. 목적과 비전이 있는 사람, 본질을 추구하는 사람은 하는 일을 멈추지 않는다.

넷째, 목적이 없이 목표만 있는 사람은 그 목표 달성에 실패할 때 좌절하게 된다. 그러나 장기적인 목적이 있는 사람은 한 가지 길이 막히면 목적을 바라보며 다른 길을 찾는다(〈표 2-4〉 참조).

〈표 2-4〉 교육목적과 수업목표의 관계

교육목적만 있고 수업목표가 없다면?	• 공허한 환상으로 끝남.
수업목표만 있고 교육목적이 없다면?	• 방황함. • 하는 일의 의미를 모름. • 새로운 일을 추진하지 못함. • 실패할 때 좌절함.

이처럼 목적과 목표를 구분하고 관계를 생각하는 것은 개인의 인생을 설계하는 데에도 매우 중요하다. 인생의 장기적인 비전과 목적이 있어도 그것을 구체적으로 실천해가는 목표가 없으면 인생의 목적은 이룰 수 없는 환상이 된다. 반면에 매일의 목표를 가지고 주어진 일들을 성실히 수행하더라도 인생의 궁극적인 비전과 목적이 없으면 자신이 무슨 일을 해야 할지, 또 자신이 하는 일의 의미가 무엇인지 알지 못하며, 자신의 총체적인 삶의 방향을 상실하게 된다.

이것은 교육에서도 마찬가지이다. 단위 수업의 목표를 제시하는 일은 단위 수업에서 학생이 성취해야 할 구체적인 행동을 설명하는 식으로, 대부분 이미 시행되고 있다. 그러나 수업목표를 제시하는 것만으로는 부족하며, 구체적인 수업목표가 지향하는 장기적인 교육목적을 학생들이 깨달을 수 있게 해주어야 한다. 한편으로, 교사는 학생들이 단위 수업 시간에 배우는 내용의 배경 또는 모체가 되는 학문 활동 속에서 어떤 의미를 가지는지를 알 수 있도록 수업내용을 전체 학문 맥락과 연결시켜 설명해야 한다. 다른 한편으로, 구체적인 수업목표가 학습자에게 의미를 가지고 동기부여가 되는 것은 배우는 내용이 개인의 궁극적인 삶의 비전과 목적에 연결될 때이다. 따라서 교사는 수업목표를 학생 각자가 자신의 삶에 연결시킬 수 있도록 성찰의 기회를 줄 필요가 있다.

교육목적과 수업목표의 고유한 역할을 생각할 때, 교육에서 이 두 가지를 모두 강조하는 것이 필요하다. 그러나 특히 교육목적 즉 비전을 제시하는 일은 더욱 강조될 필요가 있다. 분명한 교육목적을 제시할 때 자신이 하는 일의 의미를 알며, 새로운 일을 추진하며, 어려움에도 좌절하지 않고, 방향을 잃지 않고 지속해서 나아갈 수 있기 때문이다.

이 외에도 교육의 목적이 무엇인가에 대해서는 다양한 논의가 있다. 린지는 다양한 교육의 목적을 다음과 같이 세 가지로 범주화한다: 1) 개인이 이익을 도모하고 개인의 삶의 목적과 발달을 증진하는 교육목적, 2) 바람직한 사회 상태를 유지하고 창출하는 것과 관계되는 교육목적, 3) 진리의 추구, 합리성, 수월성 등과 같이 그 자체로 바람직하거나 내재적으로 가치 있다고 여겨지는 것과 관련된 교육목적(Wringe, 1996/2003: 19-21). 우리가 교육의 목적을 무엇이라고 말하든지 간에, 상황에 적절하게 본래의 성격에 부합하는 바람직한 교육을 하기 위해서는 교육의 목적에 대한 지속적인 성찰이 필요할 것이다.

학습과제

01
교육에 대한 다양한 정의 방식을 열거하고 어떤 맥락에서 사용하는지 알아보자.

02
자신의 교육관 또는 교육의 정의를 진술해보고, 왜 그렇게 생각하는지 그 이유를 말해보자.

03
교육의 내재적 목적과 외재적 목적 중 어느 것이 더 중요한지, 어떤 관련이 있는지를 토론해보자. 또한 학생들을 가르칠 때 교육목적과 수업목표를 어떻게 관련시킬 수 있을지를 토론해보자.

참/고/문/헌

강선보, 신창호(2009). **교육의 이해**. 서울: 동문사.

김선구(1999). **공동체주의와 교육**. 서울: 학지사.

박주병(2010). **루소의 교육론 연구: 자유교육으로서의 자연교육**. 서울대학교 대학원 박사학위 논문.

신차균, 안경식, 유재봉(2013). **교육철학 및 교육사의 이해**(제2판). 서울: 학지사.

윤정일 외(2002). **신 교육의 이해**. 서울: 학지사.

이돈희(1991). **교육철학개론**. 서울: 교육과학사.

이홍우(2009). **교육의 개념(주석 증보판)**. 서울: 문음사.

정범모(1976). **교육과 교육학**. 서울: 배영사.

정윤경(2010). **교사를 위한 교육철학**. 파주: 교육과학사.

최병태 외(2006). **교육학개론**. 서울: 학지사.

홍은숙(2007). **교육의 개념: 실천전통에의 입문으로서의 교육**. 서울: 교육과학사.

Dewey, J.(1902). *The Child and the Curriculum / Experience and Education*. 박철홍 역(2002). **아동과 교육과정/경험과 교육**. 서울: 문음사.

Dewey, J.(1916). *Democracy and Education*. New York: Macmillan. 이홍우 역(2007). **존 듀이 민주주의와 교육**. 서울: 교육과학사.

Durkheim, E.(1956). *Education and sociology*, translated by S. D. Fox. New York: Free Press. (original French edition, 1925), 이종각(역)(1987). **교육과 사회학**. 서울: 배영사.

Durkheim, E.(1973). *Moral education*. New York: The Free Press, A division of Macmillan Publishing Co. Inc.

Green, T. F.(1987). The conscience of leadership. L. T. Sheive and M. G. Schoenheit(Eds.). *Leadership. ASCD Yearbook*. Washington D. C.: The Association for Supervision and Curriculum Development. 105-115.

Hirst, P. H.(1974). *Knowledge and curriculum*. London: Routledge & Kegan Paul.

Hirst, P. H.(1992). Educational aims: Their nature and content. *Philosophy of Education 1991*. Normal.

Illinois: Philosophy of Education Society. 40–59.

Hirst, P. H.(1993). Education, knowledge and practices. In R. Barrow and P. White(Eds.). *Beyond liberal education: Essays in honour of P. H. Hirst*. London: Routledge. 184–199.

Kazepides, T.(1983). Socialization, initiation and indoctrination. *Philosophy of Education 1982*. Normal Illinois. Philosophy of Education Society.

MacIntyre, A.(1984). *After Virtue: A study in moral theory*(2nd ed.). Notre Dame: University of Notre Dame Press.

Martin, J. R.(1981). Needed: A new paradigm for liberal education. In J. Soltis(Ed.). *Philosophy and Education NSSE Yearbook*, Chicago: The National Society for the Study of Education.

Peters, R. S. (1966). *Ethics and education*. London: George Allen & Unwin Ltd. 이홍우 외(역)(2003). **윤리학과 교육**. 서울: 교육과학사.

Peters, R. S.(1973). *Authority, responsibility and education*(3rd ed.). London: George Allen & Unwin Ltd.

Peters, R. S.(1979). Democratic values and educational aims. *Teachers College Record. 80(3)*. 463–482.

Scheffler, I.(1960). *The language of education*, Charles C. Thomas.

Watson, J. B.(1924). *Behaviorism*. New York: W.W. Norton & Co. Inc.

White, J. and White, P.(1986). Education, liberalism and human good. In D. E. Cooper(Ed.). *Values and mind: Essays for R. S. Peters*. London: Routledge & Kegan Paul.

Wringe, Colin(1988). *Understanding educational aims*. Unwin Hyman Ltd. 김정래(역)(2013). **교육목적론**. 서울: 학지사.

CHAPTER_ 3

한국교육사 개관

교육의 역사에 대한 이해와 서술은 다양한 주제를 가지고 여러 관점에서 이루어질 수 있다. 이 장에서는 한국의 교육제도가 어떻게 변화되어 왔는지에 초점을 두어 서술하였다. 교육제도를 구성하는 기본 요소로 학교에 주목하였으며, 학교가 어떤 목적으로, 어떻게 운영되었는지를 살펴보고자 하였다. 학교교육이 시대마다 어떤 특징을 보여주고 있고, 어떻게 달라지는지 그리고 사회적으로 어떤 결과를 낳고 있는지에 대해서도 살펴보았다.

교육은 인간을 사회 구성원으로 성장시키고 이를 통해 사회가 존속하게 되는 활동과 제도로서 어느 시대, 어느 사회에나 존재하였다. 우리나라 교육도 한반도와 만주 지역을 거점으로 시작된 오랜 역사 속에서 시대와 지역, 사회 조직과 제도, 문화의 변동을 겪으며 다양한 모습으로 전개되었다. 이 장에서는 전통 사회에서 현대 사회에 이르는 우리나라 교육의 진화 과정을 개관한다. 우리나라 교육을 크게 세 시기, 즉 전통 사회의 교육, 일제 강점기의 교육, 현대 사회의 교육으로 나누어 각 시기에 이루어진 주요한 변화와 계기들에 주목하였다. 교육이념과 목적, 교육내용과 방법, 교육제도와 정책 등이 어떻게 변화하면서 오늘에 이르렀는지를 살펴보면서 시기에 따라 강조점을 다르게 서술하였다.

제1절 전통 사회의 교육

교육이 형식적 제도 위에서 이루어진 것은 사회 조직과 기능이 분화되고 일종의 국가 조직이 갖추어지는 삼국시대에 이르러 가능하였다. 문헌 기록에 따르면 형식적인 교육은 고구려의 태학(太學, 372)에서 시작되었다. 그러나 삼국시대 이전, 오랜 시기에 걸쳐 넓은 지역에서 다양하게 이루어진 여러 토착적 형태의 교육활동과 관행을 생각해 볼 수 있다. 이를테면 고구려의 경당(扃堂)과 신라의 화랑(花郎) 제도에서 이전 시기 청소년들의 집단 활동과 훈육의 원형을 추정해 볼 수 있다. 고조선을 비롯한 여러 성읍 국가에는 중국의 한자(漢字)와 유교(儒敎) 문화의 영향을 받아서 생긴 다양한 형태의 교육활동이 존재하였을 가능성이 있다. 특히 한자의 수용과 활용은 공적인 문서 행위를 위해 국가마다 새로운 교육적 과업이 되었을 것이다.

고대 국가로 고구려, 백제, 신라의 삼국이 성립되고 유교와 불교를 받아들이면서 교육기관은 국가제도의 한 부분으로 자리 잡았다. 특히 한자 문화와 유교는 교육제도를 만드는 데에 중요한 영향을 미쳤다. 여기에서는 이 과정을 유교적 교육제도의 형성 과정이었다고 보았다. 그리고 다음과 같이 세 시기로 구분하였다. 삼국시대로부터 통일신라시대에 이르는 시기를 유교적 교육제도의 도입기(4세기-9세기), 고려시대를 유교적 교육제도의 정착기(10세기-14세기), 조선시대를 유교적 교육제도의 발전기(15세기-19세기)로 보았다(박연호, 2006). 이들 교육제도를 설명하기 전에 다음 몇 가지는 미리 전제할 필요가 있다. 첫째는 전통 사회에서 교육기관은 기본적으로 국가 운영에 참여하는 관인(官人)을 양성하기 위한 것이었다는 점이다. 다음은 고려시대까지는 국가적으로나 사회적으로 불교의 위상이 높았고, 일상화되어 있었지만, 여기에서는 불교가 지니는 교육적 의의는 다루지 못했다. 마지막으로 유교적 교육제도의 형성 과정은 중국으로부터 도입된 것을 변형하여 토착화(土着化)하는 과정이었다는 점이다. 그것은 고유의 교육적 기반 위에서 진행된 수용과 변용의 과정이었다.

1. 유교적 교육제도의 도입

삼국은 서로 다른 교육적 전통을 이어받아 나름의 교육제도를 유지하다가, 한자와 유교 문화를 받아들이면서 점차 유사한 교육제도를 갖추게 되었다. 통일신라 시기인 8세기경에 이르면 유교 경전을 교육과정으로 하는 유교식 학교가 자리를 잡게 되었다.

고구려는 태학(太學)과 박사제도를 두어 귀족의 자제를 교육하였고, 경당(扃堂)은 일반 자제들을 대상으로 교육하였다. 경당에서는 미혼의 자제들이 밤낮으로 책을 읽고 활쏘기를 익혔다. 읽는 책으로 『오경』(五經, 시경 · 서경 · 역경 · 예기 · 춘추)과 『사기』(史記)와 『한서』(漢書) 등의 역사서, 『옥편』(玉篇)과 『자통』(字統) 등의 자서(字書,

사전류), 『문선』(文選)과 같은 문예서가 있었다. 백제는 박사제도를 두어 『오경』에 대한 교육을 담당하였다. 천문과 지리, 의학, 율학(律學) 등의 전문기술 분야는 전업박사(專業博士)를 두어 교육을 담당하였다. 신라는 고유의 전통인 화랑제도(花郎制度)를 정비하여(576) 청소년을 대상으로 한 교육제도로 활용하였다. 이를 통해서 많은 문신과 무신들을 배출하였다. "함께 도의(道義)를 연마하며, 노래와 음악을 즐기고, 산수를 유람하며 인품을 닦았다"는 기록을 통해, 신라가 오랜 기간 동안 유지해 온 고유의 교육적 전통과 원형적인 모습을 엿볼 수 있다.

신라는 삼국 통일 이후 국학(國學, 682)을 세워 운영하였고, 한 세기가 지나 독서삼품과(讀書三品科, 788)를 도입하였다. 이를 통해 국가 질서의 정비와 재편에 필요한 인재를 양성하였다. 이것은 관인 등용이 기본적으로 골품제에 의해 이루어지는 귀족사회적 특성을 개선하려는 시도이기도 하였다. 국학의 경우 당(唐)의 국자감(國子監) 제도를 참조하여 유교적 교육과정을 적극 도입하였다. 『논어』(論語)와 『효경』(孝經)을 필수 과목으로 하고, 『오경』과 『문선』을 세 과정으로 나누어, 9년이라는 학업 기간을 정하여 운영하였다. 독서삼품과는 관리를 선발하여 등용하는 제도로서 국학에만 의존하기 어려웠던 점을 보완한 것이다. 국학의 교육과정과 연계하여 학업의 정도를 상 · 중 · 하 3품과 특품의 네 등급으로 나누어 평가하여 등용하였다. 국학과 독서삼품과는 하위 신분층을 대상으로 중 · 하급 관인을 양성하고 선발하는 제한적인 기능을 지니고 있었다. 그러나 유교 경전의 이해와 문예적 재주가 관인의 중요한 자질로 인식되기 시작하였다고 할 수 있다. 국학과 연계하여 박사제도를 두어 산학, 천문학, 의학, 율학 등 전문기술 분야의 인재를 양성하였다.

이 시기 신라가 당으로부터 선진 학술과 문물을 도입하는 데에는 유학생의 역할이 컸다. 정치 · 외교적 관계 속에서 유지되었던 숙위(宿衛) 제도는 국제적인 수준의 견문과 지식을 갖춘 최치원(崔致遠)과 같은 지식인들을 배출하는 통로가 되었다. 많은 승려들이 유학을 떠나 선진 불교를 배우고 돌아와 전파했던 것은, 원효의 화쟁론(和諍論)과 같은 최고 수준의 불교 이론과 사회적 실천을 낳는 데에 초석이 되었다.

만주와 연해주 지역에서 성장하여 해동성국(海東盛國)으로 인정받던 발해(698-926)

는, 당의 문물과 제도를 도입하고 주자감(胄子監)이라는 유학교육기관을 설립하여 운영하였다. 주자감은 왕실과 귀족의 자제들을 교육하는 대학으로서 감장(監長)이 주관했던 것으로 알려져 있다.

2. 유교적 교육제도의 정착

고려사회는 삼국을 통일한 이후 450여 년에 걸친 오랜 기간 동안 왕조체제를 유지하였다. 후기에 이르러 무신 집권과 원(元) 나라의 간섭 등 어려움을 겪고 나서 국가 쇄신을 모색하였지만 결국 이루지 못했다. 그리고 그 과업은 조선왕조사회가 이어 받았다. 고려왕조는 불교와 유교를 각각 수신(修身)과 정치의 원리로 내세웠다. 실제로는 불교 국가, 불교 사회였다고 할 만큼 불교는 국왕에서 일반 서인에 이르는 모든 사람들에게 현세의 생활은 물론 내세(來世)에 대한 믿음까지도 지배하였다. 그러면서도 국가의 법제와 국정 운영에 대해서는 유교의 이념을 따르면서 당과 송(宋)의 법제를 참조하여 정비하였다. 교육제도를 정비하는 일도 그 일환으로 추진되었다. 국자감(國子監)을 중심으로 학교제도를 정비하고 확충하였으며, 과거제도를 운영하여 국가 운영에 필요한 인재를 등용하였다. 이전 시기에는 관인 자질의 일부였던 한자 운용 능력, 유교 경전의 이해, 문예적인 재주가 이제는 관인의 주요 자질이 되었다. 13세기말 원(元)으로부터 신유학으로서 성리학(性理學)을 받아들인 이후에는 귀족과 관인층이 유학의 지식을 겸비한 문인의 특성을 지니게 되었다. 성리학의 수용과 이해는 고려 말에 일군(一群)의 학자 관인들이 국정 쇄신과 교육개혁을 추진하는 계기가 되었다.

고려사회는 초기부터 중앙에 학교를 운영하였고, 지방 교육을 위해서는 박사를 파견하였다. 이후 중앙의 학교를 국자감으로 정비(992)하였고, 12세기에 들어와서는 국자감 중심의 학교체제로 확충하였다. 국자감은 국자학(國子學), 태학(太學), 사문학(四門學) 등의 유학부(儒學部)와 율학(律學), 서학(書學), 산학(算學) 등의 전문학부로 구성된 육학체제(六學體制)를 갖추고 있었으며, 국가 최고의 대학이었다. 지방에도 관학인 향교(鄕校)를 확대시켜 나갔다. 국자감 유학부의 경우 입학 대상이 귀족의 자제로 제한되었지만, 전문학부는 일반 서인의 자제도 입학할 수 있었다.

국자감 유학부는 『논어』와 『효경』을 필수 과목으로, 『삼경』(三經, 시 · 서 · 역), 『삼례서』(三禮書, 주례 · 예기 · 의례), 『춘추삼전』(春秋三傳, 춘추좌씨전 · 춘주공양전 · 춘추곡량전)을 합친 『구경』(九經)이 교과를 이루고 있었다. 이외에도 산술과 시무책(時務策, 국정에 대한 논술문)을 익히고, 습자 연습과 함께 여러 가지 『자서』(字書, 사전류, 국어 · 설문 · 자림 · 삼창 · 이아)를 익히도록 하였다. 각 경전에 대한 학업 기간이 규정되어 있고, 이 교과들이 과거의 시험 과목과 일치하고 있어서, 『오경』 중심의 유교적 교육과정이 학교 교육에 정착되었다고 할 수 있다.

고려 초기부터 시행된 과거제도(958)는 문관을 선발하기 위하여 제술업(製述業)과 명경업(明經業)의 두 종목을 두었다. 두 시험은 모두 유교 경전에 대한 이해를 기초로 하면서 제술업은 시(詩), 부(賦), 책(策)과 같은 여러 가지 작문이 부과되었고, 명경업은 경전에 대한 구술 시험이 부과되었다. 말하자면 제술업은 문예적 재주, 명경업은 경학적 교양을 시험하였다고 할 수 있다. 고려 말에 이르도록 250여 회의 시험을 치루어 6,700여 명의 합격자를 배출하였다. 이 가운데 90% 이상이 제술업 합격자일 정도로 제술업의 위상이 월등하게 높았다. 이것은 문인으로서의 재능이 경학적 교양보다 관인의 자질로 더 중시되었음을 보여준다. 또한 전문기술 관리를 선발하기 위한 잡업(雜業), 승려를 선발하는 승과(僧科)가 있었다.

학교 제도가 정비되고 과거 제도가 연계되어 운영되면서 11세기 중반에 이르면 십이도(十二徒)로 알려진 사학(私學)이 번성하였다. 관인 경력을 지닌 우수한 학자들이 사숙(私塾)을 열어 경전과 문예 교육을 담당하면서 많은 학생들이 여기에 모여든 것이다. 사학 교육은 과거 준비에 효율성과 적합성을 지니고 있었기 때문일 것이다. 이 시기 이후에는 사숙의 하급 과정이나 서당(書堂)의 형태로 아동과 청소년을 대상으로 한 초학교육, 즉 입문 수준의 한문 교육과 경전 교육도 확대되어 갔을 것으로 보인다.

13세기 말부터 성리학이 도입되고 유학에 대한 새로운 이해가 확산되었다. 14세기 중반에 이르면 국자감의 교과와 과거 시험의 과목에 변화가 나타난다. 『사서』(四書, 대학 · 논어 · 맹자 · 중용)가 주요 과목이 된 것이다. 표면적으로 주요 교과가 『오경』에서 『사서』로 바뀐 것에 불과하지만, 실제로는 교육제도의 성격, 즉 학교 교육의 목적이 변화한 것이다. 학생들이, 주자(朱子, 1130-1200)가 주석을 가한 『사서』를 중심으로 유교 경전을 공부하여, 새로운 인간형으로 바뀌기를 기대하였다. 경명행수(經明行修), 즉 경전을 공부하여 행실이 바르게 된 인간을 기대한 것이다. 고려 말에 이르러 성리학을 공부한 일군(一群)의 학자 관인들이 교육개혁을 추진한 배경에는 이러한 의도와 이상이 있었다.

3. 유교적 교육제도의 발전

조선왕조는 개국에서 일제에 강점되기까지 500여 년이나 지속되면서, 상대적으로 안정된 질서를 유지하였다. 조선사회는 고려 말에 도입한 신유학, 즉 성리학을 국가 이념으로 이에 따른 사회제도와 문화적 질서를 구축하고자 하였다. 교육제도도 이를 위해 정비하고 재편하면서 새로운 이념과 지식을 갖춘 관인이 통치하는 사회체제와 질서를 만들고자 하였다. 이 점에서 새로운 교육 모델을 추구하였다고 할 수 있다.

조선사회는 고려로부터 운영되어 오던 교육제도를 세 방향으로 재편하였다. 먼저 학교를 체계화하고 널리 보급하여 인재들을 기르고자 하였다. 다음으로 문관은 물론 무관, 전문기술 관인을 선발할 수 있도록 과거제도를 재편하였다. 그리고 사회 예속(禮俗)을 유교식으로 정비하였다. 조선사회는 일상화되어 있던 불교적인 생활 습속을 바꾸기 위해 관혼상제(冠婚喪祭)의 유교식 의례들을 적극 보급하였다. 관인과 사인층이 먼저 모범을 보이고, 일반 서인들도 교화(教化)되기를 기대하였다. 세종대왕의 한글 창제(1446)도 일반 서인을 교화와 계몽의 대상으로 여긴 결과였다.

성리학은 이러한 개혁에 새로운 정신을 불어넣었다. 성리학은 학생들이 공부해야 하는 학문인 동시에 국가의 표준교육과정이기도 하였다. 또한 국왕으로부터 천인에 이르는 모든 구성원의 공적, 사적 일상을 규율하는 윤리이기도 하였다. 성리학의 도입은 유교 경전의 이해가 『오경』(五經) 중심에서 『사서』(四書) 중심으로 옮겨가는 계기가 되었다. 주희(주자)의 주석에 입각한 『사서』 중심의 경전체제가 주요 교과가 된 것이다. 이제 독서는 경전을 이해하는 일을 넘어서 성인(聖人)이 되기 위한 공부가 되었다. 유교적 교양과 지식이 안목과 품성으로 내면화되고, 실천될 수 있기를 기대한 것이다. 퇴계(李滉, 1501-1570)와 율곡(李珥, 1536-1584)에 의해 발전한 조선성리학의 교육이론은 어떻게 성인이 될 수 있는가를 과제로 삼았다. 퇴계의 전통을 잇는 주리론(主理論)은 교육목표로서 성인의 위상을 확립하려는 것이었다. 율곡의 주기론(主氣論)은 성인이 될 수 있는 가능성을 정립하려는 것이었다. 바른 사회 질서를 확립하기 위해서는 바른 인간을 길러야 하며, 바른 인간을 기르기 위해서는 마음을 바르게 함양해야 한다는 주장을 서로 다른 방식으로 논증한 성과였다(우용제, 1999).

학교는 성균관을 중심으로 서울에는 사학(四學)을, 지방에는 향교를 두어 관학(官學) 체제를 만들었다. 300여 개의 단위 행정구역에 모두 학교를 설립하였다. 성균관은 최고의 학부이자 대학이었다. 사학과 향교보다 상급의 학교였지만, 위계를 이루고 있지는 않았다. 법제에 의해 교관 직제와 학생 정원 등이 정해져 있었고, 학령(學令)이 학생들의 생활과 학업의 준칙이 되었다.

성균관은 생원(生員)과 진사(進士)라는 학위(소과의 합격자)를 가진 사람이 입학하여 공부하는 공간이었다. 이 점에서 국가의 최고 엘리트 인재를 양성하는 학교라고 할 수 있다. 성균관 유생들은 정해진 일과(日課)와 월과(月課)에 따라 『사서』를 기초로 유교 경전들을 학습했으며, 제술(製述) 연습도 하였다. 평소의 성적은 누적되어 과거 시험의 성적에 반영되거나 관직에 추천하는 근거로 활용되었다. 성균관은 문묘(文廟)와 학당(學堂)이라는 두 공간으로 이루어져 있다. 학당에는 강당인 명륜당(明倫堂)과 기숙사인 동재(東齋)와 서재(西齋)가 있고, 문묘에는 공자(孔子)와 주요 유학자의 위패를 모신 대성전(大成殿)과 동무(東廡), 서무(西廡)가 있다. 문묘에서 거행되는 각종의 유교 의례에 참여하는 일은 학생에게 특별한 의미가 있었다. 그것은 공자를 위시한 선유(先儒)를 모범으로 유학 공부 대열에 합류한다는 것을 자임하고 인정받는 일이었다.

사학은 서울의 사부(四部)에 설치되었던 4개의 학당, 즉 중학, 동학, 남학, 서학을 가리키는 것으로, 학생의 정원은 각각 100명으로 모두 400명이었다. 각 학당에서는 해당 지역 학생들이 학적을 두고 분반하여 돌아가며 강학을 하였다. 성균관의 교관들이 겸직하며 관리하였으며, 성균관에 결원이 있는 경우 시험을 통해 하재생으로 입학할 수 있었다.

향교는 일읍일교(一邑一校)의 원칙에 따라 모든 지방에 설립되었다. 『경국대전』(1485)에 의하면 모두 329개의 단위 행정구역이 존재하였다. 향교의 학생 정원은 목 이상 지역이 90명, 도호부 70명, 군 50명, 현 30명으로 정해져 있어서 총 정원이 15,070명 정도였고, 교관은 도호부 이상에는 교수 1인이, 군 이하에는 훈도 1인이 파견되었다. 향교는 공간 구조와 기능, 규모 면에서 축소된 성균관이었으며, 사학처럼 지방 학생들이 학적을 두고 분반하여 돌아가며 강학이 이루어졌다. 지방의 향교와 서울의 사학이 모든 학생들의 학적을 관리하는 것은 국가에게나 개인에게나 중요한 일이었다. 학교에 등록되어 있는 학생은 군역(軍役)을 면제 받았고, 과거를 포함한 국가의 시험에 응시할 수 있는 기본적인 요건이었기 때문이다.

과거제도는 관인을 선발하는 제도였다. 관인 등용에 있어서 천거제도(薦擧制度)나 음서제도(蔭敍制度)도 있지만 과거제도가 제일 중요했다. 과거제도는 개인의 재능이 선발 기준이었고, 응시 기회와 대상이 혈연이나 계층 등에 의해 제한받지 않아서 기회균등과 능력주의적 특성을 지니고 있었다. 지역별 안배도 있어서 넓은 지역과 다양한 계층에서 관인을 충원할 수 있었다. 과거제도에는 문과, 무과, 잡과 등의 세 가지 유형(종목)이 있어서 무관과 전문기술 관인도 선발하였다. 과거 시험은 보통 3년마다 초시(初試), 회시(會試, 복시), 전시(殿試)라는 3단계로 진행되었으며, 문과(대과)는 33인, 무과는 28인, 잡과(초시와 회시 2단계)는 46인의 합격자를 선발하였다. 식년시(式年試)로 부르는 정기 시험 이외에도 국가적인 경사나 행사를 기념하여 시행하는 많은 비정기 과거 시험이 있었다.

문과는 대과와 소과로 나누어지는데 소과는 생원 · 진사시로 불렀다. 소과(생원 · 진사시)는 성균관에 입학할 수 있는 자격을 부여하는 일종의 학위 시험이었고, 대과(문과)는 문관을 뽑았다. 이처럼 대과와 소과는 서로 독립적인 시험이었다. 문과는 유학의 경전에 대한 이해를 평가하는 시험과 몇 가지 형식(부, 표, 책 등등)의 작문 시험으로 이루어져 있었다. 즉 경학적 교양과 문예적 재능을 시험하는 것이었다. 경학적 교양을 평가하는 시험은 구술 시험(講經)과 필답 시험(製述)이 있었다. 경학적 교양이 핵심이었지만 이것을 기초로 한 문예적 재능도 실제에 있어서는 중요하였다. 그것은 사적, 공적 문서 행위뿐만 아니라 문인으로서의 소양을 발휘하고 소통하며, 인정받기 위해서도 필요했다.

대과(문과)는 750회 정도의 시험을 통해서 14,600여 명을, 소과(생원 · 진사시)는 모두 40,600여 명을 선발하였다. 조선 후기에 올수록 비정기 시험이 많아지면서 여러 폐단이 발생하였지만, 조선왕조는 효율성과 공정성을 확보하기 위해 끊임없이 노력하였다. 조선사회 내내 선발 기준이었던 시험 내용에 근본적인 변화가 없었던 것은 조선의 교육제도가 지닌 중요한 특질이었다. 관인으로 어떤 인간을 선발할 것인가 하는 점에 있어서 일관된 이념과 정책을 유지하였던 것이다. 이것은 성리학이 조선의 교육과 학문을 주도하는 것에 근본적인 변화가 없었던 결과이다.

16세기 중반부터 지방에서 확산된 서원(書院)은 조선 사회의 교육제도 발전에 중요한 전기가 되었다. 국가 제도권 밖에서 지방의 사인층과 유학지식인들이 자발적으로 학교를 세워 후학을 교육하고 유학을 연구하였다. 학교제도 운영과 과거제도 시행에 힘입어 지방에도 사림(士林)으로 불리는 유학지식인 집단이 형성되었기 때문이다. 이들은 사회 지도자로서 향약(鄕約)과 같은 공동체 규약을 만들어 시행하는 등, 지방 사회에 유교적 사회질서를 구현하고자 노력하였다. 서원은 17세기 말에 이르면 전국에 걸쳐 400여개소가 운영될 만큼 번성하였다.

17세기에 이르러 학교체제는 관학과 서원이 연계되면서 이전에 비해 규모나 성격에서 크게 달라졌다. 학교수가 2–3배 증가하였고, 학생수는 그 이상으로 늘어났다. 이것은 서당교육을 통해 초등수준의 교육이 크게 확대되었기 때문에 가능한 것이었다. 이처럼 교육인구가 크게 증가하였고 그 저변이 널리 확대되었다. 또한 향교와 서원들이 지방의 사인층과 유학지식인들에 의해 자율적으로 운영되고 유지되었다. 초등 수준의 서당교육도 마찬가지였다. 이 시기 국가가 향교에 교관을 파견하지 못하였던 것은 이러한 추세를 더욱 가속화했던 것으로 보인다. 국가와 지방관은 학교 관리에는 관여하였지만, 학교 운영은 기본적으로 지방의 사인층과 유학지식인들이 담당하였다. 이들은 학교 교수의 역할도 수행하였다. 국가의 제도권 안과 밖에서 여러 유형의 학교들이 교육과 연구를 위해 자율적으로 운영되었던 것이다.

조선 후기에 학교는 제사와 집회의 공간이었고, 교육은 허울에 불과했다고 평가하기도 한다. 학교는 지방의 학생들과 사인층, 유학지식인들이 유교 의례를 치루는 제사(祭祀, 향사)의 공간, 공론 형성과 교류를 위한 사회 기구로 유지되었다는 것이다. 그렇지만 이들에게는 이런 행사와 활동에 참여하는 일 자체가 교육이기도 하였다. 모든 학생들은 학교에 등록하여 학적을 지녀야 했고, 모든 공식적인 행사에 참여해야 했다. 그러나 증가된 교육인구를 감당하기에는 학교는 여전히 부족하였고, 국가나 지방의 재정적 기반도 충분하지 않았다. 이런 형편으로 인해 모든 학교에서 체계를 갖춘 강학활동과 학습이 안정적으로 유지되기는 어려웠으며, 학교마다 운영하는 방식이 서로 달랐다. 또한 학생들이 학교의 안과 밖에서 개별적으로 또는 집단을 이루어 자율적으로 학습하는 경향도 한 가지 커다란 흐름을 이루고 있었다. 이렇게 다양하게 자율적 강학활동이 확산될 수 있었던 것은 주변에 학교라는 상징적 구심점이 존재하고 있었기 때문이다. 학생은 어디에서 어떻게 공부를 하든지 학교의 학생이었다.

국가는 교육인구의 규모가 크게 확대되고, 교육이 자율적으로 이루어지고 있는 현실에 대해 독특한 방식으로 대응하였다. 학생들의 학업을 관리하기 위하여 학교에서 치르던 여러 가지 시험과 평가 제도들을 개선하고 체계화하여 운영한 것이다(최광만, 2013). 이들 시험에는 전국의 학생을 대상으로 한 공도회(公都會), 사학 학생을 위한 승보(陞補)와 합제(合製), 성균관 유생을 위한 전강(殿講), 절일제(節日製), 통독(通

讀) 등이 있었다. 또한 절일제와 통독에는 사학과 지방의 학생들도 참여할 수 있었다. 이러한 시험과 평가 제도는 학생들에게 학업을 권장하고 격려하기 위한 장학 정책이었다. 시험과 평가 결과에 따라 여러 가지 특전이 주어졌기 때문에 학업 유인책이 되기도 하였다. 학생들은 이것을 과거 시험을 준비하는 학업의 과정으로 삼거나 과거 합격을 위한 지름길로 활용하기도 하였다. 이것은 권학(勸學)이라는 본래의 의도와는 다른 결과였다.

1894년 마지막 과거 시험을 치루면서 조선왕조사회의 교육체제는 해체되어 갔다. 성리학의 이념은 살아 있었지만 새로운 교육 모델을 추구했던 시도는 미완의 실험으로 종료되었다. 그것은 유교적 교양과 사명감으로 무장한 학자 관인을 양성하여 이들을 통치의 역군으로 삼아 새로운 사회 질서와 국가체제를 건설하려던 이상이었다.

제국 질서의 재편이라는 급변하는 국제 정세 속에서 조선사회는 개방과 개혁의 길로 들어섰다. 개항(1876)은 조선사회가 근본적으로 다른 형식과 내용의 개혁을 강요당하는 기점이었다. 개항기(1876–1910) 교육개혁은 조선왕조사회의 교육제도를 점차 새로운 것으로 대체해 가는 과정이었다. 먼저 신지식과 기술을 갖춘 인재를 양성하기 위해 관립 학교를 신설하는 것에서 출발하였다. 동문학(同文學, 1882)과 육영공원(育英公院, 1886)을 설립했던 것은 신지식과 영어를 구사할 수 있는 관인이 필요했기 때문이다. 갑오교육개혁(1894)은 이러한 노력을 본격화한 것이다. 조선은 신지식과 기술을 습득한 새로운 인재를 양성하고, 이를 위해서 새로운 교육제도를 수립하고자 하였다. 사범학교(1894)를 먼저 세워 소학교 교원을 양성하였고, 소학교(1894)를 세워 귀천(貴賤)의 차별 없이 모두에게 교육 기회를 보급하려고 하였다. 또한 법관양성소, 외국어학교, 전무학당, 우무학당, 의학교, 상공학교, 광무학교 등의 전문학교를 점차로 설립하여 전문기술 분야의 인재들을 양성하고자 했다. 이러한 학교 설립과 운영이 국민국가를 건설하고 국민을 양성한다는 명확한 목표와 설계 위에 진행된 것은 아니었다. 그러나 이 시기 국가 주도로 진행된 교육개혁은 이후 근대적인 교육제도와 이념을 수용하는 데에 가교적인 역할을 하였다고 할 수 있다.

제국 일본의 영향력이 강해지면서 계몽과 애국, 구국과 독립을 내세우며 전개된 민간 부문의 교육활동은 조선사회의 힘이 마지막으로 결집된 것처럼 보인다. 일제 통감부가 시행한 사립학교령(1909)을 통해 인가를 받은 사립 학교수가 2,250개(보통학교 16, 고등보통학교 2, 실업학교 7, 각종학교 1402, 종교학교 823)에 이르렀다. 야학(夜學)이나 개량서당이 포함되어 있는 각종학교수는, 만일 비인가 학교수를 더할 경우, 3-4배에 이를 것으로 추정된다. 또한 총독부가 1910년에 집계한 전국의 서당수가 16,540개(141,604명)였다. 이처럼 조선인의 저력이 집단적 교육 행위로 표출되고 있었다.

제2절 일제 강점기의 교육

조선왕조사회가 유지하던 교육제도와 근대적인 교육개혁은 제국 일본의 강점에 의해 단절되었다. 을사조약(1905) 체결, 통감부(統監府, 1906) 설립을 거쳐, 1910년 강제 합병되어 총독부에 의한 식민 통치가 시작되었다. 이후 35년에 걸친 식민지 조선의 교육은 초등교육 중심의 식민지형 국가교육체제가 정착되는 과정이었다. 교육 기회는 초등을 중심으로 제한적으로 확대되었다. 학교 교과가 경학 중심에서 새로운 교과체제로 바뀌었으며, 학생의 규율과 훈육 방식도 변화하였다. 학제가 초등, 중등, 고등 교육으로 위계화 되었고, 실업교육이 포함되는 복선형으로 자리 잡았다. 또한 학교의 조직과 운영이 법제에 의해 관리되는 중앙집권적인 행정체제가 만들어졌다. 교육이념과 정책에는 동화(同化)와 차별(억압)이라는 모순된 원리가 내재해 있었다. 그것은 참여와 저항이라는 한국인(조선인)의 교육행위를 낳기도 하였다. 이 시기 교육은 일본의 식민지 교육이면서 동시에 식민지 한국인의 교육이기도 했다.

식민지 조선의 교육은 3 · 1운동 전후 민족해방운동이 본격화되면서, 그리고 일본 제국이 군국주의(파시즘) 체제로 전환되면서 크게 변화하였다. 3 · 1운동은 국 · 내외에서 전개된 민족해방운동의 기폭제였다. 이후 한국인들은 학교 교육에 적극 참여하였고 또 학교의 안과 밖에서 저항하였다. 이에 일본 제국은 문화정치를 내세우면서 식민지 교육정책도 변화시켰다. 일본 제국은 만주사변(1931), 중일전쟁(1937), 태평양전쟁(1941)을 계속 도발하면서 전시 동원 체제로 전환되었다. 1930년대 후반 황국신민화를 내세워 학교에서 집단적인 훈련과 규율이 강화된 것은 그 결과이다.

교육 기회의 보급은 초등교육에만 집중되었다. 그것도 한국인들이 적극 요구하고 참여하였기 때문에 가능한 것이었다(오성철, 2000). 한국인들은 학비를 부담했을 뿐만 아니라 학교 설립에도 참여하였다. 한국인들은 중등교육과 고등교육의 기회도 요구하였지만 극도로 억압되었다. 해방 직전(1944) 한국인의 학력별 전체 인구구성을 보면, 총인구 2,300만여 명 가운데 86%에 해당하는 2,000만 명 가량이 학교 교육을 접하지 못한 상태에 있었다. 교육받은 인구로는 전문학교 이상 고등교육이 3만여 명(0.13%), 중등교육이 20만여 명(0.8%), 중퇴자를 포함한 초등교육이 292만여 명(12.8%)이었다. 다시 말해 전체 인구의 14%에 해당하는 300만 명 가량이 초등교육 이상의 학력을 지닌 정도였다.

초등교육 취학률은 1930년대 말 30%(1938, 33.2%, 남 49.8%, 여 16.2%)를 넘어섰고, 1942년에는 47.7%(남 66.1%, 여 29.1%)에 이르렀다. 일제 강점기 말에 이르러서야 아동의 반수 가량이 학교에 다닐 수 있었다. 그 규모는 학교가 6,186개교, 학생수가 2,148,698명 정도였다(1943). 1920년대 초반까지는 서당교육을 받는 학생수가 더 많았고, 서당 교육은 사립 각종학교와 함께 강점기 말까지 일정하게 유지되고 있었다. 일본 제국은 1910년에 이미 남 · 녀 모두 6년제 초등교육을 완성한 상태에 있었다.

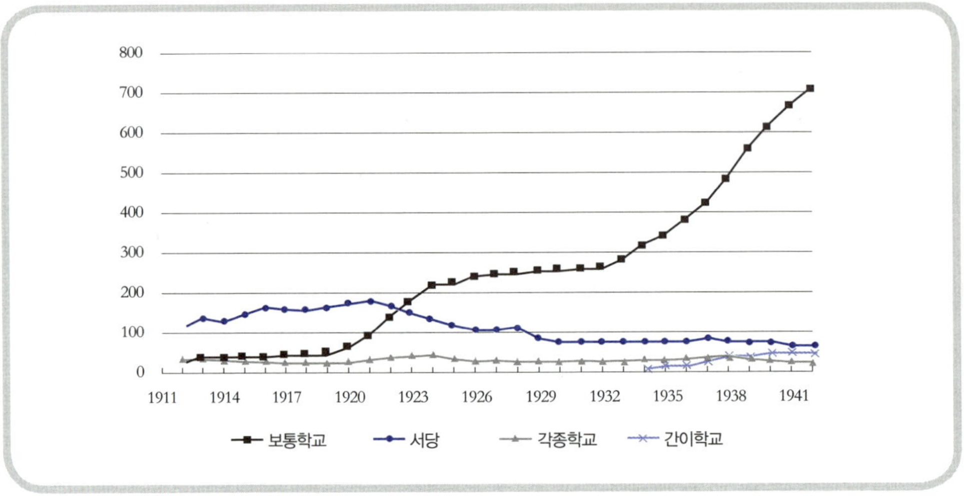

[그림 3-1] 일제 강점기 초등학교 종류별 인구만명당 학생수

*자료: 오성철(2000), **식민지 초등교육의 형성**, p.114.

중등학교는 수요에 비해 너무 적었다. 초등교육이 보급되면서 입학난으로 부를 만큼 치열한 입시 경쟁이 상존하였다. 일제 강점기 말(1943) 인문계에는 150개교(사립 30)에 44,448명(여학생 16,127명)이 재학하고 있었다. 실업계는 118개교(사립 15)에 34,718명(여학생 1,733명)이 재학하고 있었다. 실업계에는 단기 훈련과정인 142개교(사립 17)의 보습학교도 있었다. 이처럼 중등교육의 보급은 저조하였고, 인문계와 실업계로 복선화되어 있었다. 더구나 실업교육은 농업과 상업 분야에 집중되어 있어서 일본 제국이 폭넓은 전문기능 인력의 양성에는 관심이 없었음을 알 수 있다.

고등교육은 더 열악한 상태에 있었다. 1943년 전문학교 이상의 고등교육기관으로는 대학 1개교, 전문학교 20개교, 전문학교급의 각종학교가 7개교 있었는데, 그나마 전문학교 11개교, 각종학교 7개교는 사립이었다. 1926년 설립한 경성제국대학이 유일한 대학이었고, 여기에는 535명이 재학하고 있었다. 총학생수는 5,504명(여학생 1,255) 정도였다. 이와 같이 일제 강점기에 기본 학제가 정착하였다고 해도, 그것은 초등교육에 극도로 치중된 기형적인 것이었다.

학교 교과는 일본식으로 변형된 서구적인 교과들을 다시 식민지용으로 특화한 것이었다. 일본어는 국어가 되었고, 학교에서 교수어가 되었으며, 가장 큰 비중을 차지하고 있었다. 한국어는 조선어라는 교과로 설정하여 가르쳤지만, 학교장의 재량과목으로 바뀌었다가, 1940년대에는 폐지되었다. 국어(일본어), 수신, 국사(일본사), 지리 등의 교과는 식민지 교육을 위한 가장 중요한 매체가 되었다. 산술 교과에 비해 과학 교과와 사회 교과는 상대적으로 작은 비중을 차지하였다. 남학생에게는 직업과, 여학생에게는 가사 · 재봉과를 설정하여 직업기능 훈련 과목으로 활용하였다. 체조 과목에 많은 시간을 배정하여 집체 훈련에 활용하였다. 1940년대에는 무도(남)와 체조(여)로 나누고 시간도 늘려서 유사 군사 훈련 과목이 되었다. 학교 교과가 근본적으로 바뀌었지만 서구의 근대적인 교과체제와는 다른 것이었다.

학생들의 학교생활은 치밀하게 관리되었다. 훈육의 내용과 규율의 방식은 모두 문서로 규정되었으며, 철저하게 준수하도록 통제되었다. 상훈(賞勳)과 처벌 규정이 있었고, 학생 행동 수칙에는 조회, 수업, 휴식, 교외 활동에서의 행동 요령과 태도, 복장과 용의, 언어와 자세까지도 명기되었다. 조회, 국경일 행사, 신사 참배 등의 학교 의례, 체조와 같은 집단 훈련, 군사 훈련 등은 학생들이 일본 제국의 신민으로 조련되는 중요한 절차가 되었다. 학급과 학교의 학생 조직, 자치 활동도 학생 규율의 기제가 되었고, 소풍과 수학여행, 견학도 활용되었다. 학교는 학생들의 생활과 행동은 물론 마음과 생각까지도 규율하고자 하였다.

총독부와 학무국은 식민지 조선의 교육을 총괄하던 행정부서였다. 학제의 구성과 변경, 교원의 자격과 임용, 학교 교육과정과 교과서, 교원의 자격과 임용, 학교의 학사 운영, 학교의 조직 등 모든 것을 법제에 따라 총독부와 학무국이 관할하였다. 지방행정은 각 도 내무국 산하 학무과가 지원 · 관리하였다. 단위 학교 학교장은 학칙, 규정, 심득(心得, 수칙)으로 체계화된 규정에 따라 학교를 운영하였다. 식민지 조선교육에 관한 기본 법령인 조선교육령은 4차례에 걸쳐 개정되면서 변화된 교육정책의 추진을 뒷받침하였다. 일제가 중앙집권적인 교육행정체계를 만들어 효율적으로 교육제도를 운영하고 교육정책을 추진할 수 있었던 것은, 일본 본국의 법제를 참조할 수 있었기 때문이다. 일본 본국은 이미 완비된 법제와 운영의 경험을 지니고 있었다. 총독부와 학무국은 이것을 들여와 식민지 상황에 맞게 활용할 수 있었다.

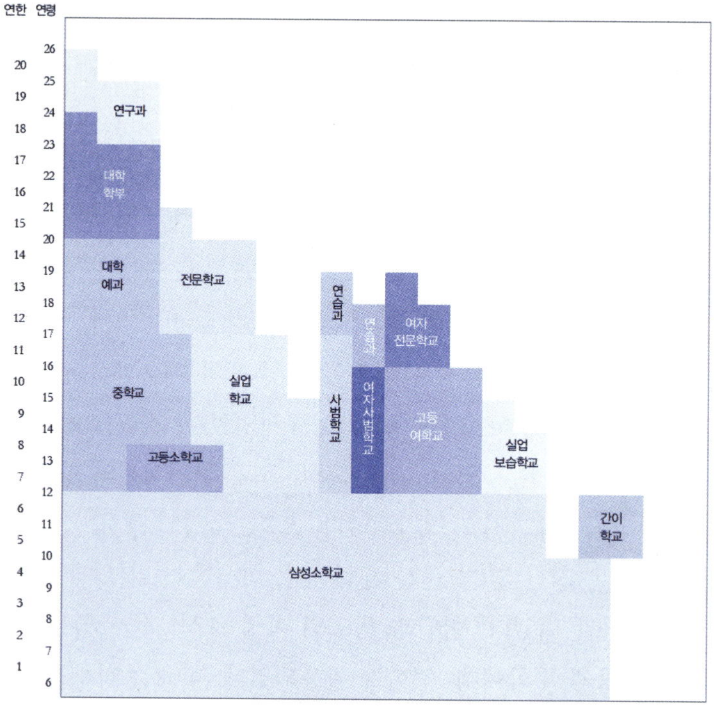

[그림 3-2] 1938년 조선교육령 개정에 따른 학제도

*1938년부터 보통학교가 소학교로, 고등보통학교가 중학교로 개칭되었고, 1941년 소학교는 국민학교로 개칭되었으며, 1996년 초등학교로 개칭되었다.

일제 강점기 정착된 식민지형 국가교육체제는 학제, 교육기회의 보급, 교육과정, 교육행정체제 등에서 조선사회와는 근본적으로 다른 특성을 지니고 있다. 식민지라는 특수한 상황에서도 누구에게나 진학 기회가 명시적으로 부여된 개방적인 학제를 운영하였다. 실제에 있어서는 초등교육의 기회만 열려 있었고, 중등교육과 고등교육은 진학 기회가 극도로 억압되어 있었다. 이러한 제도 위에서 교육받은 한국인들은 문해 능력을 쌓고, 새로운 시간과 질서 의식, 위생 관념을 익힌 계몽된 근대적 인간이 되어갔다. 그러나 일제 강점기 교육은 식민통치를 위한 식민지 교육이었고, 일본 제국의 신민(臣民)으로 만들려는 목적으로 수행된 교육이었다. 거기에는 엄청난 차별과 억압, 그리고 통제가 있었다. 적지 않은 한국인들이 동화와 차별이라는 모순성이 내재한 식민지 교육을 경험하였다. 바로 이 상태가 해방 이후 새로운 국가교육의 출발점이 되었다.

제3절 현대 사회의 교육

해방 이후 한국 현대 사회가 이룩한 성취는 경제성장과 민주화로 요약된다. 단기간에 이루어졌기 때문에 압축이란 용어가 늘 수식어로 따라다닌다. 그러나 이것은 순탄하게 이루어진 것이 아니었다. 일제 식민지배의 유산을 청산하고, 미 · 소 군정, 남북 분단과 전쟁을 극복하며, 새로운 민족국가, 국민국가를 건설하는 험난한 과정이었다. 이 과정에서 우리 교육은 급격하게 팽창하였다. 고등교육도 보편화 단계에 이르렀다. 초 · 중등교육의 학업 성취도가 세계 최고의 수준에 이르렀다고 상찬을 받는 반면, 과잉 교육열, 입시 위주의 교육과 경쟁, 사교육의 번성 때문에 지탄을 받기도 한다. 또한 다양성, 수월성, 창의성, 경쟁력 등이 지속적인 화두가 되고 있다. 현대사회가 이룩한 사회적 성취에는 이면이 존재한다. 사회적 불평등이 확대되고 있고, 재생산되고 있다. 교육 성취의 경우도 마찬가지이다. 학습에 대한 흥미와 열정이 부족하고 창의성도 결여된 학생을 낳으며, 학습에서 낙오하거나 소외되고 배제되는 학생도 증가하고 있다. 이런 양면은 한국 사회와 교육이 직면한 현실이다.

현대교육은 국민 모두를 위한 대중적 국가교육체제의 형성 과정이었다. 무상교육, 의무교육, 보통교육, 공통교육 등 공교육의 원리에 따르는 대중교육체제가 일차적으로 완성되어, 진화하고 있다. 이 과정은 세 시기로 나누어 볼 수 있다. 첫째는 교육의 기본적인 법제가 수립되고, 초등교육의 기회가 급속히 확대되어 초등의무교육제가 실현되는 시기(국가교육체제의 성립: 1945-1968)이다. 둘째는 중등교육이 완전취학에 이르고, 고등교육도 대중화되어 학력주의 사회가 정착되는 시기(국가교육체제의 발전: 1968-1995)이다. 셋째는 고등교육이 보편화되고, 중등교육의 평준화체제에 균열이 생기며, 새로운 교육 질서를 모색하는 시기(기로에 선 국가교육체제: 1995-현재)이다(오성철, 2015).

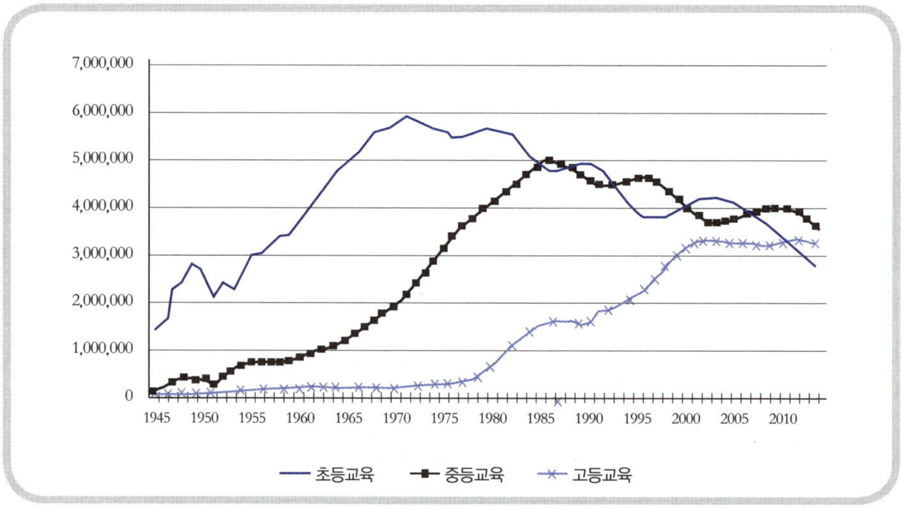

[그림 3-3] 각급 학교 학생수(1945-2013)

*자료: 오성철 외(2015), **대한민국 교육 70년**, p.152.

1. 국가교육체제의 성립

해방을 맞아 시급했던 것은 일제가 남긴 법제를 대체하는 일이었다. 이것은 미·

소군정, 분단과 국가 수립, 전쟁을 겪으면서 어렵게 진행되었다. 미군정기(1945-1948)에 조선교육심의회가 중심이 되어 준비했던 내용이 기초가 되어 1949년 교육법이 제정되었다. 학제의 경우 논란을 거쳐 1951년 6-3-3-4제로 개정되어 오늘에 이르고 있다. 일반적으로 단선형 학제로 부르지만 고등학교(후기 중등교육) 단계에서 인문계와 전문계(실업계)가 구분되어 복선형의 요소를 지니고 있다. 학생 모두에게 진학의 기회가 열려있기 때문에 형식적인 개방성을 지닌 학제이다.

전쟁은 해방 이후 확장하고 건설한 교육의 기간 시설과 자원을 대부분 파손하였다. 당시 초등학교는 69%, 중 · 고등학교는 75%, 대학은 48% 정도가 피해를 입었다고 알려져 있다. 1950년대 전후 교육복구 사업은 새로운 교육 건설에 커다란 부담이 되었다.

1960년경에 이르면 초등교육이 완전 취학을 이룬다. 다부제(多部制) 수업을 진행해야 할 만큼 교육 여건이 좋지 않았지만 모든 학령 아동을 수용할 수 있게 되었다. 중등학교와 고등교육기관은 크게 부족해서 1967년 중등학교의 취학률은 35.4%, 고등교육은 7.1% 정도에 머물고 있었다. 시험에 의한 선발이 이루어지고, 학교들이 서열화되어 있어서 실제 입학에는 훨씬 어려움이 컸다. 일류 중 · 고등학교, 일류 대학에 진학하기 위한 입시 경쟁이 치열하게 이루어지고 있었고, 이것은 사회적인 쟁점이 되었다.

두 차례 국가교육과정 개정(1954, 1963)은, 식민지시기 교과들이 미군정기 교수요목이란 방식의 보완을 거쳐서, 현대적인 교과체제로 자리 잡는 계기가 되었다. 교육과정 개정에 있어서 생활과 경험을 강조하는 미국의 교육사조가 적용되기 시작하였다. 이에 따라 초등학교와 중학교에서 사회과 관련 교과들이 사회생활과로 통합되었으며, 실업 교과와 특별활동이 편성되었다. 상급학교 진학을 위한 입시 경쟁이 치열해지면서 외국어로서의 영어 교과를 포함한 주요 교과들의 위상이 높아지게 되었다. 교과서의 제작과 보급에 있어서도 국정과 검인정 제도가 마련되어 시행되었다.

전쟁 후 안정된 분위기에서 나타난 새로운 사회 풍조에 대처하기 위하여 도의교육(道義敎育)이 강조되었다. 이것은 국민윤리강령을 제정하려는 시도로 이어지기도 하였다(1960). 학교 교육에서는 도덕교육이 더욱 강화되었고, 생활에서의 훈육이 강조되었다. 이를 위해 조회와 같은 학교 의식, 학생들의 자치 조직과 활동, 각종 검사와 같은 생활 검열 등이 활용되었다. 또한 애국심과 단결심을 함양한다는 취지로 중등학교 이상에는 학도호국단이 조직되어 운영되었다(1949). 국가 행사와 사회적인 활동에 학생을 집단적으로 동원하는 관행도 이 시기에 자리 잡게 되었다.

이 시기에 이루어진 성인문해교육은 중요한 사회적, 교육적 성취였다. 해방 직후 한글 문해율은 22% 정도에 머물고 있었다. 12세 이상 총인구수 1,025만여 명 가운데 798만여 명이 한글을 읽을 수 없었다. 국가는 물론 학회 등 민간 부문에서 적극 노력하여 1959년에는 96% 정도의 문해율에 이르게 되었다. 이것은 한글 창제 이후 최대의 교육적 성취였다.

2. 국가교육체제의 발전

1960년대 후반에 이르면 중등교육 보급이 국가적 과업이 되었다. 이 시기에는 1950년대 중반 이후 출생한 이른바 베이비붐 세대가 초등교육을 마치고 중학교에 진학하게 되었다. 이 세대는 순차적으로 고등학교를 거쳐 대학에 진학하게 되었다. 국가는 입시제도 개혁이라는 방법으로 중학교와 고등학교, 이어서 대학의 문호를 열었다. 1968년 중학교무시험진학제도, 1973년 고등학교평준화정책, 1980년 대학졸업정원제도(7·30 교육개혁)의 시행이 그것이다. 중학교 입학난을 해소하고 초등교육을 정상화하기 위하여 모든 지원자를 무시험 추첨 배정에 의해 중학교로 수용하였다. 이 방법은 순차적으로 고등학교 진학에도 적용되었고, 결국에는 대학의 정원도 30% 증원하였다. 이런 과정을 거쳐 1980년대 말에는 중등교육의 보급이 완성되었다(1989년 취학률 92.1%). 1995년에 이르면 고등교육도 취학률이 64.9%에 이르게 되어 본격적인 대중화 단계에 들어섰다. 고등교육을 포함한 국가교육이 대중교육체제로 정착된 것이다.

이와 같이 30여 년의 짧은 기간에 학교교육이 급격하게 팽창할 수 있었던 배경에는 권위주의 국가가 존재했다. 교육재정을 포함한 교육 여건에 대한 준비 없이 입시개혁으로 중학교와 고등학교, 대학의 문호를 순차적으로 개방할 수 있었던 것은, 국가의 강력한 통제력이 있었기 때문이다. 여기에 국민들도 수익자 부담 원칙 아래 자녀의 교육비를 부담하는 방식으로 적극 참여했다. 사립학교는 늘어난 정원의 많은 부분을 담당하면서도, 사학(私學)으로서의 독자적인 성격을 양보해야 했다. 국가는 교육재정의 부담을 민간 부문에 전가하는 방식으로 교육팽창을 주도할 수 있었다.

국가는 1968년 국민교육헌장을 반포하여 국가주의적 교육 통제를 강화하기 시작하였다. 국민교육헌장은 국민 교육의 기본 이념이 되었다. 이것은 학교 교육과정에 곧바로 반영되었다. 고등학교(1969)와 대학(1975)에 교련 교과가 도입되어 군사 훈련이 시작되었다. 3차 교육과정 개정(1973)을 통해 도덕(국민윤리)과 국사가 독립된 교과로 법제화 되었다. 1977년에는 초등학교, 중학교, 실업계 고등학교의 모든 교과와 인문계 고등학교의 교과 가운데 국어, 국민윤리, 국사 등에 대해서 국정교과서제가 시행되었다. 특히 이 시기는 민족주의를 앞세운 국가주의적 통제가 국민정신교육이란 이름으로 강화되었다.

중학교와 고등학교 입시 경쟁이 무시험과 평준화 방식으로 해소되면서 국민의 교육열은 대학 진학, 일류 대학 진학을 위한 경쟁으로 향하게 되었다. 이로 인해 과외와 학원 교습 등 사교육이 번성하고, 학부모의 사교육비 부담이 증대하게 되었다. 이것은 사회적 쟁점이 되었고, 현안이 되었다. 국가도 대학 입학시험제도 개선안을 만들어 지속적으로 대응하였다. 대학입학 예비고사(1969), 대학입학 학력고사(1981), 대학수학능력고사(1994)와 같은 대입 시험제도를 만들고 적용하면서 오늘에 이르고 있다.

급속한 교육팽창과 대중교육체제의 완성은 몇 가지 제도적인 특징을 낳았다. 학제 운영과 선발 방식에서 개방성이 정착되었다. 학력(學力)을 기준으로 교육기회 접근이 모두에게 열리게 되었다. 학교의 교육내용이 통일성을 갖게 되었다. 표준화된 국가교육과정이 만들어져 효율적인 교육과정 운영이 가능하게 되었다. 또한 교원의 역량과 자질이 개선되었고, 학교의 교육 여건도 전국적으로 동일한 수준으로 개선되어, 학교 교육의 효율적 운영에 기여하고 있다. 이것은 교육의 획일성을 가져온 원인으로 비판을 받기도 한다. 그러나 교육제도의 운영에서 공정성과 효율성이 주요 원리로 정착하여 작동하고 있음을 보여주는 증거이기도 하다.

산업 발전에 선행하여 이루어진 교육인구의 팽창은 산업 수요를 앞서서 충족시킬 수 있었고, 한국인을 정치적인 주체로 성장시켜 사회 민주화를 이룩할 수 있었다. 그것은 우리 사회가 학력주의 사회로 전환되는 데에 기여하였다. 개인의 능력과 노력의 결과가 학력(學力)과 학력(學歷)으로 인식되고, 그리고 이 두 가지 학력이 사회적 선발이나 지위 획득의 기준이 되는 사회로 점차 바뀌었다. 이 전환의 과정에서 새로운 사회 질서와 계층구조도 형성되었다. 그리고 학력(學歷) 엘리트를 배출하였다. 이들이 이후 한국 사회의 지도자로 성장하여 주도적인 역할을 수행하게 된다.

3. 기로에 선 국가교육체제

문민정부가 출범하여(1993) 민주화를 본격화하고, 대외적으로 국제협력개발기구(OECD)의 회원국이 되어(1996) 국력의 위상을 인정받으면서, 한국 교육은 새로운 변화를 모색해 왔다. 대중적 국가교육체제의 효용이 의심받기 시작했고, 개혁의 대상이 되었다. 이후 집권한 정부들도 국가경쟁력 제고를 내세우며 지속적으로 교육개혁을 추진해 왔다. 국민도 개인적으로, 집단적으로 개혁의 향방을 놓고 다양한 의견을 제기하며, 교육의 대상이 아닌 교육의 주체로 나섰다. 이제 교육은 국가에 의해 독점될 수 없는 쟁송(爭訟) 지대가 되었다.

1995년 5월 31일 발표된 '세계화 · 정보화 · 다원화 시대를 주도하는 신교육체제 수립을 위한 교육개혁방안'(5 · 31교육개혁방안)은 국가가 주도하여 새로운 교육체제의 구상을 밝힌 것이다. 이 개혁안은 획일적이고 경직된 국가교육체제에 교육 수요자의 요구를 반영하여 다양성과 자율성을 부여하겠다는 것이었다. 여기에는 이후 진행된 변화의 방향은 물론 그 한계까지도 담겨 있었다.

문민정부 이래 지난 20여 년에 걸쳐 이루어낸 성과들은 다음과 같다. 우선 교육의 민주화가 다양한 방식으로 구현되면서, 교육에서 국가주의적이고 중앙집권적인 특성이 점차로 약화되었다. 1994년 국민교육헌장이 실질적으로 폐지되었고, 1996년에는 국민학교라는 명칭 대신 초등학교가 사용되었다. 단위 학교 마다 학교운영위원회(1996)를 두어, 단위 학교 운영에 자치 원리를 도입하였다. 그동안 유지해 오던 교육법을 교육기본법, 초 · 중등교육법, 고등교육법, 평생교육법 등으로 재구성하여 개정(1995)함으로써 새로운 교육체제 수립을 위한 법적 기초를 마련하였다. 이를 통해서 교권을 비롯해서 법령 안에 있던 비민주적 요소들을 개선하였다. 전국교직원노동조합이 합법화(1999)되어 교원들의 기본적인 단체 활동이 보장되었다. 이것은 1980년대 이후 오랜 동안 전개되었던 교육민주화운동이 결실을 맺은 것이다. 시 · 도의 교육행정을 총괄하는 교육감도 임명제에서 선출제로, 다시 주민 직선제(2007)로 바뀌어 점진적으로 교육자치제에 의한 분권화가 자리 잡게 되었다.

고등교육의 보급이 대중화 단계를 넘어 보편화되었다. 2001년 고등교육 취학률이 100%을 넘어섰다(이 취학률은 취학적령 인구 이외의 재학생이 포함되었다. 학생 가운데 60% 정도가 18~21세의 학생이다). 이것이 가능했던 것은 1995년부터 대학설립 준칙주의가 적용되어 대학이 빠르게 증설되었기 때문이다. 대학이 1995년 288개교에서 2005년 361개교로 크게 늘어나면서 증가한 대학 진학 수요를 수용할 수 있었다. 이에 따라 취업과 노동시장 진입의 마지막 단계가 대학으로 이동하면서 전문계 고등학교가 종결교육기관의 성격을 잃게 되었다(박환보, 2015). 근래에 제기되고 있는, 대학 학령 인구 감소, 대학 진학률 저하, 서울 중심 대학 진학 선호, 대학 특성화 부재 등의 문제가 서로 얽히어, 한국 고등교육 미래를 새로운 위기 속으로 몰고 있다.

새로운 유형의 고등학교들이 세워지면서 중등교육의 평준화 체제는 균열을 넘어서 해체 단계에 진입했다. 특수목적고등학교로 분류되는 과학고등학교, 외국어고등학교, 국제고등학교, 자율형고등학교로 분류되는 자율형사립고등학교 등이 유독 명문대학진학 준비를 위한 학교로 선호되고 있다. 이들이 차지하는 비중은 작지만 사실상 고등학교가 서열화, 등급화 되는 결과를 초래하였다. 학교를 다양화하고 특성화하여 사교육비를 경감하고 학교 선택권도 보장하겠다는 정책이 오히려 의도와 다른 결과를 낳은 것이다. 중학교 수준에서부터 시작되는 입시준비와 경쟁은 그 결과이다. 이들 고등학교 졸업생을 유치하려는 경쟁은 대학 간에도 벌어지고 있다.

초 · 중등교육을 실질적으로 개선하기 위하여 단행된 7차 교육과정 개정(1997)은 획기적인 것이었다. 10년간 이수하는 국민공통기본교육과정을 설정했고, 고등학교에서 선택중심 교육과정을 두어 학생이 교과를 선택할 수 있게 하였다. 또한 수준별 교육과정을 운영할 수 있도록 하여 교수 · 학습의 효율성을 높일 수 있게 되었다. 그러나 이것이 교육과정 개정 50년의 경험에 기초한 근본적인 변화인지는 반성해 볼 점이다. 근래 도입된 핵심 역량의 개념, 역량 중심 교육과정의 원리는 이러한 반성에 입각한 새로운 대응처럼 보인다.

고등교육이 보편화 되면서, 학력(學歷)이 지위 획득과 상향적 사회이동에 미치는 효과는 줄고 있다. 소득과 같은 교육투자 수익률 역시 감소하고 있다(장상수, 2015). 그 실현 가능성에 대한 사람들의 믿음과 헌신도 약해지고 있다. 사람들은 이제 더 좋은 학력(學歷)과 여기에 이르는 더 나은 길을 찾고 있다. 더구나 한국 사회에서는 좋은 학력이 갖는 상징적 위신 효과가 강하다. 지위와 소득보다 더 중요하게 여겨지기도 한다. 부모의 사회경제적 배경이 자녀의 학업 성취, 학력(學歷) 획득, 졸업 이후 지위 획득과 소득에 영향을 미친다는 것은 교육학의 일반적인 상식이다. 고등교육이 대중화되는 1980년대와 1990년대에는 이런 상식에 부합하는 방식으로 한국의 사회경제적 질서가 만들어졌다. 교육이 새로운 계층 구조를 만드는 데에 중요한 작용을 한 것이다. 그러나 이미 형성된 사회 계층 구조 안에서 현재 벌어지는 학력 경쟁의 실재는 이전과는 다르며, 다른 결과를 낳고 있다고 보아야 한다. 기존의 질서와 구조가 균형과 안정을 그대로 유지하도록 작동하고 있는 것이다. 학교 교육이 사회재생산에 기여한다는 명제는 이것을 가리킨다. 한국 사회와 교육도 여기에서 예외일 수는 없다.

그럼에도 한국 교육은 그동안의 사회발전을 견인했던 유능하고 잘 규율된 한국인을 양성하는 데에도 기여하였다.

4. 맺음말

한국 교육은 오랜 역사 위에서 형성된 것이다. 고대 중국으로부터 한자와 유교 문화를 도입하고 고유의 전통과 결합하여 유교적 교육제도를 발전시켰다. 이것은 일본 제국의 식민 지배를 받으면서 식민지형 국가교육체제로 정착되었다. 그리고 이것을 기초로 대중적인 국가교육체제를 만들어 국민 모두를 대상으로 한 보편 교육을 이룩하였다.

학교 교육은 소수의 인재 양성을 위한 것에서 국민 모두를 위한 것으로 바뀌어 왔다. 이 점에서 우리나라 교육은 대중교육체제의 형성의 과정이었다. 교육목적은 전통적인 신민(臣民)을 만드는 것에서 근대적인 시민(市民, 국민)을 기르는 일로 바뀌었다. 교육내용은 한문과 유교의 경전을 배우는 것에서 근대적인 교과와 지식을 배우는 것으로 바뀌었다. 이 긴 진화의 과정 외부에는 한국 교육이 참조할 수 있는 다른 모델이 존재하였다. 중국의 전통사회, 근대 일본 제국과 현대 일본, 미국 등이다. 그리고 그 범위는 확대되어 왔다. 그들을 참조할 수 있었고, 또 고유한 교육제도를 만들어냈다.

이러한 교육제도 위에서 교육받은 인구가 급격히 증대되었고, 높은 학업성취도에 도달할 수 있었다. 이것은 한국교육이 이룩한 성과라고 할 수 있다. 그렇지만 이러한 성과가 어떤 조건 속에서 가능했고, 사회적으로는 어떤 결과를 초래하고 있는지를 이해하는 일은 더 중요하다. 학교를 시험 공부하는 곳으로 만들며, 사교육을 국가 기간산업으로 번성하게 하는 높은 수준의 교육열은 아직도 지속되고 있다. 이 힘과 사회적 역동에 대해서 성찰하는 것이 무엇보다 중요하다. 물론 이 힘과 사회적 역동에는 새로운 방향으로 물꼬가 필요하다. 그렇기 때문에 한국의 대중적 국가교육체제는 기로에 서 있다고 할 수 있다. 그러나 대안을 찾는 일은 쉽지 않다. 그것은 한국 사회와 한국인이 총체적으로 변화하는 일이기 때문이다.

유교적 전통 위에서 성장하고, 식민 지배를 받다가 해방되어, 분단을 겪은 후 단기간에 이룬 근대화로 선진 사회의 대열에 참여한 국가, 그것이 대한민국이다. 한국 교육은 그런 국가에 내장되어 있는 그 무엇이었다. 이러한 역사적 경험은 찬탄이나 비난에 앞서 이해와 성찰의 대상이 되어야 한다.

학습과제

01

신라 시대의 화랑제도(花郎制度를)는 어떤 제도인가? 그것을 이해하는 것은 왜 중요한가? 화랑에 관한 역사 기록에는 어떤 것이 있는지 그리고 기록을 통해서 확인할 수 있는 것이 무엇인지에 대해서 생각해보자.

02

사서(四書)는 왜 중요한 교과(경전)가 되었는가? 사서가 어떤 내용을 담고 있는지 『대학』(大學), 『논어』(論語), 『맹자』(孟子), 『중용』(中庸) 가운데 하나를 선택하여 한 부분을 읽어보자.

03

일제 강점기 학교 교육을 통해서 어떤 인간이 길러졌다고 생각하는가? 제국 일본은 한국인들은 얼마나 성공적으로 그들의 신민(臣民)으로 육성할 수 있었는지에 대해서 생각해 보자.

04

학력주의 사회란 어떤 사회인가? 현대 한국 사회에서 학력주의 사회는 어떤 조건 속에서 형성되었는가? 학력주의 사회가 가져온 사회적, 교육적 결과는 무엇인지를 함께 생각해 보자.

05

이 장을 읽으면서 떠오른 질문들을 정리해 보자. 이 장에서 서술된 내용과 주장에 대해서 비판을 제기해 보자.

참/고/문/헌

서울대학교 교육연구소 편(1997). **한국교육사**. 서울: 교육과학사.

한기철, 조상식, 박종배(2016). **교육철학 및 교육사**. 파주: 교육과학사.

박연호 편(2006). **논문으로 읽는 교육사**. 서울: 문음사.

최광만(2013). **조선시대 교육사 탐구**. 대전: 충남대학교출판문화원.

우용제(1999). **조선후기 교육개혁론 연구**. 서울: 교육과학사.

박현순(2014). **조선후기의 과거**. 서울: 소명출판.

김경미(2009). **한국 근대교육의 형성**. 서울: 혜안.

오성철(2000). **식민지 초등교육의 형성**. 파주: 교육과학사.

오성철, 강일국, 박환보, 김영화, 장상수, 황병주, 이윤미(2015). **대한민국 교육 70년**. 서울: 대한민국 역사박물관.

제2부

인간은 어떻게 발달하고 어떻게 배우나?

CHAPTER_ 4

인간발달과 교육

인간은 출생 이후 다양한 메커니즘을 통해서 변화한다. 어린이는 때가 되면 기고 걷고 달릴 수 있게 된다. 학교에 들어가면 새로운 지식을 배우고 다양한 기술을 익히기도 한다. 그중에서도 특별한 계획이나 의도적인 노력이 없이도 일어나는 변화를 발달이라 한다. 이와 같은 발달에 의한 변화는 신체적, 인지적, 정서적 측면 등 모든 면에서 일어난다. 그리고 발달은 인간의 전 생애에 걸쳐 일어난다. 초기에 일어나는 발달은 성장 또는 긍정적인 변화를 주로 나타내지만 성인기 이후에는 퇴화 또는 부정적인 변화를 나타낸다. 그러므로 전 생애 발달의 관점에서 볼 때 발달은 긍정적인 변화뿐만 아니라 부정적인 변화까지 포함하는 개념이다. 교육으로 발달과정에 영향을 미치기는 어렵지만 교육을 잘 하기 위해서 인간발달을 이해하는 것은 중요하다.

제1절 인간발달의 특징

인간발달은 신체적, 인지적, 정의적 측면에서 서로 영향을 주고받으며 진행된다. 교육에서는 인간의 발달적인 특징이 충분히 고려되어야 한다. 교육자는 자신이 가르치는 학생이 어떤 발달의 과정 중에 있는지 살핌으로써 보다 효율적인 교육을 할 수 있다. 인간발달의 개별적인 측면을 살펴보기 전에 먼저 인간발달에서 보편적으로 나타나는 세 가지 특징을 고찰해 보고자 한다.

1. 가소성

가소성(可塑性)이란 소성, 즉 변화의 여지가 있음을 말한다. 소성은 점토나 플라스틱처럼 형태를 이리저리 변형시킬 수 있는 성질이다. 초등학교 미술시간에 점토를 가지고 어떤 물체를 만들다가 마음에 들지 않으면 점토를 뭉친 다음 다시 만들기도 한 경험이 있을 것이다. 이처럼 소성이 있는 물질은 우리가 원하는 형태로 빚어낼 수 있다. 인간발달에도 이와 같은 가소성이 있다는 주장이 흔히 제기된다. 인간발달에 가소성이 있다는 말은 인간은 (원하는 대로) 다양한 모습으로 발달시킬 수 있다는 의미이다.

인간발달에 영향을 미치는 주요한 요인으로 유전과 환경이 있다. 가소성은 특히 환경적 영향에 대한 무한한 신뢰를 그 바탕으로 하고 있다. 다시 말해서 환경을 잘 조작하면 유전적 영향을 억누를 수 있다고 본다. 이처럼 환경적 요인이 유전적 요인을 극복할 수 있는 힘을 가진다고 믿은 대표적인 사람은 미국의 심리학자 왓슨(Watson)이었다. 그는 자신에게 건강한 아기를 주면 원하는 대로 키워낼 수 있다고 호언

장담하기도 하였다(Watson, 1930). 그렇지만 오늘날 이 주장을 그대로 믿는 심리학자는 아무도 없다. 환경적 조건을 아무리 잘 조작한다고 하더라도 발달이 전적으로 양육자 임의대로 결정되는 것은 아니기 때문이다. 유전의 영향도 무시할 수 없으며, 때로는 우연적인 요인들이 발달에 큰 영향을 미치기도 한다. 그렇지만 환경적인 요인이 발달에 영향을 주는 것은 명백하기 때문에 어느 정도 발달의 방향을 바꾸거나 발달의 정도를 촉진시킬 여지는 충분히 있다.

가소성이란 결국 환경적인 영향이 작용할 수 있는 여지라고 볼 수 있다. 가소성이 크다는 말은 환경요인이 영향을 미칠 여지가 크다는 의미이며, 이는 곧 발달의 결과로 나타나는 다양성의 폭이 크다는 것을 의미한다. 이런 의미에서 인간은 다른 어느 동물에 비해서 큰 가소성을 가지고 있다. 우리가 교육에 힘을 쏟는 이유도 근본적으로 인간발달에 가소성이 있기 때문이다. 즉, 후천적인 노력으로 발달을 상당 부분 촉진할 여지가 있기 때문이다. 인간발달이 이미 선천적으로 결정되어 있다면 교육은 별 의미 없는 일이 되고 말 것이다.

2. 자기교정성

앞에서 언급했듯이 모든 사람들이 이론적인 발달의 궤적을 따르는 것은 아니다. 가상적인 평균적 발달곡선과 한 개인의 발달의 과정을 비교해보면 개인의 발달은 평균적 발달곡선에 비해서 발달의 속도가 느리기도 했다가 빨라지기도 한다. 다시 말해서 발달의 초기 단계에서 발달이 부실했다고 계속 부실한 수준이 지속되지 않는다. 또한 초기 발달이 빨랐다고 해서 계속 빠른 발달이 유지되는 것도 아니다.

예컨대, 출생할 때 극히 불리한 조건에서 태어난 어린이들도 이후의 성장 과정에서 정상적인 환경이 제공된다면 정상적인 발달의 범위 안으로 들어올 수 있다. 다시 말해서 인간은 불리한 점을 극복하고 정상적으로 발달할 수 있도록 자기 스스로를 교정할 수 있는 힘, 즉 자기교정성(self-righting tendency)을 가지고 있다.

이한규와 바랏트(Barratt)(1993)는 출생 시에 조산과 저체중이라는 두 가지 불리한 조건을 동시에 가지고 태어나서 5~8세에 이른 어린이들이 그런 불리한 조건이 없이 태어난 같은 연령의 또래 어린이들에 비해서 인지적 능력에서 차이가 나는지 비교하였다. 그 결과 어휘력, 독해력, 수학능력을 중심으로 측정한 인지능력에서 5세와 6세 아들은 두 집단 간에 차이를 보였지만 그 이후 연령 집단에서는 차이가 나타나지 않았다. 이 결과는 어린이들이 출생 후 5, 6년이 경과하는 동안 불리한 조건을 극복하고 정상 집단의 수준으로 근접하는 자기교정성을 잘 보여주고 있는 것이다.

이 연구에서 7세 이상의 어린이들에서는 두 집단 간의 차이가 나타나지 않았는데, 미국에서 만 5세부터 공교육이 시작된다는 점에 비추어 볼 때 학교교육을 받고 나서 2년이 경과하는 동안 불리한 조건이 극복되었음을 알 수 있다. 이것은 교육과 같은 환경적 요인이 자기교정성이 나타나는 데 큰 영향을 미치는 요인이 될 수 있음을 시사한다.

이와 같이 어릴 때일수록 생물학적인 조건의 영향을 크게 받지만 나이가 들수록 환경적 영향이 생물학적 영향보다 우세해져서 인간발달을 더 잘 설명해 줄 수 있다. 어릴 때 발달 과정에서 경험한 부정적인 영향이 극복되지 아니하고 다양한 형태로 성인기까지 계속되어 정신적인 문제를 초래한다고 보는 정신분석이론은 일부 심리학자들로부터 인간의 자기교정성을 인정하지 않는다는 비판을 받기도 한다.

3. 개인차

어린이들이 출생 직후부터 나타내는 발달적 변화를 살펴보면, 장애가 있는 경우를 제외하고, 누구나 비슷한 시기에 특정한 발달을 이루는 것처럼 보인다. 이러한 보편적인 발달의 궤적은 나이가 어릴 때일수록 뚜렷하며 나이가 들수록 보편적인 변화는 찾기 어렵게 된다. 발달심리학은 누구나 나타내는 보편적인 변화에 관심을 가진다. 그러므로 우리는 어린이들이 언제쯤 앉고, 기고, 걷는지, 말은 언제부터 하는지, 혹은 초등학교 3학년 또래 어린이의 인지적 능력이 어느 수준인지 등에 대해서 많이 알고 있다. 그렇지만 우리 주위의 모든 어린이가 발달심리학에서 설명하는 방식으로 특정한 나이에 특정한 발달적 변화를 나타내는 것은 아니다. 따라서 성인이 되었을 때 비교해 보면 사람들이 보이는 발달적 변화에 큰 차이가 있으므로 발달과정의 어느 시점에서부터는 조금씩 다르게 발달해왔음을 짐작하기가 어렵지 않다.

가. 개인차의 의미

인간의 발달이 어느 시점에서 어떤 변화를 나타낸다는 발달심리학적 설명은 어디까지나 이론적인, 그리고 평균적인 변화의 특징을 기술한 것에 지나지 않는다. 특정 어린이의 발달과정과 발달심리학 이론을 비교해보면 발달의 시기나 정도에서 다소의 차이가 나타남을 쉽게 발견할 수 있다. 이처럼 발달의 과정에서 각 개인이 나타내는 시기나 정도의 차이를 개인차(individual difference)라 한다.

인간발달에는 항상 개인차가 있다. 그러므로 발달이론에서도 항상 어느 정도의 개인차는 정상적인 발달로 간주한다. 발달이론상 언제 어떤 발달이 일어난다고 할 때, 이론에서 제시하는 발달의 시기와 정도는 사실상 일정한 범위로 제시된다고 보아야 한다. 예를 들어, 이론적으로 '어린이들이 생후 6개월 정도 지나면 옹알이를 한다'고 제시되었다고 하자. 실제 어린이들 중에는 4개월부터 옹알이를 하는 어린이가 있는가 하면 8개월 정도가 되어야 옹알이를 하는 어린이도 있는데, 그런 정도의 시기 차이는 개인차에 따른 것이라고 볼 수 있으며, 따라서 이론과 어긋난다고 볼 수 없다. 옹알이의 수준에서도 마찬가지로 개인차가 있을 수 있다. 생후 6개월 된 어린이라고 하더라도 어떤 어린이는 제법 실제 단어에 가깝게 발음을 하는 반면에 어떤 어린이는 단순히 입으로 소리를 내는 수준에 불과할 수도 있다. 이런 정도의 차이 역시 개인차에 따른 것이라 할 수 있다.

일반적으로 대부분의 어린이들에 비해서 발달의 시기가 훨씬 이르거나 수준이 훨씬 높다면 영재라고 볼 수 있으며, 반대로 시기가 지나치게 늦거나 발달 수준이 훨씬 못 미친다면 장애라고 볼 수 있다. 어느 범위까지 개인차로 볼 수 있는지가 항상 명확한 것은 아니다. 예컨대 생후 1년이 지나도록 옹알이를 시작하지 않는다면 언어발달에 지체가 있지 않은지 살펴볼 일이다. 그렇지만 이후에 언어발달이 잘 이루어져서 결국에는 정상적인 언어능력을 가질 수도 있으므로 섣불리 발달지체라고 단정짓기는 곤란하다.

이처럼 발달이론에서는 어느 정도의 개인차는 당연한 것으로 받아들인다. 실제로 어느 두 어린이도 똑같이 발달하지 않는다. 그러므로 교육 현장에서 학습자의 수준에 차이가 있는 것은 지극히 당연하다. 그러나 우리 교육에서 학습자의 개인차는 무시되는 경우가 많다. 같은 연령의 모든 학습자들은 좋아하든 싫어하든 똑같은 과목을 배우고 학습내용을 잘 이해해야 한다고 요구되고 있다. 모든 학습자에게 똑같은 내용을 똑같은 수준에서 가르친다면 개인차에 따라서 어떤 학습자는 학습에 큰 어려움을 겪을 수도 있다. 교육이 궁극적으로 지향하고 있는 바는 모든 학습자가 자신의 능력을 최대한 계발할 수 있도록 도와주는 일일 것이다. 그것은 결국은 학습자들의 개인차를 고려한 교육이 되어야 함을 의미한다.

개인차는 단순히 각 개인이 나타내는 차이라고 생각하기 쉽지만 넓게 보면 개인차에도 여러 의미가 포함되어 있음을 알 수 있다. 개인차를 자세히 나누어보면 개인간 차(inter-individual difference), 개인내 차(intra-individual difference), 스타일의 차이 등으로 구분할 수 있다.

나. 개인간 차와 개인내 차

좁은 의미에서의 개인차는 개인간의 차이를 의미하는 경우가 많다. 개인간의 차이란 개인들을 비교한 결과이며 그러기 위해서는 개인들을 비교할 근거가 되는 양적인 지표를 획득할 수 있어야 한다. 교육현장에서 자주 언급되는 개인간 차는 좋고 나쁨, 빠르고 느림 등 우열을 가릴 수 있는 비교의 결과를 지칭하는 경우가 대부분이다. 다시 말해서 주로 개인의 능력의 비교와 관련된 개념이라 볼 수 있다.

그러나 개인차를 넓은 의미에서 보면 개인간의 차이 외에 개인내 차도 포함될 수 있다. 개인간 차가 어떤 특정한 능력에 대해서 여러 사람끼리 비교해 봄으로써 개인간의 차이를 확인해 볼 수 있는 반면에 개인내 차는 한 개인이 가진 여러 능력들을 비교한 결과를 의미한다. [그림 4-1]은 세 학생의 여덟 개 과목의 성적을 나타낸 그림이다.

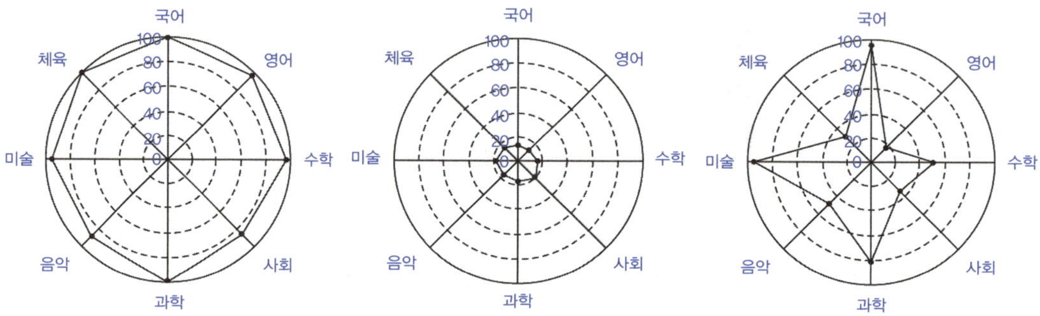

학생 A　　학생 B　　학생 C

[그림 4-1] 개인내 차 프로파일

[그림 4-1]에서 학생A는 모든 과목을 공부 잘 하는 학생이며, 학생B는 모든 과목의 공부를 잘 못 하는 학생이다. 학생C는 국어, 과학, 미술은 공부를 잘 하지만, 영어, 체육은 잘 못하는 학생이다. 학업성적이 우수하다고 해서 학생A처럼 모든 과목을 다 잘 하기는 어렵다. 공부를 잘 못하는 학생이라고 해서 모든 과목을 다 못하는 경우도 드물다. 대부분의 학생은 학생C처럼 잘 하는 과목이 있는가 하면 잘 못하는 과목이 있을 수 있다. 무엇을 잘하는가에 있어서 사람들은 저마다 다르다.

한 개인 내에서 무엇을 잘하고 무엇을 못하는가를 비교한 결과를 개인내 차라고 한다. 이런 의미에서 개인내 차는 적성 혹은 소질과 유사한 개념이라고 볼 수 있다. 학교성적이나 적성 프로파일이 크건 작건 원 모양으로 나오기보다 별 모양으로 나오는 경우가 일반적이다. 프로파일이 별 모양으로 나타난다는 것은 개인내 차가 있다는 말이다.

개인간 차나 개인내 차 모두 비교를 전제로 하는 개념이지만 비교의 방향은 다르다. 어느 학급 40명 학생들의 성적을 나타낸 [표 4-1]을 보자.

〈표 4-1〉 개인간 차와 개인내 차

학생번호	1	2	3	…	39	40
국어	88	92	64	…	90	72
영어	56	49	32	…	62	48
…	…	…	…	…	…	…
체육	78	65	70	…	82	56

〈표 4-1〉에서 가로로 굵은 선으로 그려진 네모는 이 학급 학생들의 영어성적을 비교한 것이다. 이것은 영어성적에서의 개인간 차를 비교한 것이다. 반면에 세로로 굵은 선으로 그려진 네모는 2번 학생이 여러 과목 성적을 비교한 것으로 이 학생의 개인내 차를 비교한 것이다.

교육적 관점에서 개인내 차는 특별한 의미를 가진다고 볼 수 있다. 개인내 차에 관심을 가지고 보면 평균 성적이 하위권인 학생이라도 잘하는 과목이 있을 수 있고 특정한 활동에 뛰어난 소질을 가질 수 있으므로, 저마다 가진 수월성을 키워주는 것이 교육의 궁극적인 목표이기 때문이다.

다. 스타일의 차이

개인간 차나 개인내 차는 우열을 따질 수 있다. 그렇지만 사람들이 나타내는 차이 중에는 우열을 따질 수 없는 차이도 많다. 성격, 기호, 취미, 습관 등이 여기에 속한다. 예를 들어 도서관에서 공부할 때 학습능률이 높은 학생이 있는가 하면 자기 방에서 혼자 공부할 때 학습능률이 높은 학생이 있다. 이런 차이는 비교가 불가능하고 때로는 비교하는 것이 별 의미가 없다. 그럼에도 불구하고 사회가 특정한 스타일의 사람에게 특별히 유리하고 다른 스타일의 사람에게는 특별히 불리한 방식으로 운영되는 경우를 흔히 볼 수 있다. 교육현장에서도 궁극적으로는 개인의 스타일까지 고려해서 최적의 교육환경 안에서 교육을 받을 수 있도록 목표를 세워야 할 것이다.

제2절 유전과 환경

인간발달에 큰 영향을 미치는 대표적 요인은 유전과 환경이다. 많은 쌍둥이 연구들은 오랜 기간 동안 상이한 환경에서 자란 쌍둥이들이 유사한 특징을 유지하고 있음을 보여준다. 지능발달에 있어서 유전과 환경 중에서 어느 쪽이 더 큰 영향을 미치는지에 관해서 첨예한 논쟁이 벌어지기도 하였으나 어느 쪽의 영향도 무시할 수 없는 것이 사실이다. 유전과 환경은 늘 상호작용을 하면서 인간발달에 영향을 미치기에 어느 쪽 영향이 더 큰가에 대해서 단정적으로 결론을 내리기는 어렵다. 그러므로 어느 쪽 영향이 더 큰가와 같은 소모적인 논쟁보다는 양자가 어떤 방식으로 상호작용하는가에 관한 탐색이 더 실질적일 것이다.

유전과 환경이 상호작용한다는 점은 누구나 공감하는 바이지만, 단순히 상호작용한다는 결론은 실은 우리에게 알려주는 바가 별로 없다. 그러므로 상호작용한다는 말이 구체적으로 무슨 의미인지에 관한 설명을 찾아야 한다. 유전과 환경의 상호작용의 의미를 설명해줄 수 있는 세 가지 모형을 제시하면 다음과 같다.

1. 반응범위 모형

자녀는 부모로부터 신체적, 인지적, 정신적 특성뿐만 아니라 그 외에도 실로 수없이 많은 특성들을 물려받는다. 부모로부터 유전되는 특성 중 특정한 유전자에 의해서 특성이 전적으로 결정되는 경우가 있다. 이런 경우의 대표적인 예가 눈동자의 색깔이다. 그렇지만 이런 경우는 흔하지 않다. 오히려 대부분의 유전에서는 하나의 유전자가 아닌 여러 유전자들이 복합적으로 작용하여 부모와 유사한 특성을 물려받게 된다. 이를 다중유전(polygenic inheritance)이라 한다. 키, 지능, 성격 등 대부분의 유전이 이에 속한다. 다중유전의 경우에는 여러 유전자가 관여하기 때문에 부모의 특성과 자녀의 특성이 완전히 일치하지는 않는다. 따라서 자녀는 부모의 특성을 물려받지만 그 정도에 있어서 어느 정도의 가감(加減)이 있게 된다.

굳이 다중유전 때문이 아니라도 유전은 일정한 범위 내에서 전해진다는 견해가 있다. 고츠만(Gottesman, 1963)은 유전자가 자녀에게서 표현형으로 나타날 때는 하나의 값으로 정해지는 것이 아니라 일정한 범위 내에서 나타난다고 보았다. 이를 반응범위(range of reaction)라고 한다. [그림 4-2]는 지능의 유전에서 반응범위 내에서의 발달을 그래프로 나타낸 것이다.

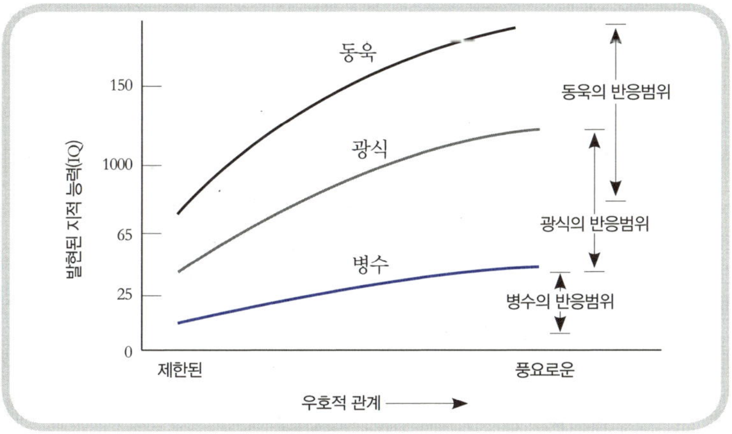

[그림 4-2] 반응범위 모형(Gottesman, 1963에서 인용)

자녀의 지능은 부모의 지능을 중심으로 일정한 범위 내에서 발달이 이루어질 것이다. 말하자면 유전에 의해서 어느 정도의 발달의 범위가 정해지고 그 범위 안에서 환경적인 영향에 의해서 최종적인 자녀의 특성이 정해지는 것이다.

유전자가 자녀세대에서 표현되는 반응범위에도 다소간 정도의 차이가 있다. 일반적으로 몸무게의 반응범위는 키의 반응범위보다 넓게 나타난다. 몸무게도 유전되지만 부모와 자녀의 몸무게의 상관관계는 키의 상관관계보다 약하기 때문이다. 반응범위가 좁다는 것은 상대적으로 유전의 영향을 더 크게 받음을 의미한다. 눈동자의 색깔의 경우 자녀의 눈동자는 아버지와 어머니의 눈동자의 색깔 중에서 우성인 색깔로 결정된다. 이 경우는 반응 범위가 "0"인 셈이다. 반응의 범위가 없다는 말은 환경의 영향과는 무관하게 오직 유전에 의해서만 자녀의 특성이 결정됨을 의미한다.

2. 수로화 모형

어린이들이 출생 후에 나타내는 발달의 경로를 보면 처음에는 비슷한 양태를 보이다가 점점 상이한 경로를 통해 발달한다. 어린이들이 다소간의 시차는 있으나 때가 되면 앉고, 기고, 걷는 것은 후천적인 경험이나 환경적 조건과는 무관하게 유전자에 의해서 발달의 경로가 이미 결정되어 있기 때문이라 볼 수 있다. 와딩턴(Waddington, 1966)은 유전자에 의해 발달이 특정한 반응을 불러일으키도록 제한되는 현상을 수로화(canalization)라 불렀다. 그의 설명은 인간발달을 땅위에 파인 홈(수로)으로 공이 굴러 내려오는 장면에 비유한 것이다. 이것을 나타낸 것이 [그림 4-3]이다.

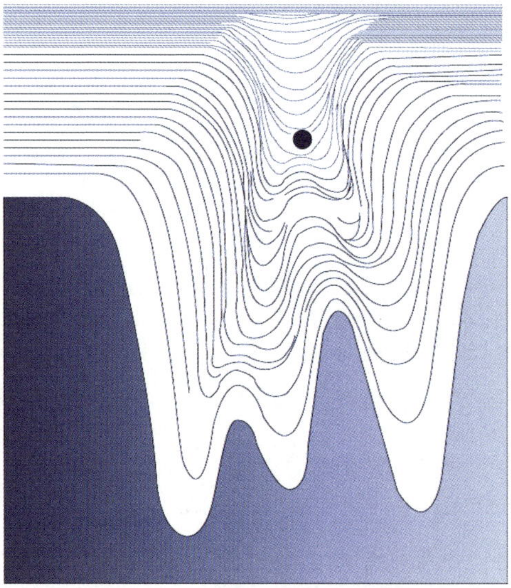

[그림 4-3] 수로화 모형(Waddington, 1966에서 인용)

수로화 비유에서 수로는 유전적으로 결정된 발달의 경로를 의미한다. 수로의 깊이는 유전적 영향의 크기를 나타내는데, 수로의 깊이가 깊을수록 유전의 힘이 강해서 외부적 힘에 의해서 수로를 벗어나기 어려우며, 따라서 유전자의 표현형이 다양해지지 않는다. 반면에 수로의 깊이가 얕다면 공이 굴러 내려오다가 환경의 힘에 의해서 수로를 벗어날 가능성이 커진다. 이는 유전이 표현형을 강하게 억제하지 않아서 표현형이 다양해질 수 있음을 의미한다. 일반적으로 신체발달은 수로의 깊이가 깊은 경우의 예로서 상대적으로 환경의 영향을 덜 받는다고 볼 수 있는 반면에 정서나 사회성 발달은 수로의 깊이가 얕아서 환경의 영향을 많이 받는 경우에 해당한다.

와딩턴은 수로의 홈이 여기저기서 두 갈래로 갈라지는 경우를 묘사하고 있는데, 공이 수로를 따라 내려오다가 갈림길에 이르렀을 때는 비교적 작은 환경적 영향에 의해서 공의 경로가 바뀔 수 있다. 이 경우 계곡이라는 유전의 영향권 안에서도 길이 갈라질 수 있으며 이때 환경의 영향으로 발달의 경로가 달라질 수 있다. 즉, 표현형이 더욱 다양해질 수 있는 것이다. 예를 들어 어린이가 부모로부터 음악적 소질(계곡)을 물려받은 경우에 전체적으로 음악적 재능이 있지만 구체적으로 어떤 음악활동에 몰두하게 되는지는 갈림길에서 어떤 환경적 영향을 받느냐에 따라서 결정될 수도 있다. 부모가 선물해준 트럼펫을 가지고 놀다가 트럼펫 연주자가 될 수도 있고, 친한 친구의 권유로 합창단원이 될 수도 있다. 갈림길에서는 미미한 환경적 힘으로도 특정 경로로 들어설 수 있지만 일단 선택된 경로로 한참 진행한 다음에는 경로를 바꾸기가 점점 어려워진다. 그것은 수로가 진행될수록 이웃 수로와의 경계 벽의 높이가 높아지기 때문이다.

3. 통시적 상호작용

인간발달에 미치는 유전과 환경의 영향은 어느 누구도 부인하지 않으며, 흔히 두 요인이 상호작용하면서 발달에 영향을 미친다고 결론을 내린다. 상호작용이란 글자 그대로 두 요인의 힘이 동시에 작용한다는 의미이다. 그러나 세미프로와 챈들러(Sameroff & Chandler, 1975)는 상호작용 모형이 인간발달을 설명하는 최적의 모형이 될 수 없다고 하였다. 그 이유는 유전 또는 환경적 영향의 상대적 힘은 시간의 흐름에 따라 일정하지 않고 달라질 수 있기 때문이다.

세미로프와 챈들러에 의하면 인간발달이란 시간의 흐름에 따른 변화를 말하는데,

발달을 설명하면서 시간의 흐름을 고려하지 않는다면 충분한 설명이 될 수 없다. 따라서 유전과 환경이 각각 어느 정도 영향을 미치는가를 결정할 수 있다고 해도 이는 어느 한 시점에서의 현상을 설명해주는 데 불과하며, 인간발달에서의 변화를 종합적으로 설명하기 위해서는 유전과 환경의 상대적 영향력이 시간의 흐름에 따라 어떻게 변하는지 설명할 수 있어야 한다. 세미로프와 챈들러는 상호작용(interaction)의 'inter-'라는 접두사를 'trans-'라는 접두사로 대체하여 통시적 상호작용(transaction)이라는 용어를 만들었는데, 'trans-'가 '뚫고', '가로질러', 혹은 '관통하여'와 같은 의미를 지닌다는 점에서 시간의 흐름에 따른 상호작용의 변화를 의미한다고 볼 수 있다. [그림 4-4]는 발달의 시기에 따라 지능에 영향을 미치는 유전과 환경의 힘의 상대적 세기를 가상적으로 표현한 그래프이다.

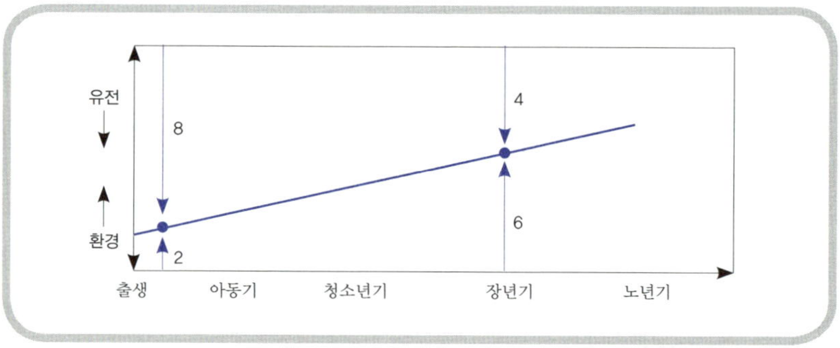

[그림 4-4] 통시적 상호작용 모형

가로축은 시간의 흐름, 즉 연령을 나타낸다. 세로축은 유전과 환경의 영향의 방향을 나타낸다. 매순간 유전과 환경의 힘의 상대적 크기의 분할지점에 점을 찍어서 시간의 흐름에 따라 연결한다면 선이 그려질 것이다. 점의 윗부분의 간격은 유전적 영향의 크기를 나타내고 아랫부분의 간격은 환경적 영향의 크기를 나타낸다. 선이 위로 올라갈수록 환경의 힘이 크게 작용한다는 뜻이며 아래로 내려올수록 유전의 힘이 크게 작용한다는 뜻이다.

출생 직후의 어린이의 지능은 환경의 영향으로 설명할 여지가 별로 없다. 예를 들어 영아기에 유전과 환경의 상대적 영향이 8:2로 작용한다면 점은 아래쪽에 찍힐 것이다. 한편 성인이 된 어느 시기에 유전과 환경의 영향의 상대적 크기가 4:6이라면 점은 중간보다 약간 위쪽에 찍히게 된다. 대체로 어린이가 자랄수록 유전의 영향에 비해 환경의 상대적 영향이 커지므로 그래프는 점점 위로 올라가게 된다. 지능뿐만 아니라 성격, 신장, 체중 등 인간의 많은 특성들이 나이가 들수록 통시적 상호작용을 나타내는 곡선이 위로 올라가는 형태로 나타날 것이다.

통시적 상호작용 모형에서는 어릴 때일수록 유전이 발달을 크게 좌우하나 시간이 흐를수록 환경의 영향이 유전적 영향보다 점점 커지게 된다. 이것은 어린이는 출생 후 환경으로부터 피동적으로 영향을 받는 것이 아니라 자신에게 주어지는 환경적 요인들을 능동적으로 재구성한다고 보기 때문이다. 이러한 관점에서 볼 때 출생시에 유전적으로 열악한 조건으로 태어난다고 하더라도 이후에 환경이 지속적으로 불리하게 작용하지 않는 한 유기체는 정상적인 발달 쪽으로 옮겨가게 된다는 자기교정성의 개념은 통시적 상호작용 모형에 의해서 잘 설명이 되는 셈이다.

제3절 인지발달

교육활동을 효과적으로 수행하고 교육목표를 충분히 달성하기 위해서는 무엇보다 학습자의 인지적 능력에 대한 이해가 필요하다. 어린이는 과거에 우리가 생각하던 것보다 높은 수준의 인지능력을 가지고 태어난다. 어린이의 인지 혹은 지능[1]발달

1) '인지'와 '지능'은 때에 따라서 구별해서 사용해야 할 필요가 있으나(예컨대, '인지검사' 또는 '인지능력 검사'는 일반적인 '지능검사'와 다른 특별한 형태의 검사를 지칭한다) 어떻게 발달하는가를 다루는 이곳에서는 두

을 보는 시각은 발달심리학자들 간에 큰 차이를 보인다. 삐아제(Piaget)의 인지발달론은 인지발달을 보는 시각에 획기적인 변화를 가져왔기 때문에 여기서는 삐아제 이전의 견해, 삐아제의 인지발달론, 그리고 그 외의 여러 인지발달 이론으로 구분하여 살펴보고자 한다.

1. 삐아제 이전의 견해

"지능이 무엇이고 어떻게 발달하는가?"라는 질문은 과거에는 주로 철학자들의 관심사였다. 심리학이 철학으로부터 독립한 이후에 심리학자들은 사변적인 방법 대신에 실질적인 데이터를 통하여 지능이 무엇인지 알아내고자 많은 노력을 기울였다. 지능을 연구한 초기 심리학자들은 지능이 키나 몸무게처럼 성장하는 것으로 간주하였다. 지능의 실체를 파악하기 위해서, 그리고 지능이 언제 얼마나 성장하는지 알기 위해서 지능의 측정이 필수적이었다. 따라서 이들의 접근방식을 양적 접근이라 부를 수 있다.

지능발달을 양적 성장의 시각에서 바라보던 초기의 심리학자들은 한편으로는 지능을 측정하기 위한 지능검사 개발에 몰두하는가 하면 한편으로는 지능이 무엇으로 구성되는지 그 구성요소를 밝히는 데 힘을 기울였다. 이처럼 지능검사 개발과 지능의 구성요인 확인은 양적 접근의 핵심적인 두 갈래 흐름이었으며 이 두 흐름은 상호보완적인 관계를 유지하면서 발전해왔다.

가. 지능의 구성요소

지능의 구성요소를 밝히려는 시도 중에서 제일 먼저 제안된 주장은 스피어맨(Spearman, 1927)의 2요인설이었다. 스피어맨은 지능이 여러 가지 문제 해결에 공통으

용어를 구별하는 것이 큰 의미가 없으므로 특별한 언급이 없는 한 같은 개념으로 사용하고자 한다.

로 적용할 수 있는 일반(g) 지능요인과, 특정한 문제의 해결에만 적용할 수 있는 특수(s) 지능요인으로 구성되어 있다고 보았다. 일반 지능요인의 예로는 기억력, 언어능력을 들 수 있으며 특수 지능요인의 예로는 기계적 능력, 음악적 재능을 들 수 있다.

이에 대해서 써스톤(Thurstone, 1938)은 지능이 보다 다양한 일곱 가지 요인들로 구성되어 있다고 하였으며, 이들을 기초정신능력이라 불렀다. 그 일곱 가지 요인은, 언어이해력, 수리력, 추리력, 공간능력, 지각속도, 어휘유창성, 기억력이다. 이 요인들은 지능검사의 하위 영역을 구성하는 데 큰 영향을 미쳤다.

그 후에 길포드(Guilford, 1988)는 지능을 세 가지 차원, 즉 사고의 내용, 다양한 종류의 사고방식을 뜻하는 조작, 사고의 결과로 도출되는 산출의 조합으로 이해하고자 하였다. 그리고 다시 내용을 5가지, 조작을 6가지, 산출을 6가지 종류로 세분하여 이들의 조합으로 이론상 모두 180(5×6×6) 가지의 정신능력이 가능하다고 보았다.

스피어맨 이후에 카텔(Catell, 1971)과 혼(Horn, 1982)은 다시 지능을 두 가지 요인, 즉 유동적(fluid) 지능과 결정적(結晶的, crystallized) 지능으로 구분하였다. 유동적 지능은 새로운 문제를 해결하고자 할 때 어디로든 흘러가서 적용될 수 있다. 유동적 지능은 특별히 교육을 받지 않아도 발달하는, 어느 정도 선천적인 능력을 말하는 것으로 언어적 유추, 또는 새로운 관계를 파악하는 데 필요한 추리력 같은 것이 그 예이다. 이 능력은 성인이 되면 더 이상 발달하기 어렵다고 본다. 반면에 결정적 지능은 교육이나 훈련의 결과 형성되는 능력을 말하는데, 오랜 기간 동안 축적된 지식을 바탕으로 한 언어적 지능이나 특정 분야에서 오래 종사함으로써 터득한 능력이 그 예이다. 그들은 결정적 지능은 성인이 되어서도 계속 발달할 수 있다고 보았다.

나. 지능검사

양적 접근에서는 지능이 무엇으로 구성되어 있는가를 밝히는 것뿐만 아니라 지능이 얼마나 발달하였는지를 정량적으로 측정하는 것 또한 중요한 과제였다. 지능을 측정하고자 하는 최초의 시도는 사람들의 머리 둘레를 재어본 갈톤(Galton)에게까지 거슬러 올라간다(오늘날의 시각에서 보면 다소 터무니없는 것처럼 보일지 모르지만). 갈톤은 무엇이든지 세고 재는 일에 관심이 많았기 때문에 여러 가지 다양한 측정을 시도하였다. 그렇지만 머리둘레를 잰 것이 지능을 측정하고자 하는 의도를 가지고 한 일인지는 불분명하다.

1) 지능검사의 발전

최초의 지능검사는 1905년 비네(Binet)가 제작한 검사이다. 그렇지만 비네 검사는 처음부터 지능검사를 만들려는 의도에서 제작된 것은 아니었다. 비네는 프랑스 교육부로부터 학령기 어린이 중에서 정규교육을 받기 어려운 어린이를 선별해낼 수 있는 방안을 마련해 달라는 부탁을 받고 비네 검사를 제작한 것이다. 비네 검사는 그 이후에 최초의 지능검사로서 인정을 받게 되었다.

비네 검사는 그 후에 스탠포드-비네(Stanford-Binet) 검사로 발전하였다. 미국 스탠포드 대학에서 처음에는 프랑스어로 된 비네 검사를 영어로 번역하여 사용하다가 1916에 대폭 개정하면서 미국판 검사로 제작하였다. 스탠포드-비네 검사에서는 처음으로 지능지수(IQ)의 개념이 도입되었다. IQ는 애초에 스턴(Stern)이 '정신연령/생활연령(mental age/chronmological age)'으로서 공식화하였는데, 터먼(Terman)이 이 공식에 곱하기 100을 하여 스탠포드-비네 검사에서 활용하였다. 따라서 정신연령과 생활연령이 같다면 IQ는 100이 된다. 그렇지만 곧 이 공식에 문제가 있음에 드러나게 되었다. 그것은 생활연령은 항상 증가하지만 정신연령은 어느 수준에 다다른 다음 더 이상 증가하지 않기 때문이다. 그러므로 성인, 특히 노인의 IQ는 터무니없이 낮게 나오게 된다.

이 문제를 해소한 검사가 1939년에 제작된 웩슬러(Wechsler) 검사이다. 웩슬러 검사에서는 전집을 대표할 수 있는 표집을 구한 다음 표준화 작업을 하여 전체 평균을 100으로 정하고 각 개인은 전체 평균으로부터 얼마나 떨어져 있는가(편차)를 계산하여 IQ를 산출한다. 따라서 이런 방식의 IQ를 '편차 IQ'라 부른다. 전집에서의 지능의 분포는 정상분포를 이룬다고 가정할 수 있으므로 자신의 IQ 점수가 평균으로부터 떨어진 편차를 알면 자신의 지능이 상위 몇 % 안에 드는지 정상분포 표를 통해서 알 수 있다. 오늘날의 지능검사는 모두 이 방식으로 제작되고 있다. 스탠포드-비네 검사도 오늘날에는 편차 IQ 방식으로 제작된다. 지능검사의 1 표준편차는 검사마다 다를 수 있으나 대개 15 또는 16이다. 웩슬러 검사의 1 표준편차는 15이다. 웩슬러 검사는 처음에 성인용으로 제작되었으나 그 후에 아동용, 유아용 검사들이 별도로 제작되었다. 웩슬러 검사는 그 이전의 스탠포드-비네 검사가 주로 언어성 검사였던 데 비해서 언어성 검사와 동작성 검사로 구분해서 제작되었다.

지능검사는 처음에는 개별검사로 제작되었다. 개별검사는 피검사자에게 가장 적합한 환경에서 검사할 수 있다는 점을 비롯하여 여러 가지 장점이 있으나 시간이 오래 걸리고 번거로와 오늘날에는 집단지능검사가 널리 활용되고 있다. 집단지능검사는 오티스(Otis)와 터먼에 의해서 처음 제작된 이후 1917년 제1차 세계대전 중에 미국 육군에서 육군 알파(Army α) 검사를 제작하여 사용하였고 그 후 1920년에 문맹인 군인을 위하여 비언어적(동작성) 검사 즉 육군 베타(Army β) 검사가 제작되었다.

2) 지능검사의 해석

지능검사는 단일 심리검사로서는 그 어떤 검사보다 많은 정보를 제공해주는 유익한 검사이다. 웩슬러 검사의 경우 언어성 검사와 동작성 검사 점수 차이 혹은 각 하위검사 점수들을 전문적으로 분석하면 매우 다양하고 유용한 정보를 얻을 수 있다. 그럼에도 불구하고 오늘날 지능검사는 학교 현장에서 적극적으로 활용되고 있지 않다. 아예 지능검사를 실시하지 않는 학교도 많이 있다. 그 이유는 지능검사 결과를 잘못 해석하거나 확대 해석하여 오 · 남용하는 일이 많았기 때문이다. 지능검사가 아무리 유용하다고 하더라고 해석을 제대로 하지 못한다면 여러 가지 부작용을 낳을 수 있기 때문에 해석을 잘 하는 일이 매우 중요하다. 지능검사 점수를 해석할 때의 일반적인 유의사항은 다음과 같다.

첫째, 모든 심리검사에는 측정의 오차가 있다. 지능검사에도 당연히 측정오차가 있다. 이 오차는 개별검사보다 집단검사에서 더 크게 나타날 수 있다. 개별검사와는 달리 집단검사에서는 검사 당일의 개인의 기분이나 컨디션을 고려해주지 못하며 개인에게 검사를 위한 최적의 환경을 제공해주기 어렵기 때문이다. 측정오차가 있기 때문에 1, 2점의 점수 차이에 집착할 필요가 없다. 더욱이 검사가 최적의 환경에서 실시되지 않았다면 오차를 감안할 필요성은 더 커진다.

둘째, 지능검사가 인지적 능력 전체를 대변해주지 못한다는 점이다. 비록 지능검사를 통해서 많은 정보를 얻을 수는 있지만 지능검사가 측정해 주지 못하는 인지능력도 많다. 그 대표적인 것이 창의력이다. 지능검사가 인지적 능력 이외의 능력에 대해서 별로 알려주는 바가 없음은 더 말할 필요가 없다. 그럼에도 불구하고 지능검사 결과를 과대 해석하는 사람들은 지능이 높으면 학업성취도 높고, 사회성이나 도덕성도 뛰어날 것이라고 잘못 해석하는 경우가 있다. 반대로 지능지수가 낮다고 해서 모든 능력이 결여되어 있다고 보는 시각 또한 잘못된 것이다.

셋째, 다른 발달과 마찬가지로 지능발달도 모든 사람이 똑같은 속도로 발달하는 것이 아니다. 어렸을 때 남들보다 빨리 발달하다가 나중에 발달이 일찍 정체되는 경우가 있는가 하면 어릴 때는 발달의 속도가 다소 늦었지만 오래 동안 꾸준히 발달하여 나중에 남들보다 더 높은 수준으로 발달하는 경우가 얼마든지 있다. 그러므로 어릴 때 한 번 측정한 지능검사 결과를 평생 자신의 지능지수로 간주하는 것 또한 오류일 수 있다.

넷째, 지능검사는 평균이 100이어야 하지만 오래된 지능검사를 사용할 경우 평균이 100보다 높게 나타나는 경우가 흔히 있다. 이 원인은 여러 가지로 추정해볼 수 있다. 그 중 하나는 사람들이 지능검사의 문제들에 익숙해지기 때문이라는 점이다. 지능검사가 제작될 당시 새로운 문제사태를 제시하기 위해 제작된 문제가 오랜 시간이 지나는 동안 많은 사람들에게 익숙한 문제가 되어버릴 수 있다. 사람들이 전체적으로 지능이 꾸준히 높아지는가는 아직 확실하지 않다. 어쨌든 아주 오래된 지능검사는 실제 지능보다 높은 수치를 보여줄 가능성이 있으므로 가능하면 최근에 제작된 지능검사를 사용하는 것이 더 신뢰롭다.

2. 삐아제의 인지발달이론

삐아제(Piaget)는 이전의 인지발달 이론가들과 달리 지능이 키나 몸무게처럼 점차적으로 성장한다는 관점을 배격하였다. 대신 인지발달은 인지구조가 바뀌는 것이라고 보았다. 이런 의미에서 삐아제의 인지발달이론은 질적 접근이라 부를 수 있다. 종전의 인지심리학자들은 어른과 어린이의 차이를 단지 양적인 차이로 보는 시각을 가지고 있었다. 예를 들면 어린이는 어른보다 문제해결의 속도가 느리거나 어른만큼 한꺼번에 많은 정보를 다룰 수 없다는 관점에서 어린이의 인지능력을 이해하고자 하였다. 이에 비해서 삐아제는 어린이들은 어른과 전혀 다른 종류의 사고를 하고 있음을 보여주었다.

가. 인지발달의 메커니즘

삐아제는 처음에는 생물학도였으나 비네 실험실에서 일을 하던 중에 어린이의 인지발달에 관심을 가지게 되었다. 삐아제의 생물학적 관심은 그의 인지발달이론 곳곳에 스며들어 있다. 우선 삐아제는 지능이란 유기체가 환경에 적응하는 능력이라고 본다. 인간이 태어나서 어머니의 태중과 전혀 다른 낯선 환경에 적응하는 일은 생물학적 적응이다. 삐아제는 그의 인지발달이론을 발생적 인식론이라 불렀는데, 그것은 종래의 인식론(주로 철학자들의 관심사였던)이 인식의 본질에 집착한 나머지 인식의 발생을 도외시하였음을 비판한 것과 같은 맥락에서 이해할 수 있다.

삐아제는 인지는 구조화되어 있으며 출생 시점에서는 단순한 구조이지만 인지가 발달함에 따라 구조가 복잡하고 세련되어진다고 본다. 인지구조는 도식(schema)으로 이루어지는데, 동화(assimilation)와 조절(accommodation)을 통해서 도식이 세분화되면서 환경에 적응해 나간다.

인지구조가 환경에 적응해 있는 동안은 평형을 이루고 있다. 평형상태란 세상을 볼 때 아무런 이상 또는 불편함을 느끼지 않음을 의미한다. 인지발달은 일단 동화에서 시작된다. 동화는 자신의 도식에 세상을 꿰맞추는 것이다. 어린이는 출생 후 소수의 도식만 가지고 있으므로 환경에서 접하는 대상을 세밀하게 구분하지 못한다. 예를 들어 마실 수 있는 액체를 모두 '물'이라는 한 가지 도식으로 받아들이는 단계의 어린이는 처음에는 물이든, 우유든, 주스든 모두 물이라고 한다. 이 과정이 바로 동화의 과정이다. 그렇지만 마실 수 있는 액체를 물이라는 한 가지 도식에 동화하다 보면 불편할 수밖에 없다. 인지적으로 불편함을 느끼거나 무엇인가 이상하다고 느낀다는 것은 곧 인지적 평형이 깨진다는 것을 의미한다. 다시 말해서 동화만으로는 더 이상 평형상태를 유지할 수 없다는 말이다. 그때는 어쩔 수 없이 자신의 도식을 바꾸거나 세분할 수밖에 없다. 이 과정을 조절이라고 한다. 조절을 통해서 다시 환경에 적응하여 새로운 평형을 이룰 때는 더 세련된 인지구조를 갖게 된다.

나. 인지발달 단계론

삐아제는 인지발달이 점진적으로 이루어지는 것이 아니라 인지구조의 질적인 변화에 따라서 불연속적으로 발달한다고 보았다. 즉 인지발달은 단계적으로 이루어진다고 본 것이다. 삐아제는 인지발달 단계를 4단계, 즉 감각운동기(sensori-motor period), 전조작기(preoperational period), 구체적 조작기(concrete operational period), 형식적 조작기(formal operational period)로 구분하였다.

감각운동기는 인지발달의 첫 단계로서 대체로 생후 약 2년 동안의 기간에 해당한다. 이 기간 동안의 영유아들은 환경에 적응하기 위해 무엇보다도 생물학적으로 적응하여야 한다. 그것은 곧 자극을 받아들여서 느끼고(감각) 자신의 몸을 원하는 대로 움직이는(운동) 것이다. 이처럼 인지발달이 생물학적 적응과 본질적으로 다르지 않다고 보는 데서 삐아제의 독특한 관점을 엿볼 수 있다.

전조작기 이후의 단계는 모두 조작(operation)하는 방식에 따라 달라진다. 여기서 조작이란 인지적 문제해결이라고 볼 수 있다. 전조작기와 구체적 조작기에 대한 설명은 동시에 이루어질 수 있다. 다시 말해서 전조작기는 조작이 성공적으로 이루어지지 않는 때이며, 구체적 조작기는 조작이 성공적으로 이루어지는 시기이다. 전조작기는 대게 2세에서 7세에 이르는 시기에 해당한다. 전조작기에 조작이 성공적으로 이루어지지 않은 것은 자기중심성, 보존개념 미획득과 같은 조작을 방해하는 요인들이 있으며, 구체적 조작기에 이르러 발달하는 몇몇 조작 능력이 발달하지 않았기 때문이다. 구체적 조작기는 약 7세에서 11세경에 해당하는 시기로서 이 시기에는 사고를 저해하는 요인들이 모두 극복되고 분류, 간접비교 등과 같은 조작능력들이 발달하여 완전한 조작이 가능해지게 된다.

구체적 조작기의 어린이들의 조작 능력은 성인의 조작 능력과 본질적으로 차이가 없다. 그렇지만 한 가지 부족한 점이 있다면 그것은 이 시기 어린이들은 조작의 내용이 현실적이어야 조작할 수 있다는 점이다. 그러므로 현실적으로 존재하지 않는 내용의 조작이나 순수한 언어적, 가설적 조작은 형식적 조작기가 되어야 가능하다. 형식적 조작기는 약 11세 이후부터 16세경까지 발달한다. 이 시기가 되면 조작의 내용이 어떠하든 순수하게 형식만으로도 조작이 가능해진다. 예를 들면, 형식적 조작기의 어린이는 '평화가 네모보다 크고, 네모가 코끼리보다 크다면 평화는 코끼리보다 크다'는 결론을 내릴 수 있지만 구체적 조작기 어린이는 이런 내용이 현실적으로 존재하지 않기 때문에 조작을 할 수 없는 것이다.

다. 삐아제 이론이 교육에 주는 시사점

삐아제는 인지발달을 위해서는 그 무엇보다도 성숙이 중요한 요인이라고 보았다. 그 이유는 인지구조가 발달하기 위해서는 기존의 평형상태를 깨뜨려야 하는데, 그러기 위해서는 주위 사람들이 평형상태를 깨뜨려 줄 수 있는 것이 아니라 스스로 깨뜨려야 하기 때문이다. 이러한 삐아제의 관점으로부터 우리는 다음과 같은 시사점을 발견할 수 있다(Kamii, 1974).

첫째, 학습은 어린이의 능동적인 참여과정이어야 한다는 점이다. 그것은 지식은 외부에서 주어지는 것이 아니라 내부로부터 구성되는 것이기 때문이다. 어린이는 스스로 자신의 인지구조의 기능을 활성화시키고 확장하고 수정할 수 있어야 한다. 이것은 누군가가 대신해줄 수 있는 것이 아니다.

둘째, 또래와의 상호작용이 중요하다. 삐아제는 또래와의 상호작용이 어린이와 어른 간의 상호작용만큼이나 중요하다고 믿는다. 특히 자기중심성에서 벗어나기 위해서는 타인의 관점에서 볼 기회가 많이 있어야 하는데, 이 기회를 갖는 데는 비슷한 지적 수준을 가진 또래와의 상호작용이 더 도움이 된다. 자기중심성이란 남들이 자기 말을 잘 이해하고 있으리라는 착각을 의미하는데, 어른(특히 어머니)과 상호작용하는 동안에는 자신이 엉뚱한 말을 해도 어른이 다 이해하여 주므로 그만큼 자기중심성에서 벗어날 필요성을 못 느끼기 때문이다.

셋째, 지적 활동은 언어보다는 물리적 경험에 기초를 두어야 한다. 이것은 삐아제의 인식론에서 가장 가치 있는 지식은 물리적 지식과 논리-수학적 지식이라는 점과 상통하는 점이 있다. 한 구체적인 예로서 언어적인 훈련을 통해서는 보존개념을 획득하기가 어렵다는 연구(Inhelder, Sinclair, & Bovet, 1974)가 그 근거가 될 수 있다.

3. 인지발달에 대한 다른 이론들

삐아제 이론이 소개되면서 우리는 인지발달을 근본적으로 다른 시각에서 볼 수 있게 되었다. 그 밖에도 종래의 양적 접근이나 삐아제의 질적 접근 중 어느 것이라고도 볼 수 없는 견해, 또는 양적 접근 방식이 새롭게 변형된 형태 등 다양한 인지발달 이론들이 있는데, 이 중 몇 가지만 소개하고자 한다.

가. 비고츠키(Vygotsky)의 문화적 심리학

비고츠키는 러시아 심리학자로서 삐아제와 같은 해에 태어난 동시대 인물이다. 비고츠키를 위시한 러시아 심리학에서 인지발달을 보는 시각은 좀 독특하다. 그들은 각 사회에서 오랜 기간 동안 형성된 사회정신을 내면화하는 것이 인지발달이라고 보았다. 따라서 인지발달의 근원이 되는 사회정신은 곧 역사적 산물이요 그 사회의 문화라는 점에서 그들의 심리학은 역사적 심리학 또는 문화적 심리학이라고도 불린다.

비고츠키(1962)는 사회정신이 개인에게 내면화되기 위해서는 통로가 있어야 하는데, 언어가 바로 그 통로가 된다고 보았다. 어린이들이 그 나라의 언어를 배울 때는 언어적 지식만 배우는 것이 아니라 바로 그 언어에 녹아들어 있는 사회정신을 받아들이게 되는 것이다. 그런 관점에서 볼 때 언어는 인지발달에 필수불가결한 요소가 된다. 비고츠키는 전조작기 어린이들이 사용하는 자기중심적 언어도 사고하는 과정에서 밖으로 드러나는 것이며, 어린이들이 사고를 열심히 할수록 자기중심적 언어는 증가함을 보여주었다. 어린이가 자람에 따라 자기중심적 언어는 밖으로 드러나지 않게 되고 속으로 들어가서 내재언어(inner speech)가 된다고 보았다.

비고츠키는 인지발달 과정에서 주위 성인들의 역할에 큰 비중을 두었다. 그에 의하면 어린이의 발달에 두 가지 수준이 있는데, 하나는 이미 발달이 완료된 '현발달수준'이며 다른 하나는 바로 다음에 발달할 '잠재적 발달수준'이다. 잠재적 발달수준은 혼자서는 풀 수 없으나 교사의 도움이나 동료와의 협동이 있으면 풀 수 있는 문제해결 수준을 발한다. 비고츠키는 현발달수준을 벗어난 잠재적 발달수준에 있는 영역을 근접발달영역(ZPD: zone of proximal development)이라고 불렀다. 그의 관점에서 보면 근접발달영역에 있는 내용이 교육내용이 되어야 한다. 현발달수준 안에 있는 내용은 이미 발달이 완료된 내용이고 잠재적 발달수준 밖에 있는 내용은 교육한다고 해서 쉽게 학습되지 않기 때문이다. 근접발달내용을 토대로 학습내용을 조직하고 제시하는 것은 바로 교사와 같은 성인에게 주어진 역할이다. 비고츠키는 삐아제에 비해 인지발달에 있어서 부모나 교사의 역할에 큰 비중을 두었다고 볼 수 있다.

나. 신삐아제주의

삐아제의 인지발달이론이 그 동안 우리가 어린이의 사고에 대해 제대로 보지 못했던 부분을 볼 수 있게 해 주었으나 삐아제 이론으로도 제대로 설명되지 않는 부분이 여럿 발견되었다. 삐아제 이론에서 논란거리가 되어 온 것들 중 몇몇 예를 들면, 인지발달 단계를 꼭 4단계로 나누어야 하는가, 어린이는 어느 한 시점에 항상 같은 수준의 사고를 하는가, 모든 사람들이 감각운동기에서 형식적 조작기까지의 발달을 거치는가 등이 있다.

이러한 논란거리를 해결하고자 하는 사람들 중에는 삐아제의 이론적 틀을 벗어나서 새로운 설명 방식을 찾으려 하는 사람들도 있었지만, 삐아제 이론의 큰 틀을 유지하면서 부분적으로 수정을 가하는 방식으로 새로운 해결을 모색하려는 사람들도 있었다. 후자의 입장을 취한 사람들은 신삐아제주의자(Neo-Piagetian)라고 불린다. 이들은 대체로 발달단계를 더욱 세분화함으로써 어린이가 삐아제 이론에서의 두 발달단계의 특징을 동시에 나타낼 수 있음을 설명하려 하였고 어린이가 어느 한 시점에서 항상 동일한 수준의 사고를 한다기보다는 주어진 문제의 난이도에 따라서 사고하는 수준이 달라질 수도 있다는 입장을 취하였다.

다. 다지능 이론

지능의 본질에 관해서 새롭게 제기된 관점 중의 하나는 다지능(혹은 다중지능, MI: Multiple Intelligence) 이론이다. 가드너(Gardner, 1983)는 우리가 일반적으로 지능이라고 부르는 능력은 동질적인 능력이 아니며, 사실은 상호독립적인 여러 가지 능력을 한꺼번에 통칭하는 것에 지나지 않는다고 보았다. 그러므로 단순히 지능이라고 부르는 것은 무엇에 관한 능력인지 알려주는 바가 크지 않으므로 구체적인 지능을 명시해야 한다고 주장한다.

가드너는 처음에 지능의 범주에 속할 수 있는 일곱 가지 하위 지능을 분리하였다. 그것은 언어적 지능, 논리수학적 지능, 공간적 지능, 신체운동적 지능, 음악적 지능, 대인간 지능, 개인내 지능이다. 그 뒤 여기에다 자연 지능을 추가하여 여덟 개의 독립적인 지능이 있다고 보았으며, 널리 인정받지 못하고 있으나 실존적 지능을 후보로 제시해 놓고 있다. 가드너는 이 여덟 가지 지능이 상호독립적임을 확인할 수 있는 근거를 여덟 가지 제시하고 있다. 그것은 ① 뇌손상에 의한 지적 능력의 분리, ② 백치나 신동들의 존재, ③ 특정정보를 조작하는 정신활동의 존재, ④ 독특한 발달사, ⑤ 진화사, ⑥ 실험심리학적 증거, ⑦ 심리측정적 자료, ⑧ 상징화 정도이다. 가드너가 여덟 가지 하위지능을 추출한 근거를 나름대로 다양하게 제시했지만 '왜 하필이면 그 여덟 가지인가?'라는 질문과 그와 관련된 비판은 쉽사리 가라앉지 않고 있다.

제4절 정의적 발달

정의적 발달은 정서나 성격 등을 포함하는, 비신체적 · 비인지적 특성들의 발달을 포괄적으로 지칭하는 개념이다. 정서는 기쁨과 슬픔, 두려움, 분노 같은 감정을 주관적으로 경험하는 것을 말한다. 정서는 여러 다양한 정서들끼리 혼합되기도 하고 인지적, 생리적 조건들과도 밀접하게 관련되어 있어서 특정한 정서의 개념 정립도 쉽지 않다. 정의적 발달은 인지발달에 비해서 상대적으로 관심을 덜 받아왔으며 그 동안 축적된 연구도 충분하지 않다. 그렇지만 정의적 특성이 인간의 삶에서 차지하는 비중이 결코 작은 것은 아니다. 매순간 일어나는 비교적 단기적인 정서, 또는 장기간에 걸쳐 한 개인의 삶 전체에 영향을 미치는 지배적 정서는 인지적 능력보다 삶에 대한 만족감(혹은 웰빙)에 더욱 직접적으로 관련될 수 있으며 교육과도 밀접한 관련이 있다. 여기서는 먼저 정서와 교육의 관계를 간략하게 살핀 다음 어린이의 정서발달의 일반적 과정, 그리고 성격발달의 핵심적 요인인 '자기(self)'의 발달에 대해서 알아보고자 한다.

1. 정서와 교육

정서는 한편으로 그 자체로서 교육의 내용이 될 수 있고, 다른 한편으로 정서에 대한 이해는 학생지도에 큰 도움을 줄 수 있다. 먼저 정의적 교육은 고대부터 지식, 체육과 더불어 교육의 중요한 축을 담당해왔다. 시대에 따라 담력이나 용기 등이 강조되기도 하였고, 협동정신, 신의, 호연지기 등이 중요한 교육내용이 되기도 하였다. 현대의 교육에서는 정서와 관련된 독립된 교과목이 있는 것은 아니지만 일반 사람들은 교육받은 사람들이 정의적인 측면에서도 성숙된 모습을 보여주기를 기대하고 있다. 고등교육을 받은 사람이 대인관계에서의 신의, 단체생활에서의 협동과 참여, 개인적 삶에서의 자기절제 등에서 심각한 결함을 드러낼 경우 흔히 교육을 탓하기도 한다. 이렇듯 명시적인 교과를 통한 교육은 아닐지라도 교육을 통해서 도덕성 함양이나 정서의 순화를 기대한다는 것은 정서가 그 자체로서 교육내용의 한 부분을 차지하고 있음을 의미한다.

한편 수많은 정의적 특성 중에서 어떤 것은 교육의 다른 측면과 더 밀접한 관련을 가지는 경우가 있다. 예를 들면 자율성, 순응성, 학습동기(학습동기는 제6장에서 따로 다룰 것이다), 학습에 대한 흥미나 태도, 좌절하지 않는 끈기와 인내 등이다. 교사는 학생들의 정의적 발달의 과정을 잘 이해함으로써 연령이나 학년에 알맞은 교육방법을 개발, 적용할 수 있다. 자율성이 강한 학생은 자기주도적 학습이 보다 용이하게 일어날 것이며, 순응성이 강한 학생은 부모나 교사가 조직해 주는 학습계획을 잘 따를 것이다. 또한 무엇을 배울 때 흥미를 갖고 배우는 경우와 흥미 없이 배우는 경우 학습의 효과는 다를 수 있다. 이처럼 학습자의 정의적 특성도 인지적 특성과 더불어 교사가 효율적인 교육을 하는 데 많은 정보를 제공해 줄 것이다.

2. 정서발달

정서는 휘발성이 강할 뿐만 아니라, 정서를 연구하고자 할 때 설문 등을 사용한 전통적인 조사방법은 그 자체가 이미 인지적 활동을 거쳐 표현되는 반응을 연구하는 것이므로 우리가 정서 그 자체를 직접 탐구하기는 매우 어렵다. 그러나 앞으로 보다 발전된 최신의 연구방법-예를 들면 정서에 관여하는 뇌를 직접 관찰할 수 있는 기능적 자기공명영상(fMRI)-들을 활용하면 인간의 정서에 대한 이해의 폭이 크게 확대될 것으로 예상된다.

가. 정서의 근원

정서는 의식과 밀접한 관련이 있다. 정서는 두 가지 성분으로 구분해 볼 수 있는데, 하나는 자발적으로 일어나는 반응처럼 생리적인 변화를 통해서 측정할 수 있는 정서 상태(emotional state)이고 다른 하나는 주관적으로 느끼는 정서, 즉 감정(feeling)이다(Kringelbach, 2004). 감정은 정서 상태를 주관적으로 경험하는 바가 어떠하냐를 말하는 것이다. 그렇지만 이런 구분이 타당한지에 관해서는 여전히 논란이 계속되고 있다.

인간이 여러 가지 정서를 가지게 되는 메커니즘은 다양한 방식으로 설명되어 왔다. 정서는 순수한 생리적 변화에 수반되는 것으로서 인지적 작용과 무관하게 일어난다고 보는 견해, 동일한 생리적 변화라고 하더라도 그것을 인지적으로 무엇이라고 부르느냐(혹은 인식하느냐)에 따라 정서가 결정된다고 보는 견해, 사회문화에 따라 정서가 달리 규정될 수 있다는 견해, 그리고 정서는 학습된 결과라고 보는 견해 등이 있다. 이 중 어느 특정 설명방식이 인간의 모든 정서를 다 설명해주지는 못한다.

나. 어린이 정서발달

대부분의 어린이들은 생후 약 2개월에서 7개월 사이에 몇몇 단기적인 정서, 예컨대 놀람, 분노, 공포, 슬픔, 기쁨, 즐거움 같은 정서를 나타낸다. 이런 정서들은 얼굴표정, 골격이나 근육 반응, 음성의 변화, 내분비계의 변화, 자율신경계의 변화 등을 동반한다. 말하자면 이런 정서는 생물학적으로 프로그램 되어 있다고 볼 수 있으며 선천적으로 가지고 태어난다고 볼 수도 있다. 그런 의미에서 이런 정서를 1차적 정서라 한다. 1차적 정서는 어느 곳이든지 문화와 무관하게 나타난다.

어린이들이 생후 1년이 지나면 단순하고 선천적인 정서보다 복잡하고 다양한 정서들이 서서히 나타나게 된다. 당황, 부끄러움, 죄책감, 부러움, 자부심 등이 그 예이다. 이런 정서를 2차적 정서라 하는데, 2차적 정서는 대부분 '자기'의 의식 발달과 궤를 같이 한다. 다시 말해서 주관적인 인식에 따라 정서가 좌우될 수 있다. 그런 의미에서 이런 정서를 자기의식적(self-conscious) 정서라 부를 수 있다. 이 중에서도 당황이나 부러움 등은 비교적 단순히 자기의 입장을 되돌아봄으로써 가질 수 있는 정서이다. 자기의식적 정서 중에서도 어떤 정서는 더욱 복잡하고 가장 나중에 발달하는데 그것은 부끄러움, 죄책감, 자부심 등과 같은 자기평가적(self-evaluative) 정서이다. 자기평가적 정서는 자기에 대한 인식 외에도 사회적 표준이나 규칙 등을 이해한 다음 그 표준, 규칙에 자신을 비추어 본 다음에야 나타날 수 있다.

3. '자기'의 발달

어린이들은 아주 어릴 때부터 초보적인 수준의 자기에 대한 의식이 생기며, 이 의식은 자라면서 다른 정의적 특성들과 결합하여 자기개념, 자기존중감, 정체감, 성격, 습관 등을 형성한다. 자기는 자아(ego)와 같은 의미로서 여기서는 자기로 통일해서 사용하고자 한다.

가. 자기개념의 발달

어린이의 인지능력이 발달함에 따라 자기 자신을 사고의 대상으로 삼을 수 있게 된다. 제임스(James)는 주체로서의 자기(I-self)와 객체로서의 자기(Me-self)를 구분하고, 사람들이 자기개념(self-concept)을 객체자기로 보고 여기에만 많은 관심을 두지만 객체자기를 구성하는 능동적 행위자인 주체자기를 도외시해서는 안 된다고 하였다. 그것은 주체자기는 자신의 존재에 대한 독특한 의식의 형태를 보여주기 때문이다. 한편 쿨리(Cooley), 미드(Mead), 볼드윈(Baldwin) 등은 자기개념이 다른 사람과의 사회적 상호작용을 통해서 형성된다고 보았다. 구체적으로 쿨리는 의미 있는 타인(significant others)들은 다른 사람들이 자신을 어떻게 보고 있는지 비쳐주는 거울이며 이 '거울에 비친 자기(looking-glass self)'를 통해서 자기개념이 발달한다고 보았다.

어린이는 4개월경부터 자신이 대상과 분리된 존재임을 인식하기 시작하며 6개월경부터 초보적인 신체적 자기에 대한 개념이 형성되기 시작한다. 3세에서 5세 사이의 유아기에는 자신의 신체적 특징이나 소유물, 좋아하는 것, 생활 습관 등을 중심으로 자기에 대한 진술을 할 수 있다. 6세 이후의 어린이는 심리적 특성이나 감정을 포함하여 자기를 진술할 수 있다.

종래에는 어린이들의 자기개념의 발달을 삐아제의 인지발달이론의 틀 안에서 설명하려는 경향이 있었다. 따라서 어린 아동이 신체적 속성, 소유물, 행동처럼 구체적이고 관찰 가능한 특성 위주의 자기개념을 가지고, 무엇을 선호하는지가 잘 조직되지 않은 이유는 전조작기 아동의 인지적 능력의 한계와 관련지어 설명되었다. 아동 중기에서 후기의 자기개념은 특성(예, 영리함, 정직, 수줍음) 중심으로 서술되는데, 이것은 구체적 조작기 동안 출현하는 일종의 위계적 조직 기술을 필요로 하는 것이다. 예를 들면 영리함이란 여러 교과목에서의 높은 학업성취를 아우르는 특성을 의미한다. 청소년기에는 내적인 사고, 정서, 태도, 동기와 같은 심리적 과정에 기초한 더욱 추상적인 자기개념이 출현한다. 이런 방식으로 자기를 진술할 수 있는 것은 높은 차원의 추상 능력과 자기성찰 능력과 같은 형식적 조작기의 능력이 갖추어졌을 때 가능하다.

삐아제의 인지발달단계론이 지나치게 큰 단위로 규정되었다는 비판이 제기된 것과 마찬가지로 자기개념을 인지발달단계에 연계해서 설명하려는 시도에 대한 비판도 제기되고 있다. 말하자면 자기개념의 발달을 몇 단계로 구분하는 것은 지나치게 단순하다는 말이다. 인지발달에서도 서로 비슷하고 밀접한 조작능력이 동시에 습득되지 않는 현상(데칼라쥐)이 있듯이 자기개념 발달에서도 같은 또래 어린이들의 자기개념에서 큰 차이가 있다고 본다.

나. 자기존중감

자기개념이 자신에 대한 기술의 의미를 지닌다면 자기존중감(self-esteem)은 자신에 대한 평가의 의미를 가진다. 자기존중감이 어떻게 시작되는지는 불분명하다. 어린 아동의 자기존중감은 분명히 부모의 양육방식의 영향을 받는 것으로 보인다. 애착이론의 관점에서는 부모에게 안전하게 애착된 어린이는 보다 긍정적인 자기존중감을 가지는 것으로 본다. 지지적인 가정환경, 명확한 규칙, 자율성 존중 등과 같은 양육방식은 자기존중감을 높이는 데 기여한다. 아동 후기나 청소년기 이후에는 또래와의 비교, 또는 누적된 성공이나 실패의 경험 등이 자기존중감 형성에 큰 영향을 미친다. 또한 귀인방식과도 관련이 있는데, 성공적인 결과를 얻었다고 하더라도 결과가 내부적으로 귀인될 때(예: 능력, 성격)는 외부적으로 귀인될 때(예: 운, 쉬운 과제)보다 자기존중감이 높아진다.

어린이들이 자라면서 자기존중감을 구성하는 요인도 달라진다. 다시 말해서 어린이들이 또래와 자신 사이에 무엇을 비교하는가, 그리고 어떤 일에서의 성공이나 실패가 자기존중감에 큰 영향을 미치는가는 연령에 따라 달라진다. 7세 이전의 어린이는 학업 능력, 운동 능력, 사회적 수용도, 품행 등이 또래와의 주요 비교영역이다(Harter, 1990). 청소년기에는 위의 영역 외에도 친근한 교우관계, 직업적 유능함, 이성에 대한 자신의 매력 등이 자기존중감 형성에 큰 영향을 미친다(Masden et al., 1995). 성인기에는 아동 · 청소년기 때의 비교영역 외에도 유머감각, 도덕성, 자녀양육능력, 가정관리 능력 등이 자신을 평가하는 영역으로 더해진다(Messer & Harter, 1985).

전체적인 자기존중감이 어떻게 변하는가에 대해서는 여전히 논란이 계속되고 있다. 약 8세경에 안정적인 자기존중감이 출현한 다음 사춘기(11~12세)에 접어들면서 자기존중감은 낮아진다(Simmons & Blyth, 1987). 대체로 청소년기의 소녀들은 소년들보다 낮은 자기존중감을 가지고 있다고 알려져 있다(Marsh, 1989). 사춘기 이후의 변화에서는 남자와 여자의 변화 양상이 같지 아니하다. 남자는 고등학교 시기에 자기존중감이 다시 회복이 된다고 알려져 있지만 여자는 변화의 양상이 일정하지 않다. 즉 회복은 되지만 남자보다는 늦게 회복이 되는 경우도 있고, 대학교 시기까지 낮은 자기존중감이 지속되는 경우도 있다.

다. 자기조절

아동 · 청소년기에 형성된 자기개념은 삶의 목표를 형성하고, 적합한 사회적 행동을 할 수 있도록 스스로를 안내하며, 나아가서 자기조절(self-regulation)을 할 수 있도록 한다. 자기조절능력은 교육에서 비교과적 교육내용으로서 큰 관심을 가져야 할 영역이다. 어릴 때부터 성인에 이르기까지 대부분의 사람들은 얼마나 성취하는가에 주된 관심을 가지고 있다. 자기조절 능력은 성취하는 능력이라기보다는 성취한 것을 지키는 능력에 보다 가깝다. 자기조절이 제대로 되지 않으면 그동안 성취한 것이 하루아침에 무너질 수도 있기 때문이다.

블락과 블락(Block & Block, 1980)은 자기조절의 의미를 행위의 중단, 충동의 억제, 만족의 지연의 세 가지 측면에서 고찰하고 있다. 행위의 중단이란 내가 하고 있는 일을 그만 두어야겠다고 생각했을 때 그만 두는 것을 말한다. 현재 하는 일에 지나치게 몰두하여 원래 해야 할 일을 하지 못하는 경우가 흔히 있다. 블락과 블락이 말하는 행위의 중단에 습관적인 행위도 포함되는지 불분명하지만 포함시키지 않을 이유는 없어 보인다. 습관적 행위 중에서 그만 두어야겠다고 생각하면서도 그만 두지 못하는 대표적인 사례가 흡연, 음주, 도박, 마약 등과 같은 중독성이 강한 행위들이다.

충동의 억제는 순간적인 감정을 억누르고 상황을 이성적으로 판단하여 행동하는 것을 말한다. 충동은 기질적인 특성으로서 어릴 때는 기질적 특성이 그대로 나타나지만 자라면서 인지적으로 억제될 수 있어야 한다. 공격성이나 자기파괴성이 강한 충동은 반드시 인지적 통제력의 범위에 들어올 수 있도록 평소에 의도적이고 의식적인 훈련을 할 필요가 있다.

만족의 지연이란 나중에 더 큰 보상을 얻기 위해서 지금의 작은 보상을 포기하는 것을 말한다. 미쉘(Mischel)과 그의 동료들(Mischel, 1974; Mischel, Shoda, & Rodriguez, 1989)은 만족지연에 대해서 체계적인 연구를 실시하였다. 그들은 어린이들에게 지금 비스킷을 한 개 먹을 것인지, 아니면 참았다가 나중에 더 많은 비스킷을 먹을 것인지 선택하도록 한 실험을 통하여 어린이들의 만족지연 능력에 큰 개인차가 있음을 발견하였다. 그들의 연구에서 보상물(비스킷)이 눈에 보이는 상황에서는 만족지연을 하기가 더욱 어렵다는 사실을 밝혔으며, 보상물이 시야에 없는 상황에서는 누구든 비교적 쉽게 만족지연을 할 수 있었으므로 보상물이 시야에 있는 상황에서 만족지연을 할 수 있는 능력이 신뢰로운 만족지연 능력이라고 보았다. 그들은 종단적 연구를 통하여 유치원 때의 만족지연 지수와 고등학교 때의 평정치 간에 상관이 있음을 밝혔다. 이것은 어릴 때의 자기조절 능력이 오래 동안 지속됨을 의미한다. 그러므로 나중에 자라면 자기조절을 잘 하겠지 하고 막연히 기대하기보다 어릴 때부터 자기조절 능력을 적극적으로 키워줄 필요가 있다.

학습과제

01

교육자는 학습자들의 공통적 특징을 아는 것이 중요한가 아니면 각 학습자가 어떻게 남들과 다른지 아는 것이 중요한가?

02

유전과 환경 외에 인간발달에 영향을 미치는 요인으로는 어떤 것들이 있는가?

03

삐아제의 인지발달이론에서 인지발달이 단계적으로 이루어진다면 어느 한 단계의 시작 시점과 끝나는 시점은 어떻게 다른가?

04

모든 정서는 의식되는가? 의식된다면 정서는 인지에 의존한다고 볼 수 있는가? 의식되지 않는 정서도 있다면 정서와 인지는 상호독립적이라고 볼 수 있는가? 정서와 인지의 관계에 대하여 비판적으로 논의해 보자.

05

정서의 발달은 학교교육과 어떤 관련을 맺고 있는가? 학교교육의 목표로서 정서 발달과 학교교육(특히 인지적 발달 및 학업성취)에 영향을 미치는 정서 발달의 측면으로 구분하여 논의해 보자.

참/고/문/헌

Block, J. & Block, J. H. (1980). The role of ego-control and ego resilience in the organization of behavior. In W. A. Collins (Ed.), *Minnesota Symposium on Child Psychology (Vol. 13): Development of cognition, affect, and social relations*. Hillsdale, NJ: Erlbaum.

Catell, R. B. (1971). *Abilities: Their structure, growth, and action*. Boston: Houghton Mifflin.

Gardner, H. (1983). *Frames of mind*. New York: Basic Books.

Gottesman, I. I. (1963). Genetic aspects of intelligent behavior. In N. Ellis (Ed.), *Handbook of mental deficiency*. New York: McGraw-Hill.

Guilford, J. P. (1988). Some changes in the structure-of-the-intellect model. *Educational and Psychological Measurement, 40*, 1–4.

Harter, S. (1990). Issues in the assessment of the self-concept of children and adolescents. In A. M. LaGreca (Ed.), *Through the eyes of the child: Obtaining self-reports from children and adolescents*. Boston: Allyn and Bacon.

Horn, J. L. (1982). The aging of human abilities. In B. B. Wolman (Ed.), *Handbook of developmental psychology*. Englewood Cliffs, NJ: Prentice-Hall.

Inhelder, B., Sinclair, H., & Bovet, M. (1974). *Learning and development of cognition*. Cambridge, MA: Harvard University Press.

Kamii, C. (1974). Pedagogical principles derived from Piaget's theory: Relevance for educational practice. In N. Schwebel, & J. Raph (Eds.), *Piaget in the classroom*. London: Routledge & Kegan Paul.

Kringelbach, M. L. (2004). Emotion. In R. L. Gregory (Ed.), *The Oxford companion to the mind*. Oxford: Oxford University Press.

Lee, H., & Barratt, M. (1993). Cognitive development of preterm low birth weight children at 5 to 8 years old. *Developmental and Behavioral Pediatrics, 14*(4), 242–249.

Marsh, H. W. (1989). Age and sex effects in multiple dimensions of self-concept: Preadolescence to early adulthood. *Journal of Educational Psychology, 81*, 417–430.

Masden, A. S., Coatsworth, J, D., Neeman, J., Gest, J. D., Tellegen, A., & Garmezy, N. (1995). The structure and coherence of competence from childhood through adolescence. *Child Development, 66*, 1635–1659.

Messer, B., & Harter, S. (1985). *The self-perception scale for adults*. Unpublished manuscript, University of Denver.

Mischel, W. (1974). Processes in delay of gratification. In L. Berkowitz (Ed.), *Advances in experimental social psychology* (Vol. 7). San Diego, CA: Academic Press.

Mischel, W., Shoda, Y., & Rodriguez, M. L. (1989). Delay of gratification in children. *Science, 244*, 933–938.

Sameroff, A., & Chandler, M. (1975). Reproductive risk and the continuum of caretaking casualty. In F. Horowitz, E. M. Hetherington, S. Scarr-Salapatek, et al. (Eds.), *Review of child development research* (Vol. 4). Chicago: Chicago Press.

Simmons, R. G., & Blyth, D. A. (1987). *Moving into adolescence: The impact of pubertal change in school context*. New York: Aldine de Gruyter.

Spearman, C. (1927). *The abilities of man*. New York: Macmillan.

Thurstone, L. L. (1938). *Primary mental abilities*. Chicago: University of Chicago Press.

Vygotsky, L. S. (1962). *Thought and language*. Cambridge, MA: The MIT Press.

Waddington, C. H. (1966). *Principles of development and differentiation*. New York: Macmillan.

Watson, J. B. (1930). *Behaviorism*. Chicago: Chicago University Press.

CHAPTER_ 5

학습이론

교육의 가장 핵심적인 내용은 학습자의 변화를 이끌어내는 활동일 것이다. 인간은 제 4장에서 다룬 것처럼 특별히 의도적인 노력을 기울이지 않더라도 발달을 통해서 다양한 방식으로 변화한다. 이 발달을 토대로 하여 교육자들은 학습자가 자신의 능력을 최대한으로 계발하도록 돕고, 학습자는 장차 사회구성원으로서의 역할을 충실히 수행할 능력을 습득해야 한다. 그렇다면 발달과 함께 인간 변화를 가져오는 가장 대표적인 원천의 하나인 학습은 어떤 과정을 거쳐서 이루어지는 것일까? 여기에서는 고전적인 학습이론뿐만 아니라 비교적 최근에 연구된 여러 학습이론을 고찰한다.

제1절 행동주의 학습이론

19세기 말 심리학이 철학으로부터 분리된 이후 가장 먼저 주류를 형성한 학문적 흐름은 미국을 중심으로 한 행동주의 심리학이었다. 행동주의는 여러 면에서 철학과 대조적인 특징을 보여주었다. 행동주의 심리학의 가장 핵심적인 연구과제는 바로 학습이었다. 행동주의 심리학자들이 학습을 보는 관점은 행동으로 표현되는 변화에 국한되었다. 이들에게서 학습이란 이전에 없던 새로운 행동이 나타나는 것을 말한다. 행동주의 심리학자들은 학습이 일어나는 과정을 조건형성이라 불렀다. 학습 즉 조건형성에는 두 가지 종류의 조건형성이 있는데 하나는 고전적 조건형성이며 다른 하나는 작동적 혹은 조작적 조건형성이다.

1. 고전적 조건형성

조건형성이란 일종의 학습의 과정을 말하는데 이 과정에서 학습은 환경적 자극에 의존하게 된다. 고전적 조건형성은 러시아의 생리학자 파블로프(Pavlov)가 개를 통한 실험에서 보여준 바와 같이 유기체가 원래는 중성자극이었던 자극에 대하여 특정한 반응을 하게 되는 것을 말한다.

가. 고전적 조건형성의 원리

파블로프의 개가 학습을 한 과정은 [그림 5-1]과 같이 나타낼 수 있으며 다음과 같이 설명할 수 있다.

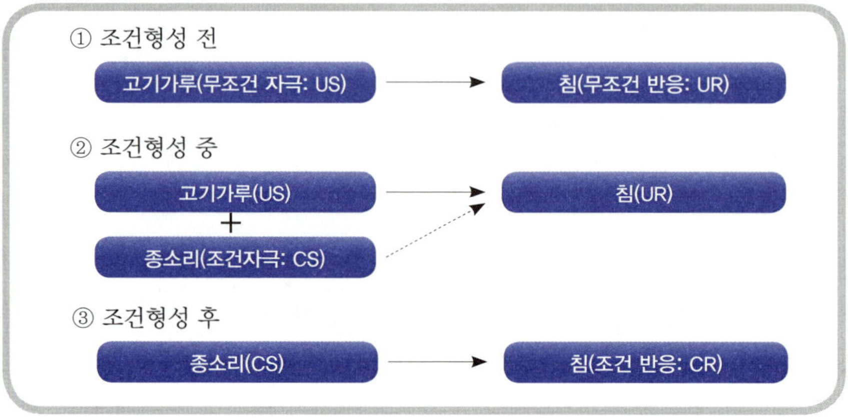

[그림 5-1] 고전적 조건형성 과정

개에게 고기가루를 주면 개는 침을 흘린다. 이 때 고기가루는 무조건 자극(US: Unconditioned Stimulus)이고 침을 흘리는 반응은 무조건 반응(UR: Unconditioned Response)이다. 무조건 자극과 무조건 반응 간의 관계는 특별한 경험을 하지 않아도 이미 확립되어 있는 관계이다. 파블로프는 개에게 고기가루를 줄 때마다 종소리를 들려주었다. 이것을 계속 반복했더니 나중에는 종소리만 들어도 개는 침을 흘리게 되었다. 원래 종소리만으로는 개로 하여금 침을 흘리게 할 수 없었지만 종소리를 고기가루와 결합함으로써 종소리만으로 개가 침을 흘릴 때 개의 침 흘리는 반응을 조건화된 반응, 즉 조건반응(Conditioned Response)이라 한다. 이처럼 무조건 자극(고기가루)과 결합하여 조건화된 반응을 이끌어내는 자극(종소리)을 조건자극(CS: Conditioned Stimulus)이라 한다.

이와 같이 애초에 유기체로 하여금 어떤 반응을 불러일으킬 수 없던 자극이 무조건 자극과 결합됨으로써 조건반응을 유발하게 되는 과정을 고전적 조건형성이라 한다. 행동주의 심리학자들은 개가 고전적 조건형성에 의해서 원래 전혀 침을 흘리지 않던 종소리에 대해 침을 흘리게 된 변화를 학습이 일어났다고 한다. 결국 학습이란 이전에 없던 자극-반응 패턴이 새로 나타나는 것을 말한다.

이런 조건형성을 이용하여 우리는 인위적으로 특정한 반응을 이끌어 낼 수 있다.

왓슨(Watson)은 특정한 대상에 대한 불안감을 인위적으로 조성할 수 있음을 보여주었다. 그는 앨버트라는 아기가 토끼와 노는 방에서 앨버트가 토끼에 가까이 갈 때마다 큰 소리를 내었다. 애초에 앨버트는 토끼에 대해서 전혀 불안을 느끼지 않았다. 그렇지만 토끼에 가까이 갈 때마다 큰 소리가 나므로 나중에는 토끼를 두려워하게 되었다. 이 경우 큰 소리는 무조건 자극이며 이에 놀라고 두려워하는 반응은 무조건 반응이다. 조건자극인 토끼가 무조건 자극인 큰 소리와 계속 결합됨에 따라 조건자극도 불안을 유발할 수 있게 되었으며, 토끼에 대한 불안은 조건반응이 되는 셈이다.

우리의 일상생활에서도 고전적 조건형성의 과정으로 학습된 행동을 가끔 볼 수 있다. 예를 들면 빗자루로 자주 매를 맞은 아이는 빗자루만 보아도 불안감을 느끼게 된다. 원래 빗자루는 어린이로 하여금 불안을 유발하는 자극이 아니었다. 그렇지만 빗자루가 매로 계속 사용되면 빗자루가 조건자극이 되며 빗자루에 대한 불안은 조선반응이 되는 것이다. 이 경우 빗자루에 대한 불안이 학습되었다고 볼 수 있다.

나. 고전적 조건형성의 주요개념

1) 자극일반화

파블로프의 실험에서 원래의 조건자극과 비슷한 유사자극에도 개는 반응한다. 종류가 다른 종소리 또는 벨소리를 들려주어도 개는 침을 흘린다. 이것이 자극일반화(stimulus generalization)이다. 우리 속담 중에서 '자라보고 놀란 가슴 솥뚜껑보고 놀란다'라는 속담은 자극일반화의 한 예라고 볼 수 있다.

2) 변별

조건자극과 비슷한 유사자극을 제시하면 처음에는 자극일반화 현상이 나타나지만 나중에는 두 자극을 구별할 수 있게 된다. 종소리에 조건화된 개가 벨소리에도 침을 흘리겠지만 종소리와 벨소리가 계속 사용되면 벨소리에 대해서는 침을 흘리지 않는다. 이것을 자극변별(stimulus discrimination) 혹은 변별이라 한다.

3) 소거

조건형성이 일어난 다음 무조건 자극이 뒤따르지 않고 조건자극만 계속되면 학습되었던 행동이 더 이상 나타나지 않는다. 종소리에 조건형성된 개에게 종소리만 계속 들려주고 고기가루를 제공하지 않으면 개는 더 이상 침을 흘리지 않는다. 이 현상을 소거(extinction)라고 한다.

4) 자발적 회복과 재조건형성

소거가 일어난 다음 시간이 상당히 지난 다음 조건자극을 다시 제시하면 조건반응이 일시적으로 일어난다. 이것을 자발적 회복(spontaneous recovery)이라 부른다. 소거가 일어난 다음에 다시 조건자극과 무조건 자극을 계속 연합하여 제시하면 다시 조건형성이 일어난다. 다시 일어나는 재조건형성(reconditioning)은 처음 조건형성이 일어날 때보다 훨씬 빨리 일어난다.

2. 작동적 조건형성

쏜다이크(Thorndike)나 스키너(Skinner)와 같은 심리학자들은 유기체의 행동에 적절한 강화를 함으로써 그 행동의 빈도를 높이거나 낮출 수 있다고 보았다. 유기체가 어떤 행동을 할 때마다 정적인 강화를 하면 유기체는 그 행동을 더 자주 하는 반면에 어떤 행동에 대해서 강화를 하지 않거나 벌을 주면 유기체는 그 행동을 점점 하지 않게 된다. 이것이 작동적 조건형성이다.

가. 작동적 조건형성의 원리

스키너는 상자 안에 비둘기, 쥐 등의 동물을 넣고 동물들이 지렛대를 누를 때마다 동물들이 좋아하는 먹이를 줌으로써 지렛대를 누르는 그 행동의 빈도가 증가함을 보여주었다. 이런 원리에 입각하여 우리는 유기체의 특정 행동의 빈도를 높일 수도 있고 낮출 수도 있다. 이것 역시 자연 상태에서의 행동 양식과 비교했을 때 작동적 조건형성으로 말미암아 새로운 행동 패턴(특정 행동의 빈도 증가)이 나타났으므로 학습이 이루어졌다고 볼 수 있는 것이다.

스키너는 계획적으로 강화를 하면 유기체로 하여금 어떤 행동도 할 수 있도록 만들 수 있다고 주장한다. 실제로 동물들을 훈련할 때 주로 작동적 조건형성 원리가 적용된다. 스키너의 관점에서는 인간의 성격이나 습관 등이 동물에 비해서 아주 정교하고 복잡한 듯 보이지만 이것을 쪼개어서 분석하면 특정 행동이 자기도 모르는 사이에 강화를 받음으로 인해서 그 행동이 학습되어 습관이나 성격을 형성한다고 본다. 예를 들면 상냥한 사람은 이전에 상냥한 행동을 했을 때 다른 사람들이 좋아하거나 칭찬을 해 준 것이 강화가 되어 자기도 모르게 상냥해지게 된 것이다. 마찬가지로 무뚝뚝한 사람이 무뚝뚝하게 있을 때 자기가 원하는 것을 얻게 되었다면 자기도 모르게 무뚝뚝해질 수 있다.

나. 작동적 조건형성의 주요 개념

1) 정적 강화와 부적 강화

유기체의 행동빈도를 높이는 처치를 일반적으로 강화(reinforcement)라 한다. 강화에는 정적 강화와 부적 강화가 있으며 둘 다 행동의 빈도를 높이는 것을 의미한다. 강화를 위해서 유기체가 좋아하는 정적 강화물과 유기체가 싫어하는 부적 강화물이 활용된다. 정적 강화물을 제공하는 것을 정적 강화라 하고 부적 강화물을 없애 주는 것을 부적 강화라고 한다. 둘 다 행동의 빈도를 높이므로 강화라고 할 수 있다.

2) 벌

행동의 빈도를 높이는 것이 강화라면 행동의 빈도를 낮추는 것은 벌이라고 한다. 행동의 빈도를 낮추기 위해서는 정적 강화물을 제거하거나 부적 강화물을 제공한다.

벌에서는 강화에서와 달리 이 두 가지를 구별하기 위해서 정적 벌, 부적 벌이라는 명칭을 사용하지는 않는다. 학교현장에서 이슈가 되고 있는 체벌은 부적 강화물을 제공함으로써 행동의 빈도를 낮추고자 하는 것이다. 스키너를 위시한 행동주의 심리학자들은 체벌의 효용성에 대해 대체로 부정적인 시각을 가지고 있다(Hergenhahn & Olson, 1997).

스키너를 비롯한 행동주의 심리학자들이 체벌의 사용을 반대하는 이유

1. 체벌의 효과는 일시적이다. 장기적으로는 정적 강화물 제거에 의한 소거에 비해서 행동 억제의 효과가 높지 않다.
2. 체벌은 정서적 부작용을 초래한다.
3. 체벌은 '무엇을 하지 말 것인지'만 알려줄 뿐, '무엇을 할 것인지'에 관해서는 알려주는 바가 없다.
4. 남을 괴롭히는 것이 정당화된다.
5. 이전에 처벌받았던 때와 동일한 상황에서 벌이 없으면 이제는 그런 행동을 해도 된다는 구실이 된다.
6. 체벌을 사용하면 가벌자뿐만 아니라 제3자에게까지 공격적으로 된다.
7. 체벌로써 특정 행동을 못하게 할 수 있지만 그 대신 다른 행동으로 대체될 수 있다.

3) 소거와 자발적 회복

고전적 조건형성에서처럼 작동적 조건형성에서도 소거와 자발적 회복 현상이 있다. 스키너 상자에서 특정 행동에 정적강화를 해오다가 어느 시점부터 같은 행동에 대해서 더 이상 정적강화를 하지 않으면 동물의 행동 빈도는 점점 낮아져 원래 상태로 되돌아간다. 이것을 소거라 한다. 그 후 한동안 스키너 상자를 떠나 있다가 다시 스키너 상자에 넣으면 얼마 동안 다시 지렛대를 누른다. 이것을 자발적 회복이라 한다.

4) 강화계획

강화를 할 때 특정 목표행동이 일어날 때마다 항상 강화하는 것이 아니라 강화를 하기도 하고 하지 않기도 하는 것을 부분강화(partial reinforcement)라고 한다. 부분강화를 하면 100% 강화하는 전수강화를 할 때보다 소거가 덜 일어난다. 따라서 일반적으로 부분강화가 많이 사용되는데, 부분강화를 어떤 방식으로 할 것인가에 대한 계획을 강화계획이라 한다. 강화계획에는 고정간격강화, 변동간격강화, 고정비율강화, 변동비율강화가 있다. 고정간격강화는 일정한 시간이 지난 다음 처음 일어나는 행동에 강화를 하는 것이다. 변동간격강화는 평균 시간간격은 고정간격강화와 같지만 실제 강화의 간격은 길거나 짧게 하는 것을 말한다. 고정비율 강화는 목표 행동 중 일정한 횟수마다 한 번씩 강화를 하는 것을 말한다. 반면에 변동비율강화는 강화의 평균 비율은 고정비율강화와 같지만 실제 비율은 자주 하거나 뜸하게 하는 것을 말한다.

3. 행동주의 학습이론의 한계

행동주의 심리학자들은 학습을 설명할 때 행동에 관해서만 이야기 할 뿐 행동을 유발하는 인지능력은 애써 외면하고 있다. 즉, 인지능력과는 무관하게 학습이 일어나는 과정을 설명할 수 있다는 주장이다. 과장해서 말하면 고전적 조건형성에서는 조건자극과 무조건 자극이 인접해서 제공되기만 하면, 그리고 작동적 조건형성에서는 원하는 행동에 대해서 강화만 제공하면 학습이 일어난다고 보는 것이다. 그렇지만 학습이론이 발전하면서 인간은 물론 동물들의 학습조차도 인지능력을 감안하지 않으면 학습이 일어나는 과정을 설명할 수 없음이 점차 밝혀지게 되었다.

예를 들어보자. 레스콜라(Rescorla, 1988)는 고전적 조건형성이 일어날 수 있는 핵심적인 조건은 조건자극과 무조건 자극의 인접(contiguity)이 아니라 유관성(contingency)임을 잘 보여주고 있다. 그는 개가 전기충격(shock)에 대해서 회피하도록 훈련을 시킨 다음 전기충격을 주기 전에 경고음(tone)을 들려주면서 경고음에 대해서도 회피학습이 일어나는지 관찰하였다. 여기서 그는 두 가지 상황을 비교하였는데 하나는 [그림 5-2]의 ⓐ에서 보듯이 경고음(T)과 전기충격(S)이 일관성 없이 짝지어진 상황이었으며, 다른 하나는 ⓑ에서 보는 것처럼 경고음은 항상 전기충격과 짝지어진 상황이었다. 두 상황 모두 경고음과 전기충격이 4회씩 짝지어졌음에도 불구하고 상황 ⓑ에서는 조건형성이 일어났으나 상황 ⓐ에서는 조건형성이 일어나지 않았다.

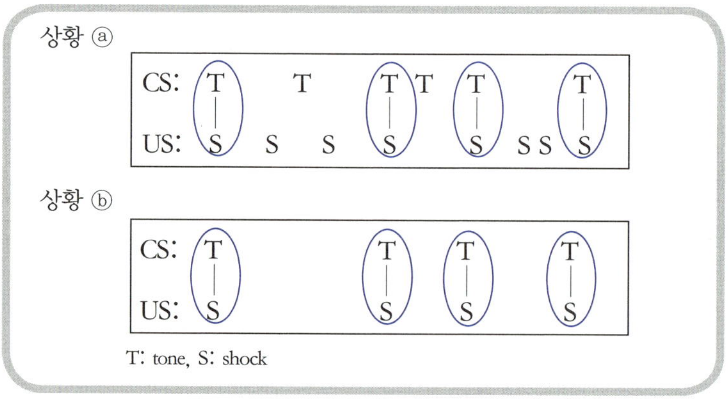

[그림 5-2] 인접과 유관성의 차이

이에 대해서 레스콜라는 고전적 조건형성이 일어나기 위해서는 조건자극 다음에 무조건 자극이 뒤따를 것이라는 분명한 정보를 줄 수 있어야 한다고 말한다. 상황 ⓐ에서도 경고음과 전기충격이 여러 차례 짝지어지기는 했지만, 두 자극들이 짝지어지지 않은 경우가 섞여 있었기 때문에 조건자극(경고음)은 다음에 무조건 자극(전기충격)이 뒤따를 것임을 예고하는 분명한 정보가 되지 못한 셈이다. 조건자극이 무조건 자극을 암시하느냐 하지 못하느냐는 조건자극과 무조건 자극이 얼마나 많이 짝지어졌느냐가 아니라 유기체가 두 자극 간의 유관성을 인지하느냐 여부에 달려 있다. 이를 좀 더 연장해서 보면 학습은 상황적 조건에 의해서 좌우되는 것이 아니라 학습자의 인지적 능력에 더 크게 좌우된다고 볼 수 있다. 이처럼 작동적 조건형성에서도 어떤 행동을 단순히 강화한다고 해서 학습이 일어나는 것이 아니라는 점은 쉽게 알 수 있다.

행동주의 학습이론의 또 다른 한계는 학습자가 강화에 단순히 반응할 것임을 전제한다는 점이다. 미국에서 어느 대학 교수가 학생들에게 행동주의 학습이론에 대해 강의하였다. 학생들은 그 교수의 강의 내용이 옳은지 직접 실험해 보기로 하였다. 학생들은 교수와 눈길이 마주쳤을 때 몇몇 사람은 미소를 짓기로 하고 다른 몇몇 사람은 인상을 찡그리기로 서로 모의하였다. 한동안 시일이 지난 다음 교수가 어느 학생들을 더 자주 쳐다보는지 살펴보았다. 과연 그 교수는 눈길이 마주쳤을 때 미소 짓는 학생들을 더 자주 쳐다본다는 사실을 확인할 수 있었다. 교수의 눈길에 대해 미소로 강화함으로써 교수가 눈길을 더 자주 주도록 조건형성을 시킨 것이다.

여기서 우리는 그 교수가 학생들의 모의를 눈치챘다면 과연 미소 짓는 학생들을 더 자주 쳐다보았겠는가 따져 볼 필요가 있다. 대답은 아마 '아니오'일 것이다. 동물 훈련에 작동적 조건형성 원리가 자주 적용되는 것은 사실이지만 그것은 동물들이 훈련자의 의도를 파악할 인지적 능력이 부족하기 때문에 가능한 것이다. 동물들보다 훨씬 인지능력이 뛰어난 인간은 누군가가 나의 행동에 정적인 강화를 한다고 해서 항상 무심코 좋아하고 그 행동을 더 자주 하는 것은 아니다. 경우에 따라서 상대방이 왜 나에게 칭찬 등의 강화를 하는지에 대해서 의심해 볼 수도 있다. 결론적으로 말해서 유기체가 강화자의 강화계획, 즉 의도를 파악하는 순간 작동적 조건형성은 실패한다고 보아야 한다.

이 외에도 아무리 정적 강화를 해도 학습이 일어나지 않는 상황이 또 있다. 브릴랜드(Breland) 부부는 강화계획에 따라서 동물들을 훈련하던 중 어떤 동물들은 학습한대로 행동하지 않음을 알게 되었다. 그들은 너구리가 물건을 집어서 금속 통에 넣도록 훈련을 시켰다. 어느 정도 학습이 이루어진 다음, 한번은 동전을 던져 주었는데 너구리들은 동전을 계속 만지거나 통에 집어넣었다가도 도로 끄집어내고 좀처럼 동전을 놓으려 하지 않았다. 브릴랜드 부부는 이 현상이 먹이처럼 생긴 물건에 대한 너구리의 본능적인 집착 때문이라고 보았다. 먹이와 무관한 물건은 학습한 대로 통에 던질 수 있었지만 먹이 비슷한 물건은 손에서 놓지 못했던 것이다. 그들은 돼지에게도 이와 유사한 현상이 있음을 확인하였으며 이를 본능표류(instinctual drift)라 불렀다(Hergenhahn & Olson, 1997). 이것은 본능에 어긋나는 학습은 오래가지 못하고 곧 본능대로 행동하게 됨을 말한다. 이것 또한 행동주의 학습이론으로는 설명할 수 없는 부분이다.

제2절 인지적 학습이론

행동주의 학습이론에서 자극과 반응, 또는 반응과 강화의 결합이 이루어지면 학습이 일어나고 그렇지 않으면 학습은 일어나지 않는다. 행동주의적 관점에서 볼 때 학습이 일어나는 과정에서 인간은 그저 수동적인 입장에 놓여 있을 뿐이다. 이에 반해서 인지적 학습이론에서는 학습은 외부 환경적 힘에 의해서 일어나는 것이 아니라 인간의 인지적 활동에 의해서 일어난다고 본다. 학습의 과정에서 인간이 능동적인 주체자인 셈이다.

1. 형태주의 학습이론

20세기 초중반 미국에서 행동주의 심리학이 크게 세력을 떨치는 동안 유럽에서는 인지적 학습이론이 발달하였다. 초기의 인지학습이론의 주류를 형성한 것은 형태

(Gestalt)주의 심리학이었다. 형태주의 심리학은 게슈탈트 심리학이라고도 한다.

가. 게슈탈트 지각

형태주의 심리학의 태동은 독일 심리학자 베르타이머(Wertheimer)의 가현운동(apparent motion)[1)]에 관한 연구에서 비롯되었다. 이 현상에서 베르타이머는 우리가 지각할 때 낱낱의 요소를 지각하는 것이 아니라 각 요소를 하나의 의미 있는 전체로 지각한다는 결론을 이끌어낼 수 있었다. 다음 [그림 5-3]을 보자.

[그림 5-3] 게슈탈트 지각

왼쪽 그림은 엄밀한 의미에서 점들이 동그랗게 나열되어 있는 모습이다. 그렇지만 대부분의 사람들은 이것을 원으로 지각한다. 오른쪽 그림에서 대부분의 사람들은 그림의 어느 곳에도 없는 삼각형을 본다. 이것은 우리가 지각을 할 때는 의미 있는 전체를 형성하기 위하여 실제로 존재하지 않는 부분을 채워서 지각을 하기 때문이다. 이로부터 '전체는 부분의 합보다 크다'라는 유명한 게슈탈트 심리학의 원리가 도출된다. 이 과정에서 요소에는 빠져 있는 부분을 채워서 전체로 지각하는 과정은 인지적 과정이며, 이런 과정을 통해서 학습이 일어날 때 인간은 수동적인 입장에서 학습되어지는 존재가 아니라 능동적으로 학습하는 존재인 것이다.

---

1) 베르타이머는 두 개의 불빛이 어떤 속도로 깜박거리면 마치 한 개의 불빛이 움직이는 것처럼 보인다는 것을 알았다. 실제로 어떠한 물체의 움직임도 없지만 관찰자가 움직임을 지각하는 것을 말한다.

나. 통찰학습

베르타이머와 함께 형태주의 심리학을 발전시킨 쾰러(Köhler)는 학습이 자극-반응의 연합이라든가 행동에 대한 강화와 같은 행동주의 심리학적 원리로는 설명되지 않는 방식으로 일어남을 발견하였다. 그는 원숭이들이 도저히 접근할 수 없도록 천장에 매달아 놓은 바나나를 어떻게 따는지 관찰하였다. 원숭이들은 막대기를 사용하기도 하고, 주위에 널려 있던 나무상자들을 포개어서 그 위에 올라가 따기도 하였다. 그 중에서 가장 영리한 술탄이라는 이름의 원숭이는 막대기 두 개를 연결하여 사용하기도 하였다.

쾰러의 관찰에서 의미 있는 것은 원숭이가 무질서한 시행착오나 우연에 의해서 해결책을 찾아낸 것이 아니라는 점이다. 원숭이들은 천장에 매달린 바나나, 주위에 있던 막대기나 나무상자들을 서로 고립된 개별적인 요소로 본 것이 아니라 목적달성을 위한 연관성을 발견하여 하나의 전체적인 그림, 즉 게슈탈트로 파악할 수 있었던 것이다. 이때 게슈탈트의 발견은 행동적인 경험에 의존한 것이 아니라 인지적인 활동의 결과이며, 어느 순간 해결책이 머리에 떠오른 것이다. 이것을 "아하 현상(Aha phenomenon)"이라 한다. 이처럼 "아하" 하면서 새로운 발견이나 문제해결을 하는 것을 통찰학습(insightful learning)이라 한다.

2. 사회인지이론

스키너와 같은 행동주의 심리학자들은 앞서 말한 바와 학습이 일어나기 위해서는 학습시키고자 하는 행동에 대한 강화가 필요하다고 믿었지만 반듀라(Bandura)는 학습이 일어나기 위해서 반드시 강화가 필요한 것은 아니라고 보았다. 그는 종래의 행동주의 학습이론에서 벗어나 강화 없이 관찰하는 것만으로도 학습이 일어날 수 있다고 주장하였다. 반듀라의 관찰학습 이론은 초기에는 사회학습이론으로 불리었지만 학습이 인지적 과정임을 강조하기 위하여 반듀라 자신이 사회인지이론으로 불러주기를 원하여 오늘날에는 사회인지이론으로 불린다.

가. 관찰학습

반듀라는 인간은 다른 사람들이 어떻게 행동하는지, 그리고 그 결과 어떤 강화를 받는지 관찰하는 것만으로도 학습이 일어날 수 있다고 보았다. 반듀라에 의하면 관찰학습은 단순한 모방보다 훨씬 복잡한 것으로서 관찰을 통해 학습되는 것은 인지적 과정을 통해서 처리되는 정보이다. 사람들은 자신이 직접 강화나 벌을 받지 않고 다른 사람이 강화나 벌을 받는 것을 보고 각각 달리 학습하게 된다. 이처럼 간접적인 강화와 벌의 효과를 대리적 강화(vicarious reinforcement), 대리적 벌(vicarious punishment)이라고 한다.

반듀라는 세 집단의 어린이들에게 비디오를 보여주었다. 첫 번째 집단의 어린이들은 모델이 공격적인 행동을 했을 때 강화를 받는 장면을 시청하였고, 두 번째 집단의 어린이들은 모델이 공격적인 행동을 했을 때 벌을 받는 장면을 시청하였으며, 세 번째 집단의 어린이들은 모델이 공격적인 행동을 하고 강화나 벌 어느 것도 받지 않는 것을 시청하였다. 그 이후에 어린이들이 인형을 가지고 노는 동안 공격성이 얼마나 나타나는지 측정해 보았을 때, 첫 번째 집단 어린이들이 가장 공격성을 많이 드러낸 반면에 두 번째 집단의 어린이들이 가장 공격성을 적게 나타내었다. 세 번째 집단의 어린이들은 중간 수준의 공격성을 보였다. 이것은 어린이들이 직접 강화나 벌을 받지 않았지만 모델을 관찰함으로써 대리적 강화, 또는 대리적 벌을 받았기 때문이다.

반듀라는 학습(learning)과 수행(performance)을 구별하고 행동주의 학습이론에서 학습의 필수 조건으로 말하는 강화는 수행을 위해 필요한 조건이지 학습을 위해 반드시 필요한 조건은 아니라고 보았다. 그는 앞에 소개한 관찰학습 실험에서 어린이들이 어떤 모델을 관찰했는가에 따라 각각 다른 수준의 공격성이 학습됨을 보여주었다. 그렇지만 반듀라가 어린이들이 좋아하는 강화물을 주면서 모델의 행동을 직접 시현해보라고 했을 때 세 집단의 어린이들은 비슷한 공격성 수준을 나타내었다. 두 번째 집단의 어린이들을 잘 보자. 이들은 관찰을 통해서 공격적 행동이 처벌되는 것을 보았지만 직접적인 강화가 제시되면 첫 번째 집단 어린이들과 비슷한 수준의 공격성을 보였다. 이것은 강화가 학습보다는 수행에 더 직접적인 영향을 미침을 의미한다.

반듀라는 관찰한 내용을 시간이 한참 경과한 이후에 수행에 옮기는 경우를 지연된 모방이라는 용어로 설명하였다. 지연된 모방도 학습과 수행을 구별할 필요성을 뒷받침해준다. 학습이 이루어진 다음 한참 후에 (길게는 몇 년이나 지난 다음) 수행으로 옮겨질 수 있다는 점은 관찰을 통한 학습이 인지적 기능에 의해서 기억 속에 저장되었음을 전제로 하지 않으면 안 된다. 이것은 관찰학습이 행동주의 학습이론이 애써 외면하려 했던 인지와 밀접한 관련이 있음을 의미한다.

나. 관찰학습에 영향을 미치는 과정

관찰학습은 직접적인 강화가 없이도 일어나지만 여러 변인들의 영향이 개입된다. 관찰학습에 영향을 미치는 네 개의 과정이 있으며, 이를 자세히 살펴보면 다음과 같다.

1) 주의집중 과정

관찰학습이 일어나려면 먼저 모델에 주의가 집중되어야 한다. 주변에 있는 여러 가지 관찰 대상 중 어느 것에 주의를 집중하는가는 과거 경험에 의해 영향을 받을 수 있다. 이전의 관찰에서 학습한 행동이 강화를 얻어내는 데 도움이 되었다면 차후에 그와 유사한 행동들에 주의를 기울이게 될 것이다. 예를 들면 누가 인사를 잘 하는 것을 보고 자기도 따라 만나는 사람들마다 인사를 잘 해서 칭찬을 받게 되었다면 그 다음부터는 사람들끼리 만날 때 악수를 하기 위해서 손을 내미는 행동 등에 더 쉽게 주의를 기울이게 될 것이다.

사실 우리 주변에 있는 무수한 사람들 중에 어느 누구를 모델로 삼느냐는 무엇을 배우느냐를 결정하는 핵심적인 요인이라 할 수 있다. 일반적으로 관찰자들은 자신과 유사한 사람들을 모델로 삼는 경향이 있다. 특히 청소년들의 경우 또래들이 하는 것을 보고 따라하는 경향이 높다. 그 밖에도 정치인이나 연예인과 같은 유명인사, 지위가 높은 사람, 명망이 높은 사람들이 모델로 작용하는 경우가 흔하다. 그러므로 좋은 모델을 많이 관찰할 기회를 제공하는 것부터가 중요한 교육적 의미를 갖는다. 맹모삼천의 교훈(孟母三遷之敎)이나 '말은 제주도로 보내고 사람은 서울로 보내라'는 우리의 속담도 모델의 중요성을 일깨워 주는 말이라 할 수 있다.

2) 파지 과정

관찰을 통하여 습득한 정보는 잊지 말고 잘 저장해 두어야 한다. 반듀라에 의하면 정보는 두 가지 상징체제, 즉 이미지 또는 언어로 저장된다. 이미지로 저장된 상징이란 관찰한 장면을 그대로 그림처럼 저장하였다가 나중에 회상하여 행동으로 옮기는 것을 말한다. 반듀라가 더 중요하게 여기는 것은 두 번째 상징체제, 즉 언어에 의한 저장이다. 행동을 조정하는 대부분의 인지적 과정은 이미지보다는 주로 개념에 의해서 이루어진다. 언어는 유연성이 아주 높기 때문에 복잡한 행동을 간편하게 포착할 수 있다. 예를 들면 모델의 복잡한 이동경로를 이미지로 기억하기보다는 좌회전 또는 우회전이라는 언어를 활용하여 '좌좌우좌우' 식으로 하면 쉽게 기억된다.

인간은 언어를 사용한 상징화 능력에 힘입어 복잡한 내용도 쉽고 간편하게 저장할 수 있어서 다른 동물들에 비해 학습능력이 뛰어나다. 뿐만 아니라 이미지로 저장할 때보다 훨씬 오래도록 지연된 모방을 할 수 있다. 다시 말해서 언어는 이미지보다 관찰한 정보를 더 오래 저장할 수 있다. 그러므로 평소에 관찰한 내용이나 느낀 점 등을 기록해두는 습관은 학습에 많은 도움이 될 것이다.

3) 행동화 과정

행동화 과정이란 학습한 내용을 어느 정도 수행으로 옮길 것인지 결정하는 과정이다. 우리가 관찰을 통해서 학습한 내용은 여러 가지 이유로 인해서 수행할 수 없는 경우가 많다. 서커스 단원이 하는 묘기를 관찰하지만 우리가 바로 행동으로 옮길 수 없는 것이 그 예이다. 반듀라에 의하면 설령 학습한 내용을 행동으로 옮길 신체적 조건이 갖추어졌다고 하더라도 미리 인지적으로 시연해보는 것이 필요하다.

관찰 경험을 상징체제로 변환시켜 놓으면 이것은 자신의 행동과 모델의 행동을 비교할 수 있는 틀이 된다. 사람들은 인지적 시연을 하는 동안 인지적으로 표상한 모델의 행동과 자신이 하게 될 행동을 비교한다. 수영 수업을 예로 들어보자. 학습자는 수영 코치의 수영 모습을 관찰하면서 기록해둔 수영 요령 또는 여러 가지 표시들을 나중에 보면서 머릿속으로 '이렇게 하면 되겠구나', 혹은 '이런 것은 잘 될까?' 하는 생각을 하면서 모델의 행동과 자신이 할 수 있다고 생각하는 바를 비교하게 된다. 인지적 시연의 과정에서 기억 속에 저장된 모델의 행동과 자신의 행동을 비교하면서 자신의 행동을 수정해나가게 된다. 마침내 자신의 행동이 받아들일 수 있는 수준에 이르면 이를 행동으로 옮기게 된다.

4) 동기화 과정

반듀라의 이론에서 강화는 두 가지 기능을 한다. 하나는 모델이 어떤 행동을 함으로써 강화를 받는 것을 보고 자신도 그와 같은 행동을 하면 강화를 받을 것이라는 예상을 하도록 한다는 점이며, 다른 하나는 학습한 바를 수행으로 옮기도록 하는 유인책이 된다는 점이다. 이러한 두 가지 기능은 모두 모종의 정보를 내포하기 때문에 가능한 것이다. 따라서 관찰학습이 이루어졌다는 것은 모델의 행동과 자신의 행동이 어떤 결과를 초래할 것인지에 관한 정보를 습득했다는 것을 포함한다.

동기화 과정이란 이런 정보를 바탕으로 하여 학습한 것을 수행하도록 동기를 제공해주는 과정이다. 모델과 자신의 행동을 관찰해서 얻은 정보는 다음에 그런 행동이 필요한 상황이 되면 수행으로 연결되도록 하는 동기로 작용한다. 결국 수행에 대한 동기화가 얼마나 이루어지는가는 결과에 대해 어떤 예상을 하는가에 달려 있으며, 결과에 대한 예상은 이전에 모델과 자신의 행동에 대한 관찰에서 얻은 정보에 달려 있다.

다. 행동의 자기조절

종전의 학습이론가들은 강화나 벌은 유기체가 자각하지 못하는 사이에 점차적으로, 그리고 자동적으로 자극-반응의 연합을 강화하거나 약화시킨다고 보았다. 이것은 학습에 임하는 유기체의 능동적 측면이 전혀 고려되지 않음을 의미한다. 반면에 반듀라는 인간의 경우, 자신 또는 타인의 행동을 관찰함으로써 얻은 정보가 다음에 자신이 하게 될 행동의 기초가 된다고 본다. 정보를 습득하고, 그 정보를 기억하며, 그것을 기초로 하여 자신의 행동을 결정짓는다고 보는 반듀라의 관점은 행동주의 학습이론과 크게 두 가지 차이를 가지고 있다. 하나는 학습이 인간의 인지적 능력에 기초를 두고 있다는 점이며, 다른 하나는 학습이 자신도 모르는 사이에 일어나는 것이 아니라 스스로의 능동적인 인지활동을 통하여 일어나므로 인간은 학습의 능동적인 주체자란 점이다. 이런 차이를 부각시키기 위해 반듀라는 앞서 말한 대로 자신의 이론이 관찰학습 대신 사회인지이론이라 불리기를 원했다.

인간의 인지적 과정과 학습에 대한 능동적 참여를 중시하는 사회인지이론의 관점에서 볼 때 인간의 행동은 환경적인 보상이나 처벌에 의해 좌우된다기보다 자기 스스로의 조절에 의해서 이루어진다. 이것이 사회인지이론에서 강조하는 자기조절(self-regulation) 과정이다. 자기조절 과정에 영향을 주는 중요한 두 가지 변인은 수행기준(performance standards)과 지각된 자기효능감(self-efficacy)이다.

1) 수행기준

인간은 단순히 자극에 대한 반응으로서 행동을 하는 것은 아니며, 행동을 할 때도 자신의 행위가 어떻게 진행될 것인지 대체로 예상하고 최종적으로 달성하고자 하는 목표수준에 대한 인식을 가지고 있다. 수행기준이란 우리가 어떤 행동을 할 때에 목표로 삼는 기준을 말한다. 따라서 자신의 행동의 결과를 나중에 평가할 때 이 수행기준이 자기평가의 준거로 작용하게 된다. 자신의 수행이 이 기준을 넘어서면 긍정적으로 평가하고, 이 긍정적 평가는 자기강화(self-reinforcement)가 된다. 반듀라는 스스로부터의 내적 강화가 타인으로부터의 외적 강화보다 더 큰 영향력을 가진다고 본다. 한편 자신의 수행이 이 기준에 미달하면 스스로 부정적인 평가를 내리게 된다.

수행기준은 직접 혹은 간접 경험을 통해 학습되는데, 어떤 행동이 주위 사람－특히 부모나 선생님처럼 자신에게 중요한 존재－으로부터 칭찬을 이끌어 낸 경험을 하게 되면 그 경험으로부터 수행기준이 만들어진다. 그리고 이 수행기준은 이후의 자신의 수행 결과, 혹은 타인에 대한 관찰에 따라서 더 높아지기도 하고 낮아지기도 한다. 일반적으로 모델이 높은 수행기준을 가지면 관찰자도 높은 기준을 갖게 되는 경향이 있으며, 반대로 모델의 수행기준이 낮으면 관찰자도 낮은 수행기준을 가지는 경향이 있다(Bandura & Kupers, 1964).

수행기준은 자기조절 과정을 거쳐서 계속 수정되어 나가며 수행기준, 즉 목표수준의 변화는 행동의 전 과정에 변화를 초래하게 된다. 그렇지만 사람에 따라서 수행기준이 지나치게 높기도 하고 낮기도 하다. 만일 수행기준이 지나치게 높으면 자신의 수행에 대해 부정적 평가를 내려야 하므로 이는 스트레스나 무력감을 가져올 수 있다. 반대로 수행기준이 지나치게 낮으면 늘 자신에 대해 긍정적인 평가를 내리게 되지만 실은 발전을 가져올 가능성은 낮다. 따라서 적절한 수준의 수행기준을 갖는 것은 매우 중요하다.

2) 지각된 자기효능감

지각된 자기효능감이란 어떤 일에 대해서 얼마나 잘 할 수 있는가에 대한 스스로의 평가를 말한다. 여기서 '지각된'이라는 수식어를 붙인 이유는 자기효능감이 주관적인 인식임을 나타내기 위해서다. 비슷한 수준의 능력을 가진 사람들 간에도 지각된 자기효능감에서는 큰 차이가 날 수 있다. 지각된 자기효능감은 일견 자기존중감과 비슷해 보이지만 서로 다른 개념이다. 자기존중감이 자기가치(self-worth)에 대한 포괄적인 느낌이라면, 지각된 자기효능감은 특정 기능영역에서의 자기평가이다(Caprara & Cervone, 2005). 비유하자면 자기존중감이 여러 과목의 평균점수라면 지각된 자기효능감은 개별 과목의 점수이다. 그러므로 지각된 자기효능감이 해당 기능영역에서의 행동에 대한 강력한 예언지표가 되지만 자기존중감은 구체적인 기능영역에서 어떻게 행동할 것인지에 대해 예언해 주는 바가 없다. 우리가 일상생활에서 흔히 쓰는 용어인 자신감(self-confidence)은 특정한 과업을 수행할 수 있는 자신의 능력에 대한 신념으로서 자기효능감과 비슷한 개념이라 할 수 있다. 다만 자기효능감이 긍정적일수도 있고 부정적일수도 있는 중립적인 개념인데 비해서 자신감은 그 중 상당히 긍정적인 자기효능감을 지칭한다고 볼 수 있다.

지각된 자기효능감 역시 수행기준과 마찬가지로 직접 혹은 간접 경험을 통해서 형성되지만 그 외에도 자기 자신의 성취나 실패, 자신과 비슷한 수준의 타인의 성공 여부, 타인으로부터 받는 평가, 부모의 양육방식 등 다양한 요인의 영향을 받는다. 이런 방식으로 수정된 지각된 자기효능감 역시 수행기준과 함께 행동의 양식을 변화시키는 자기소설 변인이 된다. 지각된 자기효능감은 개인에 따라 큰 자이가 있지만 문화적 차이도 있다. 일반적으로 우리나라 학생들은 미국의 학생들보다 학업에서 더 높은 성취를 보이면서도 지각된 자기효능감은 낮게 나타나기도 한다.

지각된 자기효능감이 실제의 효능감과 항상 일치하는 것은 아니다. 실제의 수행능력이 높으면서도 지각된 자기효능감이 낮거나 이와는 반대의 경우도 있다. 실제 수행능력과 지각된 자기효능감이 비슷한 것이 가장 바람직하다고 볼 수 있다. 지각된 자기효능감이 높은 사람은 낮은 사람에 비해 더 도전적이고 더 많은 성취를 하며, 과제에 더 오래 집중한다. 뿐만 아니라 지각된 효능감이 높은 사람은 두려움이 적어 상황에 대한 통제력이 높다. 지각된 자기효능감이 높다고 무조건 좋은 것은 아니다. 실제 수행능력에 비해서 지각된 자기효능감이 너무 높으면 지속적으로 도전은 하지만 실패를 경험하고, 그 결과 낙심하고 좌절할 수도 있다. 이와 반대로 실제 능력에 비해서 지각된 자기효능감이 지나치게 낮아서 도전하기를 꺼려한다면 개인적인 발전이 저해될 수 있다.

제3절 정보처리이론[2]

행동주의 학습이론을 제외한 대부분의 학습이론에서는 인간의 인지능력이 새로운 내용을 학습하는 데 어떤 역할을 하는지에 초점을 맞추고 있다. 그 중에서 정보처리이론은 인지과정을 인간이 외부로부터 받아들이는 정보를 처리하는 과정으로 보고, 이 과정을 컴퓨터가 정보를 처리하는 과정에 비유하려는 시도에서 비롯되었다. 그렇지만 점차적으로 인간과 컴퓨터가 정보를 처리하는 방식에는 많은 차이가 있음을 깨닫게 되었고, 컴퓨터 비유는 인간의 정보처리 과정을 지나치게 단순화함으로써 중요한 특징을 간과하게 될 수 있다는 주장도 있다.

지나친 단순화를 경계할 필요가 있음에도 불구하고 컴퓨터의 비유를 살펴보면, 컴퓨터가 정보를 처리하기 위해서는 정보 입력(input)이 있어야 하고, 입력된 정보는 처리(processing)되며, 처리된 정보는 출력(output) 된다. 정보처리이론에서 인간의 정보처리 과정도 이와 유사한 단계를 거친다고 본다. 애트킨슨(Atkinson)과 쉬프린(Shiffrin)(1968)의 이중기억모델(dual-memory model)은 이것을 모형화한 것으로 여러 정보처리이론들이 이 모델을 이론적 틀로 삼고 이론을 발전시켜 왔다.

이중기억모델에서 정보가 감각등록(sensory register)을 통하여 입력이 되면 단기기억을 거쳐 장기기억에 저장된다. 우리의 감각기관을 통하여 등록되는 수많은 정보들 중에서 오직 일부만 단기기억으로 넘어가고 그곳에서 처리된 정보의 일부는 장기기억으로 넘어간다. 장기기억에 저장된 정보는 수 시간 이상의 다소 긴 시간 동안 (경우에 따라서는 평생 동안) 저장된다. 정보가 단기기억에서 처리되고 장기기억에 저장되는 과정이 학습이 일어나는 과정이다.

---

2) 이한규(2002), 『언어발달과 언어처리』(원미사) 4장과 5장 내용을 중심으로 수정 보완하였음.

정보처리이론 중에는 기억에 초점을 맞춘 이론들 외에도 정보가 입력되면 정보들 간에 어떤 네트워크가 형성되는가에 초점을 맞춘 이론들이 있다. 이 절에서는 여러 정보처리이론 중에서 단기기억에서 정보가 처리되는 과정에 초점을 맞춘 작업기억 이론과, 정보들 간의 네트워크 형성에 초점을 맞춘 병렬분산처리(PDP) 이론을 자세히 살펴보고자 한다.

1. 작업기억 이론

이중기억 모델에서 단기기억은 정보가 잠깐 동안 기억된다는 의미에서 그런 명칭을 얻었지만 그 짧은 시간 동안 우리는 감각기관으로부터 입력된 정보를 가지고 모종의 처리를 한다. 그 결과가 자신에게 의미가 없거나 사소하다고 판단되면 장기기억에 저장되지 아니하고 그대로 사라지게 된다. 배들리(Baddeley)와 힛치(Hitch)(1974)는 정보를 일시적으로 처리하고 저장하는 단기기억 체제를 작업기억(working memory)이라고 불렀다. 정보가 잠깐 동안 저장된다는 데 초점을 맞춘 단기기억에 비해서 작업기억은 정보의 처리에 초점을 맞춘 것이라 볼 수 있다.

가. 작업기억 모델

배들리와 힛치는 세 가지 성분으로 구성된 작업기억 모델을 제안하였는데, 그것은 중앙집행부(central executive), 음운순환로(phonological loop), 및 시공(視空)작업장(visuospatial sketchpad)이다. 이런 구분은 신경심리학적 연구, 특히 뇌손상을 입은 환자들의 연구의 뒷받침을 받아 그 타당성이 널리 인정되고 있다. 뇌손상 환자들은 작업기억과 관련된 여러 정보를 처리하는 과정에서 선택적인 장해를 보였기 때문이다. 이 모델은 [그림 5-4]와 같이 도식화할 수 있다.

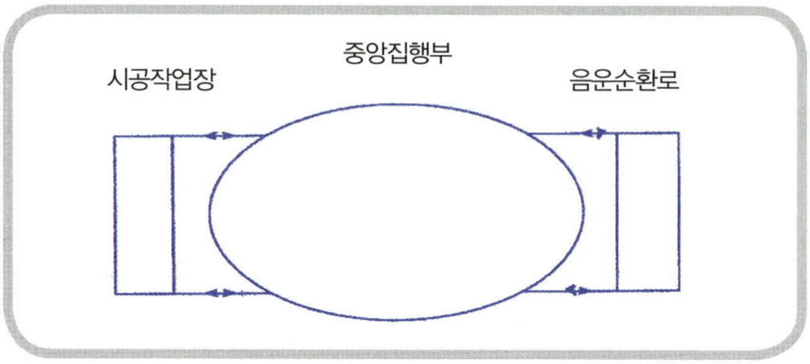

[그림 5-4] 작업기억 모델의 간단한 도식(Baddeley와 Hitch(1974)에서 인용)

이 모델에서 가장 중요한 성분은 중앙집행부이다. 중앙집행부는 모든 정보의 흐름을 통제하며 종속체제라고 불리는 두 성분, 즉 음운순환로와 시공작업장의 지원을 받는다. 음운순환로는 음성적으로 부호화 된 정보를 처리하는 반면에 시공작업장은 시각 정보와 공간 정보를 단기적으로 처리하고 붙잡아 두는 일을 한다.

1) 중앙집행부

중앙집행부는 작업기억 내의 정보의 흐름을 조절하고, 장기기억과 같은 다른 기억체제로부터 정보를 인출하기도 하며, 정보를 다양한 방식으로 처리한다. 중앙집행부가 가지는 주요 기능 중 하나는 정보의 흐름 전반에 대한 통제기능이다. 이 통제가 이루어지는 과정을 설명하기 위해 흔히 쉘리스(Shallice, 1988)가 제안한 주의감독체제(supervisory attentional system)가 자주 인용된다.

쉘리스에 의하면 잘 학습된 혹은 자동화된 행동들을 통제하는 여러 가지 도식들이 있으며, 평소에는 대부분의 행동이 이 도식에 의해 통제된다. 예를 들면 숙련된 운전자는 방향조절 도식, 브레이크 도식, 기어변속 도식 등을 활용하여 매순간 환경으로부터 들어오는 많은 정보들을 처리한다. 그러나 생소한 활동이 개입될 때, 혹은 주위 환경이 긴급하거나 위협적인 양자택일 식의 자극이 입력될 때는 각 도식보다 상위의 주의감독체제가 중재하여 행동을 통제한다. 배들리는 주의감독체제가 바로 중앙집행부에 해당될 것이라고 제안하였다.

주의감독체제가 하는 기능이 곧 중앙집행부 기능의 전부라고 생각하는 것은 중앙집행부를 지나치게 단순화하는 결과가 된다. 어떤 연구자들은 중앙집행부를 '지능의 일반요인의 기초가 되는 통일된 시스템'으로 보기도 한다(Kyllonen & Chrystal, 1990). 다른 연구자들은 앞서 말한 정보의 통제 외에도 계획, 과업조정, 그리고 의식활동 등과 같은 광범위한 비교적 독립적인 하위 과정을 포함한다고 주장한다(Gathercole & Baddeley, 1993).

2) 음운순환로

음운순환로는 음운자료를 취급하는 종속체제이다. 이것은 다시 음운저장과 조음시연(造音試演)(articulatory rehearsal)의 두 성분으로 이루어진다고 본다. 음운저장은 입력자료를 음운부호로 나타내는데, 이것은 시간이 흐름에 따라 희미해진다. 우리가 긴 문장을 읽거나 긴 연설을 들을 때, 입력된 지 오래된 음운자료는 점점 기억에서 사라져 가는 것이 바로 이 때문이다. 조음시연의 과정은 음운저장에서 음운부호로 점점 사라지는 것을 새롭게 함으로써 계속 기억 속에 유지하는 역할을 한다. 또한 시연 과정은 문자나 그림과 같은 비음성 입력자료를 음운적 형태로 부호화함으로써 그것들을 음운저장에 간직할 수 있도록 하는 데도 사용된다. 이와 달리 구어(口語) 정보는 조음시연을 거치지 않고 직접 음운저장으로 연결된다.

3) 시공작업장

시공작업장은 특별히 시각적이고 공간적인 정보와, 궁극적으로 영상적인 형태로 부호화되어야 할 정보를 처리하고 저장하는 종속체제이다. 시공작업장의 구조와 기능에 대한 이론적 발전은 음운순환로보다 늦었지만, 시각적 작업기억의 몇몇 중요한 특징들은 이미 상당히 밝혀졌다. 최근의 신경심리학적 연구들은 시각정보의 처리와 공간정보의 처리가 어느 정도 독립적으로 이루어짐을 시사하고 있다(이한규, 2010).

나. 작업기억 모델에 대한 대안적 관점

배들리와 힛치가 제안한 작업기억 모델이 널리 받아들여져 왔고 실지로 작업기억 이론의 발전에 큰 공헌을 한 것은 사실이지만 모든 연구자들이 작업기억을 이 모델에 입각하여 개념을 발전시킨 것은 아니다. 주로 미국의 심리학자들 중의 일부는 작업기억을 제한된 용량을 가진 일반적 처리 시스템을 의미하는 개념으로 사용하기도 한다(Daneman & Carpenter, 1980; Just & Carpenter, 1992; King & Just, 1991). 이들이 말하는 작업기억을 굳이 배들리와 힛치의 모델과 연결지어 본다면 바로 중앙집행부에 해당한다고 볼 수 있다. 즉 이들은 두 종속체제에 관해서는 별 관심을 갖지 않았다.

이들의 관심은 작업기억이 어떤 성분으로 구성되어 있는가보다 작업기억의 한계와 정보처리와의 관련성이었다. 그들은 작업기억에서 정보의 처리와 저장이 동시에 이루어져야 한다는 점에 주목하였다. 그들이 밝혀낸 것은 정보처리가 복잡하고 어려운 과제를 수행할 때는 저장할 수 있는 공간이 줄어들고, 반대로 정보처리가 쉬울 때는 저장공간이 늘어난다는 점이다. 다시 말해서 한정된 자원을 가지고 처리와 저장을 동시에 수행해야 하다 보니 처리와 저장 간에 성능교환(trade-off)이 일어난다는 것이다.

그러므로 많은 저장공간을 필요로 하는 과제는 정보처리에 실패할 가능성이 높아지게 된다. 예를 들면 14 곱하기 12를 암산한다고 생각해보자. 이 과정은 아마 '14×10 + 14×2'의 과정으로 이루어질 것이다. 이때 14×10의 결과인 140은 계산이 완전히 끝날 때까지 잊지 않고 저장되어 있어야 한다. 사람들은 14×2의 결과 28을 구하게 되면 그 때까지 저장하고 있던 140과 합하여 168이라는 답을 구할 수 있게 된다. 이에 비해서 246 곱하기 32를 암산으로 하는 일은 계산이 끝날 때까지 더 많은 저장공간을 필요로 하므로 계산 즉 정보의 처리에 동원할 수 있는 자원이 줄어들게 됨을 알 수 있다. 이것은 결국 정보를 성공적으로 처리하기 어렵게 된다는 것을 의미한다.

읽기나 듣기에서도 똑같은 현상이 일어난다. 문장이 지나치게 길거나, '이', '저', '그것', 혹은 '위와 같은' 등과 같은 단어가 지칭하는 내용이 더 이상 작업기억 속에 저장되어 있지 않고 사라졌다면, 이해력이 떨어질 수밖에 없다. 말이 완전히 끝날 때까지 저장할 내용이 많은 지시를 어린 아이들이 제대로 수행하기 어려운 것도 이 때문이다.

정보처리이론에서는 지금까지 정보처리의 효율성을 높일 수 있는 다양한 방안들이 제시되어 왔다. 청크(chunk)로 묶는다든지(예를 들면 쇼핑목록을 외울 때 무질서하게 외기보다 음식물 가게에서 살 물품, 옷가게에서 살 물품, 잡화품 가게에서 살 물품 등끼리 묶으면 기억하기 쉬운 것처럼), 반복 훈련에 의해서 처리의 자동화가 이루어지는 것 역시 처리에 동원될 자원의 부담을 줄임으로써 저장공간을 더 확보할 수 있도록 하는 데 의미가 있다. 예를 들면 전문 바둑기사가 수순을 기억할 때 한 수 한 수 기억하지 않고 무슨 정석이 사용되었는지, 그리고 어느 시점에서 정석에서 벗어났는지 등만을 기억해도 보통 사람들보다 훨씬 많은 수순을 기억할 수 있다. 이것 역시 정보처리의 효율성을 높임으로써 저장공간이 늘어나기 때문이다.

2. 병렬분산처리(PDP) 이론

병렬분산처리(Parallel Distributed Processing) 이론[3)]은 인공지능에 관한 초기 연구(McClelland etc. 1986; Rumelhart etc. 1986)에서 발달한 이론으로서 최근에 인간의 인지를 설명하는 이론으로 오늘날 딥 러닝(deep learning)의 이론적 기초가 되었다. 딥 러닝은 인공지능(AI: Artificial Intelligence)의 한 형태인 기계학습(machine learning)의 하위 분야이다. 딥 러닝은 자연어 처리(NLP: Natural Language Processing)[4)]를 비롯한 여러 이론들과 결합하여 빅 데이터의 기반 위에 챗(Chat) GPT(Generative Pre-trained Transformer)라는

3) 이 이론은 외국에서는 통상적으로 connectionism(연결이론)이라고 불리는데 정식 명칭은 PDP 이론이다. Connectionism을 연결이론이라고 한 것은 종래의 철학이나 심리학에서 사용되어온 개념인 associationism이 연합이론으로 번역되어 왔으므로 이것과 구별하기 위해서이다. PDP 이론이 인간의 뇌의 작동과 여러모로 비교될 수 있기 때문에 신경망이론(neural network)이라고 불리기도 하는데, 우리나라에서는 이 명칭이 더 많이 사용되고 있는 듯하다.

4) 컴퓨터와 인간 언어 간의 상호작용에 초점을 맞춘 인공지능의 한 하위 분야이다.

혁신적인 형태로 발전하고 있다.

PDP 이론에서는 반복적인 경험을 통하여 새로운 연결이 이루어짐으로써 학습이 이루어진다고 본다. 이 이론에서는 인지나 언어발달 등도 새로운 연결의 확립, 즉 학습의 결과로 본다. 우리가 인지하고 있는 것들은 모두 단자(unit)들이 서로 연결된 연결체제(connectionist system)를 이루고 있으며, 무엇인가를 학습한다는 것은 단자들 간의 연결 강도가 변화하여 새로운 연결 패턴이 형성되는 것이다.

연결체제의 작동원리를 설명하기 위해서 예를 들어보자. 어느 회사 사장이 자기 회사 종업원에 대하여 생각하고 있다고 가정하자([그림 5-5] 참조). 사장의 머리에는 김갑식을 비롯한 여러 사원들이 떠오른다. 김갑식은 40대 남자 사원으로서 기혼이다. 현재 생산부에 근무하고 있으며 학력은 고졸이다. 여기에서 '김갑식', '40대', '남자', '기혼', '생산부', '고졸' 등의 내용들은 원래부터 어떤 관련을 가지고 있었던 것은 아니다. 그렇지만 지금 사장이 김갑식을 생각하자마자 '40대', '생산부' 등이 동시에 머리에 떠오르는 것이다. 자연스럽게 사장의 생각은 생산부의 다른 사원 '이을출'에게 미친다. 며칠 전에 김갑식과 30대인 이을출이 심하게 다투었다는 보고를 받았기 때문이다. 사장은 요즘 30대들이 과거와는 달리 선배를 대접할 줄 모른다고 생각한다. 사장의 생각은 다시 30대의 생활태도로 옮겨간다. 그러다가 30대 여자 사원인 박병순에게로 옮겨갈 수 있다.

이처럼 나이, 근무 부서, 학력 등에 관한 내용들은 서로 연결되어 '생산부에 근무하는 40대의 기혼 남자 사원'이라는 구체적이고 독특한 내용을 갖게 된다. 박병순이란 사람에서는 30대, 여자, 영업부, 대졸, 이혼 등의 내용들이 서로 연결되어 있다. '여직원'이라는 정보가 들어오면 박병순, 30대, 대졸, 이혼 등의 내용이 쉽게 연결되지만, 20대라든가 생산부 등의 내용과는 잘 연결되지 않는다.

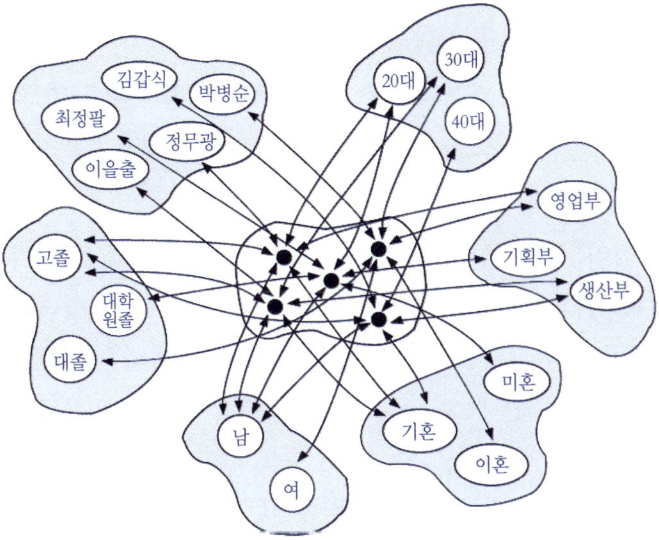

[그림 5-5] 어느 회사 사원들의 특성 연결 구도

가. 연결체제의 주요 개념

인간의 머릿속에 들어 있는 연결체제는 [그림 5-4]보다 훨씬 복잡하다. 연결체제에서 어떻게 새로운 내용이 구성되는지, 즉 학습이 일어나는지 설명하기 위해서 연결체제의 세 가지 주요 개념을 살펴보자.

1) 단자

단자(node)는 단순하고 신경세포 같은 처리기로서 단위(unit)라고도 한다. 단자는 다른 단자들과 망(network)을 형성한다. [그림 5-5]에서 김갑식, 이을출 등의 이름 단자와 20대, 30대 등이 연령 단자들은 김갑식, 40대, 생산부 등이 모여서 특정인을 나타내는 단자(그림에서 가운데 검은 점으로 표시된 단자)들과 별개의 단자이다. 각 사원들은 이처럼 이름, 연령, 근무부서 등으로 서로 연결되는 사람단자에 의해서 대변된다. 우리가 친한 친구 한 사람을 머리에 떠올리면 그 친구의 단자와 연결된 수많은 특성, 예컨대 출신고교, 다니는 직장, 친구가 즐기는 운동 등과 같은 단자들이 동시에 떠오르게 된다. 그리고 단자들은 그림에서처럼 군(群, cluster)으로 묶이어 있으며, 같은 군에 속해 있는 다른 단자들은 동시에 활성화되지 않는다. 즉 상호배타적이다.

2) 활성화

각 단자는 여러 개의 다른 단자들과 연결되어 있어서 신호를 주기도 하고 받기도 한다. 언제든지 입력이 있으면 단자는 켜진다. 경우에 따라서 입력의 강도가 일정한 수준을 넘어야 활성화되도록 식역(혹은 역치, threshold)이 있을 수도 있다. 단자를 활성화시킬 수 있는 입력은 네트워크의 외부로부터 들어올 수도 있고, 내부의 다른 단자로부터 자극의 전파에 의하여 활성화될 수도 있다. 단자에 따라서 이 두 가지 종류의 활성화가 모두 가능한 경우가 있고 한 가지만 가능한 경우도 있다. 앞에서 든 예에서 이름, 연령, 근무부서 같은 특성 단자들은 다른 단자들로부터도 입력을 받을 수 있을 뿐만 아니라 외부 환경으로부터의 자극에 의해서 활성화될 수도 있다.

외부로부터 입력을 받을 수 있는 단자는 가시적 단자라고 불리며, 시스템 내의 다른 단자들로부터만 자극을 받아 활성화될 수 있는 단자는 비가시적 혹은 은닉(hidden) 단자라고 하는데, [그림 5-5]에서의 검은 점들이 비가시적 단자이다.

3) 연결

단자들 간의 연결은 강할 수도 있고 약할 수도 있다. 이 연결의 강도를 부하(負荷, weight)라고 하는데, 부하가 클수록 한 단자가 활성화되었을 때 다른 단자가 활성화될 가능성이 커진다. 부하 값이 음수일 때는 한 단자의 활성화가 다른 단자의 활성화를 억제한다는 의미이다. 예를 들면 군(群) 안의 어떤 특성이 활성화 되면 그 군 내의 다른 단자들은 활성화가 억제된다.

나. 연결체제에서의 학습

연결체제에서의 학습은 명제를 추가하거나 수정함으로써 이루어지는 것이 아니라 단자들 간의 연결을 조정함으로써, 즉 연결강도를 변화시킴으로써 이루어진다. 단자들 간의 연결의 부하는 부분적으로 네트워크의 상태를 결정하므로 이는 곧 시스템 전체의 성격 변화로 연결된다. 예를 들어서 A라는 사람을 나쁘게만 생각하고 있다가 우연히 그 사람의 새로운 면모를 보고 그 사람의 장점을 알게 되었다고 하자. 그 결과 A와 부정적인 특성들 간의 부하는 줄어들고 대신 좋은 특성들과의 연결 부하는 증대되는 것이다.

이처럼 단자들 간의 연결의 강도 혹은 부하가 달라지면서 시스템의 성격이 바뀌는 것이 PDP 이론에서 말하는 학습이다. 단자들 간의 연결패턴이 확립되거나 변화하는 것이 학습이라면 학습이 일어나는 데 반복적인 경험은 매우 중요하다. 반복적인 경험을 통해서 단자들 간의 연결 부하가 커질 수 있기 때문이다.

PDP 이론에서는 새로운 것을 학습할 때 의미 있는 규칙을 덩이리째로 받아들인다고 보지 않는다. 우선 의미란 여러 단자에 나뉘어서 존재한다고 간주된다. 다시 말해서 어떤 단자들 간에 연결이 형성되는가 - 즉, 연결의 패턴 - 에 따라 의미가 달라진다고 본다. 그러므로 개개의 단자는 의미론 상으로 해석이 불가능하다. 정보가 처리되고 있지 않는 동안에는 단자들 간의 연결에 의한 표상은 시스템 내에 존재하지 않으며 다만 연결패턴의 잠재성만 있을 뿐이다.

이처럼 의미가 단자들 간의 연결패턴에 의해 표상된다면 단자들 중 일부가 바뀌거나 활성화에 실패했을 때도 그 패턴이 표상하는 의미를 가질 수 있다. 그러므로 PDP 이론에서는 완전히 맞거나 완전히 틀리지도 않은 어중간한 수준의 학습도 얼마든지 있을 수 있다고 본다. 학습은 한 순간에 진리를 깨우침으로써 이루어지는 것이 아니라 점진적으로 이루어진다고 보는 것이다.

학습과제

01

고전적 조건형성이나 작동적 조건형성 원리에 의해 설명될 수 있는 인간의 특성에는 어떠한 것들이 있는지 조사해 보자.

02

관찰학습은 책을 읽고 학습하는 것과 어떤 점이 같고 어떤 점이 다른지 비교해 보자.

03

작업기억 용량 자체를 키울 수 있는지 비판적으로 탐구해 보자.

04

PDP 이론에 따라 우리가 매순간 감각하고 느끼는 것이 연결강도나 연결패턴의 변화를 초래하는지 논의해 보자.

05

행동주의 학습이론과 인지적 학습이론을 비교하고, 각 이론이 학교에서 학생들의 학습에 어떻게 적용될 수 있는지 논의해 보자.

참/고/문/헌

이한규(2002). **언어발달과 언어처리**. 서울: 원미사.

이한규(2010). 시공간 작업기억의 분리에 관한 고찰. **인제논총**, 25, 173-194.

Atkinson, R. C., & Shiffrin, R. M. (1968). Human memory: A proposed system and its control processes. In K. W. Spence & J. T. Spence (Eds.), *The psychology of learning and motivation: Advances in research and theory* (Vol. 2). New York: Academic Press.

Baddeley, A. D., & Hitch, G. J. (1974). Working memory. In G. Bower (Ed.), *The psychology of learning and motivation*, (Vol. 8, pp. 47-90). New York: Academic Press.

Bandura, A. & Kupers, C. J. (1964). The transmission of patterns of self-reinforcement through modeling. *Journal of Abnormal and Social Psychology, 69*, 1-9.

Caprara, G. V., & Cervone, D. (2005). **성격탐구**[*Personality: Determinants, dynamics, and potentials*]. (이한규, 김기민 역). 서울: 학지사. (원전은 2000에 출판)

Daneman, M. & Carpenter, P. A. (1980). Individual differences in working memory and reading. *Journal of Verbal Learning and Verbal Behavior, 19*, 450-466.

Gathercole, S. E. & Baddeley, A. D. (1993). *Working memory and language*. Hove, UK: Lawrence Erlbaum Associates.

Hergenhahn, B. R., & Olson, M. H. (1997). *An introduction to theories of learning*. Upper Saddle River, NJ: Prentice Hall.

Just, M. A., & Carpenter, P. A. (1992). A capacity theory of comprehension: Individual differences in working memory. *Psychological Review, 99*(1), 122-149.

King, J. & Just, M. A. (1991). Individual differences in syntactic processing: The role of working memory. *Journal of Memory and Language, 30*, 580-602.

Kyllonen, P. C. & Chrystal, R. E. (1990). Reasoning ability is (little more than) working memory capacity. *Intelligence, 14*, 389-433.

McClelland, J. L., Rumelhart, D. E., & the PDP Research Group. (Eds.) (1986). *Parallel distributed processing* (Vol. 2). Cambridge: The MIT Press.

Rescorla, R. A. (1988). Pavlovian conditioning: It's not what you think. *American Psychologist, 43*, 151–160.

Rumelhart, D. E., McClelland, J. L., & the PDP Research Group. (Eds.) (1986). *Parallel distributed processing* (Vol. 1). Cambridge: The MIT Press.

Shallice, T. (1988). *From neuropsychology to mental structure*. Cambridge: Cambridge University Press.

CHAPTER_ 6

수업이론과 수업매체

앞의 두 장에서는 인간이 어떻게 발달하며 학습은 어떻게 이루어지는가에 대하여 살펴보았다. 여기에서 인간의 발달과 학습에 대한 이해를 기초로 하여 실제로 수업을 어떻게 하면 효율적으로 진행할 수 있는지 논의한다. 효율적인 수업을 하기 위해서 교사는 수업 내용에 관한 전문적인 지식, 학생과 학급의 특성을 잘 파악하여 수업의 효율을 최대한 끌어 올릴 수 있는 교육학적 지식, 그리고 이러한 지식들을 전략적으로 활용할 수 있는 수업기술을 갖추어야 한다. 이 장에서는 수업에 임하기 전의 준비 과정, 실제 수업의 과정, 그리고 수업의 효율성을 높일 수 있는 수업매체로 나누어서 살펴본다.

제1절 수업의 준비

수업을 진행하기 전에 교사는 학생들 개개인의 상태와 그 수업이 학생에게 어떤 의미를 가지는지 잘 알고 있어야 하고 학생들이 수업을 잘 받을 수 있는 마음의 자세가 되어 있도록 해야 한다. 전자는 교사가 직접 준비할 사항이고 후자는 학생들로 하여금 최상의 상태에서 수업에 임하도록 유도하는 일이다.

1. 학습자에 대한 이해

교사는 학년초에 학생 개개인의 능력, 적성, 흥미, 장래 희망, 장단점 등에 관해서 이미 상당히 구체적인 내용을 파악하였을 것이다. 그렇지만 매 수업마다 수업내용이 달라지며 학생의 수업에 임하는 자세도 그때그때 달라질 수 있으므로 교사는 매 수업마다 이 내용들을 다시 체크할 필요가 있다. 뿐만 아니라 수업에 영향을 미칠 수 있는 여러 가지 환경적인 요인들도 살펴보아야 한다. 최근에 교육계에서 중시되고 있는 구성주의적 학습 혹은 자기주도적 학습, 즉 교사가 지식을 일방적으로 전달하는 것으로 끝내는 교육이 아니라 학생 자신의 능동적인 활동을 통하여 지식을 스스로 깨닫게 하는 교육을 위해서도 학생이 어떤 특징을 가지고 있으며 어떤 상태인가에 대해 교사는 잘 이해하고 있어야 한다.

실제 수업에서는 여러 가지 많은 요인들이 학생들로 하여금 수업에 집중하도록 하기도 하고 반대로 지루해 하거나 싫증을 느끼게 만들 수 있다. 예컨대 주의집중력이 부족한 학생에게 교사의 일방적인 설명은 학생들의 흥미를 잃게 만들 것이며, 만들기를 좋아하는 학생은 이론수업보다 실기수업을 더 선호할 것이다. 그러므로 교사는 학생들의 평소의 특징뿐만 아니라 매 시간 수업을 전후한 환경적 요인들이 수업에 미치는 영향에 대해 주의를 기울여 수업의 효율성을 높이는 데 도움이 되는 요인들은 적극 활용하고, 수업의 효율성을 떨어뜨리는 요인들에 대해서는 미리 대책을 강구하여야 한다.

무엇보다 중요한 것은 모든 수준이 학생들이 모두 수업의 목표를 달성할 수 있도록 준비하는 일이다. 미국에서는 2002년 부시 행정부 시절에 '어떤 학생도 낙오되지 않도록(No Child Left Behind)' 하자는 교육의 지향점을 정한 바 있다. 학생들의 개인차에 민감하지 않은 교사는 자칫 학급의 평균적인 성취만을 근거로 수업을 평가할지도 모른다. 학급의 평균이 아무리 목표에 도달했다고 하더라도 그 수업에서 아무런 지식을 스스로 얻지 못한 학생에게 그 수업은 의미 없이 시간만 낭비한 셈이 된다. 이런 맥락에서 학급당 학생 수를 줄이는 것이 단기적인 수업의 효율성을 제고할 뿐만 아니라 장기적으로도 학생들이 더 오래 교육에 대한 흥미를 유지하도록 한다는 연구(Nye, Hedges, & Konstantopoulous, 2001)는 학생 개개인에게 교사가 관심을 더 줄 수 있는 여건이 얼마나 중요한가를 말해준다. 학급당 학생 수 감축이 쉽지는 않겠지만 그럴수록 교사는 학생 개개인에 대해 더 많은 관심을 가지고 학생을 더 잘 이해하려고 노력할 필요가 있다.

2. 학습동기

학생들은 여러 가지 이유로 교육을 받는다. 학생들 중에는 교육을 왜 받아야 하는지 분명하게 의식하지 못하는 학생들도 있을 것이고 심지어 교육을 받기 싫음에도 불구하고 부모의 강요에 의해서 마지못해 학교에 다니는 학생들도 있을 것이다. 그런 학생들도 교육을 왜 받느냐고 질문을 하면 무엇인가 대답을 할 것이다. 그 대답이 바로 그 학생의 학습동기가 되는 셈이다. 학생들이 어떤 동기로 수업에 임하느냐에 따라 수업의 효율성이 높아지기도 하고 낮아지기도 한다. 그러므로 교사는 가장 효율적인 수업이 이루어질 수 있도록 학생들의 학습동기를 유도할 필요가 있다. 가장 바람직한 학습동기를 어떻게 유발할 것인지 논하기 전에 먼저 동기의 일반적인 의미부터 살펴보기로 한다.

가. 동기의 의미

동기(motivation)는 인간이 어떤 활동을 하고자 하는 심리적 욕구를 말한다. 동기는 유사한 의미를 가진 다른 용어들, 예컨대 욕구(need)나 추동(drive)과 혼용되어 쓰이기도 한다. 의식적이고 의도적인 인간 활동에는 대부분 밑바탕에 어떤 동기가 자리 잡고 있다. 동기는 행동을 시작하도록 자극하고 그 행동이 지속적으로 이루어지도록 유지하는 기능을 한다. 어떤 동기이든 동기가 뚜렷하고 행위자가 동기를 확고하게 의식하고 있을수록 그 활동을 하는 데 더 많은 에너지를 제공해 준다. 따라서 자기가 하는 일에 더 집중할 수 있게 된다. 그렇지만 동기가 뚜렷하지 않으면 어떤 활동을 시작하기도 어려울 뿐만 아니라 시작한다고 하더라도 오래가지 않아 그만 두기 쉽다.

학습동기는 학습에서 매우 중요한 변인으로서, 어쩌면 능력보다 더 중요한 변인일 수도 있다(Pintrich & Schunk, 2002). 수업에 임하는 학생들의 학습동기가 얼마나 투철하냐에 따라서 학업성취도가 달라질 수 있음은 당연하다. 학생이 아무리 재능이 뛰어나다고 하더라도 학습동기가 유발되지 않으면 수업의 효율성을 높이기 어렵다. 교사가 수업을 하기에 앞서 학생들의 학습동기가 어떠한지 살펴보아야 할 이유가 여기에 있다.

나. 외재적 동기와 내재적 동기

동기는 여러 가지 방식으로 분류할 수 있다. 생리적 동기와 심리적 동기로 분류할 수도 있다. 이 경우 심리적 동기는 학습된 동기 혹은 사회적 동기와 같은 의미로 쓰인다. 여기서는 외재적 동기와 내재적 동기로 분류하였을 때 이 각각이 학습동기로서 어떤 기능을 하는지 검토해 보고자 한다.

동기를 가지는 것은 어떤 활동을 하였을 때 그 활동의 결과로 말미암아 보상(강화)을 얻을 수 있기 때문이다. 외재적 동기란 활동의 결과로 얻는 보상이 그 활동과는 무관하게, 즉 그 활동의 외부로부터 주어지는 경우(외적 보상)를 말한다. 예를 들어 어느 학생이 어머니로부터 이번 학기말 시험에서 평균 90점 이상을 받으면 학생이 원하던 스마트폰을 사주겠다는 약속을 받았다고 하자. 그 학생은 스마트폰을 얻기 위해서 평소보다 더 열심히 공부할 것이다. 이 경우 학생이 열심히 공부하는 동기는 외재적 동기이다. 왜냐하면 공부의 결과 90점 이상을 획득했을 때 받게 되는 보상(스마트폰)은 공부와는 무관한 것이기 때문이다. 이 외에도 좋은 직장을 구하기 위해서, 또는 학위 취득 그 자체를 위해서 공부를 하는 것 등도 모두 외재적 동기의 예가 될 수 있다.

반면에 내재적 동기란 자기가 하는 활동 안에서 보상을 얻는 경우(내적 보상)를 말한다. 공부를 열심히 하는 이유가 공부와 무관한 무엇을 얻기 위해서가 아니라 공부하는 것이 재미있어서 한다면 내재적 동기에 의한 것이라 할 수 있다. 이때 공부의 결과 얻는 재미라는 보상은 바로 공부 안에 있는 셈이다. 다시 말해서 그 활동을 하는 자체에서 의미를 찾고 희열을 추구하는 것이 내재적 동기이다. 물론 외재적 동기와 내재적 동기가 항상 쉽게 구분되는 것은 아니며, 두 동기가 상호배타적인 것이 아니라 두 가지가 동시에 존재할 수도 있다. 공부를 하는 것이 재미도 있고 나중에 원하는 직업을 구하는 데 도움도 된다면 내재적 동기와 외재적 동기가 동시에 갖추어진 것이다.

학습의 효율성과 관련지어 볼 때 학습동기는 내재적 동기의 성질을 갖는 것이 중요하다. 외재적 동기는 보상을 획득하게 되면 더 이상 동기로서 기능을 하지 못하기 때문에 오래 지속되기 어렵다. 하지만 내재적 동기는 그 활동 안에서 만족을 느끼고 보상을 얻으므로 그 활동을 더 오래 지속하도록 하는 역할을 한다. 실제 어느 한 분야에서 뛰어난 업적을 남긴 사람들은 외적 보상을 얻기 위해서 열심히 일한 경우보다 자기가 하는 일에 보람과 즐거움을 느끼기에 스스로 그 일을 열심히 한 경우가 대부분이다. 내적이 보상을 얻게 되면 자기가치감(self-worth)을 느끼게 되고 자신에 대해 보다 긍정적인 이미지를 갖게 된다. 일반적으로 내재적 동기를 가지고 일할 때 외재적 동기로 일할 때보다 더 높은 성취를 이룩하고(Spence & Helmreich, 1983), 보다 긍정적인 사고와 행동을 하며(McMillan, 2004), 내재적 동기를 가질 때 창의적 업적을 남긴다(Collins & Amabile, 1999). 그러므로 교사는 학생들이 학습에 대한 내재적 동기를 유발하도록 힘써야 할 것이다.

다. 학습동기의 유발

교사는 내재적 동기를 불러일으키기 위해서, 즉 수업이 학생들에게 흥미롭고 가치 있으며 도전의식을 고취시키고 보상이 되도록 하기 위해서 학생들을 충분히 잘 파악하고 있어야 한다. 그리고 학생의 참여 기회를 확대하고 학급 활동을 조직할 때 가능하면 구조적으로 학생들의 자율성을 뒷받침해 줄 수 있도록 하여야 한다.

아울러 수업에 임하는 교사 자신의 태도 또한 중요하다. 교사는 성실하고, 긍정적이고, 열성을 다해야 하며 학생들을 지지하는 자세가 필요하다. 학생의 말을 경청하여 학생들로 하여금 자신의 의견이 존중받는다고 느끼도록 해야 한다. 학생의 실수를 지나치게 질책하면 학생의 자기개념에 부정적인 영향을 미치고 학생의 수업참여는 위축된다. 끝으로 빼놓을 수 없는 부분은 교사의 유머감각이다. 이것은 수업이 지루하지 않도록 하고 학생들의 주의집중을 유도하며 학생들이 수업에 더 흥미를 가지도록 만든다.

이성진(1997)은 학습동기를 유발하기 위해서 다음과 같은 여덟 가지를 제시하고 있다. 첫째, 학습목표를 뚜렷이 인식시켜 주라. 특히 학습의 목표를 개인적 욕구와 구체적이고 실제적으로 결부시키는 것이 효율적이다.

둘째, 개인적 흥미를 통해서 동기를 유발하라. 그것은 개인의 흥미나 적성에 부합된 학습과제일수록 학습동기 유발에 도움이 되기 때문이다.

셋째, 결과에 대한 지식을 제공하라. 자신의 학습의 결과를 알게 됨으로써 학생은 성취감을 맛볼 수 있다. 만일 결과가 좋지 않을 경우 실패를 극복할 수 있는 방안을 같이 강구해야 하며 실패가 반복되지 않도록 대책을 세우는 것이 필요하다.

넷째, 상과 벌을 적절히 사용하라. 상은 가장 일반적인 동기유발 방식이며, 벌은 불필요한 학습을 방지하고 학습에 대한 의무감을 심어줄 수 있다. 하지만 벌은 학생의 연령, 성별, 성격 등 여러 가지 요인을 잘 고려해서 사용해야 할 것이다.

다섯째, 긍정적인 자아개념의 형성을 도우라. 긍정적인 자아개념은 자신감을 높여주고 학습동기를 강화시킬 수 있는 성격적 바탕이 된다.

여섯째, 부분해답을 제시하라. 문제의 최종 해답을 얻기 전에 적절한 시점에서 제시하는 부분해답은 학습동기 유발에 도움이 된다.

일곱째, 경쟁과 협동을 적절히 사용하라. 집단의 분위기는 학습의욕을 강화할 수 있기 때문이다.

여덟째, 교사의 적극적 조력을 제공하라. 교사는 학생으로 하여금 학습이 자신의 노력 여하에 따라 성취가 달라질 수 있음을 인식하도록 도와 줄 필요가 있다.

미국 새로운 교사평가 및 지원 협회(INTASC)의 10대 원리

1. 교사는 자신이 가르치는 학문에서의 핵심 개념, 탐구 수단, 구조를 이해하여야 한다.
2. 교사는 어린이들이 어떻게 학습하고 발달하는지 이해하여야 한다.
3. 교사는 학생들이 학습에 임하는 방식의 차이를 이해하여야 한다.
4. 교사는 다양한 수업전략을 이해하고 활용하여야 한다.
5. 교사는 개인과 집단의 동기를 이해하고 활용하여야 한다.
6. 교사는 효율적인 언어적, 비언어적 기법 및 수업매체 기술에 관한 지식을 활용하여야 한다.
7. 교사는 교과목의 지식에 기초하여 수업계획을 작성하여야 한다.
8. 교사는 형식적, 비형식적 평가전략을 이해하고 활용하여야 한다.
9. 교사는 반성적 실천가여야 한다.
10. 교사는 동료, 학부모, 여타의 기관들과 유대관계를 잘 유지하여야 한다.

제2절 수업의 과정

일반적으로 수업활동의 핵심은 수업을 계획하고(planning), 실제 수업을 실시한(implementing) 다음, 수업의 결과를 평가하는(assessing) 과정을 포함한다(Jacobsen, Eggen, & Rauchak, 2009). 이 세 가지 단계 각각에 대해서 보다 구체적으로 검토해보자. 여기서는 실제 수업 단계를 다시 교사중심 수업과 학습자중심 수업으로 나누어 살펴볼 것이다.

1. 수업계획

교사가 수업을 계획하는 일은 마치 연극의 연출가가 연극의 대본을 앞에 놓고 어느 장면에서 배우에게 어떤 연기를 요구할 것인지 미리 생각해보는 것과 유사하다. 수업계획을 잘 세운 교사와 그렇지 못한 교사의 수업의 질에 큰 차이가 있음은 당연하다. 유능한 교사일수록 수업계획에 많은 시간을 투자한다(Sternberg & Williams, 2010).

가. 수업계획에서의 고려사항

주먹구구식으로 짠 수업계획은 수업에서 실질적인 도움이 되지 않는다. 그렇다면 수업계획은 어떻게 짜야 하는가? 물론 수업에서 일어날 모든 일을 미리 예상하고 준비할 수는 없다. 수업계획을 짤 때 고려할 내용은 크게 네 가지, 즉 개념적(conceptual), 조직적(organizational), 정서적(emotional), 반성적(reflectional) 측면과 관련지어 생각해볼 수 있다(Jacobsen, Eggen, & Rauchak, 2009). 이 네 측면은 수업의 실제 진행과정과 대체로 일치한다.

개념적 측면과 관련하여 교사가 생각해 보아야 할 내용은 그 수업내용이 교과목의 전체적 맥락에서 어떤 의미를 가지는가, 그리고 수업목표를 어떻게 설정할 것인가 하는 문제이다. 먼저 교과목의 학문적 구조, 당해 학기의 장기적인 교육목표 등에 비추어 그 수업내용이 어떤 의미와 중요성을 가지는지 학생들이 잘 이해하도록 도와줄 수 있어야 한다. 학생들이 나무와 함께 숲 전체를 아울러 볼 수 있게 하는 것이 중요하다. 그리고 해당 수업의 목표를 정해야 한다.

조직적 측면에서의 계획은 수업을 어떤 방식으로 진행할 것인지를 정하고 그에 따른 교사의 활동내용, 학생의 수업참여 방식, 수업자료, 활용할 수 있는 수업매체 선정, 학생들에게 할 질문, 예상되는 질문에 대한 답변 등을 미리 준비하는 과정이다. 이것은 수업의 가장 핵심적 활동에 대한 준비이므로 교육학적 이론, 자신의 경험, 선배 · 동료 교사의 조언 등을 참고하여 가능한 한 구체적으로 계획을 세우는 것이 좋다. 이 과정에서 교사는 자신에게 주어진 가용 지원이 무엇인지 찾아서 수업에 최대한 활용하도록 해야 한다.

정서적 측면에서의 계획은 학생들이 수업을 통해서 성취감을 느끼고 수업내용에 대해 내재적인 동기를 키울 수 있도록 준비하는 일이다. 이를 위해서 수업내용의 난이도가 학생의 선행지식 수준이나 흥미, 희망에 비추어 적절한지 검토하여야 한다. 아무리 중요한 내용이라 하더라도 수업이 지나치게 어려우면 학생들은 무력감을 느낄 수 있고, 이와 반대로 지나치게 쉬우면 학생들이 지루해 할 것이기 때문이다. 학생들이 수업이 재미있다는 느낌과 함께 적절한 도전의식과 성취감을 동시에 가질 수 있도록 준비하여야 한다. 아울러 학생들이 교사에게 집중할 수 있도록 다양한 시각적 자료, 수업내용과 관련이 있는 일화나 지역사회의 사례, 학생들 수준에 맞는 유머나 조크 등을 준비하는 것도 도움이 될 것이다.

반성적 측면은 자신의 수업이 계획한 대로 잘 진행되었는지 점검하는 과정이다. 이 과정을 통해서 수업목표가 잘 설정되었는지를 비롯하여 전반적인 수업의 진행이 적절하였는지 검토할 수 있으며 다음 수업의 질을 높일 수 있다. 교사는 수업을 진행하는 동안에도 상황의 변화나 학생들의 반응에 맞추어 수업 방식이나 내용의 난이도, 수업의 속도 등을 조절할 수 있어야 한다. 그러므로 애초에 수업계획을 세울 때 여러 가지 상황변인에 따라 수업방식에 변화를 줄 수 있도록 준비가 되어 있어야 한다.

유능한 교사는 수업계획을 세울 때 자신의 경험을 적극 활용하려고 노력한다. 그러므로 평소 자신의 수업을 스스로 되돌아보고 평가하는 습관을 지녀야 할 것이다. 수업계획을 세울 때 한 가지 주의해야 할 점은 수업계획이 지나치게 타이트하지 않도록 하는 일이다(Sternberg & Williams, 2010). 실제 수업은 계획대로 진행되지는 않는 경우가 많다. 특정 내용을 설명할 때 예상보다 시간이 훨씬 많이 걸릴 수도 있고, 예상치 못한 질문을 많이 받을 수도 있으며, 의외로 학생들이 높은 관심을 나타내거나 지루해 하는 것을 발견하고 수업의 속도를 달리 해야 하는 경우도 있다. 그러므로 지나치게 엄격하고 꼼꼼하게 세운 계획은 자칫 수업의 유연성을 잃게 만들 수 있다. 수업은 공장에서 물건을 생산하는 과정과 다르므로 상황에 따라 교사의 임기응변이 필요한 경우가 많다. 그러므로 수업을 계획할 때 꼭 필요한 활동과 상황에 따라서 생략해도 될 활동 등을 미리 분류해 두면 임기응변해서 대처하는 데 도움이 될 것이다. 유능한 교사와 경험이 많지 않은 교사는 이런 부분에서 차이가 나게 마련이다.

나. 수업목표

실제 수업은 수업목표의 관점과 제시방법에 따라 달라질 수 있으므로 수업목표 설정은 수업설계에서 가장 중요하다고 해도 과언이 아니다(이성진, 1997). 모든 학교에서 이루어지는 수업은 국가 수준에서 설정한 교육의 목적에 맞게 이루어져야 한다. 이런 교육의 목적을 구현하는 데 이바지 할 수 있도록 각 교과목마다 구체적으로 교육목표가 정해져 있다. 교과의 교육목표는 보통 학년 또는 학기 단위로 더 세분화된다. 한 교과목 안에는 여러 단원이 있으며 각 단원의 수업목표가 있다. 한 단원을 여러 시간에 걸쳐 가르칠 때 매 수업마다 교사는 수업의 목표를 정하여야 한다.

수업목표에서는 교사가 그 수업에서 가르칠 내용과 학생들이 성취하기를 기대하는 수준 등이 구체적으로 진술되어야 한다. 수업목표는 수업이 끝난 다음에 목표가 달성되었는지 평가할 때 평가의 기준이 되므로 수업목표가 사변적인 용어의 나열에 그치거나 애매모호하게 진술되어 있으면 수업목표 달성 여부를 판단할 준거로서 역할을 할 수 없다. 교육목표와 평가를 불가분의 관계로 파악하는 입장에 대한 대안적 의견으로 교육의 내용 즉, 지식의 구조에 붙박혀 있는 가치가 곧 교육목표가 되어야 한다는 관점도 있다(이홍우, 1992).

교육목표가 학습경험을 선정하고 나아가 평가할 준거가 된다는 견해는 타일러(Tyler, 1949)에게로 거슬러 올라간다. 타일러는 교육목표는 내용과 행동의 조합으로 진술되어야 한다고 주장하였다. 예를 들면 '광합성 원리의 이해'와 같은 방식이다. 이것이 곧 행동적 수업목표 진술의 효시가 되었다. 타일러의 주장은 교육목표 분류학을 제시한 블룸(Bloom, 1956)에 이르러 수업목표는 관찰될 수 있는 행동으로 진술되어야 한다는 생각으로 전개되었다. 이런 관점을 더욱 구체화 한 사람은 메이거(Mager, 1962)였다.

우리나라에서 널리 활용되고 있는 메이거식 수업목표 진술방식은 다음과 같다. 메이거에 의하면 수업목표에는 ① 관찰 가능한 행동, ② 행동이 일어날 조건, ③ 받아들일 수 있는 기준의 세 가지가 구체적으로 명시되어야 한다고 주장한다. 예를 들면 '고려말의 사회상을 열거한 목록에서 고등학교 1학년 학생은 고려 멸망의 원인이 된 것을 세 가지 이상 선택할 수 있다'와 같은 방식이다. 그러나 이러한 메이거식 수업목표 진술방식은 지나치게 편협하고 제한적이며(Jacobsen, Eggen, & Kauchak, 2009), 평가될 수 없는 것은 수업목표가 될 수 없는 꼴이어서 목표가 평가를 규제하는 것이 아니라 평가가 목표를 규제하는 셈이 된다는 비판을 받고 있다(이홍우, 1992).

2. 교사중심 수업

교사는 실제 수업에 앞서 수업계획을 세우는 단계에서 수업목표를 달성하기 위하여 가장 효율적인 수업방법은 구체적으로 어떤 것인지, 어떤 식으로 수업을 진행할 것인지를 결정하고 이에 맞추어 수업시간 중에 필요한 수업자료도 준비할 것이다. 실제 수업이 형태는 크게 교사의 설명 위주로 진행되는 교사중심 수업, 학습자 스스로의 활동이 주가 되는 학습자중심 수업으로 나누어 볼 수 있으며 이 두 가지가 결합된 형태로 진행될 수도 있다. 교사중심 수업이 특히 효율적인 경우는 수업내용과 밀접한 관련이 있다. 수업내용이 ① 구체적이고 잘 정의되어 있거나, ② 차후의 학습을 위해서 모든 학생들이 숙달해야 할 필요가 있거나(예: 읽기, 수학), ③ 학생 스스로 깨우치기가 어려운 경우 교사중심 수업이 더 적절할 수 있다(Jacobsen, Eggen, & Kauchak, 2009). 전통적인 교실수업은 대개 교사가 주로 설명하고 학생에게 질문을 하며, 학생의 질문에 대해 응답하고 보충설명을 하는 식으로 진행된다.

가. 수업의 절차

교사중심 수업에서 적용할 교수모형으로 우리나라에서 가장 널리 적용되어 왔던 모형은 아마 글레이저(Glaser, 1962)의 모형일 것이다. 그것은 ① 교수목표의 선정, ② 출발점 행동의 진단 및 확인, ③ 수업절차의 선정 및 실행, ④ 성취도 평가의 네 단계로 나뉜다. 일선학교에서는 흔히 이보다 간략히 도입, 전개, 정리의 세 단계로 나누기도 한다. 여기서는 시간적인 흐름에 맞추어 도입, 전개, 정리의 각 단계별 주안점을 보기로 한다.

1) 도입단계

도입단계는 그 수업이 잘 진행되도록 기반을 조성하는 단계이다. 이 단계에서 교사가 할 중요 사항은 동기유발, 수업목표의 제시, 지난 학습과의 연결 등이다. 수업이 시작되어도 학생들의 머릿속은 여전히 수업과 무관한 생각들로 가득 차 있을지 모른다. 교사는 빠른 시간 안에 학생들이 수업에 집중하도록 함과 동시에 수업에 대한 흥미를 불러일으키도록 해야 한다. 이 과정에서 수업내용과 관계있는 환경적인 소재를 활용하는 것도 큰 도움이 된다. 예를 들면 지구의 중력에 관한 수업을 할 때 누리호 우주선 발사에 관한 내용을 소개한다든지, 역사 수업을 할 때 그 시대 배경을 소재로 했던 드라마 이야기로부터 시작한다든지 함으로써 학습동기를 유발하고 수업에 집중하도록 유도할 수 있다.

그 다음에 이 수업의 목표가 무엇인지 학생들에게 제시하여야 한다. 이 과정을 통해서 학생들은 그 수업이 얼마나 중요한지, 어떤 의미를 갖는지 짐작을 하게 되고 자기 나름대로의 학습목표를 설정할 수 있게 된다. 이어서 교사는 지금까지 학습했던 내용을 확인함으로써 지난 수업과 연결되면서 그 교과목의 전체적인 구조와도 잘 연결되도록 해야 한다.

2) 전개단계

도입이 이루어진 다음 교사는 그 수업에서 다루고자 하는 내용을 효율적으로 학생들에게 전달해야 한다. 이 과정이야말로 학교수업의 가장 본질적인 부분이라 할 수 있다. 이때 교사는 학생들의 이해를 돕기 위해 가능한 모든 교육적인 방법을 동원할 수 있다. 설명을 하는 과정에서 판서를 하거나 요점 정리를 하거나 학생들의 이해수준을 점검하기 위해 질문을 할 수도 있다. 시청각 자료의 활용은 학생들이 오래 기억할 수 있게 해준다.

이 과정에서 교사에게 주어진 중요한 임무 중의 하나는 어느 학생도 수업에서 배제되지 않도록 해야 한다는 점이다. 학생들마다 개인차가 크기 때문에 학급당 학생 수가 많을수록 모든 학생들이 수업의 목표를 달성하도록 하는 일이 결코 쉽지 않다. 교사중심의 수업을 진행하면서도 학생 개개인의 차이를 최대한 고려할 방안을 강구하지 않으면 안 된다. 이 상황에 적용될 수 있는 원리는 학생의 적성 혹은 특성에 맞는 처치를 하라는 점이다. 이것이 소위 말하는 적성(특성) · 처치 상호작용(aptitude(trait)-treatment interaction)이다. 교사는 학생의 관심이나 선행지식 수준에 따라 질문을 달리하거나 과제를 달리 줄 수 있다.

3) 정리단계

수업의 마지막 단계로 교사는 수업내용을 총괄적으로 요약하여 종결지어야 한다. 수업의 요약은 그림이나 도표를 활용할 수도 있으며, 반드시 교사가 할 필요는 없으므로 학생에게 발표를 하게 할 수도 있다. 이와 함께 학생들의 이해 정도를 점검하고 필요에 따라 적절한 숙제를 내 줄 필요도 있다. 사려 깊게 고안된 숙제는 수업시간에 행하는 연습문제 이상의 효과를 낼 수 있으며(Sternberg & Williams, 2010), 숙제를 다양화하여 학생들이 자신에 맞는 숙제를 선택할 수 있게 한다면 학생들이 수업에 계속 흥미를 갖게 하고 성취감을 고취시키는 데도 도움이 될 것이다.

나. 강의의 장단점

교사중심 수업에서 교사 활동의 가장 많은 부분을 차지하는 것은 교사의 강의이다. 강의는 수업내용을 짧은 시간 내에 학생들에게 일목요연하게 전달할 수 있다는 점이 큰 장점이다. 학생들은 특별히 힘들이지 않고 교과 지식을 습득할 수 있다. 그리고 강의는 학생 수가 많은 경우에도 별 무리 없이 진행할 수 있다. 학생의 성향이나 발달 수준에 따라 강의식 수업이 더 선호될 수 있는데, 학생들이 발표나 질문을 하기 꺼려하는 경우, 그리고 초등학교보다 중 · 고등학교로 올라갈수록 강의식 수업이 선호된다.

강의의 단점은 학생들이 수업에 피동적으로 임하기 쉽다는 점이다. 학생들이 할 일은 교사의 설명을 듣고 이해하는 것이지만 학생의 준비수준과 강의의 수준이 맞지 않거나 교사가 강의 준비를 꼼꼼히 하지 못했다면 학생들은 수업을 제대로 이해하지 못한 채 수업이 지루하다고 느끼고 시간만 허비하게 될 수 있다. 학생들은 자신의 적성이나 특성을 살릴 기회를 가지기 쉽지 않으며, 교사는 학생 개개인의 수준에 맞는 수업을 하기가 쉽지 않다.

오늘날 학교교육의 세계적인 추세가 학습자중심 수업으로 옮겨가고 있지만 여건상 교사중심 수업을 할 수밖에 없다면 교사는 강의식 수업의 단점을 극복할 수 있는 방안을 최대한 강구하여야 할 것이다. 이것은 결국 교사가 강의준비를 얼마나 열심히 하는가에 달렸다. 수업준비를 철저히 한다면 교사중심 수업에서도 유능한 교사는 학생들이 최대한 수업에 참여할 수 있도록 유도하고 수업을 통해서 성취감을 느낄 수 있도록 할 수 있다.

3. 학습자중심 수업

현대사회에서 학생의 자율성이 중시됨에 따라 수업방식에서도 교사가 전달해주는 지식을 학생이 받아들이기만 하는 전통적인 방식에서 학생 스스로 지식을 깨우치도록 하는, 즉 이해를 구성하게 하는 구성주의(constructivism)에 입각한 방식으로 중점이 옮겨가고 있다. 수업의 목표가 ① 반대의견 존중, 공동작업 능력 배양, 자신과 타인의 입장에 대한 비판적 검토에서처럼 의사소통 기술의 발달과 관련된 경우, ② 특정 주제에 관해 깊이 있게 다루고자 하는 경우, ③ 탐색이나 문제해결 기술 발달과 관련된 경우라면 교사중심 수업보다 학습자중심 수업이 더 적절할 것이다(Jacobsen, Eggen, & Kauchak, 2009).

학습자중심 수업의 형태는 매우 다양하다. 그 예로서 협동학습(cooperative learning), 토론, 문제기반 수업(problem-based instruction), 개별화 수업(individualized instruction), 발견학습(discovery learning), 상호교수법(reciprocal teaching) 등을 들 수 있다. 어느 형태이든 학습자중심 수업에서 교사는 직접 가르치는 것이 아니라 학생들이 스스로 이해하는 것을 촉진하는 역할을 한다. 이 가운데 협동학습, 토론, 문제기반 수업에 대해서 보다 구체적으로 살펴보기로 한다.

가. 협동학습

협동학습은 학생들간의 집단적 협동과 상호작용을 고양하기 위한 수업전략을 총체적으로 지칭하는 말이다. 협동학습은 학생들간의 경쟁으로 인하여 승자와 패자로 나뉘는 것을 막기 위해 고안되었으며, 공동의 목표를 달성하기 위하여 서로 돕고 함께 작업하는 것을 격려하는 데 중점을 둔다. 이 학습전략은 수업내용을 학습할 때뿐만 아니라 특히 학급 구성원이 다양하고 이질적인 경우 서로에 대한 긍정적 태도를 함양하고자 할 때도 유용하게 적용될 수 있다.

협동학습이 효율적으로 이루어지기 위해서는 다음과 같은 요인들이 잘 갖추어져야 한다(Johnson & Johnson, 2006). 첫째, 사회적 상호작용이 학습을 촉진한다. 둘째, 학생들은 명시적으로 주어진 과제를 하기 위해서 집단 내에서 공동 작업을 한다. 셋째, 학습목표는 집단과의 학습활동을 안내할 집단의 목표를 창출한다. 넷째, 교사는 학생 개개인의 학습을 설명할 수 있다. 다섯째, 학생들은 수업내용 관련 목표를 달성함과 동시에 협동 기술을 발달시킨다.

협동학습에 적용할 수 있는 구체적인 전략으로 다음과 같은 것이 있다. 집단작업(group work)은 다른 수업방식—예컨대 교사중심 수업이나 강의-토론 혼합 수업—을 보완하기 위한 목적으로 학생들이 함께 작업하도록 하는 것이다. 수업목표나 내용, 학생 수, 환경 등에 따라서 다양한 형식으로 진행할 수 있으며, 간단하게는 옆에 앉은 짝끼리 의논해서 의견을 모으게 하는 방식도 한 종류이다.

팀 성취 분담(STAD: student teams achievement division)은 먼저 교사중심의 지시적 수업을 실시한 다음 능력이 높은 학생과 낮은 학생들을 고루 분배하여 평균이 비슷한 팀을 여럿 만들고 학생들끼리 서로 도와서 주어진 과제를 이해하도록 하는 방식이다. 보상은 구성원 점수를 합한 팀 점수를 기준으로 한다.

집단탐구(group investigation)는 세 명 내지 여섯 명 정도씩으로 팀을 만들어 공동의 문제를 해결하거나 탐색하도록 하는 것이다. 학생들은 공동의 목표를 설정하고 각자의 책임을 정한 다음 프로젝트를 완성시켜야 한다. 평가는 프로젝트를 단위로 한다. 이 방법은 비교적 높은 수준의 학습목표를 달성하는 데 사용될 수 있다.

직소(Jigsaw)는 공동의 주제를 탐구하기 위하여 학생들을 소규모 집단으로 배치하여 협동으로 학습하게 하는 전략이다. 이때의 주제는 비교적 광범위한 주제를 사용하며 팀 구성원들은 이 주제 안에서 특별한 소주제를 할당받는다. 예컨대 파충류가 주제라면 한 학생은 뱀, 다른 학생은 악어, 또 다른 학생은 도마뱀 등으로 나누어 맡아 자기가 맡은 소주제의 전문가가 되도록 하며 자신의 주제에 관하여 다른 학생들에게도 지식을 나누어주도록 하는 것이다.

나. 토론

토론은 교사와 학생, 학생과 학생간의 상호작용을 통하여 높은 수준의 학습목표를 달성하고자 하는 수업전략이다. 토론이 잘 활용되면 학생들의 사고를 자극하고, 도전정신을 고취시키며 대인관계 기술을 연마하는 데 도움을 줄 수 있다. 토론은 개념이나 일반화와 같은 주제를 가르치는 데는 효율적이지 않다. 토론은 다음과 같은 학습목표를 달성하고자 할 때 사용될 수 있다: ① 여러 견해들 간의 관계 또는 관련성 이해, ② 능동적인 청취자 되기, ③ 리더십 개발, ④ 집단의 의견을 요약하기, ⑤ 자기주도적 학습능력 개발, ⑥ 분석 · 종합 · 평가 능력 개발, ⑦ 합의 도출, ⑧ 분쟁 조정. 학생들은 토론에 능동적으로 참여함으로써 이런 능력들을 학습할 수 있다.

토론에서 교사는 지시자로서의 역할보다 보조자 또는 촉진자로서의 역할에 더 큰 중점을 둔다. 교사 입장에서는 후자의 역할이 수업의 방향이나 속도에 대한 통제력을 떨어뜨리므로 더 힘이 들 것이다. 그럼에도 불구하고 교사는 학생들 간의 상호작용과 의견 교환을 통해서 학습 효과가 증진되고 있는지 확인해야 하므로 교사의 역할은 가볍지 않다. 이를 위해서 교사는 조심스럽게 토론을 주도하고, 정보 제공, 토론 지원, 토론과정 참관, 토론활동 평가 등을 수행해야 한다.

다. 문제기반 수업

문제기반 수업은 탐구활동의 초점을 문제에 맞추는 수업이다. 이 수업은 경험을 통한 학습의 중요성을 강조한 듀이(Dewey)의 교육철학에 기초를 두고 있다. 문제기반 수업은 여러 가지 형태를 포함하는데, 그 예로는 탐색(inquiry), 문제해결(problem-solving), 프로젝트기반 수업(project-based instruction), 사례기반 수업(case-based instruction)을 들 수 있다. 이 수업에서 학생들은 문제를 해결하거나 해답을 찾는 과정에 능동적으로 참여한다. 문제기반 수업의 공통점은 다음과 같다. 첫째, 수업은 문제를 제시하는 것으로 시작되는데 문제는 학생들의 탐구활동의 초점이 된다. 둘째, 문제를 검토하고 해결책을 찾는 일차적인 책임은 학생들에게 있다. 셋째, 교사의 역할은 주로 학생들의 활동을 보조, 촉진하는 것이다.

문제기반 수업 중에서 탐색과 문제해결에 대해서 좀 더 자세히 알아보자. 탐색은 사실과 관찰내용에 대한 논리적 분석을 토대로 문제를 해결하고 해답을 찾는 과정으로서 분석적 사고력을 높이려고 할 때 사용할 수 있다. 교사는 수업내용과 관련된 문제를 제공하는 반면에 학생들은 가설을 세우고, 잠정적인 해결책을 찾고, 가설과 관련된 자료를 수집하고, 자료를 평가한 다음 결론을 도출하게 된다. 탐색을 하면서 학생들은 문제와 관련된 내용을 학습할 뿐만 아니라 문제를 해결하는 전략도 익히게 된다.

문제해결은 학생들이 실제 학습경험을 통해서 문제를 해결하는 것을 배우도록 돕는 전략이다. 여기서도 시작은 학생들에게 문제를 제시하는 것이며 학생들은 교사의 도움을 받아서 해결책을 찾아야 한다. 문제해결 수업은 대체로 ① 문제의 확인, ② 문제를 여러 가지 다른 방식으로 표현하기, ③ 해결 전략 선택, ④ 전략 수행, ⑤ 결과 평가의 순서로 진행된다.

4. 평가

수업의 마지막 단계에서 할 일은 학생들이 수업목표를 달성했는지 평가하는 일이다. 질문에 대한 응답, 작문 등을 포함하여 수업의 과정에서 일어났던 모든 활동들이 평가의 대상이 될 수 있다. 평가는 특별한 형식을 갖추고 실시될 수도 있고 비형식적으로 실시될 수도 있다. 형식적 평가로는 지필시험, 퀴즈, 독후감, 실기시험 등이 있다. 비형식적 시험은 학습과정에 관한 계획하지 않았던 정보를 모아서 의사결정에 참고하는 것을 말한다. 교사는 학생이 수업시간 중이나 수업시간 이외의 학교생활에서 하는 행동을 유심히 관찰함으로써 학생의 전반적인 학업성취 수준, 흥미, 태도, 관심, 희망 등에 관한 다양한 정보를 얻을 수 있다. 그렇지만 비형식적 평가는 부정확할 수 있으며, 평소에 자신을 잘 표현하는 학생과 그렇지 않은 학생의 성향적 차이가 크게 작용할 수 있으므로 이를 감안하여 형식적 평가의 보조적인 참고자료로 활용하는 것이 좋을 것이다. 여기서는 주로 형식적 평가에 초점을 맞추어 살펴볼 것이다.

가. 평가의 의미

평가가 가지는 의미는 학생의 입장과 교사의 입장으로 나누어 생각해볼 수 있다. 학생입장에서 볼 때 평가는 학생들의 학습을 증진시키는 중요한 기능을 한다. 학생들은 평가가 포함된 수업에서 더 많은 것을 배우며, 주기적으로 간단하게 자주 평가를 하고 피드백을 받는 것이 학기말에 길게 한번 받는 평가보다 더 효율적이다(Stiggins, 2005) 학생들은 평가를 통하여 자신의 성취수준을 확인하고 성취감을 맛볼 수 있기도 하고, 반대로 교사로부터의 피드백을 통해서 자기가 어떤 부분에서 성취가 부진했는지 확인할 수도 있다. 또한 잘 계획된 평가는 학생들의 학습동기를 고양하기도 한다.

평가는 학생의 성취도를 측정한다는 의미 외에 교사 자신이 수업을 얼마나 효율적으로 수행하였는가를 판단하는 근거가 된다. 평가 결과를 보고 교사는 수업목표 설정이 적절하였는지, 수업방법이 수업목표 달성을 위해 최선의 방법이었는지, 자신의 설명방식이나 수업자료 준비가 적절하였는지, 그리고 평가 자체에 관한 정보를 얻을 수 있다. 평가로부터 이런 피드백을 받지 못한다면 평가가 교사에게는 아무 의미 없는 활동이 되는 셈이다.

나. 평가도구가 갖추어야 할 요건

교사는 다양한 방식으로 학생들을 평가할 수 있다. 그렇지만 아무리 열심히 평가를 했다고 하더라고 평가결과가 믿을 수 없거나 원하는 정보를 제공해주지 못한다면 평가하는 의미가 없어진다. 교사는 평가도구를 직접 제작하든, 기존의 평가도구를 활용하든 좋은 평가도구를 사용할 줄 알아야 한다. 좋은 평가도구가 되기 위해서 갖추어야 할 조건으로 신뢰도(reliability), 타당도(validity), 객관도(objectivity)를 들 수 있다.

1) 신뢰도

신뢰도는 얼마나 정확하게 측정하는가의 정도를 말한다. 정확하게 측정하기 위해서는 측정의 오차를 최대한 줄여야 한다. 측정의 오차는 다양한 근원으로부터 발생한다. 특히 인간의 특성을 평가하고자 하는 경우 평가의 대상이 고정되어 있는 것이 아니라 수시로 변할 수 있으므로 평가결과가 일정하지 않을 수 있다. 평가가 실시되는 환경 또한 평가결과에 차이를 가져올 수 있는 오차의 근원이 된다. 끝으로 평가도구가 일관성 없는 결과를 보일 때 역시 측정오차를 포함하게 된다. 신뢰도는 평가도구가 얼마나 측정오차 없이 측정해 주는가의 문제이다.

만일 물건의 길이를 재고자 할 때 줄자가 고무줄처럼 신축성이 있다면 그 결과는 정확하다고 믿을 수 없을 것이다. 신뢰도가 높은 평가도구는 믿을 수 있는, 즉 측정오차가 작은 일관성 있고 안정된 결과를 산출한다. 그러므로 신뢰도는 모든 평가도구가 갖추어야 할 가장 기본적인 요건이다. 만일 신뢰도가 낮다면 그 평가도구가 측정해 주는 정보가 무엇이든 믿을 수가 없으므로, 그 정보가 우리가 원하는 정보인지와 관련된 타당도는 따질 필요조차 없게 된다.

신뢰도는 다양한 방식으로 추정할 수 있다. 일반적으로 검사-재검사 신뢰도, 동형검사 신뢰도, 반분신뢰도, 크론박(Cronbach)의 알파계수 등이 많이 쓰인다. 검사-재검사 신뢰도는 동일한 피험자를 대상으로 검사를 두 번 실시하고 두 검사점수 간의 상관계수를 구한 것이다. 이는 검사 점수가 시간의 흐름에 대해 얼마나 안정되어 있는지 나타낸다. 하지만 이 신뢰도는 재검사가 너무 일찍 시행되면 학습효과에 의해 신뢰도가 실제 이상으로 과장되므로 첫 번째 검사 이후 오래 기다려야 한다는 단점이 있다. 이 단점을 극복하기 위한 대안으로 동형검사 신뢰도와 반분신뢰도가 사용된다.

동형검사 신뢰도는 이미 신뢰도가 높다고 인정된 검사(동형검사)와 새로 개발된 검사를 같은 집단을 대상으로 실시한 다음 두 검사 점수 간의 상관계수를 구한 것이다. 하지만 두 검사가 엄밀한 의미에서 같은 특성을 재는 동형검사이냐에 대한 판단이 쉽지 않고, 경우에 따라서 동형검사를 구할 수 없는 경우도 있다.

이에 비해서 반분신뢰도는 한 검사를 둘로 나누어 두 개의 동형검사라고 가정하고 반분된 검사점수들 간의 상관계수를 구한 것이다. 반분하는 방식으로는 문항의 전반과 후반을 나누는 전후반분법과, 홀수 문항과 짝수 문항으로 나누는 기우반분법이 있다. 이 경우 문항수가 충분하지 않으면 반분한 문항수가 너무 적어지므로 신뢰도는 떨어지게 된다.

비교적 최근에 소개되어 요즘 널리 쓰이는 알파계수는 크론박이 제안한 방법으로 문항내적 합치도를 보여주는 지표로 사용된다. 이것은 반분신뢰도를 보다 일반화한 것으로서 검사문항 각각을 독립된 동형검사로 보고 각 문항간의 상관을 종합한 것이다(김정섭 외, 2004). 알파계수가 높을수록 검사문항이 동질적임을 나타낸다.

2) 타당도

타당도는 평가가 측정하고자 하는 의도에 맞게 측정하는 정도를 말한다. 과학적 지식을 평가하고자 하는 검사에 어려운 어휘가 많이 사용되어 과학적 지식이 충분함에도 불구하고 단어의 뜻을 몰라 맞히지 못하는 학생이 있고, 단어의 뜻만 안다면 답을 쉽게 찾을 수 있었다면 그 검사는 과학적 지식의 평가보다 어휘력 평가에 치우친 검사가 되며 따라서 타당도가 낮은 평가인 셈이다. 타당도는 평가하고자 하는 목적이 무엇이냐에 따라 준거타당도(criterion-related validity), 내용타당도(content validity), 구인타당도(construct validity) 등으로 구분할 수 있다.

준거타당도는 어느 검사가 특정한 준거와 얼마나 상관이 있는가에 관한 것이다. 준거타당도는 예언타당도(predictive validity)와 공인타당도(concurrent validity)로 더 나눌 수 있다. 예언타당도는 가장 전형적인 준거타당도로서 한 검사가 미래의 준거를 잘 예측하게 해주는 정도를 말한다. 한 예로서 대학입시에서 수능시험 성적을 중요한 평가요소로 간주하는 이유는 수능시험 점수가 대학에 입학한 다음의 학업성적을 잘 예언해준다고 생각하기 때문이다. 이와 같은 맥락에서 토익 성적은 무역회사 사원 선발을 위해 예언타당도가 높은 검사라고 볼 수 있다.

예언타당도가 미래에 측정될 준거와의 상관을 말한다면 공인타당도는 그 검사와 준거검사를 동시에 실시해서 얻는 두 점수 간의 상관을 말한다. 예를 들면 위암 발견을 위한 내시경검사와 위장조영검사를 실시했을 때 두 검사의 상관이 높게 나온다면 위장조영검사는 내시경검사와 공인타당도가 높다는 말이 된다. 공인타당도는 비용이나 편의성을 고려해서 복잡하고 고비용인 준거검사를 간편한 검사로 대체할 수 있는지 여부에 관심이 있을 때 흔히 검토한다.

내용타당도는 한 검사가 전집의 영역을 잘 대표하는 정도를 말한다. 학교에서 성취도 검사를 할 때 특히 내용타당도를 고려할 필요가 있다. 예를 들어 고등학교 국어 평가가 문학에 관한 문항만으로 구성되었다면 국어 과목의 다른 하위 영역의 문항이 빠졌으므로 내용타당도가 높다고 할 수 없을 것이다. 내용타당도는 이를 나타내는 수량적 지수가 없으므로 합리적인 판단에 의존할 수밖에 없다(임인재, 1980).

구인타당도는 한 검사가 측정해주는 심리적 구성요인이 무엇인지, 그리고 이 검사가 그 구성요인을 얼마나 잘 측정해주는지 여부에 관한 것이다(임인재, 1980). 지능, 추리력, 혹은 창의성과 같은 데서 볼 수 있듯이 인간의 심리적 특성은 개념이 뚜렷하지 않고 전집의 한계도 모호한 경우가 많다. 이 경우 주로 그 개념에 대한 조작적 정의를 내리고 한 검사가 그 조작적 정의에서 규정한 바를 얼마나 잘 측정해주는지를 조사하여 구인타당도를 따지게 된다.

3) 객관도

객관도는 평가자(혹은 채점자) 신뢰도라고도 불린다. 다시 말해서 한 검사의 결과를 여러 사람이 채점했을 때 점수의 차이가 크게 난다면 객관도가 낮은 검사가 된다. 객관도가 낮은 검사는 동일한 채점자가 두 번 채점할 때도 점수 차이가 날 수 있고, 심지어 비슷한 수준의 답안이라도 초반에 채점되었을 때와 후반에 채점되었을 때 점수 차이가 나기도 한다. 객관도는 주로 서술형, 논술형 평가 또는 예술 작품의 평가에서 문제가 될 수 있다. 그것은 평가의 기준이나 배점 방식이 명확하지 않기 때문에 나타날 수 있고, 기준이나 배점이 명확하게 규정되어 있다고 하더라도 각각의 기준을 충족시켰는지의 판단이 항상 명료하게 이루어지는 것이 아니기 때문이다.

객관도를 높이기 위해서 평가기준과 배점을 가능한 한 세세하게 규정하고 여러 평가자가 이를 잘 숙지하고 있어야 한다. 중대한 평가인 경우 평가자들의 훈련이 필요할 수도 있다. 사정이 허락한다면 두 사람 이상의 평가자가 모든 답안지를 각각 채점한 다음 평균 점수를 최종 평가점수로 사용하는 것도 한 방편이다.

다. 지필평가

지필평가는 다른 평가에 비해서 상대적으로 정확하고 효율적이므로 전통적으로 널리 활용되어 왔다. 교사는 평가 준비를 할 때 평가의 주된 목적이 무엇인지, 어떤 형식의 평가를 할 것인지를 결정해야 하며, 수업목표에 따라 문항수도 적절하게 안배하여야 한다. 특히 수업의 초반이나 중간에 하는 형성평가보다 학기말 시험, 또는 교과의 한 단원을 마친 후에 실시하는 성취도 평가에서는 수업목표 달성 여부를 확인할 수 있는 평가가 되도록 하여야 한다.

1) 선택형 검사

선택형 검사는 주어진 선택지 중에서 정답을 선택하게 하는 검사이다. 선택형 검사에 속하는 검사로는 3-5개의 항목 가운데서 정답을 고르게 하는 선다형 검사, 진술문을 주고 참인지 거짓인지 판별하게 하는 진위형 검사, 두 개의 목록에서 서로 관련이 있는 항목끼리 연결하게 하는 배합형 검사 등이 있다. 선택형 검사의 장점은 무엇보다 채점이 간편하고, 실시대상도 초등학교에서 대학교, 지식수준이 낮은 학생과 높은 학생에 이르기까지 폭넓게 적용할 수 있다는 점이다. 단점으로는 추측에 의하여 정답을 선택했을 가능성을 배제할 수 없다는 점이다. 선다형 검사의 경우 출제할 때 문제가 명료하게 진술해야 하고 한 문항에 하나만 질문하여야 한다. 추측으로 맞힐 가능성을 줄이기 위해서 문항에 관한 지식이 없이도 오답인지 알 수 있는 답지는 피하고 대신 그럴듯한 오답지를 만들어야 한다.

2) 서답형 검사

서답형 검사는 선택지를 제시하지 않고 답을 직접 적게 하는 검사이다. 답은 하나 또는 그 이상을 요구할 수 있으며 짧은 문장으로 응답하게 할 수 있다. 가장 대표적인 검사가 하나의 답을 요구하는 단답형 검사이다. 서답형 검사의 장점은 추측에 의해 답을 맞힐 가능성을 줄이면서도 정답이 비교적 분명하므로 채점이 간단하다는 점이다. 단점은 답이 한 단어 또는 하나의 명백한 개념으로 뚜렷하지 않은 경우 문제로 만들기 어렵다는 점이다. 그리고 어렴풋이 알고 있어서 선택형 검사였다면 정답을 맞힐 수 있었던 학생의 경우 서답형 검사에서는 답을 적지 못할 수 있다. 이런 의미해서 서답형 검사는 이해력 검사보다는 기억력 검사의 성격을 가질 수 있다.

3) 논술형 검사

논술형 검사는 학생이 자신의 문장으로 문제가 요구하는 답을 적게 하는 검사이다. 논술형 검사는 요구하는 정보의 양과 수준에 따라 핵심적인 내용을 비교적 짧은 분량으로 적게 하는 짧은 논술형, 관련 내용을 비교적 자세히 적어야 하는 긴 논술형, 그리고 서론, 본론, 결론의 격식을 어느 정도 갖추어야 하는 논문형 등으로 나눌 수 있다. 그리고 논문형의 경우 서술해야 하는 분량이 비교적 방대하므로 교재나 노트 등의 자료를 얼마든지 참조하면서 쓸 수 있게 하는 오픈북(open book) 형식으로 실시할 수도 있고, 아예 집에서 해오게 하는 과제검사(take-home exam) 형식으로 실시할 수도 있다. 과제검사는 문제를 받은 다음 비교적 짧은 시일 안에 문제가 요구하는 내용의 글을 써야 하므로, 시간이 충분하고 글의 주제나 형식이 비교적 자유로운 일반적인 과제와는 구별된다. 논술형 검사는 학생의 이해 정도를 비교적 정확하게 평가할 수 있다는 장점은 있으나 고등학교 이전의 수준에서는 실시하기가 쉽지 않으며, 글을 쓰는 연습이 많이 이루어진 다음이라야 실시할 수 있다는 단점이 있다.

라. 대안적 평가

평가가 수업목표 달성 여부와 수업의 효율성을 판단할 수 있는 정보를 제공한다는 소기의 목적을 달성하는 데 실패하는 경우를 자주 본다. 그 원인 중의 하나는 평가가 주로 학생들을 줄 세우는 기준으로만 활용되기 때문이다. 이와 같이 학생을 변별하는 데 평가의 초점을 맞추고자 할 경우 가장 즐겨 활용된 검사는 지필검사이다. 이 외에도 지필검사는 낮은 수준의 학습에만 초점을 맞춘다는 지적과, 학생이 어떻게 사고하는가에 관해서는 아무런 통찰을 보여주지 못한다는 지적을 받아왔다.

이에 대해서 평가가 지식의 이해수준을 평가하는 데 그치지 않고 실생활에서의 수행까지 평가할 수 있어야 한다는 의견이 대두되었다. 실생활에서의 적용 능력은 지필검사로 측정하기 어렵다. 이에 따라 대안적인 평가방법의 필요성이 증대되었다. 이처럼 지식이 실생활에 접목되는지에 초점을 맞춘 대안적 평가를 실생활 평가 혹은 참평가(authentic assessment)라고 한다. 실생활 평가는 지필검사의 단점을 보완해 주기도 하지만, 지필검사의 장점인 객관적 평가가 되기 쉽지 않다는 단점이 있다. 실생활 평가가 학교에서 더 적극적으로 활용되기 위해서는 객관적이고 명료한 채점 기준을 개발하여야 할 것이다. 실생활 평가의 예로 수행평가(performance assessment)와 포트폴리오 평가(portfolio assessment)를 들 수 있다.

1) 수행평가

수행평가는 실생활 평가와 같은 의미로 구별 없이 쓰이기도 한다. 일반적으로 수행평가는 수업시간에 배운 내용을 지필검사 형식을 빌지 않고 실제 행동으로 수행하는 것을 관찰하여 평가하는 경우를 말한다. 수행평가는 학생들의 단순한 지식의 이해수준을 넘어서 지식을 생활에 적용하고 자신의 전체적인 삶의 한 부분으로 융화시키는 능력을 볼 수 있다는 장점이 있지만 경비와 시간이 많이 소요될 뿐만 아니라 객관적인 채점도 용이하지 않다는 문제가 있다.

수행평가가 객관적인 평가가 될 수 있도록 교사는 체크리스트와 평정척도를 활용할 수 있다. 체크리스트는 학생의 수행 속에 포함되어야 할 활동 내용, 즉 교사가 평가하고자 하는 구체적인 항목의 목록이다. 체크리스트를 활용함으로써 학생의 수행을 폭넓은 관점에서, 그리고 체계적으로 관찰할 수 있다. 평정척도는 체크리스트의 각 항목마다 점수를 어떤 기준에서 줄 것인지에 대한 준거를 말한다. 예컨대 과학 실험의 수행평가에서 '가설의 설정'이라는 체크리스트 항목이 있다면 가설설정의 중요한 요인을 다 갖추면 5점, 그 중 몇 가지 이상의 내용이 있으면 4점, … 하는 식으로 각 점수를 얻을 수 있는 기준이 평정척도이다.

교사는 수행평가에 앞서 평가기준 즉 체크리스트와 평정척도를 학생들이 충분히 이해하도록 하여야 한다. 그리고 수행평가가 학문적 이해수준보다 발표력에 크게 좌우되지 않도록 해야 한다. 예컨대 '이상의 시 감상'이라는 주제로 수행평가를 할 때 시를 감성적으로 암송하는 데 큰 점수를 주었다면 이것은 시의 문학적 이해보다는 연기력을 평가한 셈이 된다. 이와 함께 여러 사람 앞에서 수행하는 데 심리적 어려움-예컨대 발표불안-이 있는 학생을 배려할 수 있는 방안도 마련되어야 할 것이다.

2) 포트폴리오 평가

포트폴리오 평가는 오랜 시간에 걸쳐서 학생들이 수행한 학습활동의 표본을 취합하여 평가하는 것이다. 학생은 자신의 작문, 보고서, 프로젝트, 컴퓨터 출력물, 작품 등에서 자신의 학업성취를 잘 나타내는 것을 선택하여 포트폴리오를 만들고 교사가 이를 평가하는 것이다. 포트폴리오 평가의 장점은 수업활동과 관련된 어떤 학습 증거도 평가의 대상이 되므로 학생은 자신의 발달과정을 나타낼 다양한 수단을 가진다는 점이다. 또한 학생은 자신의 포트폴리오를 관리하면서 수업에 대한 흥미, 성취감을 느끼고 내적 보상을 받을 수 있다. 한편 포트폴리오 평가의 단점은 구조화되기 어렵고 평가자간 신뢰도 즉 객관도가 높지 않다는 점이다.

제3절 수업매체

교사는 자신의 수업이 효율적으로 이루어지도록 가용한 자원을 모두 동원하여야 한다. 동일한 수업내용이라도 적절한 수업매체의 활용 여부에 따라서 수업목표 달성에 큰 차이를 가져올 수 있다. 최근 정보통신 기술의 비약적인 발달에 따라 수업에 활용할 수 있는 수업매체의 종류도 급격히 늘어나고 편의성도 크게 증대되고 있다. 최근의 컴퓨터, 인터넷 등의 발달은 수업의 형태에 큰 변화를 가져오고 있다. 이제 교사도 정보통신기술을 수업에 적극 활용하도록 끊임없이 노력하지 않으면 안 된다.

1. 수업매체 활용 방안

교사가 분필 하나로 수업을 하던 시절에는 학생들의 흥미를 유발하고, 지식을 전달하고, 학생들의 성취수준을 평가하는 과정에서 활용된 주된 수업매체는 언어 한 가지였다고 해도 과언이 아니다. 음성언어든 문자언어든 언어가 수업활동에 중요한 것은 사실이지만 단조롭고 아이디어를 조직하고 전달할 때 비효율적인 경우가 많다. 교사는 다양한 수업매체들 중에서 어떤 목적을 위해서 어떤 매체를 활용할 것인지 항상 탐구할 필요가 있다.

가. 수업매체 활용의 유용성

수업매체의 종류에 따라 특성이 다르듯이 그 유용성도 수업목적에 따라 달라질 수 있다. 교사는 자신의 수업에 가장 유용하게 사용될 수 있는 수업매체를 선택하고 실제 수업에 활용할 수 있도록 준비를 하여야 한다. 최근의 발달된 수업매체를 잘 활용함으로써 얻을 수 있는 일반적인 장점을 살펴보자.

첫째, 학생들의 흥미와 학습동기를 유발하고 주의를 집중하는 데 도움이 된다. 특히 시각적 자극은 언어 · 청각적 자극보다 더 오래 기억될 수 있다.

둘째, 언어적 설명보다 개념의 이해가 쉽게 이루어질 수 있다. 과학적 원리를 설명할 때 그림, 도형, 동영상 등의 사용은 시각적, 공간적 자극을 활용함으로써 변인들 간의 관계를 더 쉽게 파악할 수 있도록 돕는다.

셋째, 정보전달의 양을 늘이고 시간은 줄일 수 있다. 컴퓨터의 활용은 언어적, 비언어적 정보를 빠른 시간 내에 전달 할 수 있게 해준다.

넷째, 공간의 제약에서 벗어날 수 있다. 교사와 학생이 교실에 마주보고 있어야 수업이 가능했던 과거와 달리 수업시간 이외에도 정보의 전달, 과제 제출 등이 가능하고, TV, DVD나 인터넷을 통한 수업도 가능하다.

다섯째, 학습자의 참여를 유도할 수 있다. 교사중심 수업보다 학습자중심 수업에서 다양한 수업매체를 활용할 여지가 크다.

나. 수업매체의 선정

수업매체가 여러 가지 장점을 가지고 있지만 구체적으로 어떤 매체를 사용할 것인지 결정하기 위해서 고려해야 할 사항들이 있다. 상황에 가장 적절한 매체를 선정하려는 노력 없이 임의로 아무 매체를 사용한다면 기대했던 것만큼의 효과가 나타나지 않을 수 있고 때로는 예상하지 못했던 역효과가 있을 수도 있다. 수업매체를 선정할 때 고려해야 할 사항들을 구체적으로 살펴보자.

1) 수업방법

우선 교사중심 수업이냐 학습자중심 수업이냐에 따라서 활용할 수 있는 수업매체의 종류는 크게 달라질 수 있다. 교사중심 수업에서는 PPT나 동영상 자료처럼 교사의 설명을 학생들이 더 잘 이해할 수 있도록 도울 수 있는 매체들이 많이 활용된다. 학습자중심 수업에서는 구체적으로 어떤 형태의 수업이냐에 따라서 필요한 매체가 달라질 수 있다. 예를 들면 토론수업이라면 주제와 관련된 영상자료가 효과적일 수 있으며, 문제기반 수업처럼 학생들이 자료를 검색하고 수집할 일이 많은 경우에는 인터넷의 활용도가 높을 것이다.

2) 수업내용

수업의 내용에 따라 수업매체도 달라질 것이다. 문학이나 음악 수업은 당연히 수업 내용과 직접 연관된 문학 자료나 오디오 자료를 필요로 할 것이다. 우리가 직접 방문하기 어려운 외국의 현장, 육안으로 관찰하기 어려운 현미경 자료 또는 천문학의 광학 영상 자료, 또는 사회적 현상과 관련된 통계자료를 입력하여 시뮬레이션 한 데이터 등은 학생들의 이해력을 증진시키는 데 큰 도움이 될 것이다.

3) 학생

나이가 어린 초등학생들에서 중고등학생 및 대학생에 이르기까지 학생의 수준에 따라 수업매체 선정도 달라질 수 있다. 어린 학생들은 시청각 자료가 흥미유발, 주의집중, 이해력 증진 등에 도움이 되나 매체 활용 시간이 길어지면 오히려 주의가 산만해질 수도 있다. 이 밖에도 성별, 적성, 태도에 따라 학생들이 선호하는 매체가 달라질 수 있다.

4) 매체의 특성 및 시설

수업매체는 교육용으로 이미 제작된 자료일 수도 있고, 수업을 위해서 교사가 별도로 준비한 것일 수도 있고, 때로는 수업시간 중에 학생들과 같이 자료를 직접 제작하거나 입력해야 하는 것도 있으므로 교사는 이에 대해 미리 준비를 하여야 한다. 매체의 종류에 따라 갖추어야 할 시설이나 설비가 따로 필요할 수도 있다. 예컨대 사진

자료인 경우 TV나 빔프로젝터 등 투사 매체를 활용할 수도 있고 컴퓨터를 활용할 수도 있다. 컴퓨터의 사양, 스피커 등도 미리 점검해서 최적의 매체를 활용할 수 있도록 해야 할 것이다.

2. 컴퓨터를 활용한 교육

컴퓨터 기술이 발달함에 따라 수업에 컴퓨터가 활용되는 경우가 일상화되고 있다. 컴퓨터 보조수업(CAI: Computer-Assisted Instruction)은 학생들의 개인차에 따른 개별적인 학습처방의 제공을 가능하게 함으로써 개별화 교육의 기반이 되고 있다. 컴퓨터의 활용에는 많은 장점이 있음에도 불구하고 다음과 같은 난점도 있다: ① 저작권 침해 문제, ② 컴퓨터 활용에 대한 비현실적인 기대감, ③ 주로 인지적 영역에 국한된 활용, ④ 창조성의 억압, ⑤ 사회적 상호작용 결여(이성흠, 이준, 2009). 이런 단점을 잘 인식하고 개선을 위한 노력을 게을리 하지 말아야 할 것이다. 최근에 컴퓨터를 적극적으로 활용하는 수업의 예로 웹기반 수업(WBI: Web-Based Instruction)과 e-러닝(e-learning)을 들 수 있다.

가. 웹기반 수업

웹기반 수업이란 세계적으로 연결된 정보망인 월드와이드웹(www)을 적극적으로 활용하는 수업을 말한다. 월드와이드웹-줄여서 웹-은 인터넷 상에 흩어져 있는 다양한 정보를 하이퍼텍스트(hypertext)라는 기능에 의해 통일된 방법으로 찾아볼 수 있게 하는 정보서비스 및 소프트웨어이다(고재희, 2008). 웹은 문자정보의 연결에서 출발하였으나 지금은 동영상, 글, 음악, 그림, 프로그램, 파일의 특정 위치를 지정할 수 있기 때문에 모든 형식의 자료를 연결할 수 있다.

이러한 웹을 수업에 접목한 웹기반 교육에서는 다음과 같은 장점을 가질 수 있다. 첫째, 교사는 텍스트뿐만 아니라 사진, 음악, 동영상과 같은 다양한 정보를 학생들에게 제공할 수 있다. 둘째, 학생들은 혼자 혹은 그룹으로 인터넷 상에 있는 정보를 직접 탐색해 봄으로써 수업에 적극 참여할 기회를 가진다. 셋째, 교육의 장이 교실수업에 국한되지 않고 시간적, 공간적으로 확대되는 효과를 가져 온다. 넷째, 쌍방향적 소통이 가능하므로 교사와 학생, 학생과 학생 간의 상호작용이 활발하게 이루어질 수 있다. 웹의 효과는 특히 학습자중심 수업의 효율성을 높이는 동시에 학생들의 자기주도적 학습능력을 배양하는 데 크게 기여할 수 있을 것이다.

2004년에 개발된 '웹2.0'은 또 새로운 변화를 가져오고 있다. 이전에는 정보의 생산, 관리, 배급을 정보제공자가 주도하였으나 웹 기술이 발전함에 따라 지금은 사용자도 정보를 생산, 관리, 배급할 수 있게 됨으로써 사용자가 참여할 수 있는 길이 더욱 확대되었다(이성흠, 이준, 2009). 앞으로 수업에서 웹의 활용도는 더욱 높아질 것으로 예상된다.

나. e-러닝

e-러닝에서의 e는 'electronic'의 첫 글자로서 앞에서 말한 웹을 포함한 정보통신망과 TV, 오디오 등의 전자매체를 활용하는 수업방식을 통칭하는 말이다. 이런 의미에서 웹기반 교육도 e-러닝의 한 형태로 볼 수 있다. e-러닝에서는 첨단의 무선통신기기들을 활용할 수 있으므로 전통적인 수업이 갖던 시공간적인 제약은 점점 약화될 것이다. 수업에서 활용할 수 있는 정보의 종류나 양과 질도 크게 확대되고 좋아질 것이며 정보 습득 또한 빠르고 쉽게 이루어질 것이다.

교육에 적용될 수 있는 e-러닝의 유형으로 다음과 같은 형태가 제시되고 있다(변영계, 김영환, 손미, 2007). 첫째, 보조학습 형이다. 이는 교사중심의 전통적인 면대면 수업을 보조하기 위하여 전자메일, 관련 사이트 지원 등 사이버 공간의 교육적 기능을 제공하는 유형이다. 이 경우 e-러닝은 면대면 수업의 시공간적 제약을 극복하고 학생들의 보충 · 심화학습을 위해 활용될 수 있다. 둘째는 사이버수업 형이다. 이는 교사와 학습자 사이의 의사소통의 전 과정이 인터넷을 기반으로 하는 사이버 공간에서 이루어지는 수업이다. 이를 위해서 학습콘텐츠를 생산 · 수정 · 보완하는 콘텐츠

관리체제와, 가상학습 과정을 모니터링하고 피드백을 제공하는 학습관리체제가 있어야 한다. 셋째는 블렌디드(blended) 형이다. 이는 면대면의 오프라인 교육과 인터넷의 온라인 교육을 결합한 형태이다. 교실수업 후 사이버공간에서 e-러닝을 실시하거나 반대로 사이버공간에서 수업을 한 다음 교실수업에서 정리 · 보완하는 경우가 모두 가능하다.

학습과제

01

내재적 학습동기를 유발할 수 있는 구체적 방안으로 어떤 것이 있는지 논의해 보자.

02

교사중심 수업과 학습자중심 수업의 장 · 단점은 무엇인지 비교해 보자.

03

지필평가와 대안적 평가의 장 · 단점은 무엇인지 비교하고, 학교 현장에서 어떻게 활용되고 있는지 조사해 보자.

04

면대면 교육과 사이버 교육의 장 · 단점은 무엇인지 비교해 보자.

참/고/문/헌

고재희(2008). **통합적 접근의 교육방법 및 교육공학**. 파주: 교육과학사.

김정섭, 강영심, 강승희, 신경숙, 이영만, 정명화, 황희숙, 허승희(2004). **교사를 위한 교육심리학**. 고양: 서현사.

변영계, 김영환, 손미(2007). **교육방법 및 교육공학**. 서울: 학지사.

이성진(1997). **교육심리학서설**. 서울: 교육과학사.

이성흠, 이준(2009). **교육방법 및 교육공학**. 파주: 교육과학사.

이홍우(1992). **증보 교육과정탐구**. 서울: 박영사.

임인재(1980). **심리측정의 원리**. 서울: 교육출판사.

Bloom, B. S. (1956). *Taxonomy of educational objectives, Handbook Ⅰ: Cognitive domain*. New York: David McKay.

Collins, M. A., & Amabile, T. M. (1999). Motivation and creativity. In R. J. Sternberg(Ed.), *Handbook of creativity*. Cambridge, UK: Cambridge University Press.

Glaser, R. (1962). Psychology and instructional technology. In R. Glaser (Eds.), *Training research and education*. Pittsburgh: University of Pittsburgh Press.

Jacobsen, D. A., Eggen, P., & Kauchak, D. (2009). *Methods for teaching: Promoting student learning in K-12 classrooms* (8th ed.). Boston: Pearson Education.

Johnson, D., & Johnson, R. (2006). *Learning together and alone: Cooperation, competition, and individualization* (8th ed.). Needham, Heights, MA: Allyn & Bacon.

Mager, R. (1962). *Preparing instructional objectives*. Belmont, CA: Fearon.

McMillan, J. (2004). *Classroom assessment: Principles and practice for effective instruction*. Boston: Pearson Education.

Nye, B., Hedges, L., & Konstantopoulos, S. (2001). Are effects of small classes cumulative? Evidence from a Tennessee experiment. *Journal of Educational Research, 94*, 336–341.

Pintrich, P., & Schunk, D. (2002). *Motivation in education: Theory, research, and application* (2nd ed.). Upper Saddle River, NJ: Prentice Hall.

Spence, J. T., & Helmreich, R. L. (1983). Achievement-related motives and behaviors. In J. T. Spence(Ed.), *Achievement and achievement motives: Psychological and sociological approaches*. New York: Freeman.

Sternberg R. J., & Williams, W. M. (2010). **스턴버그의 교육심리학**(제2판)[*Educational psychology* (2nd ed.)]. (김정섭, 신경숙, 유순화, 이영만, 정명화, 황희숙 역). 서울: 시그마프레스. (원전은 2010에 출판)

Stiggins, R. (2005). *Student-centered classroom assessment* (4th ed.). Upper Saddle River, NJ: Prentice Hall.

Tyler, R. W. (1949). *Basic principles curriculum and instruction*. Chicago: University of Chicago Press.

제3부

무엇을 가르치고 평가하나?

CHAPTER_ 7

교육과정의 이해

교육학의 하위 분야 중 하나인 교육과정은 무엇을 의미하는가? 교육과정이 어떤 것인가를 이해하기란 결코 쉽지 않다. 이 장에서는 교육과정이 어떤 것인지를 이해하기 위한 방편으로 첫째, '검치 호랑이 교육과정' 이야기에서 시작하여, 둘째, '검치 호랑이 교육과정'에서 드러나는 세 가지 관점, 셋째, 교육과정의 다양한 의미 등을 살펴본다.

제1절 '검치 호랑이 교육과정' 이야기

교육과정은 무엇인가? 교육과정이란 어떤 것인가를 이해하기는 결코 쉽지 않다. 교육철학은 교육에 대한 철학적 접근이고, 교육심리학은 교육에 대한 심리학적 접근이며, 교육사회학은 교육에 대한 사회학적 접근이고, 교육행정학은 교육에 대한 행정학적 접근이다. 그렇다면 교육과정이란 어떤 것인가? 교육과정에 대해서는 이런 짐작조차도 하기가 쉽지 않다.

그렇다고 교육과정이라는 말 자체가 우리에게 완전히 낯선 것도 아니다. 여러분은 교육과정이라는 말을 여러 경로로 들어보았을 것이다. 언론을 통해서 '2015 개정 교육과정'이나 '2022 개정 교육과정'에 대해 들어보았을 것이고, 대학에서 수강 신청할 때마다 '대학 교육과정'이라는 책자를 보았을 것이다. 더 근본적인 의미에서 교육과정은 우리에게 결코 낯설 수가 없다. 비록 교육과정이라는 말을 들어보지는 못했다 하더라도 우리는 초 · 중 · 고등학교를 다니면서 교육과정에 따라 교육을 받았다. 달리 말하면 우리는 학교에서 교육과정에 따라 교육을 받으면서 현재의 나를 만들어 왔다.

그렇다면 교육과정이란 무엇인가? 교육과정은 어떤 것인가? 일종의 우화에 해당하는, 호랑이 담배 피우던 시절에 있었을법한 교육과정의 등장과 발전에 관한 이야기, 즉 '검치 호랑이 교육과정'을 통해 교육과정이 어떤 것인지 살펴보자(Peddiwell, 1939; 김재춘, 2016).

교육과정을 바라보는 서로 다른 관점을 독자들이 쉽게 이해할 수 있도록 여기서는 보수 대 진보 교육과정, 보수 대 급진 교육과정의 관점을 대비시켜 제시하고자 한다. 독자들이 교육과정에 대한 서로 다른 관점 간의 갈등을 좀 더 실감 나게 이해할 수 있도록 『검치 호랑이 교육과정』이라는 책에 나오는 문장을 직접 인용하고자 한다. 먼저, 마을의 원로들(보수)과 '급진파'(진보) 간에 이루어지는 보수적 관점과 진보적 관점 간의 대립과 갈등을 인용하고, 다음으로 마을의 원로(보수)와 '미친' 사람(급진) 간에 이루어지는 보수적 관점과 급진적 관점 간의 대립과 갈등을 인용한다.

1. 원로의(보수적) 관점 vs 급진파의(진보적) 관점

이렇게 새로운 발명들에 대한 지식이 보급되면서 모든 부족민들은 새로운 생활방식에 익숙해지기 시작했네. 사람들은 물고기 그물을 만들고 영양 덫을 설치하고, 곰을 잡기 위한 함정을 파느라 더욱 열심히 일했지.

그래서 그 부족은 바빴으며 번창하게 되었다네.

일을 하면서 의문을 제기하는 사려 깊은 사람들도 몇몇 있었네. 그들 중 일부는 학교를 비판하기도 하였지.

"그물 짜기와 사용법, 덫 설치하기, 함정 파기와 같은 새로운 활동들은 현대생활에 필요 불가결한데, 왜 학교에서 가르치면 안 됩니까?"라고 그들은 물었지.

무사안일한 대다수의 사람들은 이런 순수한 질문에 즉각 반박했네.

"학교!"

그들은 콧방귀를 뀌었지.

"자네들은 지금 학교에 나오지도 않잖은가? 자네들은 부족의 생명과 행복을 위해 여기 진흙 속에서 일하고 있잖은가? 이렇게 실용적인 활동이 학교와 무슨 관계가 있단 말인가?"라고 대부분의 사람들은 대꾸했다.

급진파들은 말했다.

"당신들은 지금 아무런 가르침도 주지 못하고 있소. 당신들이 먹고, 따뜻하게 하고, 갑작스런 죽음에 대한 방어책을 갖고자 한다면, 맨손으로 물고기를 잡고, 몽둥이로 말을 때려잡으며, 호랑이를 몰아내는 수업이나 학문적인 이상을 잊어버리는 게 나을 것이오."

급진파는 계속해서 자기들의 질문을 되풀이했네.

"그물 짜기와 그물의 사용, 영양 덫 설치하기와 영양 덫의 사용, 곰 잡기와 죽이기 등을 하려면, 우리의 학교에서 그런 지능과 기술을 개발해야 합니다. 그것들은 우리가 알아야 하는 활동이기도 합니다. 왜 학교에서는 그것들을 가르치지 않습니까?"라고 그들은 지적했네.

그러나 대부분의 부족민들, 특히 학교를 관리하는 지혜로운 원로들은 이 제안에 관대하게 웃음을 지었네.

"그렇게 해서는 교육이 되질 않네."라고 품위 있게 말했지.

"그런데 그것이 왜 교육이 되질 않습니까?"라고 급진파는 물었네.

원로들은 참을성 있게 설명해 주었지.

"그것은 단순한 훈련이기 때문이야. 물고기 잡기, 몽둥이로 말 때려잡기, 호랑이 몰아내기 등 기본적인 교양과목 같은 복잡한 교과들로 학교 교육과정은 지금 양이 너무 많네. 우리는 그물 짜기, 영양 덫 설치하기, 곰 죽이기 등과 같이 일시적으로 유행하는 이런 것들을 교육과정에 추가할 수 없네. 구석기 시대 초기의 교육제도를 창시한 우리의 위대한 '새 주먹'께서 그런 이야기를 들으시면 지하에서 벌떡 일어날 걸세. 우리가 해야 할 일은 젊은이들에게 기본 원리에 대해 보다 철저한 기초 지식을 제공하는 것이네. 요즘 중등학교 졸업생들까지도 완전한 의미에서는 물고기 잡는 기술을 모르네. 그들은 또한 말 때려잡는 몽둥이를 서툴게 휘두르며, 호랑이를 몰아내는 옛 기술에 대해서도 마찬가지네. 심지어 교사들조차도, 우리의 조상들이 10대일 때 배워 지금도 잊어버리지 않은 과목에 대해 예리한 감각이 부족한 것 같네."

"하지만, 제기랄."

급진파의 한 사람이 말을 꺼냈네.

"양식을 가진 사람이라면 누가 그런 쓸모없는 활동에 흥미를 갖겠습니까? 더 이상 쓸모가 없는데, 아이들이 어떻게 말을 몽둥이로 때려잡는 방법을 배우겠습니까? 호랑이들이 죽고 떠나갔는데 도대체 왜 아이들이 불로 호랑이를 몰아내야 합니까?"

지혜로운 원로들은 매우 친절한 미소를 지으며 다음과 같이 말했네.

"그런 소리 하지 말게. 우리는 물고기를 잡기 위해 물고기 잡는 법을 가르치는 것이 아니네. 우리는 단순한 훈련으로 발전시킬 수 없는 일반화된 민첩성을 발전시키기 위해 가르치네. 우리는 말을 잡기 위해 몽둥이로 말을 때려잡는 것이 아니네. 우리는 영양 덫을 설치하는 것처럼 평범하면서도 전문화된 작업으로는 얻을 수 없는 학습자의 일반화된 힘을 개발하기 위해, 몽둥이로 말을 때려잡는 방법을 가르치네. 우리는 호랑이를 몰아내기 위해 호랑이 몰아내는 방법을 가르치는 것이 아니네. 우리는 생활의 모든 일과 관련되면서도, 곰 잡기와 같은 일로는 기를 수 없는 고상한 용기를 줄 목적으로 그것을 가르치는 것이라네."

모든 급진파 중 가장 진보적인 한 명을 제외하고는 이 말에 침묵할 수밖에 없었네. 사실, 그 한 사람도 당혹했네. 하지만 그는 매우 진보적이어서 마지막 항변을 하였네.

"하지만 어쨌든 시대가 변했다는 점을 시인해야 할 것입니다. 여러분은 더욱 새로운 최신식의 활동을 시도해 보시지 않겠습니까? 아마 결국에는 이런 새 방법들이 상당한 교육적 가치를 가질 것입니다." 47

그 사람의 동료인 급진파들마저도 조금은 너무했다고 생각했네.

마침내 지혜로운 원로들은 분개했네. 그들의 친절한 미소는 사그라졌지. 그러고는 심하게 말했네.

"자네가 교육을 받은 사람이라면 진정한 교육의 본질은 시간을 초월한다는 것을 알 것이네. 교육이란 거센 물살 속에서도 당당하게 버티고 서 있는 바위와 같이, 변화하는 조건 속에서도 버티어 내는 그 무엇이네. 교육이란 어떤 영원한 진리이며, 검치 호랑이 교육과정은 그중의 하나라는 사실을 알아야 하네!"

2. 원로의(보수적) 관점 vs '미친' 사람의(급진적) 관점

이제 모든 사람이 일자리를 잃었으며 몇 명의 부유한 어업주와 영양과 곰 산업주를 제외하고는 식량도 떨어졌네. 부족 당국은 조금 저장해 놓은 구호 비축품을 금방 다 써버렸네. 실직한 부족민들은 식량과 가죽이 풍족히 쌓인 것을 걸신들린 듯이 바라보며 개울의 위아래를 배회했네. 무모한 급진론자들은 바위 위로 올라가 선동적인 연설을 하였네. 가난한 사람들은 식량과 가죽 더미로 달려가 그들 자신과 그들의 가족이 먹고 입는 데 필요한 것을 힘으로 빼앗을 준비가 될 때까지, 이렇게 어리석고 미친 듯한 말을 들었네. 모든 부족 통치자와 산업주들이 이것을 알게 되었을 때 상황은 이미 절망적이었지.

그러나 통치자들은 이 비상사태를 감당할 수 있었네. 그들은 모든 산업주들을 회의에 불러내어 다음과 같은 세금을 부과하였지. 모든 어업주들은 그들이 잡는 백 마리의 물고기당 한 마리의 고기를 부족 당국에 지불해야만 했네. 게다가 물고기를 먹는 모든 사람들은 그들이 먹는 물고기의 2/100를 부족 당국에 내야만 했네. 영양과 곰의 고기와 가죽에도 유사하게 세금을 징수하였네. 그렇게 해서 식량과 가죽이 확보되자 부족 당국은 실직자에게 줄 구호물자를 다시 채울 수 있게 되었지. 그리하여 크나큰 경제적 위기를 피할 수 있게 되었네.

하루는 어떤 미친 사람이 개울가의 바위에 올라 자기 동료들에게 다음과 같은 연설을 했다네.

"우리 경제체제의 모든 문제는 몇몇 어리석은 사람들을 희생시켜 몇몇 영리한 사람들이 고안해 낸 규칙 때문입니다. 영리한 사람들이 산업주들과 한통속이기 때문에 산업주들이 그들의 규칙을 채택한 데 있습니다. 그 규칙들을 바꿉시다."

"어떻게 그것들을 바꿀 거요?" 그의 말을 들은 몇 사람이 물었지.

"상식적으로 생각하면 됩니다. 모든 사람이 고기를 잡고 영양 덫을 놓고 곰 함정을 파고 지키는 일로 돌아가게 합시다."라고 그 사람은 말했네.

"어쩌면 우리가 할 다른 일들이 있을지도 모릅니다. 어쨌든 모두 일터로 갑시다. 그리고 우리가 얻을 수 있는 것이 무엇이든 모두 먹고 입읍시다."

그의 말을 들은 사람들은 기이한 듯이 서로를 바라보았네. 그들은 이 사람의 제안에 매우 나쁜 뭔가가 있다는 것을 알았지만, 처음에는 그것이 실제로 무엇인지 알아낼 수 없었다네. 그러나 맨손으로 고기를 잡던 사람들의 딸들과 '박제한 말클럽 충성단(Loyal Order of Stuffed-Horse Clubs)'의 회원들, 그리고 검치 호랑이 전문가들의 아들들이 그의 말을 소문으로 들었네. 그들은 달려와서 그의 말을 들었지. 그의 제안에서 무엇이 잘못됐는지를 알았고, 그들은 그를 즉시 어떻게 해야 할지도 알았네.

"당신은 구석기 시대적이지 않은 것을 설교하고 있소."

그들은 그 미친 사람에게 말했네. 그가 고집을 피우자 그들은 그에게 경고했지.

"닥치지 않으면 당신을 개울에 처넣을 거야."

그의 말을 들은 대부분의 사람들도 이제는 그의 제안에서 무엇이 잘못되었는지를 명백히 알았네. 49

"이제는 당신 속을 훤히 들여다볼 수 있어."라고 그들은 외쳤네.

"닥치지 않으면 당신을 개울에 처넣을 거야."

"나는 구석기 시대 부족민으로서 나의 권리를 요구하고 있소."라고 그 일꾼은 말하기 시작했네.

"그리고 난 단지 훌륭하고, 현명하며 합당하다고 생각되는 것을 여러분에게 말하고 있을 뿐이오. 내가 그것을 말하는 게 죄가 됩니까?"

그러고 나서도 그는 부족의 삶을 개선하기 위한 그의 제안을 반복하기 시작했네. 그러나 그가 나가서 현명한 원로들이 만든 규칙을 바꿔야 한다고 제안을 하게 되자, 그곳에 서 있던 선량한 사람들은 그를 잡아 물에 처넣고 그가 앞으로 바르게 행동하도록 약속할 때까지 물을 먹였다네.

군중 속에 서서 이 흥미로운 사태를 지켜본 교사가 다음 날 아침 그것을 동료 교사에게 물었네.

"교육에서 우리가 명확한 뭔가를 해야 하지 않을까? 뭔가를 분명히 기억해야 하지 않을까? 사람들의 행동을 고쳐서 그들이 굶주림에서 벗어나게 할 사냥과 어업 제도를 정비하려는 특별한 목적을 가져야 하지 않을까?"

"우리는 그들에게 생각할 내용이 아니라 생각하는 방법을 가르칠 수 있을 뿐이오."

그의 동료 교사들은 이구동성으로 말했네.

"그러나 그들이 물고기를 먹고 가죽옷을 입는 것을 제대로 알기만 한다면, 모든 사람이 충분히 먹고 입을 풍부한 물고기, 고기, 가죽을 우리는 가지고 있어요."

탐구적인 교사는 주장했네.

"분명 우리 교사들은 사람들이 그와 같이 간단한 목적에 도달할 만큼 깨우치도록 도울 수 있습니다."

그에 대해 그의 동료 교사들은 난처한 듯이 고개를 돌리고 모르는 체하였네. 결국 전체에서 가장 나이가 많고 가장 현명한 교사가 모임 전체에 의견을 말했네.

"자네는 어떤 수업시간에도 그 말을 반복하지 않는 것이 좋을 거야."

그가 경고하듯이 말했네.

"자네가 너무 공연한 짓을 하면 자네는 따귀를 맞고 해고당하게 될 거네. 그게 자네가 얻게 될 결과네. 학교의 교사들은 사람들이 현명한 원로들의 규칙을 바꾸도록 선동해서는 안 되네. 자네도 그것을 잊지 말게. 현명한 원로들이 학교를 운영하는 한 그것을 잊지 말게. 그렇지 않으면 자네는 해고되어 따돌림을 당하게 될 걸세."

탐구적인 교사는 그 후로 고개를 숙이고 모르는 체했으며, 자기의 사고방식을 고치기로 결심하였네. 그는 자기의 그런 결심을 성실하게 지켰으며, 그 결과 부족의 경제적인 문제가 너무 심각하게 되어 모든 학교가 과거에 받았던 물고기 숫자의 반으로 운영하게 될 때까지 그는 해고되지 않았다네.

제2절 '검치 호랑이 교육과정'에서 드러나는 교육과정의 세 가지 관점

'검치 호랑이 교육과정'은 구석기 시대에 교육이 출현한 과정을 비록 우화의 형태이기는 하지만 생동감 있게, 그리고 설득력 있게 묘사하고 있다. 교육 이론가이자 실천가인 '새 주먹'은 의식주와 안전이라는 생활의 필요를 충족시키기 위하여 맨손으로 물고기 잡기, 몽둥이로 말 때려잡기, 불로 호랑이 몰아내기 등의 교과를 만들었다. 이는 아이들이 동굴 입구에서 의미 없는 놀이로 시간을 허비하도록 하기보다는 생활의 필요를 충족시킬 수 있는 유목적적인 활동에 종사하도록 하기 위해서이다. 아이들은 이런 교과를 공부함으로써 스스로 안전을 유지하면서 의식주의 필요를 충족시킬 수가 있다. '새 주먹'이 생활 중심의 교과를 만든 맥락이나 이후의 이야기 전개 과정을 분석해 볼 때, 저자인 페디웰 교수는 생활의 필요와 활동

중심 교육을 강조하는 진보주의 교육과정의 대변자처럼 보인다.

그러나 갑자기 닥친 빙하기로 인하여 구석기 시대의 교육은 딜레마에 빠진다. 새로운 빙하가 북쪽에서 떠밀려오면서 이 마을의 환경에 많은 변화가 있었다. 바닥이 환히 들여다보이던 맑은 물은 흙탕물로 변했고, 들판을 뛰놀던 말들은 사라지고 영양이 그 자리를 차지했으며, 검치 호랑이 역시 곰들로 대체되었다. 이러한 환경 변화로 인해 이전의 교과, 즉 맨손으로 물고기 잡기, 몽둥이로 말 때려잡기, 불로 호랑이 몰아내기 등의 교과는 더 이상 구석기 시대 사람들의 의식주와 안전을 보장해 줄 수 없게 되었다. 여기서 이른바 '새 주먹'의 피를 지닌 '급진파'와 전통을 지키려는 마을의 '원로들'(그리고 이들을 따르는 대다수의 순진한 사람들) 간에 교육의 성격에 대한 논란이 일어났다. '새 주먹'의 피를 지닌 급진파는 삶의 환경이 변화했기 때문에 교과 역시 의식주와 안전이라는 생활의 필요를 충족시킬 수 있는 방향으로 바꿀 것을 주장했다. '새 주먹'의 유전자를 지닌 '똑똑한' 젊은이들은 물고기 그물 짜기, 영양 덫 설치하기, 곰 잡을 함정 파기 등의 새로운 기술을 만들어 냈으며, 이전의 교과를 이러한 새로운 기술로 대체할 것을 요구했다.

그러나 학교를 관리하는 마을의 원로들은 생활에 필요한 것이나 일시적으로 유행하는 것을 교육 내용으로 삼아 가르치는 것보다는 전통적인 교과, 즉 일반화 가능한 기본 지식을 가르쳐야 함을 강조했다. 원로들은 맨손으로 물고기 잡기를 통해 '일반화된 민첩성'을, 몽둥이로 말 때려잡기를 통해 '일반화된 힘'을, 불로 호랑이 몰아내기를 통해 '고상한 용기'를 길러 줄 필요가 있음을 주장했다.

요컨대 원로들에 따르면 교육의 본질은 시간을 초월한 것이며, 따라서 학교에서는 변화하는 조건 속에서도 변화하지 않고 버티어내는 그 무엇, 즉 영원한 진리를 가르쳐야 한다. 이러한 마을의 원로들은 아이들을 교육받은 인간으로 만들기 위하여 인간다운 삶의 양식을 구성하는 전통적인 교과와 지식을 가르칠 것을 강조하는 보수주의 교육과정의 대변자처럼 보인다.

'새 주먹'의 후계자들과 마을의 원로들 간의 교육의 성격과 교과에 대한 논란이 지속되는 동안 또 다른 예기치 않은 변화가 일어났다. 사태의 발생은 페디웰의 4번째 주사 강의인 5장에 자세히 기술되어 있다. 물고기 그물 짜기, 영양 덫 설치하기, 곰 잡을 함정 파기 등에 있어서의 기술의 발전은 새로운 사회 체제를 요청했다. 소수의 부지런하고 숙달된 기술을 지닌 사람들은 대가를 지불하고 다른 사람들의 일터를 빌려 (즉 임대 일터를 활용하여) 점차 더 많은 생산을 하게 되었고, 결국 다른 사람의 일터/토지를 사서 부를 축적하면서 이른바 산업을 발전시켜 나갔다. 사회적 관계 조정의 권한을 가진 마을의 원로들은 임금과 이익 배분 등에 대한 산업 규칙을 설정하고, 세금 및 실업 복지 제도 등을 만들었다. 예컨대 물고기 산업에 종사하는 자들은 물고기 100마리를 잡을 때마다 1마리를 (법인) 세금으로 납부하도록 규정을 만들었고, 이러한 세금을 가지고 일터/토지를 잃은 사람들에게 실업 수당을 주기도 했다.

부족 공동체 운영을 위해 세금이 더 필요해지자 마을의 원로들은 부족민이 물고기를 100마리 소비할 때마다 2마리를 (소비) 세금으로 내도록 또 다른 규정도 만들었다.

그러나 산업 관련 규정을 만들면 만들수록 계층 간의 빈익빈 부익부 현상은 더욱더 두드러졌다. 즉 소수의 산업화 세력과 다수의 빈민자들이 발생했던 것이다. 이를 보다 못한 어떤 '미친' 사람이 이러한 산업과 배분의 규칙에 대해 강한 문제를 제기하고, 원로들이 만든 규칙을 바꿀 것을, 즉 현 사회 구조를 변혁할 것을 주장했다.

그러자 산업에 종사하는 사람들과 고전적인 교과 전문가의 아들들과 딸들은 그 '미친' 사람에게 입을 다물라고 협박했고, 결국 그 '미친' 사람이 입을 다물지 않자 그를 개울에 처넣어 물을 먹였다. '탐구적인' 교사 한 사람은 그 '미친' 사람의 말에 공감하였지만, 마을의 원로들이 학교를 운영하는 한 그러한 주장은 선동으로 간주될 것이고, 그런 교사는 해고되어 따돌림을 당할 것이라는 동료 교사들의 협박 때문에 자신이 공감한 말에 대해 공감한다고 말할 수조차 없었다. 여기서 '미친' 사람은 기존의 산업, 즉 사회나 경제의 분배 규칙의 변혁을 주장한다는 점에서 급진주의 교육과정의 대변자처럼 보인다.

'검치 호랑이 교육과정'에서 우리는 교육과정을 바라보는 서로 다른 세 가지 관점을 발견할 수 있다. 첫째, 새 주먹의 후계자로 대표되는, 생활의 필요를 충족시켜 줄 수 있는 교육을 강조하는 진보주의 관점이 있고, 둘째, 마을의 원로들로 대표되는, 전통적인 교과를 상황의 변화에도 불구하고 새롭게 정당화하면서 이를 계속해서 가르칠 것을 강조하는 보수주의 관점이 있으며, 셋째, 미친 사람으로 대표되는, 사회의 불평등하고 불공정한 구조나 규칙의 변화를 강조하는 급진주의 관점이 있다.

여기서 특히 우리의 관심을 끄는 것은 페디웰 교수가 마을의 원로들인 보수주의 교육과정의 대변자를 '현명한' 자로 묘사하고, 새 주먹의 피를 지닌 진보주의 교육과정 대변자를 '급진파'로 기술하며, 사회 구조의 변혁을 주장하는 급진주의 교육과정의 대변자를 '미친' 사람으로 묘사하고 있다는 점이다. 겉으로 드러난 언어 표현만을 볼 때, 페디웰 교수는 보수적인 교육과정에 공감하면서 진보적인 교육과정을 '급진적인' 아이디어로, 그리고 급진적인 교육과정을 '미친' 아이디어로 간주하고 있는 것처럼 보인다. 그러나 관점을 달리하면 완고한 마을의 원로들을 '현명한' 자라고 비웃으면서, 이처럼 완고한 자들의 눈에는 진보적인 교육과정이 '급진적인' 아이디어로, 그리고 급진적인 교육과정이 '미친' 아이디어로 보인다고 풍자한 것으로 해석할 수도 있다.

그렇다면 페디웰 교수는 교육과정에 대해 어떤 입장을 취하고 있다고 보아야 하는가? 페디웰 교수는 마을의 원로들을 '현명한' 자로, 새 주먹의 후계자들을 '급진파'로, 산업 관련 분배 규칙의 개혁을 주장하는 사람을 '미친' 사람으로 묘사함으로써 자신의 정체성을 보수주의 교육과정의 대변자에서 찾고 있는 것 같다. 그러나 이러한 표현 이면에서 페디웰 교수가 진정으로 하고 싶었던 말은 새 주먹과 새 주먹의 후계자들, 심지어는 '미친' 사람의 말이었을지도 모른다. 페디웰 교수가 보수적인 관점과 대비되는 관점, 즉 진보적 관점과 급진적 관점을 비교적 상세하게 소개하고 있는 것을 볼 때 그는 이런 대안적인 관점들에 상당히 공감하고 있는 것으로 해석할 수 있다. 아마도 이 책이 쓰인 1939년 당시의 미국 사회, 특히 교육계의 보수성 때문에 교육에 대한 새로운 아이디어들을 '급진적'이라거나 '미친' 것이라는 형용사를 사용하지 않고서는 달리 표현할 길이 없었을 것이다. 더 나아가 이런 모든 이야기를 술집에서 술 먹고 진행하는 주사 형태로 제시한 것 또한 '술 먹은 김에나 할 수 있는 이야기' 정도로 보이도록 의도한 것이라고 볼 수 있다. 이 책의 저자인 벤야민이 '페디웰'이라는 가명을 사용하여 책을 출판한 것 또한 자신이 진보적 관점이나 급진적 관점을 적극 지지하는 사람임을 드러내는 것에 큰 부담을 느꼈기 때문이라고 해석할 수 있다.

필자에게 『검치 호랑이 교육과정』이라는 책의 진정한 가치는 진짜 저자인 벤야민과 가상의 저자인 페디웰이 교육과정에 대해 어떤 입장을 취하고 있는가에 있다기보다는 교육과정에 대한 다양한 입장을 구석기 시대라는 단순화된 삶의 맥락에서 이해하기 쉽게 우화적으로 묘사하고 있다는 점에 있는 것 같다. 『검치 호랑이 교육과정』이라는 책을 읽는 독자들은 교육과정에 대한 다양한 관점, 즉 보수적 관점, 진보적 관점, 급진적 관점을 대면하면서 교육과 교육과정에 대한 여러 관점을 진지하게 생각하고 고민해 볼 수 있기를 바란다.

제3절 교육과정의 다양한 의미

1. '계획된' 것과 관련된 교육과정의 의미층

시간이 흐르면서 교육과정은 다양한 의미를 지니는 용어로 사용되고 있다. 여기서는 먼저 '계획된' 것과 관련된 교육과정의 의미층을 살펴본다.

가. 문서로서의 교육과정: 계획된 교육과정

교육과정은 일차적으로 무엇을, 왜, 어떻게 가르칠 것인가에 대한 '계획'을 담고 있는 '문서'를 가리킨다. 예를 들면, 초등학교 때 영어라는 교과를 가르쳐야 하는가, 가르친다면 몇 학년 때부터 가르칠 것인가, 필수 교과로 가르칠 것인가 선택 교과로 가르칠 것인가, 일주일에 몇 시간 가르칠 것인가, 읽기를 가르칠 것인가 쓰기를 가르칠 것인가, 어떤 순서로 가르칠 것인가 등에 관한 계획을 담고 있는 문서가 바로 교육과정이다.

이러한 '문서' 교육과정은 우리나라의 경우 문서를 작성하는 주체에 따라 국가, 지역, 학교 교육과정이라는 세 종류가 존재한다. 국가 교육과정은 교육부 장관의 이름으로 고시되는 '초 · 중등학교 교육과정' 문서를 의미한다. 지역 교육과정은 국가 교육과정을 기초로 하여 17개 시 · 도(8개 특별 · 광역시와 9개 도) 교육청이 관내 학교를 위하여 마련한 '교육과정 편성 · 운영 지침'을 의미한다. 학교 교육과정은 국가 교육과정과 지역 교육과정을 근거로 학교가 편성한 '학교 교육과정' 또는 '학교 교육 계획'을 일컫는다. 학교 교육과정에는 교사와 학생 조직, 연간 수업시간표, 개학일, 중간고사, 기말고사, 방학일, 졸업식, 기타 행사 계획 등 학사 일정이 제시되어 있다. 이러한 학교 교육과정에 따라 학교에서 하루하루의 수업이 진행된다.

나. 실천으로서의 교육과정: 전개된 교육과정

교육과정은 무엇을, 어떻게, 왜 가르칠 것인가를 규정하고 있는 '문서'를 의미하기도 하지만, 학교에서 실제로 전개되고 있는 교육 '실천'을 가리키는 용어로 사용되기도 한다. 비록 국가, 지역, 학교 교육과정이라는 삼중의 교육과정 문서가 있기는 하지만, 학교 또는 교실에서의 교육활동은 공식적인 문서와 다르게 실천되는 경우가 적지 않다. 교실에서 교사가 실제로 가르치고 있는 것, 즉 실행된 교육 활동이 바로 실천으로서의 교육과정이다.

문서로서의 교육과정은 교사의 해석을 통해 실행에 옮겨질 때 실천으로서의 교육과정이 된다. 교사는 자신의 지식, 신념, 가치관, 태도 등에 의하여 문서로서의 교육과정을 '읽게' 되고, 그 읽어낸 의미에 따라 교육하기 때문에 교사가 실제로 수업하는 '실천' 교육과정은 공식적인 문서로서의 교육과정과 구별된다. 즉 계획된 교육과정으로 불리는 문서로서의 교육과정과 전개된 교육과정으로 불리기도 하는 실천 교육과정은 서로 구분될 수 있고, 구분되어야 한다.

다. 성과로서의 교육과정: 실현된 교육과정

교육과정은 맥락에 따라 '문서'나 '실천'을 의미하기도 하지만, 교육의 결과로 나타나는 '성과'를 의미하는 것으로 사용되기도 한다. 성과로서의 교육과정은 교수 · 학습 활동에 참여한 결과 학생들이 실제로 갖게 되는 경험이나 성취를 뜻한다. 동일하게 계획되거나 전개된 수업 상황 속에서도 학생들은 자신의 여러 조건, 즉 지적 능력, 흥미와 관심, 개인의 삶의 역사 등에 따라 서로 다른 교육적 경험을 하게 된다. 서로 다른 교육적 경험의 결과 학생들은 서로 다른 성과를 드러내 보인다. 이처럼 학생 차원에서 실제로 경험된 것 또는 성취된 것을 일컫기 위해 '성과' 교육과정이라는 말을 사용하기도 한다.

지금까지 살펴본, 계획된 활동과 관련된 교육과정 의미층 간의 관계를 그림으로 제시하면 다음과 같다.

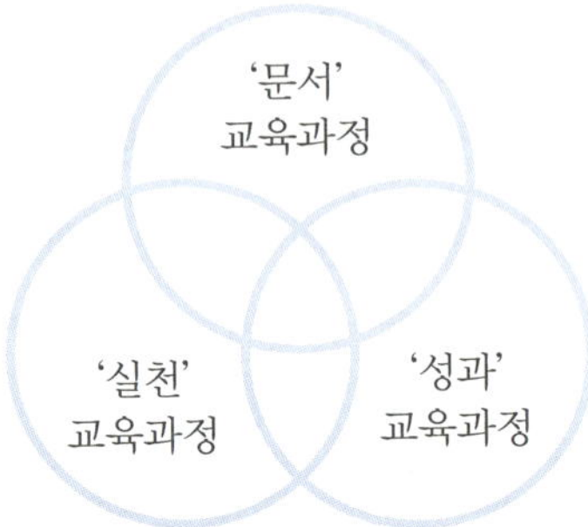

[그림 7-1] 문서, 실천, 성과 교육과정의 관계

※ 위 그림에서 문서 교육과정은 '계획된 교육과정'을, 실천 교육과정은 '전개된 교육과정'을, 성과 교육과정은 '실현된 교육과정'을 뜻함.

2. '계획되지 않은' 것과 관련된 교육과정의 의미층

> 실상 학교는 학교가 가르치려고 의도했던 것보다 때로는 많이 가르치게도 되고 때로는 더 적게 가르치기도 한다. … 학교가 학생들에게 제공하는 교육과정은 그 학교가 취하는 기본적 교육과정의 원칙에 관계없이 하나뿐이 아닌 세 개라는 것이 나의 주장이다(Eisner, 1979: 109).

아이스너(Eisner)는 학교에서 학생에게 가르치는 교육과정은 형식적 교육과정, 잠재적 교육과정, 영 교육과정의 세 개가 있음을 말하고 있다. 아이스너는 "학교가 가르치려고 의도했던 것보다 때로는 많이 가르치"는 잠재적 교육과정과 "때로는 더 적게 가르치"는 영 교육과정의 중요성을 이야기하고 있다.

가. 잠재적 교육과정

학교에서 계획하거나 의도하지 않았음에도 불구하고 학생들은 학교생활을 통해 많은 것들을 경험하게 된다. 이처럼 계획하거나 의도하지 않았지만 학생들이 학교교육을 통해 갖게 되는 경험을 '잠재적 교육과정'(latent curriculum)이라고 한다.

잠재적 교육과정은 비유컨대 문서 교육과정 또는 '형식적인 교육과정'의 그림자와 같다고 볼 수 있다. 예를 들면, 학교에서 가르치려고 명시적으로 계획하지 않았지만 학생들은 학교에 들어감으로써 집단생활에 대하여, 권력관계에 대하여, 상벌관계에 대하여 학습하게 된다(Jackson, 1968). 학생들은 집단생활을 통해 줄을 서서 기다리는 것을 학습하게 되며, 교사를 권력을 지닌 최초의 두목 또는 상사로 경험하게 되고, 상벌 체제에 적응하기 위해 자신의 특정 행동 방식을 적극 발휘하거나 억제하는 것을 경험하게 된다. 이러한 집단, 상벌, 권력과 관련하여 학생들이 갖게 되는 경험은 학교의 공식적인 교육과정에서 결코 의도하거나 계획된 바가 아니다.

학생들은 고등학교를 졸업할 때까지 약 "480주 또는 12,000시간"을 학교에서 보내면서 우리 생활의 일부가 되어버릴 정도로 젖어들게 되는 문화를 학습한다. 학교라는 것이 차지하는 위치 때문에 자연스럽게 학습이 이루어지도록 하는 교육과정이 잠재적 교육과정이다. 아이스너는 학교는 "실상 그 선전하는 것 이상을 가르치고 있"(Eisner, 1979: 119)음을 지적한다. 학교가 사용하고 있는 상벌제도, 학교를 유지하기 위한 조직체계, 학교 건물의 외형적 구조, 학교 건물 내의 집기 등에 의하여 총체적 교육이 이루어지는 것이다. 이러한 특징들이 잠재적 교육과정의 중요한 부분을 형성한다. 이러한 특징들은 결코 공개적으로 밝혀진 일이 없지만, 학생이나 학부형 그리고 교사에 의해서 직감적으로 파악된다.

나. 영 교육과정

아이스너는 "실제로 존재하지 않는 교육과정"(Eisner, 1979: 124)을 교육과정으로 개념화했다. 이 교육과정은 실제로 존재하지 않기 때문에 아무것도 없다는 의미에서 수학의 0, 즉 '영'이라는 접두어를 붙여서 '영 교육과정'(null curriculum)이라고 명명했다. 여기서 아이스너는 "학교가 가르치려고 의도했던 것보다 때로는 … 더 적게 가르치"(Eisner, 1979: 109)는 것을 영 교육과정으로 보았다.

아이스너가 최초로 사용한 '영 교육과정'이라는 말의 의미를 좀 더 알기 쉽게 설명해보자. 영 교육과정은 ① 학교가 설정한 교육목표에 부합하고(조건 1) ② 학습자에게 가르칠 만한 가치가 있는 내용(조건 2)인데도 불구하고 ③ 학교가 가르치지 않아 학습자가 배울 기회를 갖지 못하는 것(조건 3)을 뜻한다. 예컨대, 세계에 대한 심미적 이해 능력을 기르는 것은 학교가 추구하는 교육목표에 부합할(조건 1) 뿐만 아니라 학습자에게 가르칠 만한 가치가 있는 내용(조건 2)이다. 그럼에도 불구하고 학교가 심미적 이해와 관련된 내용을 가르치지 않아 학습자가 이를 배울 기회를 갖지 못한다(조건 3)면 이는 영 교육과정에 해당한다.

아이스너는 영 교육과정과 관련하여 특별히 다음과 같은 두 가지 측면을 지적한다. 첫째, 학교가 강조하는 지적 과정과 학교가 무시하는 지적 과정의 구분이고, 둘째, 학교 교육과정에서 가르치고 있는 내용 · 교과와 가르치고 있지 않은 내용 · 교과의 구분이다. 여기서 아이스너는 ① 학교가 무시하는 지적 과정, ② 학교 교육과정에서 가르치고 있지 않은 내용이나 교과를 영 교육과정의 예로 제시한다.

아이스너가 영 교육과정의 두 번째 예로 들고 있는 '학교 교육과정에서 가르치고 있지 않은 내용이나 교과'를 살펴보자. 아이스너는 '학교에서 영어, 수학, 과학, 역사, 사회 등은 여러 학년에 걸쳐 필수과목으로 가르치면서 왜 법, 경제학, 인류학, 심리학, 춤, 미술, 음악, 영화, 통신, 전쟁과 혁명 등은 필수과목으로 가르치지 않는가'라고 묻는다. 그리고 그는 학교가 가르칠 수 있는 다른 어떤 과목이 있을 수 있는가에 대한 가능성을 면밀히 검토하지 않고 그저 전통적으로 가르쳐 온 과목을 관습에 의해 계속해서 가르치고 있다고 자답한다. 아이스너는 법, 경제학, 미술 등이 학생들에게 얼마나 중요한가를 설명하면서 학생들에게 절대적으로 유용하다고 입증된 것조차 가르치지 않게 되는 경우가 있다고 말한다. 예컨대, 스트라빈스키(Stravinsky)의 음악이나 베리만(Bergman)의 영화, 마티스(Matisse)의 그림, 르코르뷔지에(Le Corbusier)의 건축, 브랑쿠시(Brancusi)의 조각, 커닝햄(Cunningham)의 춤 등은 배우지 않으면 감상할 수 없음에도 불구하고 학교에서는 이들에 대해 가르치지 않고 있다.

요컨대, 학교는 학교가 가르치는 것에 의해서뿐 아니라 학교가 가르쳐야 할 것을 소홀히 한 것에 의해서도 어떤 영향을 미친다. 학생들이 고려할 수 없는 사실들, 학생들이 알지 못하는 사실, 또는 학생들이 활용할 수 없는 방법 등은 그들이 영위하는 삶에 영향을 준다. 바로 이런 이유 때문에 아이스너는 교육과정학자들이 영 교육과정, 즉 학교가 가르치지 않는 것 또는 '실제로 존재하지 않는 교육과정'에 대해서도 관심을 가져야 한다고 말한다.

학습과제

01

교육과정을 바라보는 보수적 관점, 신보적 관점, 급진적 관점 중 여러분에게 어느 것이 더 중요하다고 생각하는지 이야기해 보자.

02

교육과정의 다양한 의미 중에서 자신에게 가장 인상 깊게 다가오는 의미는 어떤 것이며, 왜 그런지 이야기해 보자.

03

내가 경험한 잠재적 교육과정에 대해 이야기해 보자.

04

영 교육과정이 교육에서 갖는 의미를 이야기해 보자.

참/고/문/헌

교육과학기술부(2009). 초 · 중등학교 교육과정 총론.

교육부(2022). 초 · 중등학교 교육과정 총론.

김재춘(2010). 2009 개정 교육과정의 가능성과 한계. 교육과정연구, 28(2).

김재춘(2016). 교육과정. 파주: 교육과학사.

김재춘, 부재율, 소경희, 양길석(2010). 예비 · 현직교사를 위한 교육과정과 교육평가. 파주: 교육과학사.

김종서 편(1974). 교육과정의 발전적 지향. 서울특별시 교육위원회.

이홍우(1977). 교육과정탐구. 서울: 박영사.

Apple, M.(1979). *Ideology and curriculum*. London:Routledge & Kegan Paul.

Benjamin, H.(1939). *Saber-tooth curriculum*. New York: McGraw-Hill Book Company.

Bowles, R. & Gintis, H. (1976). *Schooling in capitalist America*. New York:basic Books.

Dreeben, R. (1968). *On what is learned in school*. Mass.:Addison-Wesley.

Eisner, E. W.(1979). *The educational imagination: On the design and education of school programs*. New York: Macmillan.

Giroux, H. A. (1983). *Theories & resistance in education*: A pedagogy for the opposition. South Hadley, MA:Bergin & Garvey.

Illich, I. (1970). *Deschooling society*. New York: Harper & Row.

Jackson, P. W.(1968). *Life in classrooms*. New York:Holt, Reinhart & Winston.

Peddiwell, J.A.(1939). *The Saber-tooth curriculum*. 김복영, 김유미 역(1995). **검치호랑이 교육과정**. 서울: 양서원.

Peters, R. (1970). *Ethics and education*. London: RKP.

Pinar, W. F. (1995). *Understanding curriculum*. New York: Peter Lang.

Tyler, R.(1949). *Basic principles of curriculum and instruction*. Chicago:The University of Chicago Press.

CHAPTER_ 8

교육평가의 이해

평가란 대상의 가치를 판단하여 값을 매기는 행위이다. 그렇다면 교육평가란 무엇인가? 학생과 학부모는 교육 분야에서 이루어지고 있는 평가에 대해 매우 민감하다. 이 장에서는 교육평가가 무엇인가를 이해하기 위한 방편으로 첫째, 교육평가의 의미, 둘째, 교육평가에 대한 관점, 셋째, 교육평가의 유형을 살펴본다.

제1절 교육평가의 의미

평가(評價, evaluation)는 '가치(value)를 드러내어(e) 매기는 활동'을 뜻한다. 우리말 사전에서는 평가를 '어떤 대상(사물)의 가치를 판단하는 것'으로 정의한다. 그렇다면 교육평가(educational evaluation)는 무엇을 의미하는가? 교육평가의 의미는 시간이 흐르면서 서서히 변해왔다. 교육평가의 의미를 역사적 맥락에서 살펴보자.

교육의 맥락에서 평가는 두 차례 의미 변화를 겪었다. 미국의 경우, '교육평가'라는 용어를 처음으로 사용한 타일러(R. Tyler)를 기준 삼아 '타일러 이전 시대', '타일러 시대', '타일러 이후 시대'로 구분할 수 있다.

첫째, 타일러 이전 시대에는 평가가 측정이나 검사를 의미했다. 주로 학생들을 대상으로 시험이나 검사를 치른 다음, 수량화된 점수를 산출했다. 이런 평가에서는 학생들의 점수를 정확하게 측정하는 것이 무엇보다 중요했다. 1840년대에 미국 보스턴에서 학생들의 지필검사 점수를 사용하여 학교평가를 실시한 것, 그리고 1880년대에 철자법 교수 프로그램의 효과를 검증하기 위해 철자법 시험을 실시한 것 등이 측정으로서 평가의 대표적인 사례이다. 그리고 1900년대 초반 심리학 영역에서 활발하게 진행된 측정도구의 개발로 인해 교육 분야에서 이른바 '검사운동'이 일어났다. 이 시기에 등장한 대표적인 검사가 지능검사이다. 이 시절 교육평가란 곧 시험이나 검사도구를 활용한 측정을 의미했다.

둘째, 타일러는 교육평가란 교육활동을 통해 설정된 교육목표를 얼마나 달성했는지를 확인하는 활동이라고 규정했다. 초등학교에서 활발하게 전개된 진보주의 교육운동을 고등학교에 적용하기 위한 일환으로 1930년대에 고등학교 교육과정 개선을 위한 '8년 연구'(1933~1941)가 실시되었다. 8년 연구에 평가전문가로 참여한 타일러는 진보주의 교육을 실시하는 학교의 성패를 학생의 시험성적이나 검사 결과로 판단하는 것은 잘못이라고 보았다. 그는 교육평가를 각 학교가 설정한 교육목표를 얼마나 달성했는지를 확인하는 활동으로 보았다. 이런 맥락에서 타일러는 단순히 시험이나 검사를 통해 수량화된 점수를 산출하는 측정과는 구분되는 교육평가의 개념을 최초로 도입했다. 요컨대, 타일러는 교육과정과 교육평가를 긴밀히 연계시키면서 교육평가를 교육의 과정의 한 요소로서, '교육목표의 달성 정도를 확인하는 활동'으로 개념화했다.

셋째, 타일러 이후 시대는 교육평가에 대한 관심이 증가하면서 다양한 평가 관점과 모형이 제시되고, 평가의 대상과 방법 등이 확장되었다는 특징을 지닌다. 1957년에 이루어진 소련의 스푸트니크 인공위성 발사는 미국에 위기감을 안겨주었고, 미국 연방 정부는 공교육에 지대한 관심을 가지면서 교육프로그램 개발 등에 많은 투자를 했다. 이런 상황에서 교육평가는 이전처럼 교육목표가 얼마나 달성되었는지를 파악하는 활동이라기보다는 교육문제를 해결하고 교육수준을 높이려는 국가적 노력의 일부로 자리 잡았다. 특히, 1965년 미국 초 · 중등교육법이 의회를 통과함에 따라 미국 연방정부의 재정 지원을 받는 모든 교육 프로젝트는 평가보고서를 매년 제출하도록 의무화되었다. 이를 계기로 교육평가에 많은 관심과 돈이 몰리면서 많은 연구자들이 등장했고, 그 결과 다양한 교육평가의 관점이나 모형들이 등장하게 되었다.

그렇다면 현시점에서 교육평가란 어떤 활동인가? 현재 교육평가 전문가들이 사용하는 교육평가는 대체로 다음과 같은 세 가지 유형의 활동으로 정리 가능하다.

첫째, 교육평가를 '교육목표가 실현된 정도를 밝히는 활동'으로 본다. 이러한 관점은 1930년대 타일러에 의해 규정된 이래로 지금까지도 학교교육 현장에 지속적인 영향을 미치고 있다. 교사가 일정 기간 수업을 진행한 후 학습목표가 얼마나 달성되었는지를 확인하기 위해 평가를 실시하는 경우가 이에 해당한다.

둘째, 교육평가를 '교육과 관련된 의사결정을 내리는 데 필요한 정보를 수집하는 활동 또는 그 과정'으로 본다. 이런 관점의 대표적인 학자로는 크론바흐(Cronbach)와 스터플빔(Stufflebeam)을 들 수 있다. 이 관점은 교육평가의 범위를 교육 관련 의사결정에 필요한 정보를 제공하는 것으로만 제한한다. 그래서 최종적인 의사결정 자체는 교육평가의 영역을 벗어나는 것으로 간주한다. 여기서 교육 관련 의사결정의 예로는 우등상을 수여하기 위한 학생 선정, 상급학교에 진학하기 위한 학생 선발, 새로운 교육프로그램의 도입 등을 들 수 있다. 즉 평가자는 우등생이나 상급학교 진학생을 결정하는 데 필요한 정보를 수집하여 제공하고, 최종적인 결정은 해당 의사결정자가 내려야 한다고 보는 입장이다.

셋째, 교육평가를 '교육과 관련된 어떤 대상의 장점, 질, 가치 등을 판단하는 과정과 그 산물'로 본다. 이러한 입장을 취하는 대표적인 학자로는 스크리븐(Scriven)과 스테이크(Stake)를 들 수 있다. 특히 스크리븐에 따르면, 교육평가는 우선 평가기준을 설정하고, 관련 정보를 수집한 뒤, 평가 기준을 적용하여 대상의 가치나 유용성, 효과, 중요성 등을 판단하는 활동이다.

제2절 교육평가에 대한 관점

시간의 흐름과 더불어 교육평가의 의미가 확장됨에 따라 교육평가의 대상과 관점 역시 다양해졌다. 그럼에도 불구하고 교육평가의 일차적인 대상은 학생, 즉 학습자임이 분명하다. 이 절에서는 학습자인 학생 평가를 염두에 두고, 학생을 평가하는 과정에서 우리가 취할 수 있는 서로 다른 관점, 즉 교육평가에 대한 다양한 관점을 살펴보고자 한다.

교육평가란 학습자에게 어떤 변화가 일어났는지, 어느 정도 변화가 일어났는지를 결정하기 위해 증거를 체계적으로 수집하는 과정으로 볼 수 있다. 이런 증거를 수집하는 과정은 증거 수집의 목적, 과정, 결과를 바라보는 시각에 따라 서로 다르다. 이 절에서는 교육평가를 바라보는 관점을 측정관(measurement), 평가관(evaluation), 총평관(assessment) 세 가지로 나누어 살펴보고자 한다. 각 관점은 인간을 보는 관점이나 증거에 관한 해석 등에서 근본적인 차이를 지닌다(황정규, 1998).

1. 측정관

'측정'이란 어떤 양의 크기를 기계나 장치로 재는 것을 가리킨다. 몸무게 60kg, 가슴둘레 95cm, 키 170cm 등과 같이 대상이 지닌 특정한 특성을 수량화하여 표현하는 것을 측정이라고 한다. 이런 측정관에 따르면 교육평가란 학습자의 지적 능력, 정의적 특성, 학습 결과 등을 검사도구를 통해 양적으로 측정하는 것을 가리킨다. 예를 들면, 국어점수 80점, IQ점수 120, 불안지수 1.35 등이 측정의 결과이다. 이런 측정 개념은 주로 실험심리학자들이나 심리측정이론가들이 사용하는데, 이들은 인간 행동 특성과 환경에 대해 다음과 같이 가정한다(황정규, 1998).

첫째, 이 세계에 존재하는 모든 실재(reality)는 그것이 물질적인 현상이든, 행동적인 현상이든, 정신적인 현상이든 안정성(stability)을 지닌다. 또한 그 실재는 인간의 인식과 독립해서 객관적인 형태로 존재하며, 어떤 실재도 정확하고 정밀하게 측정할 수 있다. 이와 마찬가지로 인간 행동 특성도 고정불변하고 안정적이며, 적절한 도구를 통해 정확하고 정밀하게 측정할 수 있다. 측정의 가장 대표적인 사례가 지능지수(Intelligence Quotient: IQ)이다. IQ는 인간의 지능을 평균 100, 표준편차 16(또는 15, 17로 사용한 지능검사도 존재)으로 하는 표준점수로 환산한 값이다.

둘째, 인간 특성이 안정성을 지닌다고 가정하는 측정관에서는 환경을 측정의 정확성을 저해하는 요인으로 간주한다. 인간 특성의 안정성을 가정하고 이를 정확하게 측정하려는 측정관의 시각에서 본다면 환경은 이러한 안정성을 위협하는 존재이다. 왜냐하면 환경은 학습자의 안정성을 해치면서 변화를 촉진하는 역할을 수행하기 때문이다. 따라서 검사에서는 환경의 영향을 최소화하는 방안을 마련할 필요가 있다. 이를 위해서 측정도구나 절차를 표준화하는 것을 선호한다.

측정관에서는 측정의 결과를 주로 학습자의 분류, 선발, 예언, 실험에 이용한다. 이러한 목적을 보다 효율적으로 달성하기 위해서는 보다 세밀한 측정단위를 개발하고, 검사의 효율성을 높이기 위해 여러 측정 결과를 종합해서 한 개의 단일점수나 지수로 표시한다.

2. 평가관

평가관은 인간 특성의 안정성, 즉 '변화 불가능성'에 관심을 갖는 측정관과는 달리, 교육을 통해 일어나는 학습자의 '변화 가능성'에 관심을 갖는다. 따라서 평가란 학습자의 변화 정도를 알아보기 위한 일련의 절차이다. 8년 연구에 참여했던 타일러가 목표 달성 정도를 확인하는 과정을 '평가'로 묘사했다. 타일러는 '측정'과 구분되는 '평가'라는 용어를 처음으로 사용한 것이다. 바로 이런 맥락에서 평가관은 인간 행동의 특성과 환경에 대해 측정관과는 상이한 가정을 지닌다(황정규, 1998).

첫째, 존재하는 모든 실재나 인간 행동의 특성은 '변화한다.' 교육은 교수적 처치를 통해 학습자에게 어떤 변화를 일으키려는 활동이기 때문에 교육평가 역시 학습자의 변화에 일차적인 관심을 가진다. 학습자의 변화를 파악하기 위해서는 최소한 두 시점에서의 검사가 요구된다. 즉 수업을 받기 전의 검사와 수업을 받은 후의 검사 결과를 비교하여 학습자가 어떻게 변화했는지를 확인할 수 있다. 여기서 교사가 교수적 처치를 통해 의도했던 행동의 변화가 평가의 대상이 된다. 교사가 관심을 갖는 학습자의 변화는 우연이나 성숙과 같은 자연적인 변화라기보다는 의도적인 수업활동을 통한 학습자의 행동의 변화이다.

둘째, 환경은 학습자의 변화를 촉발할 수 있는 중요한 교육적 자원이다. 왜냐하면 개인은 환경으로부터 영향을 받아 변화할 수 있기 때문이다. 많은 경우 학습자의 행동특성은 저절로 변한다기보다는 교육적 처치를 통해, 즉 여러 환경적 요소들의 영향 아래서 변한다. 따라서 교육목표를 가장 잘 달성할 수 있는 교육과정, 교수자료, 교수방법, 학습활동, 교사특성, 지원체제, 학급 및 학교 풍토가 무엇인지를 탐색하는 것이 중요하다.

평가관에서는 평가 결과를 평점 부여, 자격 판정, 배치, 진급 등을 위해 활용한다. 평가관에서 평가 결과는 교수방법, 수업의 과정, 교사의 활동, 교수 프로그램의 효과성과 효율성을 판단하기 위해서도 의미 있게 활용될 수 있다.

3. 총평관

총평은 '다양한 측정 결과를 종합하여 한 개인이나 대상의 전체적인 모습을 조명하려는 전인적 평가'를 가리킨다. 총평은 의사의 임상적 평가방법과 유사한 개념이다. 의사가 어떤 환자의 특정한 증세를 진단하기 위해서 여러 과학적이고 객관적인 측정과 검사를 한다. 그런가 하면 그 환자의 과거 병에 대해서도 알아보고, 현재의 여러 가지 증세나 고통에 대해서도 알아본다. 그러나 이것만으로 의사의 진단이 끝나는 것이 아니다. 의사는 이런 자료를 활용할 뿐만 아니라 자신의 임상적 경험과 직접적 관찰에 근거하여 그 환자에 대한 최종적인 진단을 내린다. 이렇게 내린 진단 결과에 따라 투약과 치료를 병행하면서 계속적인 임상 결과를 얻고, 이를 토대로 문제가 되는 증후의 진정한 원인이 무엇인지를 파악한다. 이와 같은 임상적 평가방법이 총평관의 입장에서 바라보는 평가와 유사한 방법이다(황정규, 1998).

총평관은 평가관과 마찬가지로 인간 행동 특성의 변화 가능성을 전제할 뿐만 아니라 인간 행동 특성에 대한 환경의 영향을 중시한다. 그러나 총평관은 개인과 떨어져 존재하는 환경의 영향보다는 개인과의 상호 역동적인 관계를 통해 환경이 개인 행동 특성에 미치는 변화에 더 많은 관심을 갖는다. 따라서 개인을 전인적으로 평가하기 위해서는 개인과 환경의 이러한 역동적인 상호작용에 주목할 필요가 있다.

총평의 분석방법은 개인이 달성해야 할 어떤 과제 및 목표 분석과 이 개인이 생활하고, 학습하고, 작업해야 할 환경의 분석에서 출발한다. 그리고 개인에 관한 정보 수집을 위해 양적 및 질적 방법 등 다양한 방법을 활용한다. 흔히 총평에서 사용되는 증거 수집의 방법으로는 객관화된 검사 이외에 자기보고방법, 관찰, 면접, 장면검사, 역할연출, 자유연상법 등이 있다. 이와 같이 다양한 형태의 검사를 통해 증거를 수집하기 때문에 총평에서 요구하는 중요한 절차 중 하나는 평가의 대상이 되는 개인 행동 특성과 관련된 여러 다양한 증거 사이에 어떤 합치성이 있는가를 검증하는 것이다.

총평관에서는 평가 결과를 예언, 실험, 분류, 선발 등에 활용할 수 있는데, 총평의 장점은 개인과 환경에 관한 증거 및 이들 사이의 상호작용에 관한 증거를 추구하는 데 있다. 이러한 노력은 인간의 행동변화의 현상을 이해하는 네 중요한 공헌을 한다(황정규, 1998).

위에서 살펴본 교육평가에 대한 세 가지 관점, 즉 측정관, 평가관, 총평관은 평가를 이해하고 평가 결과를 해석하는 서로 다른 관점이다. 비록 같은 증거를 수집하는 검사도구를 사용한다고 해도 그것을 어떤 관점(측정관, 평가관 또는 총평관)에서 바라보느냐에 따라 전혀 다르게 해석할 수 있다. 물론 평가에 대한 세 가지 관점은 서로 보완적인 관계를 맺고 있다고 볼 수 있다. 평가는 특정 경험에 의해 학습자에게 일어난 변화의 정도를 결정하는 데 관심이 있지만, 이 변화를 기술하고 검사하는 효율적이고 정확한 방법은 측정에 의존한다. 한 개인이 어떤 상황에서 가장 잘 적응할 수 있는가를 알기 위해서는 전인적 평가를 강조하는 총평의 방법을 사용한다. 이와 같이 측정, 평가, 총평은 대상을 이해하는 관점이 서로 다르기 때문에 구별되기도 하지만, 교육의 실제 상황에서는 서로 보완적으로 활용할 수도 있다(황정규, 1998).

제3절 교육평가의 유형

교육평가의 유형은 분류하는 기준에 따라 여러 가지가 있을 수 있다. 여기에서는 학교교육 현장에서 교사가 학생을 평가하는 상황에서 가장 일반적으로 접하게 되는 평가유형들을 간략히 살펴보고자 한다. 평가유형을 구분하는 기준에는 '평가의 기능', '평가의 기준', '평가하는 영역', '평가의 시간' 등이 포함된다.

1. 평가기능에 따른 유형 구분

학교에서 교사가 수행하는 학생평가는 다양한 기능을 수행한다. 교사는 평가를 통해 학생의 성취 정도를 파악한다. 이외에도 교사는 평가를 통해 학생의 출발점을 확인하기도 하고, 수업 개선을 위한 피드백을 얻기도 한다. 이처럼 평가가 어떤 기능을 하게 되느냐에 따라 평가유형을 구분할 수 있다. 교육평가는 평가기능에 따라 진단평가(diagnostic evaluation), 형성평가(formative evaluation), 총괄평가(summative evaluation)로 구분된다.

한 학기 동안의 수업을 예로 들어보자. 학기 초에 교사는 새로운 학생들과 만난다. 학생들은 서로 다른 능력을 지니고 있다. 즉 각 학생은 서로 다른 출발선에 서 있다. 교사는 진단평가를 통해 각 학생의 출발점 위치를 파악한다. 진단평가 결과는 교사가 가르칠 내용의 범위와 수준을 계획하는 데에 도움을 준다. 이처럼 서로 다른 능력을 지닌 학생들의 출발점 행동을 확인하기 위한 목적에서 실시하는 평가가 진단평가이다.

형성평가는 교사가 수업을 진행하는 과정에서 쪽지시험을 실시하거나 과제를 부여하는 방식 등으로 실시하는 평가이다. 평가를 통해 교사는 학생들이 계획대로 학습하고 있는지, 예기치 못한 문제가 발생한 것은 아닌지 등을 점검한다. 필요한 경우에는 학기 초에 세웠던 수업계획안을 수정하기도 한다. 이처럼 일련의 교수활동이 진행되는 도중에 수업 개선을 목적으로 실시하는 평가가 형성평가이다.

총괄평가는 일련의 교수활동이 마감되는 학기 말 혹은 학년 말에 학생평가를 통해 학생들이 성취한 정도를 파악하는 평가이다. 이때의 평가는 주로 학기 초에 세웠던 수업목표에 비추어 학생들의 목표 달성 정도를 파악하기 위한 것이다. 평가결과는 학생들의 학업성취 수준을 상대적으로 변별하여 등급을 매기거나 성적을 산출하는 데에 활용된다. 이처럼 일정 기간의 수업이 지난 뒤 학기 말이나 학년 말에 학생들의 성취 정도를 판단하기 위해 수행되는 평가가 총괄평가이다. 총괄평가의 결과는 일반적으로 공식적인 의사결정을 위한 자료로 활용된다.

교사는 학기 초에 학생의 출발점 행동을 진단하고(진단평가), 학기 중에 수업 개선을 위한 피드백을 얻고(형성평가), 학기 말에 학생의 성취 정도를 판단하는(총괄평가) 평가를 실시한다. 교사는 서로 다른 기능을 지닌 여러 평가를 적절히 활용하는 능력을 갖출 필요가 있다.

2. 평가기준에 따른 유형 구분

교육평가는 활용하는 평가 기준에 따라 규준지향평가와 준거지향평가로 구분된다. 규준지향평가(norm-referenced evaluation)는 주어진 규준(정규분포)에 비추어 학생들의 성취 정도를 파악하는 평가방식이고, 준거지향평가(criterion-referenced evaluation)는 학습목표 등의 절대적인 준거에 비추어 학생들의 성취 정도를 확인하는 평가이다. 규준(norm)이란 '원점수의 상대적인 위치를 보여 줄 수 있는 정규 분포 곡선'으로, 모집단을 대표하는 표본에서 얻어진 정규분포(normal curve)이다. 그리고 준거(criterion)란 '학습자가 달성해야 할 것으로 기대되는 목표 값으로 설정된 지식 혹은 기술 수준'을 의미한다.

규준지향평가의 경우 학생이 획득한 원점수는 별다른 의미를 갖지 못한다. 평가의 기준이 개별 학생이 무엇을 얼마나 성취했는가에 있는 것이 아니라 주어진 규준에 비추어 학생들이 차지하는 상대적인 위치이기 때문이다. 이런 특징 때문에 규준지향평가를 '상대평가'로 해석하기도 한다. 즉 특정 학생이 취득한 원점수는 규준에서 차지하는 학생의 상대적인 위치에 따라 그 의미가 결정되기 때문이다.

이에 반해 준거지향평가는 다른 학생들의 성취 정도와 관계없이 각 학생이 주어진 목표를 얼마나 성취했는가를 평가한다. 즉 평가기준이 학생들의 상대적인 성취 정도에 있지 않고 절대적인 준거(학습목표 등)에 있다. 이런 특징 때문에 준거지향평가를 '절대평가'로 해석한다. 준거지향평가에서는 모든 학생이 설정된 학습목표, 즉 준거에 도달했을 경우 모두 높은 점수를 받을 수 있다.

3. 평가영역에 따른 유형 구분

평가자가 대상에 대해 가치판단을 할 때 대상 전체가 아니라 그 대상이 지닌 특정 측면 또는 특성에 대해 판단한다. 즉 동일한 학생을 평가하는 경우에도 학생의 학업성취도를 평가하느냐 아니면 학생의 태도를 평가하느냐에 따라 평가영역이 달라진다. 이와 같이 대상을 평가할 때 관심을 갖는 평가 대상의 특성에 따라 평가영역별 유형 구분이 가능하다.

평가대상의 특성에 따른 분류 방식 중 가장 보편적인 방식은 지적 영역(cognitive domain), 정의적 영역(affective domain), 심리운동적 영역(psychomotor domain)의 구분 방식이다. 지적 영역의 평가는 지식, 이해력, 적용력, 분석력, 종합력, 평가력과 같은 학생의 인지적 사고작용을 평가한다. 정의적 영역의 평가는 성격, 태도, 사회성, 도덕성과 같은 학생의 정의적인 특성을 평가한다. 심리운동적 영역의 평가는 실기평가처럼 학생의 신체능력이나 운동 활동 등을 평가한다.

평가영역과 관련하여 교사는 학생을 평가함에 있어서 전인적으로 평가하려는 태도를 지녀야 한다. 전인적 평가란 학생의 지적 영역과 정의적 영역, 그리고 심리운동적 영역을 균형 있게 또는 총체적으로 평가하는 것을 뜻한다. 지금까지 대부분의 학교 교육 현장에서는 학생의 지적 영역에만 치중하여 평가해 온 경향이 있다. 이러한 현상은 다른 영역에 비해 지적 영역에 대한 평가가 신뢰성 있는 평가도구를 개발하거나 채점의 객관성을 확보하는 데 있어서 상대적으로 용이하다는 사실에 기인한다. 그러나 학교 교육이 전인교육을 지향하는 한 평가도 각 영역이 균형 있게 또는 모든 영역을 망라하여 총체적으로 이루어질 필요가 있다.

4. 시간제한 여부에 따른 유형 구분

학생을 평가할 때 검사시간을 제한하느냐 제한하지 않느냐에 따라 속도검사와 역량검사로 나뉜다. 속도검사(speed test)는 일정한 시간 내에 검사를 치르도록 시간을 제한하는 경우이고, 역량검사(power test)는 학생이 검사시간에 구애받지 않고 자신의 역량을 최대로 발휘하도록 하는 검사이다.

교사는 평가를 계획할 때 속도검사를 할 것인지 역량검사를 할 것인지를 미리 결정할 필요가 있다. 선발의 목적으로 평가하는 경우에는 가능하면 검사환경을 표준화할 필요가 있다. 즉 모든 학생이 동일한 시간 조건하에 시험을 치르도록 할 필요가 있다. 이렇게 시간을 제한하여 속도검사를 치르는 것은 학생의 성취 정도를 변별하는 데에도 도움이 된다. 동일하게 정답을 맞힐 수 있는 역량을 지닌 학생들이라도 주어진 시간제한 조건에서 얼마나 많은 정답을 맞히느냐에 따라 변별이 가능하다. 지능검사를 포함한 대부분의 표준화검사가 속도검사이다.

반면 검사의 목적이 학생이 무엇을 얼마나 할 수 있는지의 역량을 파악하기 위한 것이라면 학생이 시간제한 없이 역량을 발휘하도록 해줄 필요가 있다. 가령, 수학시험에서 속도검사를 실시할 경우 특별히 암산능력이 떨어지는 학생은 복잡한 수학문제를 다루는 시험에서 단순한 셈하기에 시간을 뺏겨 점수가 낮게 나오는 경우가 있다. 이 학생의 경우 시험 점수가 낮은 것은 수학문제를 풀 수 있는 능력이 부족해서가 아니라 셈하는 데 시간이 많이 걸리기 때문으로 볼 수 있다. 이러한 경우 역량검사를 실시하면 학생의 진정한 수학능력을 평가하는 데 도움이 된다.

이처럼 평가시간을 제한하는 문제는 학업성취도 검사의 경우에만 해당되는 것은 아니다. 가령, 글짓기 평가를 하는 경우에도 제한된 시간 내에 작성한 글을 평가할 수도 있고 시간제한 없이 최대의 역량을 발휘하여 글을 쓰게 하는 경우도 있다. 교사는 구체적인 평가 목적에 따라 속도검사와 역량검사를 적절히 활용할 필요가 있다.

〈표 8-1〉 교육평가의 유형 분류

분류기준		평가유형
1	평가기능	• 진단평가: 학생들의 출발점 위치를 파악하는 평가 • 형성평가: 수업 개선에 필요한 정보를 수집하는 평가 • 총괄평가: 학생의 성취 정도를 판단하는 평가
2	평가기준	• 규준지향평가: 학생의 성취 정도를 주어진 규준에 비추어 평가, 주어진 규준에서 차지하는 상대적인 위치를 보여주는 평가 • 준거지향평가: 학생의 성취 정도를 주어진 준거에 비추어 평가, 설정된 기준(목표)의 달성 정도를 확인하는 평가
3	평가영역	• 인지적 영역 평가: 기억, 이해, 추론 등의 사고작용을 평가 • 정의적 영역 평가: 성격, 태도, 행동발달상황 등의 정의적 특성을 평가 • 심동적 영역 평가: 실기평가나 신체능력 등과 같은 동작을 평가
4	시간제한 여부	• 속도검사: 시간제한을 두는 검사 • 역량검사: 시간제한 없이 피험자의 역량을 최대한 발휘하도록 하는 검사

학습과제

01
타일러가 말하는 '교육평가'가 '측정'과 어떻게 다른지 이야기해 보자.

02
교육평가를 바라보는 세 가지 관점, 즉 측정관, 평가관, 총평관의 차이를 설명해보자.

03
규준지향평가와 준거지향평가에서 '규준'과 '기준'이 어떻게 다른지 설명해 보자.

04
학교에서 실시하는 대부분의 평가에서 역량평가 대신 속도평가를 활용하는 이유가 무엇인지 이야기해 보자.

참/고/문/헌

교육평가연구회 편(1995). **교육측정 · 평가 · 연구 · 통계 용어사전**. 서울: 중앙교육진흥연구소.

김재춘(2016). **교육과정**. 파주: 교육과학사.

김재춘, 박소영 공역(2002). **중등학교 교육과정 개선을 위한 8년 연구 이야기**. 서울: 교육과학사.

김재춘, 박순경, 이동주(2010). **교육과정 및 평가**. 서울: 한국방송통신대학교출판부.

황정규(1998). **학교학습과 교육평가**. 서울: 교육과학사.

허경철 외(1997). **국가 공통 절대평가 기준 교과별 모형 개발 연구**. 한국교육개발원 수탁연구 CR97-18.

Cronbach, L. J. (1963). Course improvement through evaluation. *Teachers College Record*, 64.

Eisner, E. W. (1985). *The art of educational evaluation*. Philadelphia:The Falmer Press.

Fitzpatrick, J. L., Sanders, J. R., & Worthen, B. R.(2004). *Program evaluation: Alternative approaches and practical guidelines*(3rd ed.). Pearson Education, Inc.

Scriven, M. (1967). The methodology of curriculum evaluation. In R. Tyler, et al. *Perspectives on curriculum evaluation*.

Stufflebeam, D. L. and Webster, W. J. (1980). An analysis of alternative approaches to evaluation. *Educational Evaluation and Policy Analysis*, 2. 5-20.

Tyler, R. W. (1950). *Basic principles of curriculum and instruction*. Chicago: University of Chicago Press.

제4부

교육은 사회와 어떤 관련을 맺고 있나?

CHAPTER_ 9

교육평등의 관점

교육은 사회적 평등과 밀접한 관계를 맺고 있다. 교육 불평등은 사회적 불평등의 원인이 되며, 반대로 사회적 불평등은 교육 불평등의 원인이 된다. 모든 국가는 교육 불평등의 완화를 주요 정책 과제로 추진하고 있지만 무엇이 교육적으로 평등하고 불평등한 것인지에 대해 모든 사람들이 같은 생각을 가지고 있는 것은 아니다. 사회 구성원 모두가 동일한 수준의 교육을 받는 것이 교육적으로 평등한 것인가, 아니면 능력에 비례하여 교육기회와 여건을 제공하는 것이 평등한 것인가, 아니면 능력이 모자란 학생에게 더 많은 교육기회와 더 좋은 교육여건을 제공하는 것이 평등한 것인가? 또 왜 교육 불평등이 존재하는지 그 원인을 설명하는 방식도 다양하며, 교육이 사회적 불평등을 해소하는 데 기여하는지, 사회적 불평등을 재생산하는 데 기여하는지 그 역할에 대해서도 다양한 관점이 존재한다. 이 장에서는 먼저 교육평등이 무엇인지를 규정하는 여러 시각들을 살펴보고, 다음으로 교육과 사회적 평등의 관계를 설명하는 다양한 관점들을 검토한다. 마지막으로 우리 사회에서 교육은 평등 실현 혹은 불평등 재생산에 어떠한 역할을 수행해 왔는지 검토한다.

제1절 교육평등의 관점

교육평등에 대한 다양한 관점들을 살펴보면 몇 가지 쟁점들을 중심으로 견해를 달리하고 있음을 알 수 있다. 첫 번째는 교육평등을 교육기회의 평등으로 보는가 아니면 교육결과의 평등으로 보는가 하는 것이다. 두 번째는 개인의 능력과 적성과 진로계획에 따라 교육기회를 다양하게 제공하는 것을 평등한 것으로 보는가 아니면 모든 사람에게 동일하게 교육기회를 제공하는 것이 평등하다고 보는가 하는 것이다. 세 번째는 분배적인 측면에서 접근하는가 아니면 내용적인 측면에서 접근하는가 하는 것이다. 네 번째는 교육체제 내적 측면에서 접근하는가 교육체제 외적 측면에서 접근하는가 하는 것이다. 이와 같은 쟁점들을 고려하면 교육평등관은 크게 분배적 교육평등관, 문화정치적 교육평등관, 급진적 교육평등관으로 나눌 수 있다.

1. 분배적 교육평등관

먼저 분배적 교육평등관에서는 사회의 계층화는 불가피하다는 전제 하에서 교육기회나 교육결과가 제 사회집단 간에 평등하게 분배될 때 교육평등이 실현된다고 본다. 예를 들면 각급 학교 진학률, 졸업률, 학업성취도에 있어 사회계층 간 격차가 줄어들고, 1인당 공교육비의 지역 간 격차가 줄어들면 교육평등 수준이 높아졌다고 평가한다.

분배적 교육평등관은 다시 교육기회의 평등관과 교육결과의 평등관으로 나눌 수 있다. 교육기회의 평등 관점에서는 교육기회를 평등하게 제공하되, 개인의 능력에 따라 교육결과가 결정되는 것을 평등한 것이라고 본다. 여기서 교육기회란 교육에 대한 접근기회, 교육투입, 교육의 과정을 포함한다. 접근기회는 각급 단계의 교육을 받을 수 있는 기회를 의미하는 것으로 접근기회의 평등은 각급 교육에 접근하는 데 차별받지 않도록 제도적이고 법적으로 보장해 주는 한편, 학교가 없는 곳에 학교를 세워주는 등 실질적인 접근가능성을 평등하게 해 주는 것을 말한다. 투입 요인에는 학생 1인당 교육비, 교사 1인당 학생 수, 도서관 장서 수, 실험설비, 교사자격 등이 포함되며, 과정 요인에는 교육내용과 교수학습의 질 등 교육의 과정에서 작용하는 요인들이 포함된다.

그러나 교육기회를 '평등하게 제공한다'는 것이 무엇을 의미하느냐에 대해 서로 다른 견해가 존재한다. 한편에서는 개인의 능력에 관계없이 모든 사람들에게 똑같은 접근기회와 교육여건, 공통 교육과정을 제공해야 한다고 주장한다. 우리나라에서 고등학교 평준화정책을 옹호하는 사람들이 이 부류에 해당한다. 이들의 관점에 의하면 다양한 학교를 만들어 학생들을 선발하도록 한다든가 학교 내에서 능력별 학습집단을 편성하는 것은 교육기회의 평등에 위배되는 것이다. 이러한 맥락에서 이 관점은 획일적 교육평등관이라고 지칭할 수 있다.

다른 한편에서는 개인의 능력과 적성에 따라 기회를 다르게 제공해야 한다고 주장한다. 이들의 관점에서 볼 때 고교 평준화정책은 능력과 적성에 적합한 교육을 받을 권리를 제한하는 것으로 능력에 따른 교육기회의 평등 원리에 반하는 정책이다. 이들은 우수한 학생들은 엘리트 교육을 받을 권리가 있다고 본다. 또 개인들이 자신의 적성에 맞는 교육을 받을 수 있도록 다양한 학교를 만들어 선택할 수 있도록 해야 한다고 주장한다. 따라서 이들은 특수목적고등학교를 비롯한 학교 다양화 정책을 지지한다. 이 관점은 획일적 교육평등관에 대비시켜 능력주의 교육평등관이라고 부를 수 있다.

한편 교육결과의 평등 관점에서는 교육받은 결과가 평등해지도록 그동안 차별받아 왔거나 취약한 집단에게 더 많은 기회를 주어야 한다고 본다. 여기서 교육 결과란 최종적으로 도달해야 할 지점을 의미하는 것이 아니라 최소한의 기초 수준을 의미한다. 이 평등관은 교육기회의 평등관과는 반대로 능력이 낮은 학생에게 더 많은 자원을 투입하여 같은 수준의 결과를 성취할 수 있도록 하자는 일종의 역차별적 평등관이며 보상적 평등관이라고 할 수 있다. 보상적 평등관은 종종 형평성(equity)이라는 용어로 표현된다. 평등(equality)이 동일한 조건을 가진 사람들을 모두 동등하게 취급해야 한다는 가치규범을 의미한다면, 형평성은 여성, 흑인, 노동계층과 같이 지속적으로 차별대우를 받고 있는 집단이 존재한다는 점에 초점을 맞추어 공공서비스의 혜택이 이들 사회적으로 취약한 집단에게 더 많이 돌아가도록 함으로써 취약 집단의 불이익을 제거해야 한다는 가치규범을 의미한다. 장애인들이 시민으로서 살아가는 데 필요한 최소한의 기초 지식과 기술을 습득할 수 있도록 하기 위해 정부가 일반인들의 교육에 비해 장애인들의 교육에 훨씬 많은 교육재정을 투입한다면 이것은 교육결과의 평등을 위한 정책적 노력에 해당한다. 또한 여학생들의 이공계 분야 진출이 저조하기 때문에 여학생들만을 위해 수학과 과학 교육 특수 프로그램을 제공한다면 이것도 일종의 역차별적, 보상적 평등 정책이라고 할 수 있다.

2. 문화정치적 교육평등관

문화정치적 교육평등관에서는 교육내용과 교사-학생 상호작용 등 교육체제 내의 내용적 측면에 초점을 맞추어, 불이익을 받고 있는 소외집단의 문화가 주류집단의 문화와 동등하게 존중받을 수 있도록 할 때 교육평등이 실현될 수 있다고 본다. 이 관점에서는 교육체제의 내용적 측면에서 평등이 이루어지지 않는 한 교육기회나 교육결과의 분배적 평등도 실현될 수 없다고 본다.

이 관점에서는 소외집단의 학교학습 실패 원인을 소외집단과 주류집단의 문화 간, 학교와 가정의 문화 간 차이에서 찾는다. 학교에서 다루는 교육내용 자체가 중산층, 남성, 백인 등 주류집단 또는 지배집단의 문화를 반영하고 있기 때문에 노동계층, 여성, 유색인종 등 소수집단 또는 피지배집단은 아무리 교육기회가 균등하게 제공되고 역차별적인 보상교육을 받는다고 하더라도 학교에서 성공하기 어렵다고 주장한다. 교사가 사용하는 언어, 교수 · 학습 방식, 교재, 평가 방식 등이 중산층 백인의 주류문화를 반영한 것이어서 여성, 유색인종, 노동계층 등 취약집단 아동들에게는 불리할 수밖에 없다. 아무리 보상교육을 제공한다 하더라도 보상교육 내용은 결국 중산층 백인 남성의 문화이므로 이를 습득하는 데 한계가 있다는 것이다.

예를 들어 학교 시험에서 눈을 구별하는 능력이나 파도를 구별하는 능력을 측정한다면 에스키모인이나 크펠레족이 미국 주류집단인 와습(WASP)보다 더 높은 성적을 받을 것이지만 미국 학교는 이와 문화적 경험을 평가하지 않는다. 문화에 따라 학습스타일에도 차이가 있지만 소수민족집단의 학습스타일은 학교에서 긍정적인 강화를 받지 못한다.

3. 급진적 교육평등관

마지막으로 급진적 교육평등관에서는 교육평등의 실현은 사회경제체제의 평등이 실현될 때만이 가능하다고 본다. 교육체제 밖에서 사회경제적 불평등이 존재하는 한 교육체제 내에서 교육평등을 실현하는 데는 한계가 있다는 접근이다.

신마르크스주의자의 관점이 여기에 속한다. 이들은 모든 영역에서 평등 실현은 경제적 여건의 평등이 이루어져야만 가능하며 계급 사회에서는 교육의 실질적 평등이 불가능하다고 주장한다. 이들에 의하면 생산의 사회적 관계, 분배, 교환에 있어 근본적이고 급진적인 변화가 없는 한 교육은 평등해질 수 없다.

신마르크스주의자들은 혁명과 같은 급진적인 개혁을 제안하는 등 지나치게 과격하고 비현실적인 주장을 하고 있음을 부인하기 어렵지만, 지난 반세기 동안 사회민주주의 정책을 통해 사회적 집단 간 사회경제적 여건을 평등화시키려고 부단히 노력해 왔던 스웨덴의 사례는 급진적 관점의 타당성을 지지해 주고 있다. 스웨덴은 서구 여러 나라 가운데 사회적 출신배경과 성취의 관계가 가장 약한 나라인 것으로 분석되어, 학교 밖의 사회적 평등화가 학교교육기회 균등화에 영향을 미친다는 것을 보여주고 있다(Blossfeld & Shavit, 1993; Erickson & Jonsson, 1996).

〈표 9-1〉은 상술한 교육평등관을 구조화하여 정리한 것이다. 교육평등관은 먼저 분배적 교육평등관, 문화정치적 교육평등관, 급진적 교육평등관으로 나눌 수 있다. 분배적 교육평등관은 다시 교육기회의 평등관과 교육결과의 평등관으로, 교육기회의 평등관은 다시 획일적 교육평등관과 능력주의 교육평등관으로 나눌 수 있다.

〈표 9-1〉 교육평등에 대한 여러 관점

<table>
<tr><th colspan="3">교육평등관</th><th>내용</th></tr>
<tr><td rowspan="3">분배적 교육 평등관</td><td rowspan="2">교육기회의 평등관</td><td>획일적 교육평등관</td><td>교육에의 접근기회와 교육 투입 및 과정 요인들을 능력에 관계없이 동일하게 제공</td></tr>
<tr><td>능력주의 교육평등관</td><td>교육에의 접근기회는 모든 사람에게 동일하게 주되 교육 투입 및 과정 요인들을 능력에 비례하여 제공</td></tr>
<tr><td>교육결과의 평등관</td><td>보상적 교육평등관</td><td>교육결과를 균등화하기 위하여 교육에의 접근기회와 교육투입 및 과정 요인들을 취약집단에게 더 많이 제공</td></tr>
<tr><td colspan="3">문화정치적 교육평등관</td><td>교육내용과 교육평가, 교사-학생 상호작용 등 교육조건에서 취약집단의 문화가 동등하게 존중됨</td></tr>
<tr><td colspan="3">급진적 교육평등관</td><td>교육평등은 사회평등의 실현을 통해서만 가능함</td></tr>
</table>

제2절 교육과 사회평등의 관계

근대 이후 모든 국가들이 교육평등의 실현을 최우선적인 정책적 의제의 하나로 삼고 있는 이유는 교육이라는 재화를 모든 사람들에게 평등하게 제공하는 것이 그 자체로 중요하기 때문일 뿐만 아니라, 교육을 사회평등의 실현을 촉진하는 중요한 장치로 인식하기 때문이다. 그러나 다른 한편에서는 교육이 오히려 사회적 불평등을 재생산하는 기제라고 주장한다. 다음에서는 교육과 사회평등의 관계에 대한 이와 같은 대립적인 관점들을 평등화론과 불평등 재생산론으로 나누어 살펴보고, 이어 한국 산업화과정에서 교육과 사회계층이동의 관계가 어떠한 양상을 띠며 변화해 왔는지 검토한다.

1. 평등화론

교육이 사회평등 실현에 기여한다는 평등화론은 교육이 기여하는 방식에 따라 능력주의 평등화론과 평등주의 평등화론으로 구분된다. 능력주의 평등화론은 계층화되어 있는 사회에서 사회계층구조를 그대로 놓아둔 채로 교육을 많이 받은 사람이 높은 계층 지위를, 교육을 적게 받은 사람이 낮은 계층 지위를 획득하도록 함으로써 능력주의 평등을 실현할 수 있다는 관점이다. 즉, 개인의 지위 획득 과정 또는 사회의 인재 선발배치 과정이 교육수준이라는 기준에 따라 능력주의적으로 이루어지도록 함으로써 능력주의 평등을 실현시킨다는 것이다. 이 경우 개인적으로는 낮은 계층 출신자가 교육을 많이 받아 높은 계층으로 상승 이동을 할 수 있지만, 사회 전체의 틀에서 볼 때는 각 계층을 차지하는 구성원들이 교체되었을 뿐 계층구조 자체는 변화하지 않는다. 이에 비해 평등주의 평등화론은 교육이 계층구조 자체를 보다 평등하게 만드는 데 기여한다는 관점이다. 직업 위계를 축소시킨다거나 소득 격차를 축소시키는 것이 여기에 해당한다.

가. 능력주의 평등화론

사회성원들이 얻고자 원하는 것이 한정되어 있을 때 이 한정된 자원을 배분하기 위해서는 어떤 형태로든지 선발 절차가 불가피해 진다. 부, 명예, 권력 등을 획득할 수 있는 높은 사회적 지위는 모든 사람들이 열망하지만 그 수가 한정되어 있으므로 선발 과정을 거쳐 그 지위를 차지할 일부의 성원들을 추려내는 작업이 필요하게 된다.

사회 내에서 개인이 점유하는 사회계층 혹은 지위는 통상적으로 귀속적 과정(ascriptive process)과 성취적 과정(achievement process)을 통해 결정된다. 귀속적 과정은 성이나 인종과 같은 생물학적 요인들이나 사회계층과 같은 출신 가정배경 관련 요인들에 의한 것이며, 성취적 과정은 능력과 같은 개인적 특성이나 행위의 결과로서 형성되는 것이다. 이 둘은 일반적으로 상호배타적인 과정으로 이해된다. 계층 혹은 지위의 배분에 있어 귀속적 특성들을 중시하는 불평등 체계는 보통 폐쇄된 것으로 서술되며, 지위의 세습 혹은 계급 재생산이라는 용어들로 표현된다. 성취적 특성들을 중시하는 계층구조는 개방된 것으로 서술되며 사회이동을 원활하게 촉진하는 토양인 것으로 인식된다.

기능주의 관점에서는 학교교육이 사회계층 이동 과정의 성취적 속성을 강화시키는데 기여한다고 본다. 이 관점에 의하면 학교교육은 봉건사회가 붕괴된 이후 신분이라는 귀속적 요인을 대신하여 개인의 사회경제적 지위를 배분해 주는 역할을 담당해 왔다. 학교는 합리성, 업적주의, 민주주의 등의 사회적 질서를 유지시키기 위한 제반 요구를 충족시키는 역할을 하고 있는 것이다. 교육기관은 개인에게 성공적인 직업인과 시민으로서 갖추어야 할 인지적 기술과 문화적 소양을 길러주고, 사회 내에서 가장 능력 있는 사람이 가장 중요한 혹은 가장 많은 책임이 따르는 자리를 점유할 수 있도록 개인의 재능을 분류하고 선별해내는 기능을 수행한다.

기능주의자들은 학교교육과 직업세계는 밀접한 기능적 관련이 있으므로 학교교육이 개인의 지위를 결정하게 되며 또 그것이 바람직하다고 본다. 학교교육은 그것이 갖는 지위배분 기능에 의해 능력에 의한 지위 획득이라는 능력주의 원리를 실현시켜 주고 사회계층 이동을 촉진시켜 사회적 평등의 실현에 공헌하는 한편, 유능한 인재를 키워 적재적소에 배치해 줌으로써 사회적 효율성을 도모해준다는 것이다.

기능주의와 갈등론

기능주의가 사회학과 교육사회학의 주류 이론이라면 갈등론은 기능론에 비판을 가하면서 성장한 대안적 이론이다. 다음 표는 두 이론을 간략하게 비교해 놓은 것이다.

〈표 9-2〉 기능주의와 갈등론의 사회에 대한 기본 가정 및 교육에 대한 설명 비교

	기능주의	갈등론
사회에 대한 기본 가정	① 사회의 모든 요소는 안정과 균형을 지향한다. ② 사회의 모든 요소는 상호의존적이다. ③ 사회의 갈등과 대립은 일시적 병리 현상이다. ④ 사회의 모든 요소는 그 사회의 유지와 존속에 기여한다. ⑤ 모든 사회는 그 구성원 간의 가치 합의에 기반을 두고 있다.	① 모든 사회는 언제나 변화의 과정에 있다. ② 사회의 각 집단은 경쟁적이며 대립적인 관계에 처해 있다. ③ 사회의 갈등과 대립은 모든 사회에 편재해 있는 본질적 현상이다. ④ 사회의 모든 요소는 그 사회의 해체와 변화에 기여한다. ⑤ 모든 사회는 한 집단의 다른 집단에 대한 강제에 기반을 두고 있다.
사회화와 교육내용	① 학교는 보편적 사회화를 통하여 공동체 의식을 함양하며 사회결속력을 높인다. ② 학교는 개인의 능력과 적성에 따라 적합한 지식과 기술 및 태도를 함양하여 직업세계에서 잘 적응할 수 있도록 하며, 사회에서 필요로 하는 인력을 양성한다. ③ 학교에서 다루는 교육내용은 사회 구성원 모두에게 가치가 있는 내용이다.	① 학교는 개인의 가정배경과 개인이 미래에 차지할 지위에 맞추어 차별적 사회화를 시행함으로써 불평등 구조의 재생산에 기여한다. ② 학교는 직업세계의 사회적 관계와 상응하는 가치관과 태도의 사회화를 통하여 자본주의의 확대재생산에 기여한다. ③ 학교에서 다루는 교육내용은 기득권을 지니고 있는 사회집단의 문화로서 기득권 집단의 이익을 반영하고 있으며, 기존의 불평등한 사회구조를 정당화하는 데 기여한다.
교육의 사회적 선발 · 배치	① 학교교육은 출신 배경을 대신하여 개인의 사회경제적 지위를 결정함으로써 사회이동을 촉진시키고 능력주의 사회평등 실현에 기여한다. ② 학교교육은 인력을 양성하여 능력과 적성에 따라 적재적소에 배치함으로써 사회적 효율성의 극대화에 기여한다.	① 학교교육은 개인의 사회경제적 지위 결정 과정에서 출신 배경의 영향을 매개함으로써 사회적 불평등의 재생산에 기여한다. ② 학교교육과 직업세계 사이에는 기능적 관계가 없으며, 졸업장은 상징적인 도구로서 특정 직업지위 집단의 입직 조건을 제한하여 집단의 지배권을 유지하는 데 기여한다.

출처: 김영화(2010). 교육사회학. 파주: 교육과학사, 43, 48의 표를 결합하였음.

나. 평등주의 평등화론

사회계층구조의 형태는 사회에 따라 다르고 시대에 따라 변화한다. 전통적 농경 사회는 일반적으로 소수의 상층민과 다수의 하층민으로 구성된 삼각형의 모습을 띤다. 반면 현대 산업사회는 상층민과 하층민이 소수이고 중간층이 다수를 이루는 마름모 형태를 나타낸다. 사회의 계층구조가 삼각형에서 마름모 형태로 변화하면 보다 평등해졌다고 할 수 있다. 계층구조의 모양뿐 아니라 계층구조의 높이도 중요한데 계층구조의 높이가 낮을수록 상층과 하층의 격차가 작기 때문에 보다 평등한 사회라고 할 수 있다. 중간층이 확대되고 상층과 하층의 격차가 줄어들 때 사회가 평등해진다고 할 수 있다(김신일, 2009).

평등주의 평등화론에서는 사회적 선발배치의 과정이 아니라 바로 이와 같은 사회계층구조의 변화에 초점을 맞추어 교육이 이와 같은 변화를 촉진하는 데 기여할 수 있다고 주장한다. 해비거스트(Havighurst, 1958)는 미국, 브라질, 영국, 오스트레일리아의 자료를 분석한 결과 자녀들은 부모의 계층으로부터 상승 이동하였는데 여기에는 교육의 역할이 크다고 주장하였다. 과학기술의 발전으로 직업구조의 하층이 줄어들고 중간과 상층이 확대되는 방향으로 변화하였고, 이와 같은 과학기술의 발전은 교육받은 연구자들에 의해 이루어졌다는 것이다. 또한 그는 교육은 사람들의 직업능력을 향상시켜 확대된 중간층과 상층의 직업에 종사할 수 있도록 하기 때문에 계층구조를 보다 평평하게 만드는 데 기여할 수 있다고 하였다. 해비거스트는 이 외에도 교육이 피임방법에 관한 지식을 알려 줌으로써 교육받은 상류층의 출산력을 저하시키고 하류층에게 중류계급의 가치관과 소유양식을 가르쳐 이들의 소비습관에도 영향을 준다고 하였다.

사회학의 기능론적 관점에 상응하는 것이 경제학의 인간자본론(human capital theory)이다. 인간자본론에서는 교육을 인간자본에의 투자로 본다. 인간자본론에 의하면 교육에 대한 투자는 개인의 생산성을 높이고 따라서 개인에게는 더 많은 소득을 가져다주며, 사회적 차원에서는 경제 성장을 촉진한다. 또한 교육수준이 낮은 계층의 교육기회를 확대하면 이들의 생산성이 높아져서 소득이 증가하게 되고, 저소득층과 고

소득층 간 소득 격차를 축소시킴으로써 불평등을 완화시킬 수 있다. 한편, 교육기회의 확대는 임금경쟁원리에 의해서도 소득격차를 감소시킬 수 있다(Thurow, 1972). 교육을 통하여 고도의 기술 소유자의 공급이 증대되면 수요 · 공급의 원칙에 의하여 이들의 임금은 낮아질 것이며, 낮은 수준의 기술을 소유한 근로자의 공급이 감소하여 이들의 임금은 상승할 것이다.

2. 불평등 재생산론

갈등론적 관점에서는 실제로 학교교육이 개인의 사회경제적 지위를 결정하는 데 영향을 미친다 하더라도 출신배경의 영향을 위장하거나 중개하는 통로로 작용할 뿐이라고 한다. 또한 학교교육과 직업세계에서 필요로 하는 것과는 기능적 관련이 없다고 주장한다. 따라서 학교교육은 능력주의 원리의 실현에도, 사회적 평등의 실현에도, 사회적 효율성의 촉진에도 기여하지 못하며, 경제적, 문화적 불평등을 재생산하는 기능을 수행할 뿐이라고 비판한다.

가. 경제적 재생산론

경제적 재생산론자들은 자본주의의 역사적 전개 과정에서 자본주의 생산양식이 유지, 지속, 확대되기 위해서 요구되는 조건인 특정한 사회질서에 관심을 기울인다. 이들은 특히 자본주의적 생산조건의 재생산과 학교교육 간의 관련성에 주목한다.

신마르크스주의자인 보울스와 진티스(Bowles & Gintis, 1976)는 경제적 재생산이라는 개념을 사용하여 학교교육이 자본주의 경제체제를 재생산하는 데 어떻게 기여하는지 그 메커니즘을 설명하고자 하였다. 이들은 자본주의 생산 과정에서 요구되는 지배-복종의 사회적 관계가 학교교육을 통해서 재생산된다고 주장하며, 자본주의 생산의 사회적 관계와 교육의 사회적 관계가 서로 일치하고 있음을 상응 원리(correspondence principles)라는 개념을 통하여 논의하였다. 이들에 의하면 미국의 학교에서는 직업 세계에서 중요하게 여기는 규율, 자신의 표현방식, 자아개념, 자신이 속한 사회계급에 대한 정체감의 사회화가 이루어진다. 학생들은 교장-교사-학생 간의 위계 관계를 통하여 위계의식을 내면화하고, 자신이 배워야 할 교육내용을 결정하는 데 참여하지 못하는 경험을 통하여 노동으로부터의 소외를 미리 학습한다. 교육의 내재적 가치보다는 학점이나 졸업장과 같은 외재적 보상의 가치를 중시하게 되고, 평가를 통해 학생 간의 파괴적이고 제도화된 경쟁을 경험한다.

또한 보울스와 진티스는 학교교육체제에서 학생들이 미래에 차지할 경제적 위치를 반영하여 차별적 사회화가 이루어진다고 주장하였다. 이들에 따르면 낮은 학교급에서는 하위 직종에 종사할 노동자를 길러내며 따라서 지시에 대한 복종, 규칙 준수, 시간 엄수 등을 중요한 덕목으로 강조한다. 중간 수준의 학교급에서는 직접적이고 계속적인 감독 없이도 일할 수 있는 능력을 중요시하며, 대학에서는 독립적 사고력, 현명한 선택, 외적 규율보다 내면적 기준에 따라 행동하기 등 관리자나 경영자가 갖추어야 할 기업 규범의 내면화를 강조하여 상위 직종을 차지할 엘리트 인력을 길러낸다.

그런데 이러한 차별적 사회화는 학생들의 사회경제적 배경을 반영하여 이루어지기 때문에 학교교육체제로 하여금 불평등한 계급구조를 재생산하는 역할을 수행하도록 한다. 사회계층별 학부모의 교육목적과 기대의 차이, 학부모의 직업계층에 따른 상이한 노동 경험과 문화적 환경에서 나온 의식과 교육 방식의 차이, 가정의 경제적 자원의 불평등을 통로로 하여 차별적 사회화가 이루어지므로 학교교육체제는 자본의 지속적인 축적뿐 아니라 불평등한 계급구조를 재생산하는 역할을 수행한다. 그러면서도 학교교육체제에서 이루어지는 선발은 능력주의적이기 때문에 재능이 많고 노력을 많이 한 사람들이 상층을 차지한다고 믿게 만든다. 즉, 졸업장에 의한 지위배분은 자신이 좋은 직업을 갖지 못하고 가난하게 사는 것은 자신이 무능하고 충분히 노력하지 않았기 때문이라고 생각하도록 함으로써 불평등 구조를 정당화한다.

나. 문화적 재생산론

문화적 재생산론에서는 학교교육이 계급관계의 문화적 재생산에 어떻게 관련되어 있는지에 관심을 기울인다. 문화재생산론을 대표하는 학자인 부르디외(Bourdieu, 1977)는 특히 문화생활 국면에 나타나고 있는 불평등 현상에 주목하고 이러한 불평등 현상을 해명하기 위해 문화자본이라는 개념을 구안하였으며, 문화적 재생산이 이루어지고 있는 핵심적인 사회적 장(場)을 학교교육 장면에서 찾았다.

부르디외(1986)는 자본을 경제적, 문화적, 사회적 자본의 세 형태로 분류한 후, 계층 재생산을 설명하는 데 있어 문화자본의 중요성을 강조하였다. 부르디외에 의하면 자본이란 이윤을 창출하고 동일한 또는 확대된 형태로 재생산할 수 있는 잠재적 역량으로서, 축적하는 데 시간이 걸리고, 지속적으로 존재하려는 경향이 있으며, 특정 시기에 특정 사회에 존재하는 다양한 형태의 자본의 분배 구조는 그 사회에 내재하는 구조를 반영하고 있다. 문화자본은 개인의 기술적인 생산력을 나타내는 인적자본의 개념에 대비되는 것으로서 개인을 사회적으로 가치 있는 자리에 적합한 사람으로 포장하는 개인적 태도, 성향, 사회적 가치 및 시각, 그리고 미적 취향 등으로 이루어지며, 특정 조건 하에서 경제적 자본으로 전환될 수 있고, 교육자격과 같은 형태로 제도화될 수 있다.

부르디외(1986)는 문화자본이 세 가지 형태로 존재한다고 하였다. 체화된 상태, 객관화된 상태, 그리고 제도화된 상태가 그것이다. 체화된 상태의 문화자본이란 말씨, 억양, 매너, 미소, 패션, 취향, 대인관계 등 성장하면서 습득하여 오래 지속되는 기호나 습관을 의미한다. 체화된 문화자본은 의도적인 가르침 없이 무의식적으로 획득될 수 있으며, 금전이나 재산권과 같은 경제자본과는 달리 증여나 유산, 교환, 구매를 통하여 즉시적으로 전수될 수 없고, 은밀한 방식으로 또는 비가시적으로 상속된다. 전수와 획득이 경제적 자본에 비해 더 위장된 방식으로 이루어져 자본으로 인식되지 않고 정당한 능력으로 인식되며, 특정 문화적 역량은 희소가치를 창출하고 그 소유자에게 타인과의 구별이라는 이익을 가져다준다. 직접적이고 가시적인 형태의 전수는 더 강하게 검열을 받고 통제되기 때문에 문화자본의 전수는 가장 효과적인 은밀한 형태의 자본 상속이며 재생산 전략체제에서 큰 비중을 차지한다.

객관화된 문화자본은 책, 그림, 기념물, 악기 등 물질적 형태로 전수 가능한 자산으로서 행위자에 의해 향유되고 문화적 생산의 장과 사회계급의 장에서 진행되는 투쟁에서 무기로 사용되고 투자될 때 효과적인 자본으로 기능할 수 있다. 제도화된 상태의 문화자본은 졸업장과 같이 제도적으로 인정된 형태의 문화자본을 의미한다. 제도화를 통하여 법적으로 보장한 자격에 의해 공식적으로 인증된 문화자본은 언제라도 문제 삼을 수 있는 독학자의 자본과 구별된다.

문화재생산은 이와 같은 문화자본의 세대 간 세습으로서 부모세대의 문화적 생활양식과 이로 인해 학교에서 얻게 되는 학업 성취 등 제반 이익이 자식 세대에 전수되는 것을 의미한다(김영화, 2020). 능력주의가 지배하는 현대사회에서 부모가 쌓아올린 권력과 지위를 자녀에게 직접 세습하기는 어렵다. 이를 합법적으로 세습할 수 있는 방법은 바로 문화재생산이며, 학교교육은 문화재생산의 핵심 기제이다. 특정 계급의 문화적 규범과 실천은 중립성으로 위장하면서 사회 전반을 지배하는 기준이 되며, 학교교육체제는 이 기준으로 학생들을 평가함으로써 특정 가치를 주입하고 강제하여 학생들이 정통문화를 따르는 성향을 습득하도록 하는 데 기여한다. 따라서 문화자본 또는 지배계급의 문화적 습성을 소유한 학생들은 학교에서 성공하여 부모와 같은 지위를 차지하게 되며, 이를 소유하지 못한 학생들은 학교에서 실패하여 다시 노동계급에 머물게 된다. 그러나 이와 같은 계급 재생산 과정은 문화적 재생산으로 인하여 정당한 것으로 인정받게 된다.

고등교육과 문화재생산

부르디외는 프랑스 고등교육 장면에서 나타나고 있는 계급 간 학업성취의 차이를 문화자본이라는 개념을 사용하여 설명하였다. 프랑스에서 문화자본을 소유하고 있는 지배집단의 자녀들은 대중화된 고등교육에서 우수한 학업성취를 이루는 반면, 노동계급 자녀들은 고등교육이 대중화된 덕분으로 대학에 진학할 수는 있으나 중도에 포기하는 경우가 많다.

부르디외는 이와 같은 현상을 프랑스 대학교육의 내용과 그 조직방식, 그리고 평가기준의 분석을 통해 설명하고 있다. 프랑스 대학교육의 구성내용은 정통 문화자본 또는 지배계급의 아비투스(문화적 습성)과 거의 구별되지 않는다. 초기 사회화 과정을 거쳐 문화자본을 정통으로 상속받은 지배계급 자녀들은 자신들이 상속받은 문화자본 — 언어 및 상징조작 능력 등 — 을 대학이 제공하는 다른 형태의 문화자본 — 학업성적, 학위, 학벌 등 — 으로 쉽게 전환시킬 수 있다. 지배계급 자녀들은 자신들의 아비투스에 따라 학교교육이 제공하는 사회이동의 사다리를 하나씩 오르는 순간마다 자신의 포부수준을 계속 상향 조정해 나가게 된다.

반면 노동계급 자녀들은 정통 문화를 전수받지 못하였을 뿐 아니라 사다리를 올라가야 할 매 순간마다 지각된 '객관적' 성공 기회에 맞추어 자신의 포부수준을 계속 낮게 조정해 나간다. 이 과정에서 많은 학생들이 학교를 중도에 포기하게 되고 대학은 자신의 개인적 실패를 확인하는 장이 된다. 노동계급의 학업 실패는 지배계급의 아비투스를 보상하고 있는 학교 장면에서 노동계급의 아비투스가 불리하게 작용하기 때문인 것이다.

번스타인(Bernstein, 1961, 1973a, 1973b, 1977)은 영국 중산층과 노동계층 간 언어양식의 차이를 학업성취 격차와 관련지어 연구함으로써 문화재생산의 메커니즘을 밝힌 대표적인 학자이다. 번스타인에 의하면 각 사회계층의 아동이 가정의 사회화 과정에서 습득하게 되는 언어형태와 인지양식은 학교에서의 학습과정에 영향을 미치고, 결과적으로 학업성취도에 영향을 미치게 된다.

그는 계층의 문화적 특성 가운데 구어양식(口語樣式)에 관심을 기울이고 영국사회의 노동계층과 중류계층이 가지고 있는 독특한 구어양식을 대중어(public language)와 공식어(formal language)로 구분하였다. 중류계층이 주로 사용하는 공식어는 특정 개인이 사용할 문장구조를 예언하기가 비교적 어려우며, 여러 가지 형식의 문장조직 중에서 의미를 분명하게 드러낼 수 있는 형식이 선택적으로 사용된다. 반면 노동계층에서 지배적으로 사용하는 대중어는 비교적 압축된 구어이며, 구문에 유연성이 없고, 문장조직의 가능성이 몇 가지로 제한되어 있어서 이 제한된 문장조직밖에 사용하지 못한다. 즉, 공식어에서는 개인이 선택하고 조합할 문장의 요소가 풍부한 반면, 대중어에서는 개인이 선택하고 조합할 문장 요소가 제한되어 있다. 문장의 선택과 조합의 가능성이 많으면 지적 활동을 거쳐야만 그 의미를 파악할 수 있기 때문에 공식어를 사용하는 중류계층이 대중어를 사용하는 노동계층보다 인지적, 정의적 의미를 더 섬세하게 전달할 뿐만 아니라 지적 활동도 더 많이 한다. 중류계층 아동은 어릴 때부터 공식어를 사용하여 이 어법에 함축되어 있는 인지적 과정을 어릴 때부터 익힐 수 있는 반면, 대중어를 주로 사용하는 노동계층 아동은 지적 활동에 지장을 받는다.

계층에 따른 어법의 차이는 아동이 학교에서 학습할 때 유리함과 불리함으로 나타난다. 학교의 수업에서는 공식적이고 정교한 중류계층의 어법으로 의사소통하므로 이에 익숙한 중류계층은 쉽게 교육적 메시지를 이해할 수 있다. 반면 노동계층 자녀들은 공식어에 익숙하지 않아 수업 내용을 이해하기 어려우므로 학업성취에서 뒤떨어질 수밖에 없다.

학교에서 사용하는 언어구조, 권위양상, 교육과정 유형은 지배계급의 문화를 반영하고 있기 때문에 노동계층보다 중산계층 가정에서 사회화된 아동들에게 익숙한 것들이다. 중산계층 자녀들은 어려서부터 지배계급의 언어와 문화적 습성을 체득하게 되고 이러한 문화적 습성은 이들의 학교 적응과 학업성취를 촉진함으로써 문화적 자원을 문화자본으로 전환시킨다.

제3절 한국 산업화 과정에서 교육과 사회계층이동

우리나라는 조선의 붕괴, 일제 식민지배, 광복, 토지개혁, 6 · 25전쟁을 거치는 동안 전통적인 계층구조가 붕괴되고 50년대까지 전 국민의 80퍼센트 정도가 농업에 종사하는 상당히 동질적인 사회구조를 갖게 되었다. 특히 우리 사회는 언어, 민족, 인종 등 사회 집단의 계층화를 가능하게 할 만한 요인들에 있어서 매우 동질적이기 때문에 전통적 계급 구조가 붕괴된 이후에는 다른 개발도상국에 비해 훨씬 평등한 사회를 유지할 수 있었다.

그러나 1960년대와 1970년대 산업화 과정을 거치면서 지역 간 이동이 심해지고 직업이 분화되었으며, 직업의 위계와 부의 분배에 따라 새로운 계층구조가 형성되었다. 산업화가 본격적으로 시작되었던 1960년과 30년 이후인 1990년을 비교해 볼 때 주로 일반 피고용 전문직과 사무직으로 구성된 신중간계급 및 주로 피고용 생산직과 판매직 근로자로 구성된 근로계급이 괄목할만한 성장을 이루었고, 독립자영농이나 농촌하류계급도 1980년까지 성장하다가 80년대에 성장을 멈추어 1990년에는 다소 축소되었으며(홍두승, 1992), 이후 크게 축소되었다(박병영 외, 2010)

이와 같은 새로운 계층구조의 형성에 따라 세대 간 계층이동이 활발하게 진행되었다. 1980년대 초까지 우리사회의 계층이동 실태를 실증적으로 분석한 연구들(이상백 · 김채윤, 1966; 유팔무, 1981; 김영모, 1982)은 공통적으로 세대 간 계층이동 또는 직업이동이 매우 활발하다는 것을 보고하였다.

학교교육은 초기 산업화 단계의 사회계층이동에 중요한 역할을 수행하였다. 해방 이후 교육받은 세대들은 산업화가 진행됨에 따라 형성된 새로운 사회계층 구조에서 교육수준에 따라 직업을 차지하게 되고 새로이 형성된 사회계층에 귀속되었다. 동질적인 인구 구성을 가진 사회에서 학교교육의 사회경제적 지위 결정력은 매우 컸으며, 농민으로부터 근대 부문의 직업 계층으로 지위 상승하는 데 학교교육이 매우 중요한 역할을 수행했던 것으로 보인다. 해방 이후 교육받은 세대들의 부모 세대는 대부분 가난한 농민들이었으므로 초기 산업화 단계에서 학교교육을 얼마나 많이 받느냐, 얼마나 좋은 학교를 가느냐는 대체로 개인의 능력에 따라 결정되었다고 볼 수 있으며, 따라서 개인의 사회경제적 지위 역시 대체로 능력에 따라 배분되었다고 할 수 있다.

우리 사회에서 개인의 사회경제적 지위를 결정하는 데 학교교육이 어떠한 역할을 수행하고 있는지를 실증적으로 분석한 연구들(김영화 · 김병관, 1999; 박병영 외, 2008)은 우리 사회에서 학교교육이 개인의 사회경제적 지위를 결정하는 매우 강력한 요인임을 입증해주고 있다. 아울러 아버지의 학력과 직업 등 가정배경은 직접적으로 그리고 교육수준을 통해 간접적으로 개인의 사회경제적 지위 획득에 영향을 미치고 있었으나 총 영향은 본인의 교육수준에 비해 훨씬 약한 것을 알 수 있다. 이것은 우리 사회의 지위성취 과정이 어느 정도 능력주의적임을 시사하고 있다.

그러나 세대 간 계층이동률을 통해서 본 우리사회의 개방성은 최근으로 올수록 점차 약해지고 있는 것으로 나타난다. 이것은 학교교육이 한국의 산업화 과정에서 개인의 지위 결정 기능을 수행하면서 사회계층 이동을 촉진하는 데 기여한 바 크지만, 다른 한편으로 계층구조가 고착되어 가면서 학교교육의 계층 재생산 기능이 강화되어 가고 있음을 시사한다.

산업화 초기에 능력주의적으로 사회경제적 지위를 차지한 세대의 자녀 세대의 교육환경은 많이 달라졌다. 자녀 세대의 부모는 이미 그들이 받은 교육과 획득한 직업에 따라 서로 다른 계층에 속하게 되었으며, 따라서 자녀들에게 서로 다른 교육 환경을 제공하게 되었다. 중산층 자녀들은 근로계층 자녀에 비해 경제적으로, 문화적으로 유리한 조건에서 교육을 받을 수 있었고, 높은 교육성취도를 나타내었으며, 결과적으로 부모 세대와 같이 다시 중산층을 차지할 수 있게 되었다. 즉, 학교교육은 점차 세대 간 사회이동을 촉진시키기보다 계층구조를 고착시키는 데 기여하는 방향으로 그 기능이 변화되고 있는 것이다.

한국의 직업지위 획득 또는 사회계층 이동에 학교교육과 사회계층이 미치는 효과의 추이를 분석한 선행연구(장상수, 1997; 김영화 · 김병관, 1999; 방하남 · 김기헌, 2001; 이혜영 · 김미란 · 한준, 2006; 장상수, 2013)들은 자료의 제한이나 분석 대상 연령층의 상이성과 같은 문제에도 불구하고, 대체로 아버지의 교육이 자녀의 교육에 미치는 영향이 점차 증가하고 있다는 결론을 이끌어내는 데 일치하고 있다(박병영 외, 2008). 박병영과 동료들(2008)은 세대 간 계급 지위의 직접적 세습 효과는 크게 약화되고, 자녀의 교육수준을 매개로 한 간접적 세습 경향이 강화되었음을 밝히고 있다. 계급의 직접적 세습과 교육을 매개로 한 간접적 세습이 결합되었던 과거와 달리, 최근으로 오면서 교육을 매개로 한 세습이 전적으로 주도하는 방식으로 계급 이동 혹은 세습의 메커니즘이 변화하고 있다는 것이다.

한편, 계급 세습을 매개하는 교육의 역할은 보다 은밀한 양상으로 변화하고 있는 것으로 보인다. 김영화 · 김병관(1999)이 우리나라 성인들의 직업성취 과정을 연령코호트별 경로분석하여 그 결과를 비교한 결과, 부모의 교육수준, 아버지의 직업, 가정의 사회경제적 환경 등 가정배경 변인들이 개인의 교육수준에 직접적으로 미치는 영향은 연령집단별로 별다른 변화가 없었으나, 아버지의 교육과 가정의 사회경제적 환경이 개인의 학업성적에 미치는 영향은 최근으로 올수록 증가해 왔다. 1999년부터 2007년 사이 학업성취도에 대한 부모의 사회경제적 지위의 효과를 분석한 연구(Byun과 Kim, 2010)에서도 이 효과가 증가하고 있음을 밝히고 있으며, 지난 20년 동안 중학생들의 학업성취도에 대한 가정배경의 효과가 2배 이상 높아졌음을 보고하고 있는 연구(성기선, 2010)도 발견된다.

여기서 주목할 필요가 있는 것은 이 학업성적이 교육수준에 미치는 영향 또한 증가해 왔다는 것이다(김영화 · 김병관, 1999; 최성수 · 이승현, 2022). 이것은 예전에는 성적이 조금 낮더라도 가정배경이 좋으면 대학에 진학할 수 있었으나 최근에는 성적이 낮으면 가정배경이 좋더라도 대학에 진학할 수 없다는 것을 의미한다. 성적이 좋은 학생들 순서대로 좋은 대학에 들어가기 때문에 표면적으로는 교육선발에 능력주의가 강화되고 있는 것으로 보이지만 한 걸음 더 들어가 살펴보면, 가정배경이 학업성적을 통해 교육수준에 간접적으로 미치는 영향이 증가해 왔음을 알 수 있다. 최근에 수행된 최성수 · 이승현(2022)의 연구도 이와 같은 결론을 뒷받침한다. 연구자들은 1950년대부터 1999년까지의 출생자들을 대상으로 대학진학에서 학업성취도 격차의 중요성이 어떻게 변화했는지 분석한 결과, 진학에서 학업성취도의 중요성은 선별성이 낮은 전문대 이상 대학 진학에서는 약화된 반면, 선별성이 높은 서울 소재 4년제 대학 진학에서는 강화된 것으로 나타났으며, 대체로 학업성취도 관련 효과의 크기가 증가하는 추세를 보였다고 밝혔다. 이러한 연구결과는 가정배경의 영향이 자녀의 학업성적이라는 '합법적' 기제를 통하여 학생들을 차별화하는 내적 불평등 재생산 구조를 은밀하게 강화해 가고 있다는 것을 시사해 주고 있다.

이러한 연구들을 종합해 보면, 지난 수십 년간 우리 사회는 격심한 변동 과정에서 과거의 신분에 의한 기회 배분의 질서가 아니라 학교교육 수준이라는 성취 요인에 의한 기회 배분의 질서를 확립함으로써 사회의 개방성을 높이고 사회이동을 촉진시키는 순기능적인 측면을 강하게 나타내어 왔음을 인정하지 않을 수 없다. 그러나 그 순기능적인 측면이 산업화가 진행되면서 시간의 흐름에 따라 조금씩 부식되어 불평등 재생산 기제로서의 기능이 점차 강화되고 있는 징후가 나타나고 있음은 건강한 사회체제 구축을 위해 우려하고 경계해야 하는 대상임에 틀림없다.

학습과제

01

이 장에서 공부한 교육평등관이 반영된 교육정책의 예를 각 교육평등관에 따라 한 가지씩 들어보면서 토론해 보자.

02

부르디외의 문화적 재생산론과 문화자본론은 프랑스 사회에서만 타당한 이론이라는 주장이 있다. 우리 사회의 교육과 사회 현상을 설명할 때 부르디외의 이론을 적용할 수 있을지 생각해보자.

참/고/문/헌

김영모(1982). **한국사회계층연구**. 서울: 일조각.

김영화(2020). **피에르 부르디외와 교육**. 파주: 교육과학사.

김영화(2022). **교육사회학 3판**. 파주: 교육과학사.

김영화, 김병관(1999). 한국 산업화 과정에서의 교육과 사회계층이동. **교육학연구 37**(1), 155-172.

박병영, 김미란, 한준, 김기헌, 류기락(2008). 교육과 사회계층이동 조사 연구: 1943-1955년 출생 집단 분석. 서울: 한국교육개발원.

박병영, 김미란, 김기헌, 류기락(2010). **교육과 사회계층이동 조사 연구(Ⅲ): 교육계층화와 사회이동 추이 분석**. 서울: 한국교육개발원.

방하남, 김기헌(2001). 변화와 세습: 한국 사회의 세대간 지위세습 및 성취구조. **한국사회학 35**(3), 1-30.

성기선(2010). "중학생들의 학업성취도에 미치는 가정배경의 영향력 변화에 관한 연구: 서울시 중학생 1988년과 2007년 비교." **교육사회학연구, 20**(3), 83-103.

유팔무(1981). 세대간의 사회이동과 교육기회 불평등. 서울대학교 대학원 석사학위논문.

이상백, 김채윤(1966). **한국사회계층연구**. 서울: 일조각.

이혜영, 김미란, 한준(2006). **학교교육이 사회계층 이동에 미치는 영향 분석**. 서울: 한국교육개발원.

장상수(1997). 산업화 과정에서의 사회이동과 그 변화. 성균관대학교 박사학위논문.

장상수(2013). 여성의 교육 기회 변화: 학업 성적과 대학 교육. 김상욱 외 저. **한국 사회의 공정성 1990-2011**(194-237). 서울: 성균관대학교 출판부.

최성수, 이승현(2022). 불평등의 상이한 경로: 진학 과정에서 가족배경의 일차효과와 이차효과 분해 및 추세. **교육사회학연구, 32**(3), 241-279.

홍두승(1992). 중산층의 성장과 사회변동. 한국사회학회 · 한국정치학회 편. **한국의 국가와 시민사회**. 서울: 한울.

Bernstein, B.(1961). Social class and linguistic development: A theory of social learning. In A H. Halsey & C. A. Anderson(Eds.). *Education, economy and society*. New York: The Free Press.

Bernstein, B.(1973a). *Class, codes and control. Vol 1*. London: Routledge and Kegan Paul.

Bernstein, B.(1973b). *Class, codes and control. Vol 2*. London: Routledge and Kegan Paul.

Bernstein, B.(1977). *Class, codes and control. Vol 3: Toward a theory of educational transmissions*(2nd edition). London: Routledge and Kegan Paul.

Blossfeld, H. P. & Shavit, Y.(1993). Persisting barriers: Changes in educational opportunities in thirteen countries. In S. Shavit & H. P. Blossfeld(Eds.). *Persistent inequality*(pp. 1-23). Oxford, England: Westview Press.

Bourdieu, P.(1977). Cultural reproduction and social reproduction. In J. Karabel & A. H. Halsey(Eds.). *Power and ideology in education*(pp. 487-511). New York: Oxford Univ. Press.

Bourdieu, P.(1986). The forms of capital. In J. Richardson(ed.). *Handbook of theory and research for the sociology of education*(241-258). Westport: Greenwood Press, Inc.

Bowles, S. & Gintis, H.(1976). *Schooling in capitalist America: Educational reform and the contradictions of economic life*. New York: Basic Books.

Byun, S. & K. Kim(2010). Educational inequality in South Korea: the widening socioeconomic gap in student achievement, *Research in the Sociology of Education*, 17, 155-182

Erikson, R. & Jonsson, J. O.(1996). *Can education be equalized: The Swedish case in comparative perspective*. Oxford, England: Westview Press.

Havighurst, R.(1958). Education, social mobility and social change in four societies. *International Review of Education*, 4(1), 167-185.

Thurow, L.(1972). Education and economic inequality. *The Public Interest*, 28, 66-81.

Tyack, D.(1974). *The one best system: A history of American urban education*. Cambridge: Harvard University Press.

CHAPTER_ 10

교육과 직업성취

왜 학교교육을 많이 받은 사람은 적게 받은 사람보다 지위가 더 높은 직업을 차지하게 되고, 더 높은 임금을 받는 것일까? 학교교육을 많이 받은 사람은 적게 받은 사람보다 직업세계에서 필요로 하는 능력을 더 많이 가지고 있기 때문인가? 직업세계에서 필요로 하는 능력은 무엇이며, 학교는 과연 이러한 능력을 길러내고 있는 것일까? 학교교육을 많이 받은 사람에게 취업, 승진, 임금에 있어 더 많은 보상이 돌아가는 고용 관행은 합리적일까? 이 장에서는 교육과 직업세계의 관계를 설명하는 다양한 이론을 살펴보고, 현대사회에서 직업지위를 결정하는 원리인 학력주의와 능력주의에 관한 논의를 검토한다.

제1절 교육과 직업세계의 관계를 설명하는 이론

교육은 직업 세계에서 필요로 하는 사람을 선발하여 적재적소에 배치하는 기능을 수행한다. 이러한 기능을 교육의 사회적 선발 · 배치 기능이라고 한다. 교육이 사회적 선발 · 배치 기능을 수행해야 하는 이유에 대하여 기술기능이론(technical-functional theory)과 인간자본론(human capital theory)은 비슷한 시각으로 설명하고 있다. 두 이론은 각각 사회학과 경제학의 이론으로서 학문 분야는 서로 다르지만 교육이 기술과 생산성 등 직업세계에서 업무를 수행하는 데 필요한 자질을 길러준다고 본다는 점에서 공통점을 지닌다. 이와는 대조적으로 선별가설(screening hypothesis)과 직무경쟁이론(job competition model)에서는 교육이 직업세계에서 필요한 자질을 길러준다기보다는 자질이 높을 것으로 보이는 사람들을 찾아낼 수 있게 하는 신호(signal) 기능이나, 단순히 직업위계 서열에서 상대적 위치를 정해주는 기능을 수행한다고 주장한다. 아래에서는 교육과 직업세계의 관계를 설명하는 다양한 이론을 검토한다.

1. 기술기능이론과 인간자본론

가. 기술기능이론

클락(Clark, 1962)을 비롯한 기술기능이론자들이 주장하는 논리는 다음과 같은 일련의 명제 형태로 정리할 수 있다(Collins, 1971). 첫째, 산업사회에서는 과학기술의 발전으로 인해 직무 수행에 필요한 기술 수준이 지속적으로 높아진다. 이는 낮은 기술 수준을 요하는 직종의 비중이 감소하고 높은 기술 수준을 요하는 직종의 비중이 증가하며, 동일한 직종 내에서도 요구하는 기술 수준이 높아지기 때문이다. 둘째, 학교교육은 구체적인 기술의 습득이든 일반적인 능력의 함양이든 보다 높은 수준의 기술을 요하는 직무를 수행하는 데 필요한 훈련을 제공한다. 셋째, 따라서 취업을 위해 요구되는 교육수준은 끊임없이 상승하고 점차로 더 많은 비율의 인구가 보다 높은 수준의 학교교육을 요구받게 된다.

〈표 10-1〉에서 알 수 있듯이, 우리나라 산업화 과정에서 직업구조의 변화 양상을 보면 높은 기술 수준을 요하는 직업의 비중은 증가하고 낮은 기술 수준을 요하는 직업의 비중은 감소한다는 첫 번째 명제를 긍정할 수 있는 것으로 보인다. 전문직의 비율은 1963년 3.2퍼센트에서 2008년 20.1퍼센트로 증가한 반면, 농림수산업의 비율은 같은 기간에 62.9퍼센트에서 6.6퍼센트로 크게 감소하였다. 고등학교 졸업 이상의 학력을 요구하는 직업인 관리직과 사무직의 비율 역시 모두 증가하였다. 이러한 현상은 먼저 산업화를 이룬 서구 여러 나라들의 직업구조와 비교해 보면 더 극명하게 관찰된다. 일반적으로 개발도상국보다는 과학기술 수준이 앞서 있는 서구의 개발국에서 전문 · 기술 · 관리직 비중이 높다(〈표 10-2〉 참조).

〈표 10-1〉 우리나라 직업구조의 변화

(단위: %)

구분	1963	1973	1983	1993	2003	2008
전문직	3.2	3.0	4.7	8.6	17.3	20.1
관리직	-	-	1.2	1.8	2.7	2.2
사무직	3.5	6.1	10.5	15.3	14.3	14.8
판매직	10.1	12.2	15.4	16.0	12.8	11.1
서비스직	5.1	6.6	10.0	12.4	12.3	12.3
농림수산업	62.9	49.9	29.4	13.3	8.2	6.6
생산직	14.9	21.9	28.4	32.3	32.1	32.5

자료: 국가통계포털 경제활동인구조사 산업직업구분류http://www.kosis.kr/nsportal/abroad/abroad_01List.jsp?parentId=B (2009. 12. 30. 인출)

주: 1) 2008년 이후 직업분류체계가 바뀌어 이후 자료를 제시하기 어려움.

한편 동일 직종 내 기술 수준이 높아지고 있는가에 대해서는 찬반 의견이 엇갈리고 있다. 비서직을 예로 들면 이전에는 타이핑 기술만 있으면 업무를 수행할 수 있었지만 컴퓨터의 등장 이후로는 문서작성과 편집, 데이터 구축 등 컴퓨터에 관련된 많은 지식과 기술을 습득해야만 하게 되었다. 반면 탈숙련화(deskilling) 논의와 같이 정보기술의 발달로 업무가 자동화되어 오히려 직무수행을 위해 사람에게 요구되는 기술 수준은 낮아지고 있다는 주장도 있다. 이러한 논의에서는 심지어 교사와 같은 전문직조차 탈숙련화되어 가고 있다고 주장한다. 수준 높은 교육자료와 교수매체가 증가함에 따라 교사는 스스로 교수 · 학습 계획을 세우고 자료를 제작할 필요 없이, 만들어져 있는 교육자료들을 실행하기만 하면 가르칠 수 있게 되었다는 것이다. 이 두 주장 각각을 지지하는 실증적 연구들도 축적되고 있다(Kim, 2002).

〈표 10-2〉 개발국과 개발도상국의 직업별 인구 분포

(단위: %)

국가	전문 · 관리 · 기술전문	사무지원	판매 · 서비스	숙련노동	기능	농 · 임 · 어업 · 단순노동
에티오피아	4.5	0.9	11.2	6.9	2.0	74.5
베트남	12.1	2.1	17.7	13.7	10.1	44.4
멕시코	19.7	6.9	22.6	12.5	10.0	28.3
브라질	23.7	8.2	23.2	13.3	8.4	23.2
말레이시아	27.5	8.4	23.5	10.3	11.9	18.4
한국	39.5	11.5	11.2	8.7	11.2	17.9
일본	28.0	20.0	22.0	11.2	8.0	10.7
영국	50.8	9.5	17.5	8.0	4.9	9.4
프랑스	47.0	8.1	16.1	9.1	7.2	12.5
독일	46.4	12.4	14.0	12.1	6.0	9.1

출처: ILOSTAT. Employment〉Employment Statistics〉Data〉Employment by sex and occupation. https://www.ilo.org/shinyapps/bulkexplorer51/?lang=en&segment=indicator&id=EMP_2EMP_SEX_OCU_NB_A (2022. 5. 11. 인출)

탈숙련화 논의가 있기는 하지만 전체적으로 산업구조와 직업구조가 고도화되고 있는 것은 사실이며, 산업화가 진행되면서 교육수준도 높아지고 있으므로 기술기능 이론의 주장은 일면 설득력이 있다. 우리나라에서도 대학의 학과별 정원을 조정할 때 산업 수요를 중요한 조정 기준의 하나로 적용하고 있기도 하며, 이전에 고등학교 졸업자가 취업했던 비서직에 이제는 대학졸업장이 있어야 취업할 수 있게 된 것을 보면, 교육은 직업세계의 기술 수요를 반영하고 있다는 주장이 일면 타당한 것으로 보인다.

그러나 직업세계의 기술수요와 교육수준이 일치하지 않는다는 반증도 현실 경험으로나 실증적 분석결과로나 어렵지 않게 찾아볼 수 있다. '과잉교육', 하향취업, 교육인플레이션, 고학력 실업, 전공불일치 등의 현상이 그 증거들이다. 여기에 대해서는 기술기능이론과 인간자본론을 비판하며 등장한 선별가설을 다룰 때 상세히 살펴본다.

나. 인간자본론

기술기능이론이 직업지위의 결정 과정에 주목하였다면 인간자본론은 임금의 결정 과정에 관심을 기울였다. 1950년대 중반 이후 경제학자인 슐츠(Schultz)와 베커(Becker)가 중심이 되어 발전시킨 인간자본론은 교육을 인간 자본에의 투자로 보면서, 인간이 교육을 통해 지식과 기술을 갖추게 될 때 생산성이 향상되어 임금이 상승하게 된다고 주장하였다.

인간자본론에서는 개인이 몸속에 축적시킨 지식과 기술이 물적 자본(physical capital)인 기계가 가진 생산력과 같은 기능을 수행하는 것으로 가정하고, 물적 자본이 가진 생산력에 견주어 인간의 몸에 체화되어 있는 생산력이라는 의미에서 인간자본(human capital)이라는 용어를 사용하였다. 즉, 인간자본의 가치는 인간이 노동시장에서 평가받는 경제적 가치를 의미한다.

인간자본론에 의하면 교육과 훈련, 보건 등은 소비가 아니라 노동력의 생산성을 증가시킬 수 있는 투자이다. 교육과 훈련은 개인의 생산성을 증대시킴으로써, 개인적으로는 소득을 증대시키며, 국가적으로는 경제성장에 기여한다. 따라서 인간자본론에서는 개인이나 국가나 소득을 향상시키기 위해서는 교육에 투자해야 하며, 소득격차를 줄이기 위해서는 저소득계층의 교육에 투자해야 한다고 주장한다.

인간자본론은 임금결정요인, 빈곤, 소득불평등과 같은 현상을 설명하는 데 기여하였고 경제 및 사회 정책의 이론적 기초로 활용되기도 하였다. 1950년대와 60년대에 걸쳐 인간자본론에 근거하여 저소득층과 저개발국가에 대규모의 교육투자 및 교육원조가 실시되었다.

그러나 기대와는 달리 빈곤은 해소되지 않았고 소득 분배의 불평등 구조는 좀처럼 개선되지 않았다. 이와 함께 교육과 소득 및 경제발전의 관계에 대한 인간자본론의 관점에 대해 비판이 일기 시작하였고, 특히 교육과 생산성의 관계에 대한 가정은 선별가설과 직무경쟁이론, 노동시장분절론 등에 의해 심각한 도전을 받게 되었다.

2. 선별가설

선별가설은, 인간자본론이 주장하듯이, 교육이 개인의 생산성을 증대시키는 것이 아니라 훈련가능성(trainability)을 나타내 주는 신호(signal)라고 보면서 졸업장이 생산성의 증거가 아니라 하나의 상징적 자격증에 불과하다고 주장한다(Collins, 1979; Thurow, 1975). 선별가설에 의하면 교육은 개인의 소득에 영향을 미치지만, 이것은 교육이 반드시 개인의 생산성을 증진시키기 때문이 아니라, 생산성, 잠재력, 훈련가능성, 동기 등 개인의 능력과 태도를 예측할 수 있는 도구로서 활용되기 때문이다. 선별가설은 교육의 기능을 선별, 여과, 신호, 인증, 분류 등으로 본다. 교육은 개인을 능력에 따라 분류하고, 이 능력을 교육자격증인 졸업장으로 '딱지' 붙임으로써, 개인의 생산성에 직접적으로 영향을 미치지 않고도 교육받은 개인이 높은 임금을 보장하는 일자리를 얻을 수 있게 하는 한편, 고용주로 하여금 개인의 능력을 평가할 수 있는 신호로 활용할 수 있게 한다는 것이다.

선별가설에는 다양한 명칭의 이론들이 속해 있는데 이 이론들은 일반적으로 두 가지 관점으로 나누어진다(Groot & Hartog, 1995). 하나는 신호모델이고, 다른 하나는 자격증주의이다.

가. 신호모델

선별가설을 지지하는 첫 번째 관점은 교육이 개인이 이미 지니고 있는 능력의 신호 역할을 수행한다는 신호모델(signaling model)이다(Arrow, 1973; Spence, 1974). 신호모델에 의하면 교육은 높은 생산성이 기대되는 개인을 찾아낼 수 있는 유용한 정보를 제공한다. 고용주는 근로자의 능력을 모르는 불확실성 속에서 근로자를 채용하게 되는데, 높은 수준의 교육은 훈련가능성이 높고, 따라서 비용을 많이 들이지 않고도 생산성을 높일 수 있다는 신호로 받아들여진다. 이 관점에서 교육과 임금의 관계는 인적자본론에서와 같이 생산성 향상의 역할이 아니라 생산성 발견의 역할, 더 정확히 말하여 생산성이 높은 사람을 발굴하는 역할에서 비롯된다.

고용주들이 채용과 승진 시 서로 다른 기준을 사용한다는 점도 신호모델을 지지하는 데 동원된다. 일반적으로 학교교육은 승진보다 채용에 더 큰 영향을 미친다. 신규 채용 시에는 지원자의 자질을 평가할 수 있는 증거들이 없기 때문에 학교교육을 잠재적 능력의 평가 기준으로 활용하지만, 일단 채용되어 근무하게 되면 근로자의 직무수행 능력을 관찰할 수 있기 때문에 학교교육의 중요성이 감소하게 되며(Bills, 1988), 이것은 학교교육이 신호 기능을 수행한다는 신호모델을 뒷받침한다.

나. 자격증주의

선별가설의 두 번째 관점은 자격증주의(credentialism)로서 이 관점에서는 교육이 특정 직업을 수행하는 데 실제로 요구되는 능력의 소유 여부와 관계없이 그 직업에 입직하는데 필요한 상징적인 자격증의 역할을 수행한다고 주장한다. 콜린스(Collins, 1971)는 학교교육이 근로자의 선발 준거로 사용되는 이유는 교육이 직업 성공에 필요한 능력을 개발하기 때문이기보다는 졸업장 그 자체가 상징적인 도구로서 직업세계에서 의미가 있기 때문이라고 하였다. 그는 실제로 학교는 직업기술의 학습장소로는 매우 비효율적이며 직업교육은 직업세계의 운명과는 관련이 없다고 하였다. 그럼에도 불구하고 졸업장이 직업선발에 중요한 준거로 사용되는 까닭은 특정 직업지위 집단의 입직 조건을 제한함으로써, 집단 내의 문화적 응집성을 강화하고, 지배권을 유지하는 데 기여하기 때문이라고 하였다. 베르그(Berg, 1970) 역시 고용주가 선발도구로 활용하는 졸업장이 실제 기술 수요, 근로자 생산성, 이직률 등과 유의미하게 연관되어 있다는 증거가 없다고 주장하였다. 그는 미국의 노동시장에는 학력에 대한 과도하고 비성찰적인 집착이 만연해있다고 비판하면서 직무성과와 학력의 관계는 좋게 말해서는 의심스럽고 나쁘게 말해서는 엘리트층이 교육을 적게 받은 사람들에게 서시르는 상난이라고 주장하였다.

다. 과잉교육, 하향취업, 교육인플레이션

자격증주의와 신호이론은 지원자의 능력에 대한 정보가 불확실할 때 교육 성취가 고용주에게 모종의 신호의 역할을 하고 근로자를 다양한 직종에 효율적으로 배치하도록 한다는 점에서 공통점을 지닌다. 이 두 관점에 따르면, 교육이 생산성의 증대가 아니라 단지 생산성(또는 생산성과 직접적으로 관련이 없는 그 어떤 능력이라도)의 발견이나 확인, 예언의 역할을 한다면, 교육에의 투자가 개인적으로는 수익성을 보장한다 하더라도 사회적으로 볼 때 과잉교육과 하향취업 등 자원의 낭비를 초래할 수 있다고 본다.

과잉교육, 하향취업, 교육인플레이션은 모두 해당 직무에서 요구되는 교육수준보다 더 높은 수준의 교육을 받은 근로자가 취업함으로써 발생하는 현상을 의미한다. 사회 전반의 교육수준이 높아져 고학력자가 노동시장에 많이 공급되면 고용주는 구직자가 해당 직무에 적합한 수준의 기술을 가졌는지 여부를 떠나서 더 높은 교육을 받은 사람이 일을 더 잘 할 것이라는 믿음으로 고학력자를 채용하는 경향이 있다. 따라서 고등학교 졸업자가 충분히 수행할 수 있는 직종에 대학 졸업자가 채용되며, 그 결과 고등학교 졸업자는 중학교 졸업자가 취업해 있던 직종에 이들을 밀어내고 하향 취업하게 된다. 이렇게 되면 졸업장의 가치가 점차 떨어지는 교육인플레이션 현상이 발생하게 된다.

베르그(Berg, 1970)는 미국 내 직업의 직무분석을 통하여 기술 수준의 변화에도 불구하고 실제로 직업 수행에 필요한 교육 정도는 근로자의 실제 교육수준보다 낮다고 주장하였다. 특히 시간이 흐름에 따라 근로자의 교육수준보다 낮은 교육을 요구하는 직업에 종사하는 경향이 강해지며 이러한 현상은 교육과 생산성의 관계에 회의를 불러일으키게 한다고 하였다. 그럼에도 불구하고 고용주들은 더 많은 교육을 받은 사람이 보다 생산적이라는 막연한 믿음으로 고학력자를 선발하려 하며 인간자본론은 이러한 비합리적인 행동의 합리적 설명 기제라고 비판하였다.

던컨과 호프만(Duncan & Hoffman, 1981)은 1976년에 미국 노동력의 약 40퍼센트가 그들의 직업이 요구하는 적정 교육 수준보다 더 많은 교육을 받았음을 보고하였으며, 럼버거(Rumberger, 1981a)도 미국에서 근로자들의 16~40퍼센트가 자신들의 직업이 요구하는 적정 교육 수준보다 1~3년 정도 더 높은 수준의 교육을 받았고, 11~17퍼센트의 근로자들은 매우 높은 과잉교육을 받은 것으로 추산하였다.

우리나라에서도 하향취업과 과잉학력 현상이 나타나고 있다. 김윤태(1991)는 1980년에서 1985년 사이에 졸업한 대학졸업자의 직종별 취업 현황을 분석한 결과, 대학졸업자와 중 · 고등학교 졸업자 모두 하향취업하는 경향이 있음을 보고하였다. 또한 전문대 졸업 이상의 학력 소유자를 대상으로 조사한 최근의 연구(임언 외, 2012)에 의하면 학력부족자의 비율은 전체 응답자의 3.7%에 불과한 반면, 36.6%가 학력과잉자인 것으로 나타났다. 특히 학력과잉 비율은 대학졸업 및 대학원졸업(각각 40.1%와 41.4%)이 전문대졸업(29.1%)보다 높았고, 비이공계 전공(40.6%)이 이공계 전공(31.6%)보다 높았다. 김안국 · 이상호(2018)가 OECD 자료를 기초로 작성한 연구에 의하면 한국의 과잉학력 비중은 70%에 육박하여 OECD 주요국 중 가장 높다.

3. 직무경쟁이론

직무경쟁이론은 개인의 소득이 임금경쟁에 의해 결정되는 것이 아니라 직무경쟁에 의해서 결정된다고 본다(Thurow, 1972). 직무경쟁이론에 의하면 개인의 소득과 임금은 그가 가지고 있는 한계생산능력에 의해서가 아니라 직무의 속성 자체에 의해 결정된다. 각 직무는 그에 맞는 임금 수준을 내장하고 있으며 개인은 그 직무가 규정하는 대로 노동을 하고 그 직무에 내장되어 있는 임금 수준에 따라 대우를 받게 된다. 가장 유능한 개인이 노동열(labor que)의 맨 앞에 설 수 있기 때문에 가장 임금을 많이 받는 직업을 차지할 수 있다. 따라서 노동열은 일종의 직무열(job que)의 성격을 띤다.

직무경쟁이론은 근로자가 직업과 관련된 대부분의 기술을 노동시장에 진입하기 이전에 습득하는 것이 아니라 사업체에 고용된 후 직업훈련을 통해서 습득한다고 가정한다. 노동시장은 원천적으로 기존의 기술을 거래하는 투기시장이 아니라 훈련 기회가 근로자들에게 차등적으로 배분되는 훈련시장으로 간주된다. 이 이론에서 생산성은 근로자에 의해서보다 기술공학이 반영된 직업의 속성에 의해 결정된다는 것을 전제로 하고 있으므로 근로자의 특성은 훈련가능성을 제외하고는 잠재적 생산성을 결정하는 데 중요하지 않다고 본다. 고용주는 채용 결정시 훈련가능성을 가장 중요한 준거로 고려하는데, 교육수준은 훈련가능성, 즉 훈련 경비를 적게 들이는 요인으로 간주되므로 교육수준이 높은 개인이 직무열의 앞에 위치하게 되는 것이다.

직무경쟁이론은 생산성과 임금은 직업에 부착되어 있으며, 교육은 단지 노동시장에서 높고 낮은 임금을 주는 직업에 개인을 선별, 배치하는 기능을 수행한다고 본다. 따라서 소득 분배를 변화시키기 위해서는 직업이나 소득 구조 자체가 변화되어야 하며, 교육기회의 분배는 소득 분배에 영향을 미치지 못한다고 주장한다.

제2절 학력주의와 능력주의

1. 학력주의와 능력주의의 관계

직업 지위를 결정하는 데 학력을 중시하는 사회는 능력주의 사회인가? 이에 대해 기능주의 관점과 갈등론적 관점은 상반된 답을 내리고 있다. 능력주의 사회에서는 정치, 경제, 사회적 보상이 개인의 재능과 노력에 의해 분배되는 것을 원칙으로 한다. 기능주의에서는 기회가 균등하게 보장되고 공정한 경쟁을 통해서 능력에 따라 권력, 명예 부 등이 분배된다면 그 사회는 합리적이고 평등하다고 본다. 학교교육은 개인의 능력을 실현시킬 수 있는 장을 제공해 주고 직업세계에서 필요로 하는 지식 및 기술을 가르쳐 주므로 학교교육의 성취도에 의해 지위를 배분하는 것은 합리적이고 공정하며, 학교교육의 기회를 확대하고 균등화하는 것은 사회적 평등을 촉진시키는 길이라는 논리이다. 이러한 관점에서 볼 때 능력주의와 學力주의와 學歷주의는 동일하다. 기능주의 관점의 이러한 논리에 기초하여 학교교육의 기회는 계속 확대되었고 학교교육은 개인적으로는 지위상승의 수단으로서, 사회적으로는 불평등을 감소시켜주며 훌륭한 인재를 선발, 배치하여 사회적 능률을 촉진시켜주는 방편으로서, 개인과 사회의 관심을 집중적으로 받아 왔다.

학력주의

학력은 學力과 學歷의[1] 서로 다른 두 가지 의미를 지닌다. 學力의 사전적 의미는 '학문의 실력', '학문을 쌓은 정도', '학문의 힘' 등으로 정의된다. 즉, 교육과 학습을 통하여 획득한 실질적 능력과 힘을 의미한다. 한편 學歷은 사전적으로 '수학(修學)한 이력(履歷)', '학교를 다닌 경력(經歷)'을 의미한다. 학교교육을 통해서 실제로 무엇을 배웠는가와 관계없이 어떤 학교를 어느 수준까지 다녔는가를 나타내 주는 징표를 뜻한다. 앞서 살펴본 신임장, 졸업장, 자격증 등은 바로 후자의 학력, 즉 '學歷'을 지칭하는 표현이다.

학력주의는 학력이 직업성취를 비롯하여 삶의 기회 제 측면에서 중요한 요인으로 작용하는 경향이나 관행을 의미한다. 이 때 학력은 두 가지 의미를 다 지닐 수 있지만 실제로 사회에서 통용되는 학력주의는 후자, 즉 학교를 다닌 경력으로서 학력學歷을 중시하는 경향을 말한다.

학력주의는 자격증주의와 같이 일반적으로 부정적 의미를 내포하는 개념으로 사용된다. 학력주의는 많은 경우 개인의 실제 능력과 노력보다 어떤 교육을 얼마만큼 받았는지를 알려주는 졸업장이 더 중시되어 졸업장 프리미엄이 작용함을 가정한다.

그러나 능력주의와 학교교육의 관계에 대한 이와 같은 기능주의 관점은 많은 비판을 받아 왔다. 이와 같은 비판은 첫째, 과연 개인의 학교교육수준을 개인이 성취한 능력으로 볼 수 있는가 하는 문제와 둘째, 학교교육수준이 직업세계에서 요구하는 직무능력을 반영하고 있는가 하는 문제에 초점을 맞추고 있다.

첫 번째 비판은 주로 갈등론자들에 의해 제기되는 비판으로서 개인이 학교교육을 얼마나 받았는가 하는 것은 사회경제적 배경에 의해 영향을 받으므로 성취한 능력 지표라기보다 귀속적 요인의 성격이 강하다는 것이다. 만일 모든 아이를 출생하자마자 부모와 가정으로부터 격리시켜서 제각기 타고난 능력을 최대한 실현시킬 수 있는 환경에서 키울 수 있다면 능력주의 실현이 가능해질 것이지만 이것은 현실적으로 가능하지 않다.

---

1) 영어로 學力은 achievement, academic achievement, scholastic ability, academic ability 등으로 혼용되고 있으며, 學歷은 educational record, educational credentials, diploma 등의 용어로 표현할 수 있다.

두 번째 비판적 관점에서는 학력이 직무능력보다는 직무와 직접적으로 관련이 없는 능력을 나타낸다고 주장한다. 학교에서 습득하는 기술의 형태와 내용, 생산성이 일터의 요구와 연계성이 적다는 것이다(Berg, 1970; Collins, 1979). 또한 학력이 학연과 같은 연고를 통하여 지위 획득에 영향을 미침으로써 일종의 귀속적 요인으로 작용한다고 비판한다. 최근 우리나라에서 심각하게 제기되고 있는 '학력주의와 학벌주의 타파' 요구는 바로 학력과 학벌이 직업세계에서 요구하는 능력과 관계가 없음에도 불구하고 부당하게 사회경제적 보상을 받고 있으며, 이로 인해 학교교육이 능력주의 사회를 실현하는 데 기여하기보다 오히려 그 실현을 저해한다는 문제의식에서 비롯된 것이다. 최근에는 서구에서도 교육에 기초한 차별의 문제가 제기되고 있다(Tannock, 2008).

學力과 學歷과 직업세계에서 요구하는 능력이 일치하지 않아 학력이 사회적 선발 · 배치의 준거로서 타당성이 없다면, 學力과 學歷과 능력을 일치시켜 그 타당성을 높이거나, 아니면 學歷, 즉 졸업장을 대체할 수 있는 대안적인 사회적 선발 · 배치 준거를 마련해야 할 것이다. 기업체에서 실시하는 인턴제나 자체적으로 실시하는 다양한 입사 전형들은 졸업장에 대한 대안적인 준거를 얻기 위한 시도들이다.

한편 최근 주요 OECD 국가를 중심으로 시민으로서, 그리고 직업인으로서 갖추어야 할 기본적인 핵심 능력이 무엇인가를 규명하고, 이를 측정할 수 있는 시스템을 구축하려는 노력이 이루어지고 있는데, 이러한 능력이 규명되고 시스템이 구축되면, 학교에서 길러야 할 능력, 즉 學力에 대한 관점의 변화를 요구하게 될 것이다. 관점의 변화와 이에 따른 실천이 성공적으로 이루어진다면 學力과 學歷과 능력 간의 불일치가 감소될 것이라고 기대할 수도 있을 것이다.

2. 한국 사회는 왜 학력주의가 강하게 지배하는가?

우리 사회에서 졸업장이 개인의 삶의 기회에 미치는 영향은 그 어느 나라에서보다 크다. 졸업장은 직업세계에서 직장을 구할 때나, 직장에서 승진할 때나, 임금이 결정될 때나 매우 큰 영향을 미친다. 학력은 결혼 시장에서도 중요한 고려 사항이 된다. 일류대학의 졸업장은 '일등 신랑감'으로 간주되며, 사회 진출을 기대하지 않는 여성에 있어서도 일등 신랑감을 얻기 위해서는 대학 졸업장이 요구된다. 뿐만 아니라 사적 인간관계 망을 형성할 때도 학력은 중요한 요소가 된다. 사적으로 만난 자리에서도 사람들은 어느 고등학교, 어느 대학, 몇 회, 몇 학번인가를 꼭 알고 싶어 한다. 같은 학교 출신인 경우 특별한 유대감을 갖는 경향이 강하다. 한국인의 교육열이 높은 이유도, 그래서 과도한 사교육을 비롯한 각종 입시 과열 경쟁 현상이 나타나는 것도 우리 사회에 학력주의가 강하게 작용하고 있기 때문이다.

모든 근대 산업사회에는 본질적으로 학력주의 현상이 나타나고 있지만 그 강도는 사회에 따라 차이가 난다. 왜 한국 사회는 서구의 여러 나라에 비해 학력주의가 강하게 나타나고 있을까? 다음에서는 영국, 프랑스, 독일, 일본 등 학력주의 수준이 서로 다른 나라들과의 비교를 통하여 우리나라 학력주의의 역사적, 사회적 배경을 살펴보기로 한다.[2)]

가. 급격한 정치적, 경제적 변혁

산업화와 정치적 변혁이 급격히 이루어진 사회일수록 근대화에 필요한 인재에 대한 수요가 강하게 나타나며 이에 따라 학력주의로의 이행 속도가 빠르고 학력주의의 성격이 강하다. 근대화에 필요한 인재에의 요구는 정치적 변혁에 따라 국가의 지도적 역할을 담당할 인재와 산업혁명의 진전에 따라 산업화를 담당할 인재에의 요구로 나타난다. 정치적, 경제적 변혁의 급격성 정도는 교육체제의 존재 방식과 밀접한 관계를 지니는데, 영국과 같이 정치적 변혁이 비교적 완만하고 신흥시민계급과 귀족계급 간에 타협적인 관계를 형성하는 경우 귀족이 여전히 지배층, 상급관료를 공급하는 경향이 있어 고등교육에 대한 수요가 급격히 팽창하지 않는다. 이 경우 중세 이래

2) 이하의 논의는 김영화(2000). 한국의 교육과 사회, 제5장 '한국인의 교육열 형성 배경 및 요인'에서 발췌하였다.

소수의 전통적, 귀족적 대학이 그 위신을 유지한다. 반면 프랑스나 일본과 같이 정치적 변혁이 급격하고 전통적 계급 구조가 붕괴된 경우 구지배계급을 대신하여 각계의 지도층을 담당할 인재를 급속히 양성할 필요성이 대두되며 고등교육에 대한 기대가 강하여 전통적, 귀족적 대학과 더불어 새로운 고등교육기관의 설립이 요구된다.[3]

한편 산업혁명의 진전 양상도 교육체제의 발전 과정에 영향을 미치는데, 영국이나 프랑스와 같이 산업혁명이 자연발생적으로 일어난 선발형 선진국에서는 산업화에 필요한 인재를 산업 현장에서 자급자족하고, 후발 선진국에 비해 그 진행 속도도 완만하여 공교육에 대한 사회의 요구는 첨예하게 나타나지 않는다. 반면 독일이나 일본과 같은 후발형 선진국에서는 선발국과의 경쟁 과정에서 산업화가 급격히 진행될 필요가 있기 때문에 산업화를 담당할 인재에 대한 수요가 첨예하게 나타나며 공교육 의존도가 높아진다.

정치적 변혁과 산업혁명 모두 완만하게 진행되었던 영국에서는 학력의 자격가치가 상대적으로 낮은 반면, 한 쪽의 변혁이 급격하게 진행되었던 프랑스와 독일에서는 영국에 비해 학력의 사회선발기능이 일찍 형성되었다. 한편 정치적 변혁과 경제적 변혁이 모두 급격하게 이루어졌던 일본에서는 국가의 지도적 역할을 담당할 인재와 산업화를 담당할 인재가 모두 급격하게 요청되었다. 인재의 공급을 공교육에 강력하게 의존하여 학교교육과 직업세계가 근대화 초기에서부터 강하게 결합되었고, 학력의 자격화가 유럽 제국에 비해 빠른 속도로 진행되었다.

우리나라는 불과 반세기 남짓한 기간 동안 전통사회의 붕괴, 일제의 식민 통치, 해방, 미군정, 6.25 전쟁, 군사 쿠데타로 이어지는 철저하고도 급격한 정치적 변혁을 경험하였으며, 1960년대 이후의 산업화는 매우 빠른 속도로 진행되었다. 일본과 마찬가지로 우리나라도 인재의 공급을 학교교육체제에 강하게 의존해 왔으며, 정치적, 경제적 변혁의 급격함은 한국 사회에 학력주의를 강화시키는 데 기여했다고 할 수 있다.

특히 한국 사회는 일제 식민 통치 아래에서 인재의 양성이 철저하게 봉쇄되어 왔

3) 이하 영국, 프랑스, 독일, 일본 사례에 대한 논의는 도어(Dore, 1976), 이와다료꼬(岩田龍子), 김영화(1994)를 참조하였다.

다는 점이 해방 이후 학력주의를 가속화시켰다. 한국인들에게는 고등교육기회를 차단하고, 주요 지도급 지위에는 일본인들로 충원하여 한국인들은 인재로 성장할 수 없었다. 일제 식민지 시대에 접어들면서부터 초기를 제외하고는 한국인에게는 관료로 충원될 수 있는 기회가 거의 없었고 기회가 있다 할지라도 헌병보조원, 참정, 순사보, 통역 등의 말단 관리들이었다. 공공행정기관에는 한국인 관리는 거의 채용되지 않아, 1,000명에 가까운 총독부 직원 가운데 한국인은 44명에 불과하였고 그것도 말단직이었다(김영모, 1980). 해방 이후 주요한 지위를 차지하고 있던 일본인들이 물러나자 국가 지도층을 담당할 인재의 부족은 매우 심각하였고, 인재 양성의 필요성은 공교육체제, 특히 고등교육체제의 확대를 크게 촉진시켰으며, 학력의 사회적 가치를 높이는 데 기여하였다.

나. 전통적 신분 구조의 해체와 학교교육을 통한 활발한 사회 이동

유럽 여러 나라의 경우 전근대사회에서 근대사회로 이행하는 과정에서 지배계급은 구성 면이나 문화면에서 강한 연속성을 지녔다. 프랑스와 같이 귀족에서 부르주아로 지배계급의 변화를 경험했던 사회에서도 새로운 지배계급은 전통적인 지배계급의 문화에 동화되어 새로운 지배계급으로서의 자리를 사회적으로 굳히는 길을 모색하였다.

반면 일본에서 메이지유신을 주도하여 새로이 지배층의 지위를 차지했던 하급 무사는 바쿠후(幕藩)체제를 폐지하고 신분제도를 부정함으로써 과거 계급구조와의 연속성을 단절시켰다. 정치권력을 장악했던 하급무사의 대다수는 번(藩)내의 신분제적인 질서의 비판자였고 번 외로 유학해서 사숙(私塾)에서 업적 본위의 경쟁을 경험했던 사람들이었다. 지배층의 구성과 문화단절의 전제 조건은 번과 신분제의 틀을 넘어 발탁된 인재에 의한 강력한 중앙집권적인 정치와 행정기구의 확립이었다. 메이지유신은 지배 집단의 정체감을 근본적으로 변화시키고 부의 경제적 토대를 변화시켰으며(토지에서 나오는 봉건적 조세 수입 → 국가의 재무성으로부터 받는 봉급), 상류계급의 삶의 양식을 근본적으로 변화시켰다(天野郁夫, 1982).

새로운 문화적 상징은 외국 유학생들이 수입하거나 외국인 교사들에 의해 전수되었던 서구의 풍습과 이상이 되었고 신식학교만이 이러한 문화를 확산시킬 수 있었다(Dore, 1976). 무사로서 신분 문화의 재생산을 가능하게 했던 번교(藩校) 중심의 전통적인 교육제도는 폐지되었고 무사의 전통적 교양이었던 유학도 공교육체제에서 제외되었다. 메이지유신 이후 공교육제도의 정점을 차지하고 있던 고등교육기관은 순수한 서구 모델을 따랐으며, 그 교육 내용은 한학과 국학을 중심으로 했던 전통적인 학문과는 거리가 멀었다.

지배계급의 구성이나 문화의 양면에 이어서 초래된 불연속성은 일본이 메이지유신 이후 유럽을 능가할 정도로 합리적이고 보편주의적인 선발제도를 마련하게 하는 데 크게 기여하였다. 즉, 메이지유신으로 전통과의 철저한 단절을 경험했던 일본의 경우 전통적 계급 구조는 와해되었고 학교교육은 새로운 계층구조를 형성하는 데 매우 중요한 역할을 담당하였다. 개인이 전통 사회에서의 출신과 관계없이 학교교육을 통해 높은 사회경제적 지위에 도달할 수 있게 된 것이다.

한국 사회의 경우 조선시대의 봉건적 신분체제를 근본적으로, 전격적으로 부정하는 갑오개혁은 근대적 신분 질서를 형성하는 제도적 기반이 되었고 갑오개혁 이후의 근대적 신분 질서 형성에는 근대 학교교육이 중요한 역할을 담당하였다. 일제 강점 이후 근대 공교육제도는 국민들의 강한 저항에도 불구하고 매우 빠른 속도로 우리 사회에 정착하였다. 식민 통치의 경험 없이 자생적으로 교육의 근대화를 이루었던 사회보다 식민모국에 의해 근대 공교육제도가 거의 강압적으로 도입되었던 사회에서는 전통교육제도와의 단절과 근대 교육제도의 정착이 더욱 빠르게 진행된다. 새로이 정착된 근대 교육제도는 새로이 형성된 근대 신분 질서에서 지위를 배분하는 데 중요한 기능을 행사하였다. 갑오개혁 이후 관리등용제도가 변화되고,[4] 국내 · 외에서 신교육을 받은 사람들이 지배층이 될 수 있도록 하는 각종 제도적 장치가 정비되

4) 1894년 7월 3일 군국기무처는 전고국조례(銓考局條例)와 선거조례(選擧條例) 및 문관수임식(文官授任式)을 제정하여 실시하였는데, 전고국조례에 의하면 시험과목이 국문, 한문, 사학(寫學), 산술, 내국정략, 외국사정 등이기 때문에 신학교를 졸업했거나 해당 대신의 추천과 전고국의 시험을 거치지 않으면 임관하기가 어려웠다(김영모, 1980).

었다.[5] 이에 따라 한말 관료 중에서 근대적 교육을 받은 사람이 44.9퍼센트나 되었고 과거와 각종 시험에 합격한 사람은 전체의 15.3퍼센트에 불과하였다(김영모, 1980).

갑오개혁 이후 일제 강점기 동안 제도적으로는 봉건적 신분 질서가 와해되었음에도 불구하고 실질적으로는 봉건 사회의 구지배계급이 여전히 사회적 지배 세력으로 남아 있기는 하였지만(김영모, 1982) 해방 이후 사정은 달라진다. 한말부터 지배층으로 군림해 왔던 일부 극소수의 상류층을 제외하고는 산업화와 도시화의 과정에서 활발한 사회 이동을 경험하게 된다. 과거에 우리 사회의 대부분을 점유하고 있던 농민층은 산업화 과정에서 도시 노동자와 화이트칼라 층으로 재편되었고 개인이 어떠한 교육을 얼마만큼 받았는가 하는 것은 근대 부문에서 어떠한 직업 지위를 획득하는가에 결정적인 요인으로 작용하였다. 교육기회의 확대로 과거에 일부 상류층의 조선인과 일본인이 독점하였던 교육기회가 일반 국민에게 개방되어 학교교육은 사회이동을 촉진하였다. 특히 우리 사회는 언어, 종족, 인종 등 사회 집단의 위계화를 가능하게 할 만한 요인들에 있어서 매우 동질적인 특성을 지니기 때문에 학교교육은 사회경제적 지위상승에 결정적인 역할을 담당하였다.

다. 후기 개발국의 학력주의

일반적으로 산업화를 늦게 시작한 사회, 즉 후기 개발국은 산업화를 일찍 시작한 사회보다 학력주의로의 이행 속도가 빠르며 학력주의 성격이 강하다. 영국의 산업화 초기보다 일본의 산업화 초기에서, 1910년대의 일본에서보다 1950년대의 스리랑카에서, 1950년대의 스리랑카에서보다 1980년대의 케냐에서 교육자격은 더욱 중요하

---

5) 1898년 12월에 공표 · 실시된 『주판임관시험 및 임명규칙』에 의하면 의정부 및 각 부의 판임관을 임명할 때에는 각기 관하 학도 및 외국 유학생 졸업인중에서 시험을 거쳐 주무장관이 전행 임명하고 무관 임명은 무관학교 졸업자로서 군부시험을 거친 자는 바로 주임(奏任)할 수 있었다. 또한 1906년 이후 문관임용령에서도 외국대학에서 법률 또는 정치 · 경제의 학과를 수료하여 졸업증서를 가지고 전형 위원의 전형을 거친 자와 내외국의 정법(政法) 전문학교의 졸업증서를 가지고 만 2년 이상 판임문과 또는 판임관 내관의 직에 있고 현재 5급봉 이상의 봉급을 받는 자는 바로 주임문관에 임용되었다. 그리고 관립고등학교 또는 학부대신이 인정하는 국내외의 관공사립 학교의 졸업 증서를 가진 자와 비서관, 교관, 기술관 및 2년 이상의 고원(雇員)은 판임문관에 임용될 수 있었다. 이러한 자격 조건은 법관과 지방관의 임용에서도 적용되었다(김영모, 1980).

였다(Dore, 1976). 산업화에 필요한 지식과 기술을 주로 산업 현장에서 발전시키고 체계화시켰던 선도 산업사회와는 달리, 후기 개발국은 선도 산업사회에서 이미 체계화된 지식과 기술을 수입한다. 따라서 학교는 지식과 기술을 수입하고 전수하는 장(場)으로서 중요한 역할을 수행한다. 영국의 기술자협회는 실무기술자에 의해 지배되는 데 반해, 일본의 기술자협회는 교수들에 의해 통할되며 협회의 간사도 대학인이라는 점은 산업화의 시기에 따라 기술계에서 학교교육의 위치가 다르다는 것을 시사해주는 하나의 예가 된다(Dore, 1976). 같은 맥락에서 직업세계에서 개인의 가치를 판단하는 데 있어서 학력이 중시되는 경향도 후기 개발국의 경우 선도 산업국가에서보다 일반적으로 더 강하다.

또 후기 개발국은 선도 산업국에서 지식과 기술뿐 아니라 여러 제도를 수입하고 있는 바, 많은 경우 선도 산업국에서 오랜 동안의 형성기를 거쳐 정착한 제도를 후기 개발국에서는 근대화 초기에 수입한다. 예컨대, 일본은 서구에서 근대화가 꽤 진행된 후 정착된 시험에 의한 공무원 채용제도를 근대화 초기 단계에 수입하여 정착시켰다. 이 제도는 일본이 귀속주의적 선발체제에서 벗어나 보편주의적이고 업적주의적인 선발 체제를 확립시키는 데 크게 기여하였다. 스리랑카는 20세기 초반 당시 도제 훈련과 취업중 훈련을 통해 회계사와 기술자가 되는 영국제도를 이식하였던 데 반해 이보다 더 늦게 출발한 케냐는 영국에서 형식화되고 있는 학위취업제도를 채택하였다. 이러한 차이는 스리랑카보다 케냐에서 교육체제의 성장이 더 빠르고 시험 경쟁의 압력이 더 심하게 나타나는 현상을 상당 부분 설명해준다(Dore, 1976).

한편 후기 개발은 산업 및 노동시장에서 전통부문과 근대부문의 이중구조를 심화시키는 경향이 있으며 근대 부문으로 진입할 수 있는 유일한 통로인 학교교육에 대한 열망을 증가시킨다. 전통적 산업 기술과 수입해서 이용할 수 있는 현 단계의 기술 사이에는 커다란 격차가 존재한다. 늦게 산업화에 착수할수록 전통부문과 근대부문간의 소득, 권력, 위세의 차이는 더욱 커지고 따라서 근대 부문의 매력도 더욱 커지며, 늦게 개발을 시작할수록 더 좋은 통신수단을 가지고 있기 때문에 전통 부문에 속해 있는 사람들도 근대 부문의 매력을 더 잘 알게 된다. 결과적으로 근대 부문으로 진입할 수 있는 자격증을 보장해 주는 학교교육에 대한 열망은 증가하게 된다.

라. 대기업 중심의 산업화

경제구조면에서 대기업의 비중과 자영업자를 비롯한 가족기업, 소기업의 비중이 어떠한가에 따라 학력주의의 전개 양상은 달라진다. 소규모 기업, 소규모 가족 공장의 비중이 큰 사회에서는 자격증보다는 실제 기술이나 노력을 중시한다. 반면 국가나 대기업과 같은 대규모 조직이 산업화, 근대화 과정의 초기 단계에서부터 핵심적인 역할을 담당하며 소규모 기업이 부재하거나 성장을 방해받는 사회에서는 전통부문과 근대부문의 분리가 첨예하고 관료제가 발달하여 교육 자격의 중요성이 커진다.

홍콩의 경우 전형적인 후기 개발국임에도 불구하고 학력사회로의 진전이 늦었는데 이것은 홍콩이 소규모 기업에 의존하여 산업화를 추진했기 때문이다. 홍콩 사회에서 사람들의 수입은 고용주에게 보여줄 수 있는 자격증에 의해 결정되는 것이 아니라 자신이 실제 가지고 있는 기술과 노력에 의해 결정되는 경향이 크다. 또한 근대부문과 전통부문 간의 첨예한 이원적 분화가 존재하지 않아 기존의 기술과 수입한 기술과의 격차가 심하지 않은 것도 홍콩에서 교육자격의 중요성이 강화되는 것을 막는 하나의 요인이 되었다(Dore, 1976).

말레이지아의 경우 중국인보다 말레이족이 대학진학을 더 많이 희망하는데, 그 이유도 말레이족은 관료화된 정부, 경제부문을 장악하고 있어 자격 증명서가 매우 중요한 반면, 중국인은 자영업이나 소기업 부문에서 취업하는 경향이 강하여 자격 증명서가 낮은 가치를 지니기 때문이다. 또한 학력주의 경향이 스리랑카보다 더 강하고 입시 경쟁이 더 치열한 케냐의 경우 가족기업의 비중이 스리랑카보다 더 낮다(Dore, 1976).

우리나라나 일본의 경우 일찍부터 대기업이 성장하여 대기업 중심의 산업화를 추진하였다. 이것은 두 나라에서 학력주의화를 가속화시켰던 하나의 원인이 되었다고 할 수 있다. 우리나라에서도 창업이 활발해지고, 소위 벤처기업 등 소규모 기업들이 성장하게 되면, 학력주의가 완화될 것이라 전망해 볼 수 있을 것이다.

학습과제

01

학교교육과 직업성취의 관계를 설명하는 이론 가운데 한국 사회의 직업지위 성취 과정을 설명하는 데 가장 적합한 이론은 무엇이며, 왜 그러한지 비판적으로 검토해 보자.

02

우리는 한국 사회에서 학력주의 현상이 특히 강하게 나타날 수밖에 없는 역사적, 사회적 배경을 살펴보았다. 향후 직업세계 등 우리 사회의 다양한 분야에서 일어나리라 예상되는 변화를 고려해 볼 때, 학력주의 현상이 어떻게 변화할 것인지 전망해보자.

참/고/문/헌

김안국, 이상호(2018). 크레덴셜리즘과 교육-숙련 불일치. **교육사회학연구, 28**(2), 1-26.

김영모(1980). 지배층의 충원제도와 기회구조. 한국사회과학연구회편. **한국사회론**(116-130). 서울: 민음사.

김영모(1982). **한국지배계층연구**. 일조각.

김영화(1994). 일본의 교육 선발과 교육 경쟁. **비교교육연구, 4**(1), 3-51.

김영화(2000). 한국인의 교육열 형성 배경 및 요인. 김영화. **한국의 교육과 사회**(91-127). 서울: 교육과학사.

김영화(2022). **교육사회학 3판**. 파주: 교육과학사.

김윤태(1991). 한국산업화과정에서의 인력수급의 실태 및 평가. 서울: 한국교육개발원.

임언, 서유정, 이지은(2012). 청년층의 학력과잉과 스킬불일치 측정 방법 연구. 서울: 한국직업능력개발원.

岩田龍子(1991). **學歷主義の發展構造**. 東京: 日本評論社.

天野郁夫(1982). 教育と選抜. 석태종 · 차갑부 공역(1992). **교육과 선발**. 서울: 양서원.

Arrow, K. J.(1973). *Higher education as a filter. Journal of Public Economics* 2(3), 193-216.

Berg, I.(1970). *Education and jobs: The great training robbery*. Boston: Beacon.

Bills, D. B.(1988) Educational credentials and promotions: Does schooling do more than get you in the door? *Sociology of Education*, 61, 52-60.

Clark, B.(1962). *Educating the expert society*. San Francisco: Chandler.

Collins, R.(1971). Functional and conflict theories of educational stratification. *American Sociological Review*, 36, 1002-1019.

Collins, R.(1979). *The credential society: A historical sociology of education and stratification*. 정우현 역(1989). 학력주의사회. 서울: 배영사.

Dore, R.(1976). *The diploma disease: Education, qualification and development*. Berkeley University of California Press.

Duncan, G. J., & Hoffman, S. D.(1981). The incidence and wage effects of overeducation, *Economics of Education Review*, 1, 57–86.

Groot, W. & Hartog, J.(1995). Screening models and education. In M. Carnoy(Ed.). *International encyclopedia of economics of education*(2nd ed.)(pp. 34–39). Cambridge: Cambridge University Press.

ILOSTAT. Employment〉Employment Statistics〉Data〉Employment by sex and occupation. https://www.ilo.org/shinyapps/bulkexplorer51/?lang=en&segment=indicator&id=EMP_2EMP_SEX_OCU_NB_A (2022. 5. 11. 인출)

Kim, Y. H.(2002). A state of the art review on the impact of technology on skill demand in OECD Countries. *Journal of Education and Work*, 15(1), 89–109.

Rumberger, R.(1981a). The rising incidence of overeducation in the U.S. market. *Economics of Education Review*, 1(3), 293–314.

Tannock, S.(2008). The problem of education–based discrimination. *British Journal of Sociology of Education*, 29(5), 439–449.

Thurow, L.(1972). Education and economic inequality. *The Public Interest*, 28, 66–81.

Thurow, L.(1975). *Generating inequality: Mechanisms of distribution in the U.S. economy*. New York: Basic Books, Inc.

CHAPTER_ 11

공교육제도의 태동과 전개, 그리고 미래

공교육제도는 근대국가의 산물이므로 대략 200년 정도의 역사를 지니고 있다. 전통사회에서도 향교와 같이 학교형태의 교육기관이 있었으나 이것을 공교육제도라고 하지 않는다. 학교교육과 공교육은 어떻게 다른가? 왜 가정과 사회, 교회와 같은 사적 영역에서 이루어지던 교육이 근대산업사회에 접어들면서 국가가 지원하고 관리하는 공교육체제로 바뀌게 되었는가? 현대 문명사적 전환기에서 공교육제도는 어떠한 도전을 받고 있는가? 이 장에서는 이러한 질문들을 탐구한다.

제1절 공교육의 개념

1. 공교육

공교육제도는 서구에서 발달한 제도로서 일반적으로 "국가 혹은 준국가적 자치조직의 통제와 관리와 지원에 의해서 국민 전체를 대상으로 하여 운영되는 교육제도"(서울대교육연구소, 1994: 138)를 가리킨다. 즉, '국가 관리 및 지원'과 '국민 전체를 대상으로 한 보편성과 평등성'의 두 요건을 포함하고 있다. 전통사회에서도 학교는 있었지만 이러한 학교에서 이루어지는 교육을 공교육이라고 하지 않는다.

여기에 '교육의 사회적 유용성'과 '교육내용의 중립성과 보편성'(교육개혁위원회, 1997)이 추가되기도 한다. 공교육은 "교육의 사회적 유용성으로 인해 국가가 적극적으로 관여하는 교육으로, 국가나 공공단체가 관리 · 운영 · 지원하고 국민 모두에게 개방하여 보편적인 교육을 실시하는 교육"(교육개혁위원회, 1997: 113)을 말한다. 이러한 공교육은 교육의 기회균등을 위해 무상성과 의무성을 추구하고, 교육내용에 있어 중립성과 보편성을 추구하며, 국가가 교육의 질을 관리 · 감독하는 학교제도 중심의 교육을 그 원리로 한다."

2. 공교육과 사교육

공교육은 사교육과 대비되는 개념이다. 그러나 공교육에 대한 일반적인 개념 정의에도 불구하고 공교육과 사교육의 경계를 구분하는 것은 그리 명료하지 않다. 공교육은 교육 관련 법령에 의해 교육과정, 교육수준 및 자격 등이 제도화되어 있고 이와 같은 기준에 의해 정부의 통제를 받게 되며 학력이 인정되고 학위도 수여한다. 공교육기관은 이윤보다 일반 이익을 추구하는 공공기관이며, 공교육을 운영하기 위해 정부가 재원을 부담하는 것을 원칙으로 한다. 반면 사교육은 교육 관련법에 의해 제도화되지 않으며 학력이 인정되지 않는다. 교육사업의 진입과 퇴출이 자유롭고 교육사업에 대해서도 자율 원칙이 적용된다. 또한 사교육은 이윤을 추구하고 재원도 자체적으로 조달한다(김영철, 2000).

이와 같은 공 · 사교육 구분의 준거들은 공교육과 사교육의 특성을 검토하고자 할 때 일종의 잣대로 사용될 수 있지만 이러한 준거가 교육 현실에 정확히 들어맞는 것도 아니며, 이 준거의 일부만을 충족시킬 때 이를 공교육으로 보아야 할지 사교육으로 보아야할지 명확한 판단 기준이 있는 것도 아니다. 예컨대, 우리나라 사립 중등학교처럼 민간에서 설립하였지만 학력이 인정되고, 정부규제를 받는 비영리 제도교육이며 정부의 재정 지원을 받고 있는 경우 이를 공교육으로 보아야 하는지, 사교육으로 보아야 하는지 분명치 않다. 최근에는 평생교육법에 따라 학점인정제, 사내대학, 원격대학 등 평생교육도 제도화가 되고 있으며, 평생교육기관의 교육프로그램도 학력 인정이 되고 있어 공교육 개념을 아동과 청소년을 대상으로 하는 학교교육으로부터 성인을 대상으로 하는 학교 밖 비형식교육에 이르기까지 확대해야 한다는 논의도 일고 있다(김영철, 2000).

종합하면 광의의 공교육은 국 · 공 · 사립의 각급학교를 포함하는 국가가 관장하는 제도권 교육을 의미하며, 협의의 공교육은 국가와 공공단체가 설립, 운영하는 국 · 공립학교 교육을 의미한다. 즉, 광의의 공교육은 공교육을 제도교육과 동일시하여 사립학교 교육까지 포함하며, 협의의 공교육은 사립학교 교육을 제외시킨다. 서구에서는 대체로 사교육은 사립학교교육을 의미한다. 그러나 우리나라에서는 사립학교에 대한 국가의 지원과 규제가 강하기 때문에 사립학교 교육도 공교육에 포함시켜 왔다. 즉, 서구에서는 협의의 공교육 개념을, 우리나라에서는 광의의 공교육 개념을 사용하고 있다.

제2절 공교육제도 태동의 배경

공교육제도는 근대국가의 산물이므로 대략 200년 정도의 역사를 지니고 있다. 그 이전에도 국가가 교육을 통제하고 관리하던 제도교육이 없었던 것은 아니다. 중국의 진나라와 한나라는 중앙집권적 관료체제를 발전시키기 위해 교육을 국가 관리 하에 두었고 수나라와 당나라 이후에는 과거제도와 연결시켜 일종의 국가교육제도를 운영해 왔다. 우리나라 조선시대에도 향교와 성균관과 같은 관학이 있었고, 유럽에서도 스파르타의 교육제도와 같이 국가가 관리해 온 교육제도가 있었다. 그러나 이와 같은 교육제도를 공교육제도라고 하지 않는다. 교육 기회를 일부 특수 계급에 한정시켜 제공하였으므로 국민 전체를 대상으로 한 보편성과 평등성의 조건을 충족시키지 못하였기 때문이다. 프랑스 시민혁명 이후 강력한 근대 민족국가를 형성, 발전시켜 가는 가운데 비로소 국가 관리와 보편성 및 평등성의 요건을 갖춘 공교육제도가 자리를 잡게 된 것이다.

1. 국민 형성과 국민 통합

왜 사영역에서 자유롭게 이루어지던 교육을 국가가 지원하고 관리하게 되었는가? 첫 번째 동인은 근대 민족국가의 유지 · 발전을 위한 국민 형성과 국민 통합의 필요성이다. 절대왕정이 무너지고 교회에 의해 통합되었던 유럽이 민족국가로 분할 · 독립함에 따라 민족국가의 발전, 즉 부국강병을 위해서는 충성스럽고 유능한 국민을 양성할 필요가 있었다. 프랑스의 교육개혁가였던 라샬로떼(La Chalotais)는 프랑스 시민혁명에 앞서 출판한 『국가교육론』(1763년)에서 국가의 교육권과 국가가 교육을 관리하는 국가교육체제의 필요성에 대해 다음과 같이 주장하였다.

> 나는 감히 프랑스를 위하여 오직 국가에만 의존하는 교육체제를 갖출 것을 주장한다. 교육은 본질적으로 국가의 일이며, 모든 국가는 그 구성원을 가르칠 절대적인 권리를 가지고 있으며, 한마디로 말하면 국가의 아동은 국가의 구성원에 의하여 양육되어야 하기 때문이다(Boyd & King, 1975: 302에서 재인용)

19세기 초까지도 국가 관리 공교육의 필요성에 대한 주장은 많았지만, 실제로 제도화되지는 않았고, 19세기 후반에 이르러서야 유럽의 대다수 국가에서 초등학교교육의 대중화가 실현된다(Schuleunes, 1989). 유럽 국가 중에서도 공교육체제가 가장 먼저 형성된 나라는 독일이다. 독일은 19세기 초 나폴레옹과의 전쟁에서 패전한 이후 국가 민족적 위기에 대한 대응 전략으로 국민교육체제를 발전시키게 된다. 피히테(Fichte)는 비탄에 빠진 국민들을 대상으로 매주 진행한 연설인 『독일 국민에게 고함』에서 강력한 국민국가를 만들고 국가를 재건하기 위해 교육이 중요한 역할을 해야 하며, 아동을 가정과 부패한 사회로부터 완전히 격리시켜 아동들 자신만으로 이루어진 특수한 공동체에서 국가가 제공하는 새로운 교육을 받도록 함으로써 도덕적이고 독창적이며 지적이고 애국심이 강한 시민으로 양성해야 한다고 역설하였다(피히테 저, 곽복록 편역, 1994). 독일은 훔볼트(Humboldt)와 같은 개혁적 관료들의 노력으로 19세기 초 30년간 초등교육 보편화와 교사양성체제의 정비를 비롯하여 교육 전반에서 가시적인 발전을 이루었다(Boyd & King, 1975).

한편 민족국가의 독립에 따라 민족국가의 국민으로서 모든 구성원을 하나로 결속시키는 통일된 규범, 사고방식, 지식체계가 필요하게 되었다. 뒤르켐(Durkheim)의 표현에 의하면 교육은 보편적 사회화를 통하여 국가 구성원에게 공통적으로 집합의식을 내면화시킴으로써 그 사회의 특성을 유지하고 구성원들의 동질성을 확보하도록 한다. 의무교육제도는 모든 아동에게 공통적인 규범과 지식을 주입시켜 사회의 해체를 막고 사회의 통합에 기여하는 주요 기제로 간주된 것이다. 벤딕스(Bendix, 1964)는 교육이 다양하고 이질적인 문화적, 지역적 집단과 계급으로 구성된 국민들에게 일체감을 형성시키는 제도이므로 점점 팽창할 뿐 아니라 교육의 전 과정이 국가의 통제하에 놓이게 된 것이라고 하였다. 라미레즈와 루빈슨(Ramirez & Rubinson, 1979)도 한 사회가 유지되기 위해서는 이념적 통합이 가장 중요한 요소라는 것을 지적하면서 18세기 이후 시민혁명을 거치면서 새로이 건설된 근대 국가들은 이전에 교회가 수행하던 이데올로기 통합의 기능을 담당할 새로운 사회적 제도가 필요하게 되었으며, 공교육제도는 이와 같은 필요에 부응하여 등장한 것이라고 주장하였다. 19세기 초 미국의 보통교육운동도 이주민들의 이질적인 인종과 문화, 빈부의 격차로 사회질서가 와해될지도 모른다는 우려가 주요 원동력이 되어 전개된 것이다(Tyack, 1974).

2. 평등사상의 확산

두 번째 동인은 평등사상의 확산이다. 프랑스 시민혁명의 이념적 기반이 되었던 평등사상은 소수의 특권계급을 위한 교육으로부터 일반 시민을 위한 교육으로의 전환을 촉구하였다. 모든 시민은 천부권(天賦權)으로서의 교육받을 권리를 가지고 있으며 교육을 사적 영역에 놓아 둘 때 모든 시민이 평등하게 교육받을 권리를 누릴 수 없으므로 국가가 관여하여 이와 같은 시민의 권리를 보장해 주어야 한다는 인식이 확산되었던 것이다. 빈부와 계급을 초월하여 누구에게나 평등한 교육기회를 제공한다는 보편교육사상은 공교육사상의 기초가 되고 있다.

19세기 중반 미국의 보통학교(common school) 개혁을 주도하였던 매사추세츠주 초대 교육감 호레이스 만(Horrace Mann, 1837~1848)은 사회적 평등의 실현은 부자의 돈을 가난한 자에게 나누어주는 것이 아니라, 가난한 자들이 교육을 받아 생산적이 되어 부를 축적할 수 있도록 함으로써 가능해진다고 보았다. 학교교육이 '위대한 형평자(great equalizer)'의 역할을 수행한다고 확신한 것이다. 그는 계층과 종파, 인종을 막론하고 모든 아동이 보통학교에 취학할 수 있도록 의무교육제도를 도입할 것을 역설하고, 1852년에 매사추세츠주에 최초로 의무취학법을 발효하였다(Karier, 1986).

3. 자본주의 산업화를 위한 인력의 양성 · 공급

세 번째 동인은 자본주의 산업화에 필요한 인력 양성 · 공급의 필요성이다. 각국이 경쟁적으로 산업화에 착수하면서 산업화에 필요한 인력이 대량으로 필요하게 되었다. 가내 수공업체제가 공장제 수공업, 공장제 기계공업으로 바뀌면서 노동자들에게 읽고, 쓰고, 셈하기와 같은 문자지식이 필요하게 되었고, 이와 더불어 시간을 엄수하고, 질서를 지키며, 감독자의 지시에 복종할 줄 하는 사회적 태도가 필요하게 되었다. 따라서 노동자의 교육을 더 이상 사적 영역에 내맡길 수는 없게 되었으며, 국가의 관리 아래 일사불란하게 공장제 대량생산체제에서 요구하는 기본적 자질을 사회화시킬 필요가 대두되었다.

미국의 경우 독립전쟁 이전에 상업과 무역이 팽창하는 가운데 새로운 투자 영역으로 공장제 생산 활동이 크게 확대되었고 가내수공업에 의존하는 수공업 생산체제는 붕괴되었다. 생산이 대규모 공장 조직체에서 이루어짐에 따라 임금노동자가 증가하였다. 이에 따라 기존의 가내 노동력을 공장으로 편입시키기 위해서는 가정 내 교육으로 충분하지 않았고 자본가 계급은 임금 노동자로의 사회화를 위한 교육제도의 근본적 개혁을 요구하게 되었다. 이러한 자본주의 생산 양식의 발전에 따른 필요는 미국의 학교를 기존의 부인학교(dame schools), 쓰기학교(writing schools), 자선학교 등의 지엽적, 비체계적 학교체제로부터 공립초등학교체제로 전환시키게 되었고 19세기 전반에 걸쳐 공립초등학교 교육은 계속적으로 팽창하게 되었다. 미국에서 초등학교 의무교육이 중산층 거주 지역이 아니라 노동계층이 거주하는 공장 주변 지역에서 더 빨리 실시되었다는 사실은 공교육이 공장제 생산의 필요에 의해 출현하였다는 주장을 지지한다(Bowles & Gintis, 1976).

제3절 공교육제도에 대한 도전과 대응 논리

이와 같은 사회적 배경 속에서 태동한 공교육제도는 200여 년간 국민교육제도로서 확고부동하게 자리매김해 왔다. 한편으로 국민통합과 능력주의 사회의 실현, 인력의 양성 및 공급이라는 국가사회적 요구와 다른 한편으로 교육을 통해 계층 상승이동을 꾀하려는 개인들의 지위성취 요구가 맞물려 공교육체제는 전 세계적으로 급격하게 확대되었다.

그러나 온갖 열망과 기대를 받으면서 때로는 만병통치약으로 간주되기도 하였던 공교육제도는 21세기 문명사적 전환기를 맞이하여 전 세계적으로 위기를 맞고 있다. 획일성, 경직성, 무경쟁성으로 특징지어지는 공교육제도는 지식기반경제 · 사회, 탈근대화, 신자유주의 물결 속에서 그 효용성과 시대적 적합성에 있어 도전을 받게 되었다.

공교육의 위기에 대해서는 1970년대부터 라이머(Reimer, 1971)의 『학교는 죽었다(*School is Dead*)』나 일리치(Illich, 1971)의 『탈학교사회(*Deschooling Society*)』 등에서 볼 수 있듯이 비판적 관점을 지닌 학자들에 의해 꾸준히 제기되었지만, 위기의식이 본격적으로 표면화된 것은 1983년 미국에서 『위기에 처한 국가(*A Nation at Risk*)』라는 보고서가 발간됨에 따라 미국 교육의 실상에 대해 자성의 목소리가 높아지면서부터이다. 이 보고서는 국제학력평가에서 미국 학생들이 저조한 성적을 나타내고 있고, 고등학생의 학력 평균이 저하되고 있으며, 학생들이 쉬운 과목만을 선택하고 고급 수학이나 과학 등 중핵과목들을 기피하고 있다는 점 등을 지적하면서 미국 학교교육의 실패를 심각하게 우려하였다.

우리나라에서도 1990년대 말부터 학교붕괴라는 용어로 학교교육의 총체적 부실을 표현하면서 사교육의 팽창, 교육이민과 조기유학 급증, 학생들의 학력 저하, 학교 부적응 학생과 학교 중도탈락자 증가, 교사들의 사기 추락, 계층간 교육격차 심화 등 공교육체제가 위기를 맞이하고 있다는 우려가 지속되어 왔다.

위기의 구체적인 증상이나 그 심각성은 나라에 따라 다르지만 공교육제도가 근본적인 문제를 안고 있다는 담론은 전 세계에서 공통적으로 형성되고 있다. 각국에서 관찰되는 공교육의 위기 현상은 각 나라의 특수한 교육 여건으로부터 비롯된 측면이 있기도 하지만, 전 세계적으로 기존의 공교육제도의 효용성에 의문을 제기하도록 한 문명사적 배경으로부터 야기된 측면이 있음을 부인할 수 없다.

공교육제도에 대한 비판은 몇 가지 쟁점을 중심으로 집약된다. 첫 번째는 국가가 획일적으로 관리하는 공교육은 다원주의 사회에서 분출하는 다양한 교육수요를 충족시켜줄 수 없다는 점이다. 두 번째는 현재의 실패하고 있는 공교육으로는 무한경쟁의 지식기반사회에서 국가 경쟁력을 확보하기 위해 요구되는 우수한 인재를 양성하는데 한계가 있다는 점이다. 세 번째는 공교육비는 계속 늘어나고 있는데 학생들의 성취도는 떨어지고 있다는 미국의 문제의식에서 나타나듯이 공교육의 효율성이 떨어진다는 점, 즉 투입 대비 산출이 저조하다는 점이다. 이와 같은 비판은 공통적으로 교육에 대한 국가 개입이 부적절하다는 문제의식을 담고 있다.

1. 대안교육의 발전

공교육제도에 대한 문제의식은 공교육에 대한 대안적 형태의 교육을 출현, 확대시켰다. 서구의 대안교육은 근대 산업문명에 대한 근본적인 반성으로부터 출발하여 학교교육의 비인간성을 극복하려는 목적을 지니고 다양한 형태로 발전하였다. 이들 대안교육은 지속가능성, 공동체성, 생태주의 등의 가치를 추구하고, 전인교육과 체험교육, 노작교육, 삶과 유리되지 않은 교육을 강조한다.

1919년에 설립된 독일의 발도르프(Waldorf) 학교는 기존의 학교가 능력주의, 경쟁,

적자생존의 가치를 강조하고 기존 질서를 일방적으로 주입시키려는 것을 거부하며 등장하였다. 가장 유명한 대안학교 중 하나인 영국의 섬머힐(Summerhill) 학교도 급속한 산업화 과정에서 사람들이 기계 부속품과 같이 변화해감에 따라 상실되어가는 인간성을 회복하려는 시도로서 설립된 것이다(이풍길, 김수욱, 2001).

실험학교의 성격을 띠던 서구 대안학교는 1970년대 들어서면서 근대사회가 안고 있는 한계를 극복하려는 사회운동의 일환으로 발전하게 된다. 미국에서는 자유학교(free school) 운동이 격렬하게 전개되었는데, 이것은 한편으로 국가 주도의 공교육 속에 은밀하게 내재해 있는 이데올로기에 대한 비판적 성찰에서 비롯된 것이었으며, 다른 한편으로는 구소련의 인공위성 스푸트니크의 발사에 충격을 받은 미국의 정부가 학교교육에 대한 통제력을 강화함에 따라 중도 탈락생과 과중한 스트레스로 시달리는 학생들이 양산되면서 이에 대한 대응책으로 시도된 것이었다. 학교 폭력과 마약이 늘어나면서 위기를 느낀 부모들은 자녀를 학교에 보내는 대신 자녀의 교육을 가정에서 관리하는 홈스쿨링을 선택하기도 하였으며, 홈스쿨링을 선택하는 가정은 최근 급속하게 증가하고 있다(이혜영 외, 2009; 현병호, 2001).

영국에서는 산업화의 폐해가 사회적 쟁점으로 부상하면서 자연과의 공생 관계를 중시하는 생태학적 윤리학과 "작은 것이 아름답다(small is beautiful)"는 사상이 사회적으로 확산되었는데, 이 사상은 교육에도 영향을 미쳤다. 생태학적 윤리학에 기반을 둔 교육내용 및 방법과 작은 학교 설립 운동이 전개되었으며, 이 운동들은 인간규모교육운동(human scale education movement)으로 발전되면서 영국을 비롯한 서구 대안교육 운동에 지대한 영향을 미치게 된다(이혜영 외, 2009).

우리나라에서 대안학교 운동은 극심한 입시경쟁과 청소년 범죄 및 폭력이 난무하는 비인간적 학교제도, 획일적이고 억압적 분위기의 기존 학교에 적응하지 못하고 중도 탈락하거나 심지어 자살을 저지르는 청소년들의 증가, 다양한 교육적 요구에도 불구하고 획일적 교육프로그램으로 일관하는 공교육에 대한 반발로서 전개되었다. 따라서 교육에 대한 국가의 강한 제도적 통제로부터 벗어나려는 운동의 성격을 지녔다. 1990년대부터는 아동과 청소년들에게 기존의 학교가 제공하지 못하는 새로운 교육적 경험을 제공하려는 취지로 공동육아 운동, 계절학교 운동, 방과 후나 주말 프로그램 등 대안교육의 구체적 실천 움직임이 나타나기 시작하였으며, 1990년대 중반 이후에는 '대안교육'이라는 용어가 사회적으로 광범위하게 사용되면서 그동안 개별적으로 진행되었던 대안교육 시도들이 보다 조직화된 대안교육운동으로 발전하게 된다. 2000년대 들어서는 공교육으로부터 발생되는 중도 탈락자 문제의 해결과 다원화된 교육수요에 대한 대응이라는 목적을 달성하기 위해 대안교육에 대한 법제화가 이루어졌으며 이후 대안학교의 다양화가 가속화되고 있다(김성기, 2003; 이풍길, 김수욱, 2001; 이혜영 외, 2009).

2. 교육의 시장화

국가가 주도하는 공교육제도에 대해 가장 적극적으로 비판하는 사람들은 시장주의자들이다. 이들은 국가가 공공성을 보장한다는 구실로 교육에 대한 개인의 자유와 권리를 침해할 뿐만 아니라 학교현장으로 하여금 더 나은 교육을 위해 자구적인 노력을 기울이려는 동기를 불식시키고 있다고 주장한다. 따라서 교육에 대한 국가 개입을 최소화하고 교육에 대한 권한을 시장에 대폭 위임해야 한다고 주장한다. 교육에 자유시장경쟁 원리를 도입하려는 신자유주의 교육개혁 정책은 공교육제도의 위기에 대한 시장주의자들의 대응이다.

교육 시장화는 두 요소로 구성된다. 하나는 공립학교의 민영화이고 다른 하나는 학부모의 학교선택권이다. 교육 시장화를 교육 민영화로 번역하는 곳도 발견되지만(윤정일 · 윤홍주, 1999), 엄밀하게 말하면 교육 민영화는 교육 시장화의 한 측면이라고 볼 수 있다. 교육 민영화란 공교육기관의 소유권이나 경영권 등을 민간부문에 이양하고 공교육부문에 민간부문의 경영 방식을 도입함으로써 공교육 체제의 비효율성을 극복하려는 시도라고 할 수 있다. 교육 민영화는 공립학교도 사립학교처럼 정부의 통제로부터 벗어나 자율적으로 학교를 운영할 수 있도록 하면 혁신적인 시도를 할 것이며, 그 결과 다양한 '교육상품'이 등장할 것이라는 논리에 기초한다.

교육 시장화의 다른 한 축은 학부모의 공립학교 선택제이다. 학부모의 공립학교 선택제는 1980년대 말 영미권 국가를 중심으로 도입되기 시작하였다. 이때까지는 영미권 국가에서도 우리나라와 마찬가지로 초·중등 공립학교 입학에 거주지 중심 강제 배정 원칙이 적용되고 있었다. 그러나 자국의 교육이 위기에 처해 있다는 인식이 고조되고, 그 원인으로 공교육에 경쟁이 없기 때문이라는 진단이 내려지면서, 그 해결책으로 학부모가 공립학교를 선택하도록 하자는 안이 힘을 받게 된 것이다. 학부모의 공립학교 선택제는 교육 민영화와 동시에 학부모가 '교육상품'을 선택할 수 있도록 하면, 공립학교도 사립학교와 마찬가지로 학부모의 선택을 받기 위해 서로 경쟁하게 될 것이며, 따라서 공교육의 질이 높아질 것이라는 논리에 의해 뒷받침된다. 미국에서는 교육 시장화를 실현하기 위해 협약학교, 바우처 제도, 학교경영기업과 같은 제도와 정책들이 추진되고 있다.

3. 시민사회의 교육참여

교육에 대한 부적절한 국가 개입을 비판하는 또 다른 세력은 시민사회다. 시민사회는 시장과 마찬가지로 교육에 대한 국가의 관료주의적 개입이 효율적이고 생산적인 교육체제 구축을 방해하고 있다고 생각하지만, 이 문제가 시장의 통치로 해결될 수 있다고 보지 않는다. 교육에 시장논리가 지배하게 되면 학교, 교사, 학부모는 교육시장에서 다른 학교, 교사, 학부모들과 경쟁하게 되며, 모든 아동과 청소년을 위한 교육의 질을 향상시키기 위하여 집단적 노력을 기울일 가능성은 축소될 것이라고 주장한다. 또한 시장의 통치는 교육이 자본에 의해 휘둘리게 만들 가능성이 높으며, 불평등을 강화시켜 민주적인 교육체제의 실현을 저해할 것으로 본다. 따라서 시장원리가 강하게 지배하면 할수록 교육을 공공의 책임하에 두어야 할 당위성은 증대된다고 할 수 있다.

그 동안 공교육은 국가주의 교육, 또는 국가 주도의 관료주의적 교육과 동일시되어 온 경향이 있다. 따라서 교육의 공공성은 국가 관리에 의해서만 확보할 수 있다는 오해를 불러일으키기도 하였고 이와 같은 오해는 교육에 대한 과도한 국가의 개입을 정당화하였다.

시민사회는 자신이 국가와 시장에 대한 대안적 행위자로서 국가와 시장의 실패를 극복하고 교육의 공공성을 확보할 수 있다고 주장한다. 근래에 다양한 시민사회조직이 국가의 교육정책 과정과 지역사회의 교육개혁에 활발하게 참여하고 있는 것은 국가의 부적절한 관료주의적 개입을 극복하려는 시도라고 할 수 있다.

보울스와 진티스(1998)는 사회적 평등을 실현하고 삶의 질을 개선하기 위해서는 국가와 시장, 시민사회가 동시에 재편되어야 한다고 주장한다. 이들은 시장의 실패보다는 국가의 약점에 초점을 맞추면서 신자유주의 교육개혁이 국가 관리 공교육체제의 대안임을 강조하는 시장주의는 타당하지 않다고 비판한다. 또한 시민사회가 국가를 대체할 수 있는 공적 기구가 될 수 있다는 주장 또한 비현실적인 낙관주의라고 비판한다. 국가와 시장과 시민사회의 약점보다는 강점에 주목하면서 그 실패를 최소화할 수 있는 전략을 모색해야 한다는 것이다.

4. 교육 지구화

지구화(globalization)는 교육에서 국가가 수행하는 역할의 변화를 요구하고 있다. 세기말을 전후로 전 세계가 경제적, 정치적, 문화적으로 하나의 지구촌으로 통합되는 지구화 현상이 가속화되면서, 교육 분야에서도 개별 국가의 교육이 국민국가 단위를 벗어나 초국가적인 세력의 영향을 받는 현상이 심화되고 있다. 세계은행(World Bank), 경제개발협력기구(OECD), 국제연합교육과학문화기구(UNESCO)와 같은 국제기구는 교육 이념과 실제에 대한 담론을 형성하여 이를 전 세계에 확산시키는 한편, 교육 분야에서 국제 기준이나 표준을 설정하고 개별 국가들이 이를 준수하도록 유도 또는 압력을 가하며, 정책을 수립하여 권고하는 등 다양한 방식을 통하여 각국의 교육에 영향을 미치고 있다.

이에 따라 한편으로 공교육에 대한 국가의 개입은 일정 부분 약화될 것으로 전망된다. 다른 한편으로 나라 밖의 다양한 압력에 대처하기 위해 국가가 시장 및 시민사회와 같은 비국가 영역과 친화적 관계를 형성하고, 국경을 넘어 국제기구와 연대하는 경향이 강화될 것이라고 전망되기도 한다(손준종, 2008). 전통적인 공교육은 영토성에 기반을 둔 국가의 배타적인 통치에 기초하였던 반면, 앞으로의 공교육은 시장, 시민사회, 초국가적 세력 등 국가 외에 다양한 세력들과 통치 권한을 공유하는 통치구조를 갖게 될 것이며, 이와 같은 다양한 세력의 영향을 조정하는 것이 국가의 주요 과제가 될 것이다.

지구화의 가속화는 우리 교육에 많은 과제를 던지고 있다. 국가 간 인구 이동이 활발해짐에 따라 새로운 교육수요가 창출되고 있다. 해외 근무 후 귀국하는 가정의 자녀들이 증가하고 있으며, 외국인 근로자와 결혼이민자, 북한 이탈주민의 유입으로 다문화 인구도 증가하고 있다. 해외로 나가는 유학생뿐만 아니라 국내로 유입되는 유학생도 증가할 것으로 전망된다. 이들 각 집단의 특수한 교육수요에 대응해야 할 필요가 있을 뿐만 아니라, 우리 국민들이 다문화 집단들을 이해하고 이들과 더불어 살아갈 수 있도록 하기 위한 다문화교육도 필요하다.

교육인구의 국가 간 이동은 우리나라 교육을 국제 표준에 부합하도록 재구조화할 필요성을 제기하고 있다. 우리나라에서 취득한 학력과 자격이 다른 나라에서도 인정받을 수 있도록 하는 한편, 다른 나라에서 취득한 학력과 자격이 우리나라에서도 통용될 수 있도록 학력과 자격의 국제적 호환성을 제고시킬 필요가 있다. 예를 들어 우리나라 건축학과 졸업생이 미국에서 학력을 인정받을 수 있도록 수업연한을 4년제에서 5년제로 바꾼 것은 이와 같은 노력의 일환이다.

교육서비스의 개방은 우리 교육이 무한 경쟁에 노출되었음을 의미한다. 외국의 우수한 교육서비스의 유입에 대응할 수 있도록 교육 경쟁력을 확보하는 것이 중요한 과제로 부각되고 있다. 특히 고등교육은 선진국에서 자국의 교육서비스를 세계 각국에 수출하기 위해 적극성을 보이고 있는 분야이므로, 아직 고등교육부문이 취약한 우리나라로서는 긴장하지 않을 수 없다. 한편 많은 개발도상국들이 우리의 교육경험을 배우고 싶어 하므로 이 나라들에 교육 원조를 제공할 필요가 있으며, 외국에 우리의 교육을 수출할 수 있도록 개방성을 높여야 할 것이다.

지구화는 우리 국가와 국민의 정체성에 대해 재고할 필요성을 제기하고 있다. 얼마 전까지만 해도 우리는 단일민족이라는 사실에 대해 자부심을 갖도록 교육받았다. 그러나 이제는 교과서에서 단일민족에 관한 부분을 삭제하였다. 100만 명이 넘는 외국인들이 국내에 거주하고 있는 상황에서 단일민족이라는 사실은 더 이상 '사실'이 아니게 되었으며, 자랑거리도 아니게 되었다. 이것이 오히려 우리 국민들이 지닌 타문화에 대한 폐쇄성과 배타성의 주요 원인으로 지적받는 일이 잦아지고 있다. 우리나라 교육이 국민들의 동질화를 위한 교육으로부터 다양한 민족과 문화의 공생을 위한 교육으로 방향 전환해야 할 시점이 다가오고 있다. 그러면서도 우리 민족과 국민에 대한 자긍심을 고취시킬 수 있는 교육을 강화시켜 민족적 자긍심이 타문화에 대한 개방성과 조화를 이룰 수 있도록 해야 할 것이다.

지구화는 사회의 모든 부문에 경쟁체제를 강화시키고 있다. 교육 부문도 예외가 아니다. 학교 · 대학 간 경쟁, 교사 · 교수 간 경쟁, 학생 간 경쟁이 확대되는 방향으로 교육개혁이 이루어지고 있다. 경쟁이 교육의 수월성을 높이고 국가 경쟁력 제고에 필요한 인적자원개발에 기여할 수 있는 가능성을 지니고 있음을 부인할 수 없지만, 동시에 경쟁으로 인하여 교육 불평등, 더 나아가 사회 불평등이 심화될 가능성에 대해서도 주목할 필요가 있다.

학습과제

01

조선시대의 향교는 정부가 학전을 지급하고 세금으로 운영하도록 하는 관학이었는데도 왜 공교육기관이라고 하지 않는지 공교육의 원리에 비추어 논의해 보자.

02

이 장에서 우리는 공교육제도는 국민 형성과 통합, 평등의 실현, 인력 양성이라는 근대사회의 필요에 의해 태동하였다는 것을 공부하였다. 근대사회로부터 탈근대사회로의 문명사적 전환기에서 근대사회의 산물인 공교육제도가 위기를 맞고 있다면, 이것은 탈근대사회에서 공교육제도의 효용성이 사라지고 있다는 것을 의미하는가? 탈근대사회에서는 국민 형성과 통합, 평등의 실현, 인력 양성과 같은 기능이 더 이상 필요하지 않다는 것인가? 더 나아가 미래에는 공교육제도가 어떻게 전개될 것으로 전망하는지 토론해 보자.

참/고/문/헌

교육개혁위원회(1997). 세계화 · 정보화시대를 주도하는 신교육체제 수립을 위한 개혁 방안(Ⅳ)(제5차 대통령보고서 참고설명자료).

김성기(2004). 대안학교 학력인정에 관한 연구. 한국교육, 31(1), 117-136.

김영철(2000). 공 · 사교육의 위상 재정립 및 발전 방향. 한국교육미디어 21C교육연구소 주최 공교육과 사교육의 보완적 발전방향 세미나 자료집, 7-25.

김영화(2022). **교육사회학 3판**. 파주: 교육과학사.

나병현(2002). 공교육의 의미. **한국교육**, 29(2), 549-571.

서울대교육연구소 편(1994). **교육학대백과사전**. 서울: 하우.

윤정일, 윤홍주(1999). 교육 민영화의 실현가능성과 한계. **교육행정학연구**, 17(1), 249-282.

이풍길, 김수욱(2001). 특성화고교 대안학교의 운영 현황과 문제점 분석연구. **한국농업교육학회지**, 33(2), 93-115.

이혜영, 황준성, 강대중, 하태욱(2009). 대안학교 운영 실태 분석 연구. 서울: 한국교육개발원

임의영(2003). 공공성의 개념, 위기, 활성화 조건. **정부학연구**, 9, 23-50.

조한상(2009). **공공성이란 무엇인가**. 서울: 책세상.

피히테 저, 곽복록 편역(1994). **독일 국민에게 고함 외**. 서울: 민성사.

현병호(2001). 대안교육의 의의와 현황 그리고 전망. **진보평론**, 10, 101-123.

Bendix, R.(1964). *Nation-building and citizenship*. New York: Wiely.

Bowles, S. & Gintis, H.(1976). *Schooling in capitalist America: Educational reform and the contradictions of economic life*. New York: Basic Books.

Boyd, W. & King, E.(1975). *The history of western education*(11th ed.). London: Adam & Charles Black.

Illich, I.(1971). *Deschooling society*. New York: Harper & Row.

Karier, C. J.(1986). *The individual, society, and education: A history of American educational ideas(2nd ed.)*. Urbana, IL: University of Illinois Press.

Ramirez, F. O. & Rubinson, R.(1979). Creating members: The national incorporation of education. In J. Meyer & M. T. Hannan(Eds.). *National development and the world system: Educational, economic, and political change, 1950-1970*. Chicago: University of Chicago Press.

Reimer, E.(1971). *School is dead*. New York: Doubleday.

Schuleunes, K.(1989). *Schooling and society: The politics of education in Prussia and Bavaria 1750-1900*. Oxford: Berg Publishers.

Tyack, D.(1974). *The one best system: A history of American urban education*. Cambridge: Harvard University Press.

제5부

교육을 어떻게 운영하고 관리하나?

교육행정의 원리와 학교조직 운영

인간의 고유한 행위 가운데 하나인 교육은 진공 상태에서 이루어지지 않는다. 특히 그 교육이 개인적인 차원이 아니라 국가사회적인 차원에서 이루어지는 경우에는 조직과 제도를 통하여 이루어질 수밖에 없다. 교육이 제도화되면 가르치는 일과는 별도의 전문적인 기능으로서 교육행정이 필요하게 된다. 여기는 대규모화되고 있는 교육조직과 제도가 어떠한 원리에 따라 어떻게 운영되고 있는지 교육행정의 개념과 원리, 교육행정의 접근, 그리고 학교조직 운영의 최근 동향을 중심으로 살펴본다.

제1절 교육행정의 개념과 원리

교육행정은 학교의 제도화와 불가분의 관계에 있다. 우리나라의 경우 조선 시대 서당만 하더라도 훈장이 가르치는 일과 행정을 동시에 담당했다. 미국의 경우 건국 초기 마을마다 설립된 다학년 1교실 수준의 영세한 학교에서 행정을 담당하는 전문 인력을 별도로 둘 필요가 없었다. 미국의 경우 20세기 초부터 학생 인구가 급증하였으며, 이에 따라 학교를 많이 신설하고 교사와 교직원을 많이 채용할 필요가 생겼다. 대규모화되고 있는 학교체제를 주먹구구로 운영하는 것은 한계가 있었고, 이를 전문적으로 관리할 필요가 커졌다. 이에 따라 전문적인 교육행정이 필요하게 되었다고 할 수 있다. 여기에서는 교육행정의 개념과 의의를 먼저 살펴보고, 교육행정의 주요 원리를 소개한다.

1. 교육행정의 개념과 의의

교육행정이란 무엇인가? 교육이라는 용어와 행정이라는 용어가 결합된 교육행정(educational administration)의 개념은 학자에 따라 여러 가지로 정의되고 있으며, "교육"을 무엇으로 보느냐에 따라서 교육행정을 바라보는 관점은 크게 달라질 수 있다. 그러나 실제로 교육행정은 공교육제도인 학교와 교육청, 그리고 교육부를 중심으로 이루어지고 있다는 사실을 고려하여, 여기에서는 교육행정을 제도적 개념으로서의 교육에 초점을 맞추고자 한다. 다시 말하면 교육행정의 대상을 사회적 · 공공적 · 조직적 활동으로서의 교육을 대상으로 보고자 한다(김종철, 1985).

교육이 '사회적' 특성을 지니고 있다는 말은 교육의 목적, 조직, 소재, 방법 등이 사회적으로 규정되고 제도교육이 사회적 맥락과의 관련 속에서 이루어지고 있다는 것을 뜻한다. 교육이 '공공적' 특성을 지니고 있다는 말은 교육이 사적 영역에 머물러 있는 것이 아니라 국가 및 지방자치단체의 관심이 되고 있으며, 사립학교를 포함한 교육제도를 공교육의 틀 속에서 운영하고 있다는 것을 뜻한다. 이와 관련하여 학습권, 무상의무교육, 교육기회균등, 국가발전을 위한 교육 등이 강조된다. 교육이 '조직적' 특성을 지닌다는 말은 교육활동의 규모가 커짐에 따라 교육이 방대하고 복잡한 조직의 틀 속에서 이루어지고 있음을 가리킨다. 이러한 맥락에서, 교육행정은 "국가나 지방자치단체가 교육목적을 설정하거나 교육정책을 수립하고, 그 목적달성에 필요한 인적 · 물적 제 조건을 정비 · 확립하며, 교육목적의 달성을 위하여 지도 · 감독하고 봉사하며 조성하는 작용"이라고 요약할 수 있다. 이러한 의미의 교육행정은 개별 학교 수준부터 교육청, 중앙정부 수준에 이르기까지 모두 적용될 수 있다.

교육행정은 관점에 따라 '교육에 관한 행정'과 '교육을 위한 행정'으로 구분할 수 있다. 교육에 관한 행정은 교육행정을 정부가 수행하고 있는 전체 행정의 한 분야로서의 교육에 관한 행정으로 본다. 행정은 삼권분립적 국가기능으로서의 입법과 사법을 제외한 모든 공권적 작용을 말하며, 교육행정은 행정의 여러 영역, 즉 내무 · 외무 · 군무 · 법무 · 재무 · 학무 등의 영역 중에서 학무, 즉 교육이라는 한정된 분야의 행정으로 보는 견해이다. 이것은 행정의 종합성이라는 관점에서 본 입장으로서, 이때 교육행정은 입법 작용을 통해 법정화된 교육정책을 실현하는 공권적 작용으로 이해된다. 이러한 입장을 택하게 되면 교육행정의 특수성보다는 일반행정의 전문성이 강조된다.

한편 교육을 위한 행정은 교육을 지원하는 활동으로서의 행정, 교육을 위한 조건 정비와 봉사로서의 행정으로서 교육의 자주성을 중시한다. 따라서 교육을 위한 행정에서는 교육활동의 특수성과 전문성이 강조되며, 이 과정에서 행정은 교육활동의 목표를 설정하고 이러한 목표를 달성하는 데 필요한 인적 · 물적 조건을 확보하는 수단의 의미를 갖게 된다. 이것은 미국의 교육행정학자인 몰맨(Moehlman)과 캠벨(Campbell) 등이 주장하는 기능주의의 입장을 따르고 있는 것으로 교육행정의 목표는 학교

수업의 질을 높이는 데 필요한 조건을 정비하는 데 있다. 이러한 입장을 택하게 되면 교육행정의 봉사활동, 기술적 측면, 정치적 중립 등이 강조되는 반면에, 행정에 작용하고 있는 권력적 측면이 소홀히 취급된다.

종래의 교육행정에서는 교육에 관한 행정이라는 측면이 강조되었고, 최근에는 교육을 위한 행정이라는 측면이 강조되고 있다고 할 수 있으나, 이것은 정도상의 문제이고 두 가지 측면이 모두 포함되는 개념으로 파악되어야 할 것이다. 사실상 교육행정이 실천되는 현장에서는 교육에 관한 행정과 교육을 위한 행정의 구분은 의미가 없다. 왜냐하면 그것은 교육에 관한 행정이며 동시에 교육을 위한 행정이 되지 않으면 안 되기 때문이다.

오랫동안 교육은 공적 경비로 운영되어야 하는 공공재라는 인식이 널리 받아들여져 왔다. 이러한 주장의 근거로 교육은 본질적으로 인간이라면 누구나 누려야 하는 기본적인 권리라는 점, 교육재의 평등한 분배는 정의로운 사회의 기초가 된다는 점, 국가 수준에서도 교육이 발전하면 경제가 발전하여 모든 국민이 잘 살 수 있게 된다는 점 등이 거론되고 있다. 이러한 점에서 교육이라는 서비스의 경우 정부가 독점 공급해 오는 것이 정당화되어 왔다고 할 수 있다. 그동안 우리나라의 공교육제도는 교육 서비스의 독점으로 인하여 사회의 변화나 학생과 학부모의 요구에 민감하게 대응하지 않아도 별 무리 없이 운영되어 온 것이 사실이다.

그러나 최근 들어 이러한 교육 서비스의 독점 공급으로 인한 비효율과 무사안일에 대한 비판의 목소리가 높아지고 있으며, 미국, 영국 등을 포함하여 우리나라도 교육행정에 있어서 탈규제, 자율, 경쟁, 학부모의 학교선택권(school choice), 고객만족 등 경영에서 사용되던 용어와 논리가 강조되고 있는 것은 이러한 흐름과 무관하지 않다고 할 수 있다. 대학의 총장이나 교장에게 최고경영자(Chief Executive Officer: CEO)의 역할을 요청하고 있는 것도 행정의 독점에서 오는 비효율과 무사안일이 특징인 과거의 관행을 깨뜨려 달라는 요구라고 할 수 있다. 학교를 온전하게 수익을 목표로 하는 경영의 대상으로 볼 수는 없지만, 적어도 그 운영에 있어서 경영에서 강조하고 있는 효율성, 전문성, 책무성 등의 원리를 적용하는 것이 타당하다고 보는 것이다(김재웅, 2005). 그러나 이러한 신자유주의 교육개혁은 빈익빈 부익부 현상을 가속화하고 불평등한 사회구조를 영속화하는 데 이바지할 수 있다는 비판을 고려하여, 그 적용에 있어서 신중할 필요가 있다.

끝으로, 교육행정은 교육적 가치의 수호라는 소극적 역할과 교육적 가치의 조장이라는 적극적 역할을 동시에 수행할 것이 요구된다. 전자는 학생들의 지적 능력과 품성을 기르고 건강한 신체발달에 해가 되는 방향으로 교육이 이루어지고 있는지 감시하고 모니터하는 일, 학교 또는 교육조직 밖의 체제로부터 오는 각종 비(반)교육적 압력에 대하여 저항하는 일 등을 포함한다. 후자는 교육적 가치의 실현을 위해 가용자원과 수단을 동원하여 학교 또는 교육조직 내적으로 노력하고 학교 또는 교육조직 외부와 상호작용하는 일을 포함한다.

2. 교육행정의 원리

교육행정은 바람직한 정부가 결정한 교육목표의 달성을 위하여 교육활동을 계획 · 조직 · 지도 · 감독하고, 현실적인 여건을 조성하여 이상적인 상태로 끌어올리려는 합리적인 노력이므로 거기에는 반드시 이상과 현실 사이의 교량적 역할을 하는 기본원리가 있어야 한다. 이 교육행정의 원리가 바로 행정이 추구해야 하는 가치와 관련된 철학적인 요소라고 할 수 있으며, 이 원리는 시대와 장소에 따라서 다르게 적용되었다. 오늘날 우리나라에서 교육행정이 따라야 할 행정의 규범과 원리를 합법성, 민주성, 능률성, 자주성, 책무성 등으로 구분하여 살펴본다.

가. 합법성의 원리

합법성(legality)이란 행정의 모든 활동이 합법적으로 제정된 법령에 따라야 함을 의미한다. 이러한 합법성은 국민의 권리와 자유를 보장하고, 국가 예산의 효율적 집행을 도모하며, 공무원이 부당하게 직무수행을 하지 못하게 하고, 재량권의 남용을 방지하기 위한 매우 중요한 행정의 원리라고 할 수 있다. 합법성의 원리는 모든 행정이 법률에 근거해야 하고, 법률에 위반되어서는 안 된다는 것을 의미한다. 우리나라의 경우 성문법 중심의 대륙법 계통의 법률체계를 지니고 있으며, 헌법에서도 교육과 관련하여 "학교교육 및 평생교육을 포함한 교육제도와 그 운영, 교육재정 및 교원의 지위에 관한 기본적인 사항은 법률로 정한다"(제31조 6항)라고 규정하고 있다. 따라서 교육행정은 헌법을 비롯하여 교육기본법, 초·중등교육법, 고등교육법, 평생교육법, 교육공무원법, 사립학교법 등 여러 법률과 이러한 법률을 기초로 하여 제정된 각종 대통령령, 지방자치단체의 조례 등에 따라 집행되어야 한다.

나. 민주성의 원리

행정의 민주성(democracy)은 민주주의의 이념인 자유와 평등, 그리고 주민의 참여가 실현될 수 있는 교육행정이 이루어져야 한다는 원리이다. 민주적 행정이 되기 위해서는 정치의 민주화가 필요하며, 전체 국민의 복리증진을 위하여 국민의 의사를 충실히 행정에 반영하고 국민의 참여를 높이며, 국민을 위하여 봉사하는 행정이 이루어져야 한다. 이를 위하여 제도적으로 교육행정의 과정이 민주화되어야 한다. 즉 공개행정으로 행정 문제를 국민에게 알리고, 국민의 이해와 협조를 구하고, 다양한 의견이 자유롭게 행정기관에 전달되도록 위원회나 심의회의 설치 등 제도적인 보장이 요망된다. 이와 더불어 교육행정에서 중요한 것은 기회균등의 원칙이다. 모든 국민은 능력에 따라 균등하게 교육을 받을 권리를 가지고 있으며(헌법 제31조), 모든 국민은 성별, 종교, 신념, 사회적 신분, 경제적 지위 또는 신체적 조건 등을 이유로 교육기회에서 차별을 받아서는 안 된다. 이를 위하여 법률에서는 여러 가지 학교를 설치하도록 규정하고 있다(교육기본법 제4조). 그리고 민주행정의 원리로서 중요한 것은 국민의 참여로서, 국민을 떠나 국민의 소리를 듣지 않는 민주행정이란 있을 수 없다. 교육정책의 수립에 있어서 광범한 국민의 참여를 통하여 공정한 민의를 반영케 하며, 정책의 집행과정에서도 권한의 위임 등을 통하여 행정가의 독단을 막아야 한다.

다. 능률성의 원리

행정의 능률성(efficiency)은 행정의 투입과 산출의 비율을 말하며, 효율성이라고 하기도 한다. 즉 행정 활동에 최소한의 인적·물적 자원과 시간을 들여서 최대의 성과를 이룩해야 한다는 것이다. 행정은 국민의 각종 세금에 의한 막대한 예산으로 운영되는데, 행정의 효율성은 많은 국민의 편익을 위하여 매우 중요한 행정의 원리이다. 따라서 교육행정에서도 교육활동에 있어서 최소한의 노력과 경비를 투입하고 낭비를 극소화함으로써 최대한의 효과, 즉 교육목표를 최대한 달성하도록 해야 한다. 그러나 교육이란 단기적 효과보다는 장기적 효과가, 유형의 효과보다는 무형의 성과가 더 중요한 경우가 많으므로 이를 고려할 필요가 있다. 그리고 능률성의 원리는 민주행정의 원리를 희생하면서까지 강조될 수는 없으며, 양자 사이에 균형이 이루어져야 한다.

라. 자주성의 원리

교육행정의 자주성(autonomy)은 교육행정에서 교육 주체의 자율과 독립성을 존중하는 원리이다. 이와 관련하여, 헌법 제31조 4항에서는 "교육의 자주성·전문성·정치적 중립성 및 대학의 자율성은 법률이 정하는 바에 의하여 보장된다."라고 규정하고 있다. 그리고 교육기본법 제5조는 다음과 같이 교육의 자주성을 명시하고 있다. "국가 및 지방자치단체는 교육의 자주성 및 전문성을 보장하여야 하며, 지역의 실정에 맞는 교육의 실시를 위한 시책을 수립·실시하여야 한다." 또한 "학교운영의 자율성은 존중되며, 교직원, 학생, 학부모 및 지역주민 등은 법령이 정하는 바에 의하여 학교운영에 참여할 수 있다"라고 규정하여 교육의 자주성을 선언하고 있다. 교육행정의 자주성은 교육행정의 조직·인사·재정 면에서도 이루어져야 한다. 지방교육자치제도는 적극적인 주민의 참여로 지방 실정에 알맞은 자율적인 통제와 운영을 위한 장치로 이해된다. 그러나 이러한 교육행정의 자주성은 교육행정과 일반행정의 역학 관계 속에서 효율성과 갈등할 소지가 있으므로, 교육행정에 대해 지방자치단체와 교육청 사이에 조화와 균형이 필요하다. 그리고 자주성의 원칙에는 학문의 자유, 대학의 자유, 사학의 자주성, 학교의 자주적 경영의 원칙도 포함된다.

마. 책무성의 원리

책무성(accountability)은 책무이행자가 책무요구자에게 자신의 성과를 설명해야 한다는 원리로서, 공교육제도의 집행에 필요한 경비가 국민의 세금에서 나온다는 사실에 기초를 두고 있다. 여기에서 책무요구자는 넓게 보면 국민이고, 책무이행자는 교육행정 당국이 된다. 책무성의 원리는 설정된 행정목표의 달성도를 가리키는 효과성(effectiveness)과 관련이 있다. 우리나라의 경우, 교육행정의 원리로서 책무성 개념이 본격적으로 적용된 것은 1995년 5월 31일에 발표된 교육개혁안 이후이다. 이 개혁안은 교육기관의 자율성, 수요자의 선택권 확대와 함께 성과도 묻는 책무성을 강조하였다. 이에 따라 시 · 도교육청평가, 학교평가, 학업성취도평가, 교육기관 정보공개, 교원평가 등 책무성 관련 정책이 도입되었다(신지승, 김규태, 2014).

교육부는 1996년에 시 · 도 교육청 평가를 도입하고, 평가 결과에 따라 재정을 차등하여 배분하였다. 학교평가는 시 · 도 교육청 평가의 항목으로 포함하여 시행하다가 현재는 시 · 도 교육청별로 학교 자체평가 중심으로 하고 있다. 오랫동안 운영한 근무성적평가의 문제를 보완하기 위하여 2004년에 교원능력개발평가가 도입되었고, 논란 끝에 2011년에 교원 등의 연수에 관한 규정으로 제도화되었다. 교원능력개발평가 결과 미흡 판정을 받은 교사들은 규정에 따라 연수를 받도록 하고 있다. 교육기관 정보공개는 학교의 효율성과 투명성을 높이기 위해 2009년에 법제화되어 '학교 알리미'라는 시스템을 통해 이루어지고 있다.

학업성취도평가는 국가 교육표준 도달 여부와 정책의 효과성 점검을 위하여 실시하고 있으며, 2011년에는 학업성취도평가의 결과를 학교 수준에서 공개하는 법안이 통과되었다. 그러나 이는 경쟁의 과열과 교사의 사기 저하 등을 이유로 거센 저항에 부딪혔고, 결국 시 · 도 교육청과 지역교육청별로 학업성취도평가 결과가 발표되었으며, 국가수준 학업성취도평가는 2017년부터 표집평가로 전환되었다. '낙오학생 방지법(No Child Left Behind Act: NCLB)'에 이어 '모든 학생 성공법(Every Student Succeeds Act: ESSA)'이 시행되고 있는 미국의 경우, 학업성취도가 교육 책무성에서 가장 중요한 지표로 활용되는 반면에, 우리나라는 학업성취도를 책무성 자료로 활용하는 정책이 표류해 온 것으로 보인다(김지현, 2021). 그러나 "학습지원 대상 학생에게 필요한 지원을 함으로써 모든 학생의 기초학력을 보장하여 능력에 따라 교육을 받을 수 있도록 그 기반을 조성하는 것을 목적"으로 하는 '기초학력 보장법'이 2022년 3월 25일부로 시행되고 있어, 앞으로 학업성취도를 기반으로 하는 책무성 정책에 변화가 예상된다.

제2절 교육행정의 접근

행정이란 행정가가 조직을 통하여 조직의 목표를 달성하는 일이다. 교육행정은 학교, 교육청, 교육부 등 교육조직을 통하여 그 조직의 목표를 달성하는 일이다. 교육행정은 조직의 어떤 측면을 강조하느냐에 따라 구조중심 접근, 인간중심 접근, 문화적 접근 등으로 발전해 왔다. 그러나 새로운 접근이 등장했다고 해서 그 이전의 접근이 무효화되거나 없어지지는 않고, 새로운 접근과 병행하면서 적용되어 오고 있다.

1. 구조중심 접근

가. 과학적 관리론과 교육행정

공교육제도가 도입되면서 학교체제가 대규모화함에 따라 이를 전문적으로 관리할 필요가 커졌다. 전문적인 교육행정 기능이 요구된 때에 기댈 수밖에 없었던 이론은 당시 산업계에서 유행하고 있던 과학적 관리론이었다. 테일러(Taylor)가 제시한 주요 과학적 원리는 다음과 같다(Taylor, 1911).

① 과업에 대한 과학적인 직무분석, 과업수행 상태에 대한 관찰 및 자료 수집 등을 통하여 과업수행을 위한 '최선의 방법'을 개발한다.
② 과업을 수행하는 데 가장 적합한 사람을 과학적으로 선발한다.
③ 근로자를 과학적으로 교육 훈련하여 과업 수행을 위한 전문성을 개발, 유지하도록 한다.
④ 관리자와 근로자 간에 기능적 분업을 인정하면서 양자 간에 긴밀한 협동이 이루어져야 한다.

테일러가 제시하고 있는 과학적 관리의 원리는 과학기술이 발전되고 첨단 경영기법이 적용되고 있는 현재 시점에서 보면 조잡하기 이를 데 없는 것이다. 특별히 당시 공장이나 기업의 과업의 종류와 난이도, 그리고 복잡성 등을 고려하면 그가 주장하고 있는 과학적 연구를 통한 '최선의 방법'이 그렇게 대단한 것이 아닐 수도 있다. 그러나 대부분의 조직이 주먹구구로 운영되었던 당시 상황에서 그의 주장은 그야말로 '혁명적'인 것이었다. 그만큼 파급효과도 컸다고 할 수 있다.

테일러의 과학적 관리론은 당시 산업계뿐만 아니라 학교에도 큰 영향을 미쳤다. 미국의 경우 1900년대 초 이민의 증가, 취학대상 아동의 증가, 의무취학 등으로 인하여 학생수가 급증하였고, 이들을 수용하기 위한 교실과 학교의 신축과 이들을 가르칠 교사의 임용을 위하여 재정이 막대하게 필요하게 되었다. 재정을 조달하는 것도 중요한 일이었지만, 주어진 재정을 효율적으로 사용하는 것 또한 중요한 일이었다.

1910년대에 미국에서 과학적 관리의 원리를 학교행정에 적용하고자 했던 스폴딩(Spaulding)은 학교도 기업처럼 과학적 관리에 따라 보다 효율적으로 운영되어야 한다고 주장하였다. 그는 1913년 미국교육연합회(NEA)에서 발표한 '과학적 관리를 통한 학교체제의 개선'이라는 강연에서 과학적 관리의 본질을 첫째로 성과의 측정과 비교, 둘째로 성과를 달성할 수 있는 조건, 특히 수단과 시간의 분석과 비교, 그리고 성과에 의하여 정당화될 수 있는 수단의 계속적인 채택과 활용 등으로 정리하였다. 이러한 과학적 관리는 학교 운영과 관련하여 재정의 절감과 효율적 운영에 이바지하였다. 그의 주장은 지금 기업과 대학에서 많이 통용되고 있는 목표관리(Management by Objective: MBO)의 아이디어와 크게 다르지 않다는 점에서 주목할 만하다.

이렇듯 과학적 관리의 원리를 교육행정에 적용하고자 하는 것은 당시의 상황으로 볼 때 불가피한 점도 있었고 교육행정 실천에 있어서 대세를 이루고 있었다고 할 수 있다. 과학적 관리론에서 시작된 효율성 중시의 교육행정관은 지금까지도 지속되고 있다. 그러나 학교를 공장에 비유하여 과학적 관리의 원칙을 적용하고자 하는 시도는 교육적 가치를 무시하고 효율성 중심의 경제 논리만 앞세운다는 비판을 받기도 한다. 조직에 대한 이런 관점은 조직의 '구조'에 주목하는 관점으로서 아직 조직 안에서 일하고 있는 주체로서의 '인간'에 대한 관심은 보이지 못하고 있다는 점에서 한계가 있다. 여기에서 인간은 주어진 기능을 충실히 수행하는 기계로서의 조직의 한 부품일 뿐이다.

나. 관료제론과 교육행정

현대의 대규모화되고 있는 모든 조직은 그 목적을 불문하고 관료제적 특성을 지니고 있다고 해도 과언이 아니다. 관료제(bureaucracy)라는 용어가 전에도 있기는 하였으나, 관료제에 관한 이론을 처음으로 학문적으로 체계화한 사람은 독일의 사회학자인 막스 베버(Max Weber)이다. 베버는 관료제를 하나의 이상적인(ideal) 형태 또는 순수한 형태의 조직으로 보고 있다. 관료제는 합리성을 최대로 보장해 주는 조직의 형태로서, 조직 안의 '인간' 보다는 '구조' 자체를 강조하고 있다는 점에서 위에서 살펴본 과학적 관리론과 일맥상통하는 점이 있다. 베버가 제시한 합리적 · 합법적 권위에 기반하고 있는 이상형 조직으로서의 관료제의 특징은 다음과 같다(Weber, 1947).

① 법규에 따른 직무의 배분: 조직의 목적을 달성하는 데 필요한 직무와 권한의 배분은 명확하게 법규에 따라 규정된다.
② 계층제(hierarchy): 직무의 조직은 계층제의 원리에 따라 구성되어 하급자는 상급자의 통제와 지시를 받는다.
③ 문서주의: 모든 행정 행위는 문서에 의하여 처리된다. 즉 조직 구성원은 개인적 감정이 아니라 형식주의적 비인격성(impersonality)에 입각하여 직무를 수행한다.
④ 공 · 사의 분리: 공적 사무는 사적 사무와 분리된다. 즉 관청과 사택이 구분되고 직무상의 금전 및 설비와 관료의 사유물은 엄격히 구분된다.
⑤ 전문지식과 기술: 관료는 선거에 의해 선출되거나 정실(favoritism)에 의해 임명되는 것이 아니라 특별한 교육과 훈련을 통하여 얻은 전문지식과 기술에 의해 선발되어 임명된다. 전문지식과 기술을 검증하는 방법으로 시험과 자격증 제도를 활용한다.
⑥ 직업 안정성: 고용당국은 규정된 조건 하에서만 관료를 해임시킬 수 있는 반면에, 관료는 언제나 사임할 수 있는 자유를 갖는다.
⑦ 직위에 따른 보수: 관료의 보수는 계층제의 직위에 따라 책정되고 지급된다.

관료제는 대규모화 되고 있는 현대의 조직을 운영하는 원리로서 기여한 바가 적지 않다고 할 수 있다. 관료제는 베버가 제시한 원리대로 운영이 되기만 한다면 그야말로 나무랄 데 없는 가장 합리적인 조직이 될 수 있을 것이다. 그러나 실제로 관료제가 운영되는 과정에서 예기치 않은 부작용과 역기능이 나타나고 있다. 이것은 관료제의 특성이 지나치게 강조되는 데에서 나타나는 것으로 조직의 목표를 달성하는 데 방해가 되기도 한다. 예컨대, 과잉동조에 의한 목표-수단의 도치, 일의 중요성과 상관없이 서류만 쌓이는 문서주의(red tape), 무사안일주의, 업무량과 상관없는 조직의 확장, 인간성의 상실 등의 문제가 지적되고 있다.

이러한 관료제의 특징은 현재 대규모화되고 있는 거의 모든 조직에 나타나고 있으며, 학교체제도 여기에서 예외가 아니다. 학교의 관료제적 특성은 다음과 같이 요약될 수 있다. 첫째, 학교 조직도 교무부, 학생부, 연구부, 과학부, 체육부, 행정실, 그리고 각 교과별 조직과 학년별 조직 등 분업화가 이루어져 있다. 둘째, 비록 그 층이 많지는 않지만, 교장, 교감, 교사 등 학교 조직이 계층화 되어 있다. 셋째, 교육관련 법률을 따라 학교와 교육제도를 운영하고 있다는 점에서 관료제적인 특성을 보여준다. 넷째, 전문성에 기초하여 교원이 충원된다. 다섯째, 교사들이 승진이 대체로는 연공서열에 따라 이루어지고 정년이 보장된다. 여섯째, 공직으로서의 교직도 그것을 맡고 있는 교사에 의해 사유의 개념으로 사고팔거나 유산으로 물려줄 수 있는 것이 아니다.

이처럼 학교가 관료제적인 특징을 지니고 있지만 정부 조직이나 기업체와는 달리 관료제적인 원리가 엄격하게 적용되기 어려운 게 사실이다. 예컨대, 교사가 학교 조직의 위계상 하위직이기는 하지만 나름대로 전문적 훈련을 받은 전문가로서 자기 직무에 종사하고 있다. 또한 주로 일하는 공간이 교장이나 교감이 가까이서 감독할 수 없는 독립된 교실이며, 교사의 직무에 대한 평가에 있어서 획일적인 기준을 적용하기가 곤란하다. 학교가 관료제적인 특성을 가지고 있으면서도 관료제에 맞지 않는 측면이 있는 것은 학교가 가지고 있는 전문직적 조직의 성격 때문이다.

2. 인간중심 접근

가. 인간관계론

구조 중심접근에서 인간은 기계의 부품과도 같이 상부의 명령에 복종하는 존재, 합리적인 결정을 내릴 줄 아는 이성적인 존재, 돈과 같은 보상에 따라 행동하는 존재 등으로 이해된다. 그러나 아직 인간을 감정도 있는 살아 숨쉬는 존재로 파악하지 못하고 있다. 조직 속에서 생생하게 살아 움직이는 인간을 발견하게 된 것은 인간중심 접근 덕분이다. 그러나 아이러니컬하게도 이러한 조직 속의 인간은 메이요(Mayo) 등이 과학적 관리론에 입각한 호손(Hawthorne) 연구를 수행하다가 우연한 계기에 '발견' 한 것이다.

메이요, 뢰스리스버거(Roethlisberger), 딕슨(Dickson) 등은 1927년부터 1932년 사이에 시카고 근교에 있는 서부전기회사(Western Electric Company) 호손 공장에서 과학적 관리의 원리를 검증하기 위한 일련의 실험연구를 수행하였다. 연구주제는 작업장의 조명수준, 휴식시간, 노동시간, 급료 등 물리적 조건과 작업성과의 관계를 밝히고자 하는 것이었다.

그러나 조명 실험 결과, 공장의 조명을 높이는 것이 생산 수준에 긍정적인 영향을 미칠 것이라는 과학적 관리론의 가정과는 달리 조명 수준과 생산 수준 사이에 의의 있는 차이가 발견되지 않았다. 그리고 휴식 시간의 증가와 생산량 증가 사이에도 아무런 관계가 없다는 것이 발견되었다. 이들은 조직 안의 물리적 조건보다 사회심리적인 요인이 오히려 생산에 더 큰 영향을 미친다는 결과를 발표하였다. 이러한 일련의 연구를 통해 연구자들은 수동적으로 기계의 톱니바퀴처럼 복종하는 인간이 아니라 살아서 움직이는 감정이 있는 '인간'을 발견한 것이다. 다음은 호손 연구 결과를 종합 정리한 것이다(Hoy & Miskel, 1996).

① 경제적 유인가가 유일한 동기유발 요인은 아니다. 비경제적인 사회적 요인이 경제적 유인효과를 제한한다.
② 근로자들은 개인으로서가 아니라 비공식 집단의 구성원으로 경영진에게 반응한다.
③ 생산 수준은 심리적 능력에 의해서가 아니라 비공식 집단의 사회적 규범에 따라 결정된다.
④ 고도의 전문화가 반드시 집단을 가장 효율성이 높은 조직으로 이끄는 것은 아니다.
⑤ 근로자는 경영진의 자의적인 결정으로부터 자신을 보호하기 위하여 비공식적 조직을 이용한다.

⑥ 비공식적 사회적 조직은 경영진과 상호작용한다.
⑦ 협소한 통솔범위가 효과적인 감독에 반드시 요구되는 것은 아니다.
⑧ 비공식적 지도자는 때때로 공식적 지도자만큼이나 중요하다.
⑨ 개인은 적극적 인간 존재이지, 수동적인 기계의 톱니바퀴가 아니다.

경영과 행정에서 이러한 인간 중심 접근은 매슬로(Maslow), 맥그리거(McGregor), 허즈버그(Herzberg) 등의 동기이론으로 연결되어 발전하였다. 인간관계 이론이나 동기이론은 조직의 구조적 측면을 강조하지 않고 과업을 수행하는 주체인 조직 안의 인간에 초점을 맞추고 있다는 점에서 공통점이 있다. 동기이론은 어떻게 하면 조직 구성원이 자발적으로 조직의 목표에 헌신하도록 할 것인지와 관련된 것이다.

나. 인간관계론과 교육행정

인간관계론이 교육행정의 민주화에 영향을 미친 것은 사실이나, 교육행정의 민주화는 인간관계론의 영향 하나만으로는 설명이 되지 않는다. 어떤 점에서 보면 산업계에서 적용되고 있던 인간관계론과는 별도로 교육행정의 민주화 운동이 전개되었다고 할 수 있다. 즉 관료적이고 억압적인 교육행정에 대한 반발로서 교육행정의 민주화 운동이 추진되었다고 할 수 있다. 이때 강조된 것은 교육행정의 과정에서 이해집단의 참여와 동의였다. 이와 관련하여 가장 중요한 역할을 한 사람이 바로 듀이(Dewey)이다. 듀이는 『민주주의와 교육』이라는 저서에서 당시 학교행정에 적용되고 있던 과학적 관리론을 비판하면서 교육행정의 과정에서 교사의 참여를 중시하였다. 더 나아가 그는 학생을 전인격적으로 존중하고 교육의 과정에서 교육적 가치를 중시하는 교육을 실시해야 한다고 주장하였다.

교육행정에 대한 이러한 관점의 변화는 자연스럽게 인간관계론에서 강조하고 있는 원리들과 만나게 되었다. 예컨대 교장의 비억압적이고 비지시적인 지도력과 교사의 참여가 강조된다든가 학교 안의 비공식적 조직이 중요하다는 것이 강조된 것은 모두 인간관계론의 영향이라고 할 수 있다. 아울러 교육행정의 과정의 각 단계를 가리키는 용어도 인간관계론의 영향으로 변화를 맞이하게 된다. 예컨대 과학적 관리론에서 통용되던 명령, 지시 등의 용어가 인간관계론의 영향으로 자극, 의사소통 등의 용어로 바뀌게 된 것이다. 더 나아가 인간중심 접근은 교사의 사기, 직무만족, 인간관계와 의사소통 등의 주제에 관하여 연구하는 데 영향을 미쳤다.

이렇듯 교육행정의 민주화는 사회운동으로서의 성격과 함께 인간관계론의 영향이 뒤섞여 있다고 할 수 있다. 그러나 1950년대 이후 교육행정의 연구와 실천에서는 사회운동으로서 교육행정의 민주화는 퇴색하고 이데올로기적으로 중립적인 경험적 연구로서 인간관계론만 남게 된다. 오늘날 학교행정에서 인간관계론은 '사람들이 모여 쌀을 함께 먹는다'는 의미를 지닌 ' 인화(人和)'라는 구호 속에서 그 흔적을 찾아볼 수 있다. 인화를 강조하는 교장은 회식을 자주하고, 교사들의 애경사를 직접 챙기면서 학교를 운영하는 경향이 있다.

인간중심 접근은 조직 안에서 생생하게 살아 숨 쉬는 인간을 발견하고 인간의 욕구가 경제적이고 외재적인 욕구 이외에 다양한 욕구가 있다는 것을 밝혀내는 데 공헌을 한 것은 사실이다. 그러나 인간중심 접근에서 강조하고 있는 동기유발을 일종의 인간조종 기술로 보면서 이 접근을 '양의 탈을 쓴 이리'라고 비판하는 학자들도 있다.

다. 구조중심 접근과 인간중심 접근 비교

위에서 우리는 구조중심 접근과 인간중심 접근이 나오게 된 배경과 의미, 그리고 각각의 내용에 대하여 살펴보았다. 교육행정에 관한 이 두 가지 접근은 조직에 관한 기본 가정, 인간에 관한 기본 가정, 동기 유발의 방법 등에 있어서 다른 입장을 취하고 있다(진동섭 · 이윤식 · 김재웅, 2007).

구조중심 접근은 조직을 기계에 비유하는 반면에 인간중심 접근은 조직을 유기체에 비유한다. 이에 따라 조직 안에서 일하고 있는 인간은 전자의 경우 기계의 부품으로 후자의 경우 유기체의 일부를 이루는 세포(생명체)로 간주된다. 맥그리거(McGregor)의 이론에 따르면 구조중심 접근은 이론 X, 인간중심 접근은 이론 Y를 기초로 하고 있다고 할 수 있다. 동기 유발을 위한 수단으로 구조중심 접근은 주로 경제적 보상을 중시하는 반면에, 인간중심 접근은 사회심리적 보상을 중시한다고 할 수 있다. 전자는 주로 공식 조직에 주목하는 반면, 후자는 비공식조직에 대한 관심도 공식조직 못지않게 가지고 있다. 전자를 택하고 있는 학교 행정가는 주로 과업과 법규를 중심으로 지시하고 점검하는 반면에, 후자를 선호하는 학교 행정가는 회식 등을 통하여 인화 중심의 인간관계를 중심으로 조직을 이끌어 갈 가능성이 높다.

이러한 차이에도 불구하고, 구조중심 접근과 인간중심 접근은 몇 가지 점에서 공통점이 있다. 첫째, 두 접근 모두 조직 내부의 문제에 모든 관심과 노력을 집중하는 경향이 있다. 조직 외부의 환경과 조직 사이에 이루어지고 있는 상호작용에 대해서는 아직 주목하지 못하고 있다. 이런 점에서 두 접근은 조직에 관한 개방체제적 접근보다는 폐쇄체제적 접근을 취하고 있다고 할 수 있다.

둘째, 두 접근은 조직의 목표는 외부에서 누군가에 의해 주어진다고 본다. 따라서 조직 구성원들 스스로 조직의 목표를 설정하는 과정 자체에 대한 관심은 소홀한 편이다.

셋째, 이러한 목표 설정 과정에서 구성원들 사이에 있을 수 있는 갈등에 대해서도 중요하게 다루고 있지 않다. 두 접근 모두 조직은 항상 조화롭게 돌아가야 한다고 믿고 있으며, 조직 안에서의 갈등은 일탈 현상(구조중심 접근) 또는 병리현상(인간중심 접근)으로 간주된다.

끝으로, 두 접근 모두 어떻게 하면 주어진 조직의 목표를 효율적으로 달성할 수 있을지의 문제가 최상의 관심이다. 교육행정의 경우에도 학교 조직 자체의 목표를 달성하는 수단으로서 그 기능을 다하고 있다고 보게 된다. 여기에서 두 접근의 차이는 수단의 차이로 설명된다. 다시 말하면 구조중심 접근과 인간중심 접근 안에서는 교육행정가는 교육조직이 추구해야 하는 가치에 대하여 굳이 고민하지 않고서도 훌륭한 행정 행위를 할 수 있다. 두 접근 모두 추구하고 있는 최상의 가치는 효율성이기 때문이다.

3. 문화적 접근

가. 조직 문화와 상징

구조중심 접근과 인간중심 접근은 하나의 객관적 실체로서 조직(예: 학교)이 존재하고, 이것을 객관적으로 연구할 수 있다고 본다. 반면에 문화적 접근은 조직에 관한 주관적 인식론에 터하고 있다. 문화적 접근에 따르면, 저기 바깥에 확실하게 존재하는 조직은 없고, 조직 구성원들이 주관적으로 체험하는 조직만 있을 뿐이다. 여기에서는 조직 경험이 구성원들에게 주는 의미가 중요하고, 특별히 구성원들 사이에 공유된 가치와 의미로서의 문화가 중시된다. 교육행정에서 문화적 접근에 대한 관심이 고조되기 시작한 것은 1980년대 중반 이후이다. 문화적 접근은 다음과 같은 기본 전제에 터하고 있다(Bolman & Deal, 1984: 149-159).

① 조직 생활에서 중요한 것은 무엇이 일어났느냐가 아니라 일어난 일의 의미이다.

② 일의 의미는 무엇이 일어났느냐에 의해 밝혀지는 것이 아니라 인간이 그것을 어떻게 해석하느냐에 달려 있다.

③ 조직 생활에 있어서 가장 의미 있는 일은 사실 애매하거나 불확실한 것들이다. 무슨 일이 왜 어떻게 일어났는지 모르는 경우가 허다하다.

④ 이러한 애매성과 불확실성으로 말미암아 조직에 대한 합리적 · 객관적 접근은 불가능하다.

⑤ 바로 이러한 애매성과 불확실성의 수준을 낮추기 위해 발명된 것이 각종 '상징(symbol)'과 '신화(myth)'이다.

⑥ 조직 구성원들이 공유하고 있는 가치, 신념, 의미로서 조직 문화는 조직의 성과에 영향을 미친다.

조직 문화란 조직구성원들이 공유하고 있는 의미체계이다. 이것은 특정 집단에게 특정한 의미를 부여하며, 새로운 구성원들에게 전수되어 간다. 조직 문화는 조직구성원들로 하여금 특정 가치, 정서, 신념을 공유하도록 함으로써 조직구성원을 하나로 묶어주는 접착제의 역할을 한다.

이러한 조직 문화의 의미를 이해하고자 할 때 중요한 개념이 바로 상징이다. 상징은 때때로 현실세계를 위장하거나 왜곡하는 데 의도적으로 사용될 수 있다. 상징의 이러한 기능은 특별히 정치가들의 관심과 주목을 받아왔으며, 어떤 의미에서 정치가들은 상징을 통한 현실세계 조작의 명수라고 할 수 있다. 어두운 현실세계도 언어의 정치적 사용과 상징적 조작 결과 희망을 주는 청사진으로 변신하는 것이다.

학교와 관련된 대표적인 상징의 사례들을 찾아보면 다음과 같다. '학교' 또는 '교실'과 같은 장소를 나타내는 언어는 실제로 그 안에서 어떤 일이 일어나고 있는지 여부와 상관없이 '교육'이 일어나고 있는 곳으로 인식되고 있다. '교과서', '수학교과', '과학교과' 등의 언어는 공식 교육과정에 들어 있다는 이유 하나로 실제 수업에서 무엇이 어떻게 가르쳐지고 있는지와 상관없이 학교에서 그러한 교과와 관련하여 훌륭한 교육이 일어나고 있을 것이라는 생각을 갖게 한다. 이 외에도 우리나라의 경우에 '강남 8학군', '서울대', '남녀공학', '교직의 여성화', '전교조', '교육평등' 등 수없이 많은 언어가 상징적 기능을 수행한다. 이러한 상징들은 실제로 어떠한지 여부와 상관없이 우리의 믿음과 생각을 특정한 방향으로 지배하고 있다. 이러한 상징을 아무런 의심없이 받아들일 때 그러한 상징은 아무도 의심하지 않는 하나의 '신화'로 자리 잡게 된다. 학교와 관련된 많은 상징들은 학교에서 실제로 어떤 일이 일어나고 있는지 자세히 검사하지 못하도록 하면서 학교를 보호하는 기능을 은연중에 수행하고 있다고 할 수 있다.

나. 학교조직의 문화와 교육행정

하나의 조직으로서 학교도 문화를 지니고 있다. 개별 학교는 그 역사와 전통 속에서 나름대로 독특한 문화를 발전시켜 오고 있다고 할 수 있다. 예컨대 서울대학교 문화가 있고 방송통신대학교 문화가 있다. 연세대학교 문화와 고려대학교 문화가 다르고 이화여자대학교와 숙명여자대학교의 문화가 다르다.

학교 문화는 학생과 학부모, 교사, 지역사회 등이 공유하고 있는 가치, 의미, 상징, 신념 등을 모두 포함하는 말이다. 학교 문화는 조직 구성원들에게 가치있는 것이 무엇인지 알려주며 그들이 어떻게 생각하고 느끼고 행동해야 하는지에 대한 지침을 제공하기도 한다. 신입회원들이 들어올 때 이들도 기존의 문화에 하루빨리 순화되기를 바라는 것은 당연하다. 학교 문화가 한번 정립되면 쉽게 바뀌지 않는 이유가 여기에 있다.

학교 문화를 새롭게 형성하고자 하는 교장은 학교와 관련된 많은 상징들 가운데 일부 또는 하나를 선택적으로 강조함으로써 새로운 학교 문화를 창출해 나갈 수 있을 것이다. 이렇듯 학교의 문화를 만지면서 행정을 이끌어 가는 학교 행정가를 우리는 '문화적 지도성'을 지닌 학교 행정가라고 부른다.

제3절 학교조직 운영의 최근 동향

오랫동안 중앙집권적인 정치체제를 유지해 왔던 우리나라의 경우, 개별 학교는 자율적으로 운영되지 못하였다. 전국의 학교가 마치 하나의 학교인 것처럼 획일적으로 운영해 왔다고 할 수 있다. 그러나 이러한 학교운영 방식으로는 다양해지고 있는 교육 수요자의 요구에 부응할 수가 없다. 이에 따라 도입된 것이 단위학교 책임경영제(SBM)이다. 단위학교 책임경영제를 이루고 있는 두 축은 학교운영위원회와 학교예산 회계제도이다.

1. 단위학교 책임경영제의 개념과 의의

우리나라에서는 IMF 위기를 거치면서 모든 사회 영역에서 '구조조정'(reengineering) 또는 '재구조화'(restructuring)라는 말이 유행처럼 번지고 있다. 구조조정 혹은 재구조화라는 개념은 본래 기업경영의 기법으로 등장한 것이다. 학교교육에서의 재구조화는 조직의 특정한 구조나 기능의 조정뿐만 아니라 관련된 모든 요소들을 변혁함으로써 조직의 전반적인 경영 혁신을 위한 하나의 새로운 접근방법이라고 할 수 있다.

현재 교육의 영역에서 재구조화 논의는 다양한 형태로 이루어지고 있다. 예컨대 중앙에 집중되어 있는 권한을 각 지방 교육청과 단위학교에 위임하는 일, 학교운영위원회를 설치하여 학교의 의사결정 체제를 혁신하는 일, 다양한 형태의 학교들을 설립하여 학교체제의 틀을 전반적으로 바꾸는 일 등을 들 수 있다. 최근 들어 가장 중시되고 있는 것은 학교의 재구조화로서 미국, 캐나다, 호주 등에서는 재구조화를 단위학교 책임경영제와 동일한 용어로 사용하고 있다. SBM은 1980년대 중반 이후 미국 기업에서 발생한 새로운 품질운동, 즉 총체적 질 경영(Total Quality Management: TQM)의 아이디어를 학교경영에 적용하고자 하는 것이라고 할 수 있다. TQM은 성과의 질 향상을 위한 단순한 도구나 기법을 의미하는 것이 아니라, 최고관리자의 적극적인 헌신과 지원 아래 조직 문화의 근본적 변화를 포함하는 광범위한 관리 철학이다(Deming, 1986).

단위학교 책임경영제(School-Based Management: SBM)란 상급 교육관청의 의사결정 권한을 단위학교로 이양하여 학습자의 요구를 적절히 충족시킬 수 있도록 단위 학교가 자율적으로 의사결정을 하도록 하는 경영체제를 가리킨다. 즉 SBM이란 단위학교가 학교경영의 주요 활동들, 즉 교육과정 운영, 인사 운영, 재정 운영, 장학 등에서 자율적인 의사결정 구조를 가지고 책임 경영을 하는 체제를 말한다. SBM은 단위학교가 자체의 활동들, 교육과정 운영, 인사 운영, 재정 운영, 장학활동 등을 자율적으로 수행함으로써 학교의 교육력을 극대화하고 그를 통해 학생들의 교육적 성취를 제고하기 위하여 고안된 것이라고 할 수 있다. 그러나 자체의 수입과 재원을 지니고 있지 못한 학교가 자치(自治)에 가까운 완전한 자율성을 누리기에는 현실적으로 많은 어려움이 있다. 따라서 단위학교 자율경영은 일정한 한계 속에서 자율과 책임을 기반으로 하는 학교경영체제라고 할 수 있다.

이러한 단위학교 책임경영제는 다음과 같은 두 가지 기본 전제하에서 출발한다(David, 1989). 첫째, 학생과 가장 가까이 있는 사람들이 교육에 관해 가장 적절한 의사결정을 내릴 수 있다. 결국 교육 현장의 교사와 학부모가 학생(자녀)들에 대해서 가장 잘 이해하고 있기 때문에 이들의 권한이 확대되어야 한다는 것이다. 둘째, 학교의 변화는 구성원들이 주인의식을 가지고 각자의 직무에 충실할 때 가장 잘 일어난다. 이러한 주인의식은 구성원들이 학교 교육과 경영에 관한 의사결정 과정에 참여해서 권한을 행사함으로써 강화된다는 것이다.

우리나라의 경우 1995년 5 · 31 교육개혁안에서 '교육 수요자 중심 교육'을 강화하기 위해 제안된 후, 이어서 실시된 학교운영위원회와 2001년부터 시행되고 있는 학교예산 회계제도로 말미암아 SBM이 힘을 받고 있다고 할 수 있다.

2. 학교운영위원회의 구성과 운영

단위학교 책임경영제를 위한 제도적인 장치 중의 하나로 학교운영위원회는 가장 중요한 역할을 해 왔다. 우리나라에서는 1995년 교육개혁위원회가 초 · 중등교육의 자율적 운영을 위한 학교공동체 구축 방안의 하나로 제시했다. 이후 1996년에는 국 · 공립 초 · 중등학교에, 2000학년도에는 사립 초 · 중등학교에 설치되었다.

가. 학교운영위원회의 성격, 기능 및 구성

학교운영위원회는 학교 운영의 자율성을 높이고 지역사회의 실정과 특성에 맞는 다양하고 창의적인 교육을 할 수 있도록 만든 제도이다(초 · 중등교육법 제31조). 학교운영위원회의 구성과 운영은 국 · 공립의 경우는 초 · 중등교육법시행령이 정하는 바에 따르도록 하고 있다. 사립학교의 경우는 이 시행령이 정하는 범위 안에서 정관으로 정하도록 되어 있다. 그러나 위원회의 구성과 위원 선출에 대해서는 국·공립의 관련 조항을 준용한다.

1) 학교운영위원회의 성격 및 기능

모든 학교의 학교운영위원회는 심의기구이다(초·중등교육법 제32조). 학교운영위원회의 주요 기능은 다음과 같다.

- 학교헌장 및 학칙 제정 또는 개정
- 학교의 예산안 및 결산
- 학교교육과정의 운영 방법
- 교과용 도서 및 교육 자료의 선정
- 교복·체육복·졸업앨범 등 학부모 경비 부담 사항
- 정규학습시간 종료 후 또는 방학 기간 중의 교육활동 및 수련 활동
- 공모 교장의 공모 방법, 임용, 평가 등
- 초빙교사 추천
- 학교운영지원비의 조성·운용 및 사용
- 학교급식
- 대학입학 특별전형 중 학교장 추천
- 학교운동부의 구성·운영
- 학교운영에 대한 제안 및 건의 사항
- 기타 대통령령이나 시·도의 조례로 정하는 사항
- 학교발전기금의 조성·운용 및 사용에 관한 사항(심의·의결 사항임)

사립학교의 학교운영위원회는 자문기구였으나, 2022년 3월부터 심의기구로 승격했다. 그러나 학교헌장과 학칙 제정 또는 개정은 자문 사항으로 남아 있다. 그리고

공모 교장이나 초빙 교사에 대해서는 심의 사항에서 제외된다. 인사권은 사립학교재단의 권한이기 때문이다.

학교장은 학교운영위원회의 심의 결과를 최대한 존중해야 하며 심의 결과와 달리 시행할 때에는 학교운영위원회와 관할청에 서면으로 보고해야 한다. 관할청은 학교장이 정당한 사유 없이 심의 결과와 달리 시행하거나 심의 결과를 시행하지 않을 때에는 시정명령을 내릴 수 있다.

한편, 학교발전기금 조성은 학교운영위원회의 의무적인 기능은 아니지만 중요한 역할 중 하나이다. 학교발전기금은 기부자의 금품, 학교 내외의 학부모 조직이나 단체 구성원의 갹출이나 학교구성원이 아닌 사람들로부터 모금한 금품으로 이루어진다.

2) 학교운영위원회의 구성

(1) 학교운영위원회 정수

학교운영위원회는 교원 대표, 학부모 대표, 지역사회 인사로 구성한다. 위원의 수는 5명 이상 15명 이하의 범위 안에서 학교의 규모에 따라 달라진다. 학생 수 200명 미만의 소규모 학교의 경우 5인 이상 8인 이내, 학생 수 200명 이상 1천 명 미만의 중간 규모 학교에서는 9인 이상 12인 이내, 그리고 학생 수 1천 명 이상의 대규모 학교에서는 13인 이상 15인 이내로 규정한다. 운영위원의 구성 비율은 학부모위원 40～50%(특성화고등학교 30～40%), 교원위원 30～40%(특성화고등학교 20～30%), 지역위원 10～30%(특성화고등학교 30～50%)로 한다.

(2) 학교운영위원의 자격

운영위원은 국가공무원 결격 사유에 해당되지 않아야 하고, 정당의 당원이 아니어야 한다. 다른 학교의 위원을 겸임할 수는 있다. 지역위원은 해당 학교가 소재하는 지역을 생활 근거지로 하는 사람이어야 한다.

(3) 임기 및 선출 방법

위원의 임기는 2년이고 1차에 한하여 연임할 수 있다. 위원의 선출방식은 각각 다르다. 학부모위원은 학부모전체회의를 통하여 투표로 선출한다. 그러나 학교의 규모 · 시설 문제로 인해 전체 회의에서 선출하기 곤란한 경우 학급별 대표로 구성된 학부모대표회의에서 선출한다.

교원위원은 설립 유형에 따라 다르다. 국 · 공립학교의 경우 당연직 교원위원(교장)을 제외한 교원위원은 교원 중에서 선출하며 교직원전체회의에서 무기명투표로 선출한다. 사립학교의 경우 당연직 교원위원을 제외한 교원위원은 교직원전체회의에서 추천한 자 중에서 학교의 장이 위촉한다. 지역위원은 학부모위원 또는 교원위원의 추천을 받아 학부모위원 및 교원위원이 무기명 투표로 선출한다.

위원회에는 위원장과 부위원장을 각 1인씩 두는데, 교원 위원이 아닌 위원 중에서 무기명 투표로 선출한다. 임기는 1년이고 연임할 수 있다.

나. 학교운영위원회의 의의와 과제

학교운영위원회는 학교단위 자치기구로서 학교공동체 정신을 구현하는 제도적 장치라는 점에서 의의가 있다. 현행 학교운영위원회에 대해서는 긍정적인 평가와 부정적인 평가가 이루어진다(김병찬, 2008; 김성열, 2021; 한은정, 2021). 학교운영위원회는 학교의 구성 주체이면서도 학교 운영에 관한 의사결정에서 영향력을 발휘할 수 없었던 학부모, 지역주민, 교사들에게 참여의 기회를 부여하였고 교육에 관한 책무성을 새롭게 인식시키는 제도가 될 수 있음을 보여주었다. 그리고 학교가 다양한 구성원으로 이루어진 공동체라는 인식을 확산시키는 데 기여했다.

그러나 다른 한편으로는 학교운영위원회가 다양한 구성원들이 각자의 이해관계를 관철하려고 경쟁하는 곳이라는 인식도 존재한다. 이것은 공동체로서의 학교의 정체성 형성에 오히려 장애가 되고 있다는 비판도 있다. 이러한 점은 학교운영위원회의 잠재력을 위축시키거나 왜곡시키는 요인으로 작용한다. 학교운영위원회가 학교에 따라서 형식적으로 운영되고, 위원들의 참여 의지와 전문성이 부족한 것이 문제점으로 지적된다.

학교운영위원회에 관한 부작용을 극복하고 위원회 자체가 가지고 있는 순기능을 활성화시키기 위해서는 학교운영위원회 위원들이 스스로의 역할과 임무에 대해 성숙하고 적극적인 자세로 임해야 한다. 학교운영위원회 위원들은 위원회가 학교경영에 대한 학교장의 적극적인 동반자라는 것을 인식하고 학교교육에 대한 애정을 가지고 학교 발전을 위해 봉사하는 자세를 가져야 한다. 또한 위원들은 특정 집단 또는 개인의 이익이나 이해관계에 관여해서는 안 되며, 민주적인 토론 문화 조성을 위해 노력해야 한다(김성열, 2021; 한은정, 2021).

3. 학교예산 회계제도

학교예산 회계제도는 단위학교 중심의 자율적이고 효율적인 재정 운영으로 다양한 교육활동을 효과적으로 지원하기 위한 제도이다. 이 제도의 도입으로, 교육청이 예산과 재정 집행의 책임을 지고 있었던 때와는 달리 단위학교가 예산의 편성, 심의, 집행, 결산 등 예산 과정을 전적으로 책임지게 되었다. 즉 학교장 책임하에 단위학교의 우선순위에 따라 자율적으로 세출예산을 편성하고 학교운영위원회의 심의를 거쳐 예산을 집행할 수 있게 된 것이다. 학교의 입장에서 이 제도는 다소 부담스러운 것이 사실이나, 학교장의 교육이념과 비전을 실현하기에는 더할 나위 없이 좋은 제도라고 할 수 있다.

단위학교 재정의 회계연도는 매년 3월 1일부터 다음 해 2월 말일까지다. 학교장은 매년 세입과 세출 예산안을 편성하여 운영한 후 결산서를 작성한다. 학교회계의 세입은 ① 국가의 일반회계나 지방자치단체 전입금, ② 학교운영위원회의 심의를 거쳐 학부모가 부담하는 경비, ③ 학교발전기금으로부터 받은 전입금, ④ 국가나 지방자치단체의 보조금과 지원금, ⑤ 기타 사용료와 수수료 등이다. 사립학교의 경우는 학교법인으로부터의 전입금이 추가된다. 세출은 학교교육비로서 교수–학습활동비, 학생복리비, 공통운영비, 업무추진비, 시설비 등이 포함된다(박병량 · 주철안, 2012: 441).

학교회계는 과거의 통제 중심의 품목별 예산에서 성과 중심의 사업별 예산으로 변경되었고, 현금주의 및 단식부기 회계에서 발생주의 및 복식부기 회계로 방식을 바꿨다. 학교회계 운영 프로그램도 이전의 '학교회계시스템(NEIS)' 대신 2008년부터 '지방교육행 · 재정통합시스템'(EDUFINE, 에듀파인)을 도입하는 등 변화가 있었다. 에듀파인은 2005년 전자정부 31대 과제 중 하나로 선정된 것으로 지방교육재정의 건전성과 투명성을 제고하기 위해 구축된 시스템이며 2008년에 개통되어 교육부와 17개 시 · 도교육청 및 유치원 · 초 · 중등학교의 회계 처리에 활용되고 있다. 이 제도가 성공하기 위해서는 학교 조직의 모든 구성원이 이 제도에 대하여 분명히 이해하고 예산 과정에 적극적으로 참여할 필요가 있다.

단위학교의 재원은 공 · 사립학교 모두 납입금, 학교운영지원비, 학교발전기금, 수익자부담경비 등 대부분이 학부모 부담 경비로 구성되어 있으며, 사립학교에는 법인으로부터의 법인 전입금이 추가된다. 공립학교에는 시 · 도 및 시 · 군 · 자치구로부터의 교육경비 보조금이 포함된다. 수업료 및 입학금 등의 납입금은 '학교수업료 및 입학금에 관한 규칙'으로 규정하고 있다. 납입금은 의무교육을 실시하는 초등학교와 중학교를 제외한 고등학교의 경우는 설립 주체에 따라 다르게 규정된다. 국립고등학교는 학교장이, 공립 및 사립 고등학교는 교육감이 정한다. 그 외 외국어, 예술, 체육계열 특수목적고등학교와 특성화고등학교 및 자율학교 중 교육부 장관이 정하는 학교는 예외규정을 적용받는다.

사립학교뿐만 아니라 공립학교도 공식적으로 기부금을 받을 수 있다. 지방교육재정 및 학교재정의 재원 확보를 위해서 지방자치단체, 지방교육자치단체 및 학교는 동문, 지역유지, 학부모, 기업체, 독지가 등으로부터 학교발전기금이나 기부금 등을 받을 수 있다. 학교운영위원회가 설치된 각급 학교에서 학교발전기금을 조성 · 운용할 수 있고 학교발전기금회계를 별도로 설치하여 관리하도록 하고 있다.

사립학교는 별도의 법인전입금 재원을 가지고 있다. 현행 사립학교법 제5조는 학교법인이 사립학교에 필요한 시설 · 설비와 당해 학교의 운영에 필요한 재산을 갖추도록 규정하고 있다. 우리나라의 사립 중등학교법인(재단)은 재정 구조가 매우 취약하여 법인의 법정부담금이 미미하다. 학교 운영을 위하여 확보하고 있는 수익용 기본재산은 대부분이 토지 임야 등 저수익성 재산으로 구성되어 학교 운영에 필요한 재정을 제대로 보조할 수 없는 실정이다.

교육경비 보조금은 특별시, 광역시, 시 · 도 · 특별자치도 및 시 · 군 · 구가 그 관할 구역 안에 있는 고등학교 이하 각급 학교에 보조해주는 경비를 말한다. 이상의 교육재원은 상급 교육행정기관 또는 지방자치단체로부터의 교부금, 민간으로부터의 전입금 등의 형태를 띠고 있어 재원 배분 구조와도 연결되어 있다. 교육재원의 배분은 예산 편성 및 집행 과정을 포함한다(송기창, 2008).

학습과제

01

교육행정의 개념을 설명하고 교육행정에 적용되어야 하는 원리에 대하여 논의해 보자.

02

과학적 관리론과 인간관계론의 특징과 제한점을 비교하고, 양 이론이 학교 현장에 어떻게 적용될 수 있는지 논의해 보자.

03

단위학교 책임경영제(School-Based Management: SBM)가 도입된 배경과 이것의 성공적인 실현방안을 제시해 보자.

참/고/문/헌

김병찬(2008). 학교운영위원회 제도의 명과 암: 초등학교 학교운영위원회 운영과정 사례 연구. 교육행정학연구, 25(4), 185-214.

김성열(2021). 학교운영위원회 25년: 제도의 도입, 변화와 정착, 그리고 과제. **교육비평**, **47**, 6-52.

김재웅(2005). 학교 민영화의 개념, 유형, 그리고 전망. **교육행정학연구**, **23**(1), 27-47.

김종철(1985). **교육행정신강**. 서울: 세영사.

김지현(2021). 책무성 정책 2.0: 미국 "모든 학생 성공법"(Every Student Succeeds Act)의 사례로 본 책무성 정책의 새로운 방향과 시사점. **교육행정학연구**, **39**(2), 69-94.

박병량, 주철안(2012). **교육행정 및 교육경영-학교 · 학급경영 중심**. 서울: 학지사.

송기창(2008). 국가 교육재원 배분과정의 효율화 방안. **교육재정경제연구**, **17**(1), 179-205.

신지승, 김규태(2014). 한국 초·중등 교육의 책무성 연구 동향 분석. **열린교육연구**, **22**(4), 347-370.

진동섭, 이윤식, 김재웅, 김도기(2023). **교육행정 및 학교경영의 이해**(제4판). 파주: 교육과학사.

한은정(2021). 학부모, 학교교육의 지원자에서 참여자로. 박수정, 김용, 엄문영, 이인회, 이희숙, 차성현, 한은정(2021). **오늘의 교육 내일의 교육정책**. 서울: 학지사, 231-244.

Bolman, L. G. & Deal, T. E.(1984). *Modern approaches to understanding and managing organizations*. San Francisco: Jossey-Bass.

Deming, E. W.(1986). *Out of the crisis*. Cambridge, MA.: MIT Press.

Hoy, W. K., & Miskel, C. G. (1996). *Educational administration: Theory, research, and practice* (5th ed.). New York: McGraw-Hill.

Taylor, F. W. (1911). *Principles of scientific management*. New York: Harper & Row.

Weber, M. (1947). *The theory of social and economic organization*. (A. M. Henderson & T. Parsons, Ed. and Trans.). New York: Free Press.

CHAPTER_ 13

교육정책의 이해

어떤 종류의 정책이든지 일단 결정되어 집행되기 시작하면, 그 영향력에 있어서는 차이가 있을지언정 직 · 간접적으로 나에게 영향을 미치지 않는 정책은 하나도 없다고 해도 과언이 아니다. 여기에서는 먼저 교육정책의 개념과 교육정책의 유형을 살펴본다. 그리고 교육정책의 과정에 초점을 맞추어 설명한다. 교육정책의 과정을 1) 교육문제의 사회적 이슈화, 2) 교육정책 의제 설정, 3) 교육정책의 목표 설정과 정책결정, 4) 교육정책의 집행, 5) 교육정책의 평가, 6) 교육정책의 종료 또는 연속으로 나누어 설명한다. 교육정책 참여자를 공식적 부문과 비공식적 부문으로 나누어 살펴본다. 그리고 교육정책과 법률의 관계를 논의한다.

제1절 교육정책의 개념

교육정책의 개념에 대한 정의를 내리기 전에 일반적인 정책의 개념을 먼저 살펴보는 것이 좋을 것이다. “정책이 무엇이냐?”에 대한 답은 학자에 따라 또는 정책에 대한 관점이나 입장에 따라 다르다. 그리고 정책에 대하여 전문적으로 연구하지는 않는 일반인도 그들 나름대로 정책에 관한 생각이 있다. 여기에서는 일반인들이 상시적인 수준에서 갖고 있는 정책에 관한 생각과 학자들이 나름대로 입장을 갖고 정리한 정책의 개념을 각각 살펴보고자 한다.

일반인들은 대체로 정책에 대하여 막연히 ‘중요한 결정’이라고 생각하거나 정치하는 사람들이 내린 정치적 결정 정도로 생각하고 있다. 정책에 대한 이러한 개념들도 나름대로 정책을 이해하는 데 도움을 주는 것이 사실이다. 그러나 학문의 대상으로서 정책을 논하는 입장에서 보면, 정책의 한 측면만을 부각하고 있다는 점에서 다소 부족한 감이 있다고 할 수 있다.

안해균(1984)은 정책의 개념에 대한 여러 학자의 견해를 종합하여, 정책의 개념을 다음 7가지로 정리하였다. ① 정책은 주로 정부 활동이다. ② 정책에는 실현하고자 하는 목표가 들어 있다. 이 목표는 하위결정을 위한 지침이 된다.③ 정책은 이러한 목표를 달성하기 위한 행동경로를 지시한다. ④ 정책에는 특정 가치가 함축되어 있다. 이 가치는 대부분의 경우 사적 이익을 대변하기보다는 공적 이익을 대변한다. ⑤ 정책의 주체는 개인, 집단, 정부 등 다양하다. ⑥ 정책은 장기간 지속적으로 반복됨으로써 일관성 있는 특징을 지니게 되고, 이러한 특징들이 모여서 정책의 유형을 형성하게 된다. ⑦ 정책은 목표, 계획, 법규, 세부 결정 등에 비하여 거시적이고 전반적인 성격을 지니고 있으며, 이것들에 대한 지침의 성격을 띠고 있다.

이와 같은 정책의 개념을 교육이라는 정책의 대상에 적용한 것이 바로 교육정책이다. 따라서 교육정책은 교육 문제의 특수성으로 인하여 다른 공공정책, 즉 경제정책, 금융정책, 환경정책, 토지정책 등과 구분되기도 하면서, 공공정책의 한 부분이라는 점에서는 공공정책의 일반적인 특성을 공유하고 있다고 할 수 있다. 이러한 점에 유의하면서 김종철(1982: 120)은 교육정책을 "사회적 · 공공적 그리고 조직적 활동으로서의 교육활동에 관해 국민의 동의를 바탕으로 하면서 국가의 공권력을 배경으로 강행하는 기본방침 또는 지침을 의미하며, 이것은 교육활동의 목적, 수단 및 방법 등에 관한 최적의 대안을 의도적이고 합리적으로 선택하는 것"이라고 하였다. 이러한 의미의 교육정책은 교육행정을 어떻게 보느냐에 따라 교육행정과의 관계가 달리 이해된다. 교육행정을 넓게 해석하는 입장에서 보면, 교육정책은 교육행정 과정의 핵심 요소가 된다. 즉 교육행정이 교육정책보다 상위의 개념이 된다. 반면에 교육행정을 좁게 해석하여 주어진 정책을 집행하는 것으로만 보면, 정책이 교육행정의 기본 방침 또는 지침이 되어 교육정책이 교육행정의 상위 개념이 된다. 따라서 교육행정과 교육정책의 관계는 그 용어가 사용되는 상황에 따라 달리 규정되어야 할 것이다.

제2절 교육정책의 과정

1. 교육정책의 과정 모형

교육정책은 그 탄생에서 집행, 평가, 소멸에 이르기까지 일련의 과정을 거치면서 발전하게 된다. 정책의 과정을 간단하게 정책의 결정, 정책의 집행, 정책의 평가의 3단계로 나누어 분석하는 학자도 있으나, 여기에서는 교육정책의 과정을 보다 세분화하여 ① 교육문제의 사회적 이슈화, ② 교육정책 의제 설정, ③ 교육정책의 목표 설정과 정책결정, ④ 교육정책의 집행, ⑤ 교육정책의 평가, ⑥ 교육정책의 종료 또는 연속으로 나누어 설명하고자 한다. [그림 13-1]은 이러한 정책의 6단계를 그림으로 나타낸 것이다.

이 그림에 의하면 교육정책의 첫 단계는 교육문제가 사회적 이슈로 제기되는 단계이다. 물론 교육문제가 사회적 이슈가 되기 위해서는 먼저 교육과 관련된 어떤 사항을 개인이나 집단이 해결해야 할 '문제'로 강하게 인식해야 할 것이다. 그러나 이렇게 제기된 사회적 이슈가 곧 정책으로 연결되지는 않는다. 이 문제를 정책 당국이 중요하게 받아들여 공식적인 정책결정 과정에서 다루어야 할 '의제'로 채택해야 하는 것이다. 이것이 바로 정책의제 설정이다. 정책의제로 채택된 것이 모두 정책으로 연결되는 것은 아니다. 이 과정에서 살아남아야만 당당히 하나의 교육정책으로서 공포되는 것이다. 그렇다고 이 정책이 아무런 문제없이 성공적으로 집행되는 것은 아니다. 정책의 집행 단계를 무사히 지나가야만 정책이 애초에 가지고 있던 목표를 달성하게 되는 것이다. 정책 형성 과정에서 반대했던 이해 집단은 집행과정에서 방해를 놓기가 일쑤이다. 정책이 집행이 되고 난 후에는 정책을 평가하는 단계를 밟게 된다. 최근에는 정책의 평가는 정책 집행 후 뿐만 아니라 정책이 형성되는 과정이나 집행되는 과정에서도 이루어져야 한다는 주장이 강하게 제기되고 있다. 어쨌든 정책의 평가 결과에 따라 한 정책은 종료되기도 하고, 일부 수정을 거쳐 다음 정책으로 연결되기도 하는 것이다. 이것은 정책의 과정에서 나타나는 일종의 환류 작용이라고 할 수 있다. 이렇듯 정책의 일생이 평탄하지 않다는 점을 고려해 볼 때, 어떤 교육 문제를 정책을 통하여 해결하고자 하는 개인이나 집단은 문제의 제기 단계부터 정책의 종료 단계까지 지속적으로 관심을 갖지 않으면 안 된다는 것을 알 수 있다.

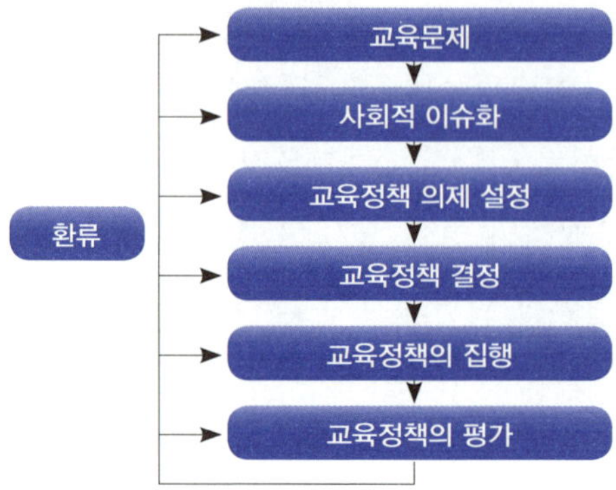

[그림 13-1] 교육정책 과정 모형

2. 교육문제의 사회적 이슈화

일반적으로 문제란 각 개인이 불편하거나 불만족하게 느껴서 시정되거나 해결되기를 바라는 상황을 가리킨다. 교육문제란 교육과 관련하여 개인이 그렇게 느끼는 상황을 가리킨다고 할 수 있다. 교육문제가 사회적 이슈가 된다는 뜻은 그러한 문제가 한두 개인만 느끼는 것이 아니라 사회의 많은 사람들이 함께 느끼게 된다는 것을 말한다. 문제해결을 요구하는 사람이 많을수록 그러한 문제는 정책의제로 채택될 가능성이 높다고 할 수 있다.

대한민국에 살면서 우리나라 교육에 문제가 없다고 느끼는 사람은 한 사람도 없을 것이다. 학교에서의 체벌은 학생과 학부모가 문제로 느끼고 있는 것 중에 하나이다. 그 외에도 학교에 주기적으로 갖다 내는 촌지를 심각한 문제로 느끼고 있는 학부모도 많이 있다. 집에서 학교까지 거리가 너무 멀어 다니기가 불편함을 호소하는 학생과 학부모도 있을 수 있다. 토요일에 학교 가지 않으면 좋겠다는 학부모가 있는가 하면, 토요일에 학교 가는 것을 당연하게 생각하는 학부모도 있다. 교사평가를 강화해야 한다고 생각하는 사람들이 있는 반면에, 교사평가의 폐해를 지적하는 사람들도 있다.

이렇듯 우리나라의 교육문제를 나열하다 보면 이 책 한 권 분량도 모자랄 것이다. 여기에서는 단지 이러한 교육문제들이 개인이나 소수 집단이 느끼는 문제의 차원에 머무르는 경우에는 그 문제가 그 개인에게 아무리 심각한 것일지라도 교육정책으로 연결될 가능성은 거의 없다는 점을 지적하고자 한다. 따라서 어떤 교육문제가 꼭 해결되기를 바라는 개인이나 집단은 그 문제의 심각성과 중요성을 보다 많은 사람이 공감할 수 있도록 확장시킬 필요가 있다. 즉, 사회적으로 이슈화할 필요가 있다. 이 과정에서 권위 있는 전문가가 동참한다든지 언론기관이 관심을 가져 준다면, 사회적 이슈화는 비교적 쉽게 달성될 수 있을 것이다. 한편, 어떤 교육문제의 경우에는 그 심각성을 정부가 먼저 알아차리고 사회적으로 이슈가 되도록 공론화하는 경우도 있다. 어쨌든, 사회적 이슈로 떠오른 교육문제들이 모두 정책의제로 채택되는 것은 아니다.

3. 교육정책의제 설정

정책의제란 위에서 사회적 이슈가 된 것들 중에서 정부가 공식적인 의사결정 구조 안에서 정식으로 검토하기로 결정한 사항을 말한다. 어떤 점에서 보면 정부가 해결해 주기를 기대하는 문제들은 정책의제로 채택된 것들보다 훨씬 많다고 해야 옳다. 정부가 다룰 수 있는 문제는 시간과 자원 등 여러 요인들의 제약 때문에 어떤 이유로든 엄선될 수밖에 없는 것이다. 엄청난 문제 다발 가운데에서 정부가 공식적으로 적극 검토하겠다고 나섰다는 사실 자체도 매우 중요한 의미를 지닌다. 이로써 그 문제는 해결로 가는 첫 단계에 들어섰다고 할 수 있다. 일반적으로 정책의제로 채택되면, 그 문제에 관심을 가졌던 개인 또는 집단은 그것이 정식 정책으로 결정될 수 있도록 모든 노력을 경주하게 된다. 한편, 그 문제가 해결됨으로써 손해를 볼 것이라고 생각되는 집단은 나름대로 그것이 정책으로 결실을 맺지 못하도록 집단적인 노력을 기울일 것이다.

예컨대, 사교육비, 특히 과외비 문제를 정부가 정책의제로 채택했다면, 그 문제가 심각함을 호소하는 많은 사람들이 그 문제를 사회적으로 이슈화하는 데 성공했다고 볼 수 있다. 체벌의 경우도 마찬가지이다. 이러한 문제는 정부의 외부에서, 특히 민간 집단이 이슈를 제기하고 정부가 그것을 정책의제로 채택하는 경우이다. 이러한 정책의제 설정 모형을 외부주도형이라고 한다.

한편, 어떤 정책의제는 정부가 스스로 문제를 공론화하여 설정되기도 한다. 이것은 동원형(mobilization model)이라고 하는 것으로서, 정부가 이미 방향을 설정해 놓은 정책을 성공적으로 집행하기 위하여 정책의제로 채택하는 것을 가리킨다. 이 모형은 대체로 강력한 정치지도자에 의해 채택되는 경우가 많다. 특히 정권의 지지 기반이 약한 경우에는 정부 주도의 이러한 정책의제가 일반대중의 공감대를 얻지 못하기 때문에, 어용학자들을 통한 공청회 같은 것을 통하여 홍보활동을 강화하게 된다. 우리나라의 경우 1980년 7월 30일 공포된 '7.30 교육개혁' 조치 같은 것이 대표적인 동원형의 예라고 할 수 있다.

4. 교육정책결정

일단 정책 목표가 설정되고 나면, 여러 가지 대안을 탐색, 비교하여 최적의 대안을 선택하는 정책결정 단계로 들어가게 된다. 정책의 전 과정 가운데 중요하지 않은 단계가 하나도 없지만 이 단계야말로 정책의 전 과정 중 핵심 중의 핵심이라고 할 수 있다. 이 최적의 대안을 얼마나 합리적으로 선택할 수 있느냐에 대한 입장에 따라 몇 가지 정책결정에 대한 이론적 모형으로 구분해 볼 수 있다.

가. 합리성 모형

합리성 모형은 인간의 과학적 지식과 이성에 대한 기본적인 믿음에 바탕을 두고 정책과 관련하여 합리적으로 결정할 수 있다고 보는 입장이다. 이 합리성 모형은 사이몬(Simon)이 말하는 '합리적 선택의 고전적 이론'과 깊은 관련이 있다. 그리고 이 모형은 정책결정자의 주관적 합리성에 근거한 경제인(homo economicus)과 같은 합리적 인간을 전제로 한 이론 모형이라고 할 수 있다. 합리적인 결정을 내리기 위해서 정책결정자는 문제확인 → 목표설정 → 대안탐색 → 결과예측 → 비교평가 → 대안선택 등 일련의 문제해결적 과정을 밟을 것이 권장되고 있다. 이러한 점에서 합리성 모형은 규범적 모형이라 불리기도 한다.

이러한 합리성 모형에 대한 비판은 다음 몇 가지로 요약할 수 있다. ① 이 모형은 인간을 너무 합리적인 동물로만 파악한 나머지 감정을 가진 심리적 사회적 동물이라는 점을 간과하고 있다. ② 인간은 전지전능하지 못하며, 문제 분석 능력에 한계를 가질 수밖에 없다. ③ 대안의 과학적인 비교평가를 위해 필요한 정보를 충분히 구하지 못하는 경우가 많다. ④ 합리성 모형에 따라 정책 결정을 하는 데 꼭 필요한 인적 물적 자원을 조달하지 못하는 경우가 많다. ⑤ 합리성 모형은 가치와 사실을 구분할 것을 요구하고 있지만 실제 정책 상황에서는 이 양자가 불가분의 관계에 있다. 정책결정에 대한 합리성 모형의 이러한 문제점을 극복하고자 제시된 모형으로는 만족화 모형, 점증주의 모형, 혼합모형, 쓰레기통 모형 등이 있다.

나. 만족화 모형

만족화 모형은 마취와 사이몬(March & Simon, 1958)에 의해 주창된 모형으로서, 인간의 '제한된 합리성'에 기초하여 정책을 결정한다는 것을 골자로 한다. 만족화 모형은 합리성 모형과는 달리 인간이 지니고 있는 문제해결 능력이 제한되어 있고, 시간, 자원, 비용 등도 제한되어 있다고 본다. 따라서 최선의 선택은 이론적으로만 가능할 뿐이며 제한된 범위 내에서의 합리성만을 추구할 수밖에 없다고 본다. 즉, 정책 결정은 이만하면 '만족한다' 또는 '충분하다'는 수준에서 이루어진다는 것이다. 이 만족화 모형은 실제로 정책결정이 이루어지고 있는 과정을 이해하는 데 도움을 주는 기술적(記述的) · 실증적 모형으로서 가치를 지닌다. 그 대신에 실제로 정책 결정을 해 나가야 하는 공무원들에게는 크게 도움이 되는 처방적인 역할을 해 주지는 못한다는 단점을 지니고 있다. 그리고 만족할만한 수준이라는 것이 정책결정자마다 다를 수 있고 유동적이라는 점도 만족화 모형의 문제점으로 지적되고 있다.

다. 점증주의 모형

점증주의 모형은 합리성 모형의 비현실성을 비판하고, 실제 정책 결정 과정에서 일어나고 있는 현상을 설명하고자 하는 노력의 산출물로서 린드블롬(Lindblom, 1959), 윌다브스키(Wildavsky, 1966) 등에 의해 주창된 모형이다. 점증주의 모형은 정책이 실제 상황에서 점증적으로 결정되고 있을 뿐 아니라 그렇게 하는 것이 안전하고 바람직하다는 입장을 취하고 있다는 점에서 기술적(記述的)인 모형이면서 동시에 규범적 · 처방적 모형의 성격도 가지고 있다.

점증모형은 합리성 모형이 가정하고 있는 것처럼 과학적인 방법을 사용하여 최선의 정책대안을 합리적인 기준에 터하여 선택할 수 있다는 것을 받아들이지 않는다는 점에서 만족모형과 같은 입장을 취하고 있다. 점증주의 모형의 특이한 사항은 기존 정책이 관련 정치 집단 간의 정치적 균형 속에서 이루어진 만큼, 이것에 대한 근본적인 문제점이 발견되지 않는 한 부분적인 수정 · 보완을 통해 정책을 개선해 나가는 것이 바람직하다는 입장을 취한다는 점이다. 따라서 합리성 모형에서처럼 광범위한 대안을 놓고 비교, 평가하기보다는 몇 가지 대안을 놓고 제한적인 수준에서 결과 예측을 통해 정책을 선택하게 된다.

이 점증주의 모형은 돌발적 변화의 가능성을 최소화하고, 정책의 급변에 따르는 비용을 최소화 할 수 있으며, 점진적인 개선을 도모할 수 있다는 장점이 있다. 그러나 이 모형은 보수주의에 빠지기 쉬우며, 미국과 같이 안정되고 상대적으로 균형이 유지되고 있는 사회에서는 적합하나 근본적인 혁신을 필요로 하는 사회에는 적합하지 않다는 비판을 받고 있다. 그리고 이 모형은 정부관료들이 정책결정을 안이하게 생각하여 무사안일과 타성에 빠지도록 할 우려가 있다는 점과 기존 정책이 기득권층의 권익을 옹호하고 있는 경우 빈익빈 부익부의 사회 불평등 구조를 재생산하는 데 기여할 수 있다는 약점을 지니고 있다.

라. 혼합모형

혼합모형은 합리성 모형의 현실 감각 부족과 점증주의 모형의 보수주의 지향이라는 약점을 보완하면서 이 둘을 혼합한 것으로서 에치오니(Etzioni, 1967)에 의해 제시된 모형이다. 이 모형은 합리성 모형을 정(正), 점증주의 모형을 반(反)으로 하여 이 양자가 변증법적으로 연합된 합(合)으로서의 제3의 모형이라고 할 수 있다.

이 혼합모형은 정책결정을 기본적 결정과 세부 결정으로 나누고, 전자는 합리성 모형을 후자는 점증주의 모형을 주로 활용할 것을 권장한다. 혼합모형에서는 기본적 결정과 세부 결정 사이의 지속적인 상호작용을 통하여 최종적인 결정이 도출된다. 이것을 카메라의 렌즈에 비유한다면, 기본적 결정은 망원 렌즈로 광범위한 지역을 탐사한 후에 목표로 하는 지점을 찾아내는 과정이고, 세부 결정은 탐사 지역이 결정된 후에 확대 렌즈를 활용하여 그 지역을 자세하게 탐사하는 과정이라고 할 수 있다. 자세하게 탐사한 결과 애초에 생각하던 것이 아닌 경우 다시 망원 렌즈를 활용하여 넓은 지역을 두루 살펴보면서 새로운 탐사 지역을 선정하게 되는 것이다.

혼합모형은 모든 정책결정을 동일한 수준으로 보지 않고 크게 두 수준으로 나누고 각각에 맞는 정책 결정 모형을 제시하는 처방적 또는 규범적 모형으로서 역할을 하고 있다는 긍정적인 평가를 받고 있으나, 새로울 것이 없는 모형, 특히 합리성 모형의 변형에 불과하다는 비판을 받고 있다. 그리고 기본적 결정과 세부 결정 사이의 기준도 애매하다는 비판도 받고 있다. 즉, 어디까지를 망원 렌즈로 보아야 할 것인지에 대한 객관적 기준을 마련하기가 쉽지 않다는 것이다.

마. 쓰레기통 모형

쓰레기통 모형은 조직화된 무질서 상태(organized anarchies)를 전제로 하는 모형으로서 코헨, 마취, 그리고 올센(Cohen, March, & Olsen, 1972)에 의해 제시된 것이다. 이들은 조직화된 무질서 상태의 전형적인 예를 교육조직에서 찾고 있다. 그들은 그 이유로서 ① 조직 목적의 불명확성, ② 조직 기술의 불명료성, 그리고 ③ 유동적인 조직에의 참가 등을 들고 있다. 이 모형에 의하면, 조직에서의 정책 결정은 합리성에 기반을 두고 있는 것이 아니라, 다분히 우발성에 기초하고 있다. 쓰레기통 모형에 의하면, 교육 조직처럼 조직화된 무질서 상태에서의 정책 결정은 문제, 해결책, 선택 기회, 그리고 참여자 등 네 요소의 흐름이 서로 다른 시간에 쓰레기통 안에 들어 와서 우연히 동시에 모여지게 될 때 이루어진다. 이 모형에 따르면, 정책의 문제 제기가 반드시 해결책보다 먼저 이루어질 필요가 없다. 해결책이 될 만한 것이 따로 있었고, 이것이 우연히 어떤 참여자에 의해 선택되어 어떤 문제의 해결과 연결이 된다고 본다.

이 모형은 일부 교육조직, 공공조직, 불법조직 등에서 부분적으로 일시적으로 적용될 수는 있으나 모든 조직에 적용될 수 있는 처방적 모형은 될 수 없다는 단점을 지니고 있다.

5. 교육정책의 집행

가. 정책집행 연구의 의의

어떤 과정을 거치든지 일단 정책으로 결정되어 입법화가 되면, 그 정책은 집행이 될 준비가 일단 끝났다고 할 수 있다. 정책의 집행 단계에서 이루어지는 일은 정책의 목표를 성공적으로 달성할 수 있도록 이에 필요한 제반 인적, 물적 자원을 적시에 구비하고, 정책을 시간의 축 안에서 구체적인 사업계획으로 전환하는 일이다. 이러한 정책 집행 과정은 역으로 정책 결정에 영향을 주기도 하여 정책결정과 정책집행은 일방적인 관계에 있다기보다는 쌍방적인 관계에 있다.

그러나 전통적인 행정학에서는 정책 집행에 대하여 큰 관심을 기울이지 않았다. 왜냐하면, 한 번 정해 놓은 정책은 이변이 없는 한 그대로 집행될 것으로 믿었기 때문이다. 소위 사회 문제를 해결하기 위한 입법 절차만 마치면 모든 문제가 다 해결될 것으로 믿는 소위 '정책 만능주의'가 지배했다고 할 수 있다. 그러나 실제로 정책이 원래의 의도대로 한 치의 오차도 없이 집행되는 경우는 거의 없다고 해도 과언이 아니다. 이렇듯 정책 집행 과정에서 예기치 않은 문제에 부딪쳐 정책의 목표를 달성하지 못하거나 정책을 수정하지 않으면 안 되는 상황이 발생하고 있는 것에 주목하면서 정책의 집행에 관한 연구가 본격적으로 이루어지게 되었다고 볼 수 있다.

나. 정책 불순응 이론

Coombs(1980)는 정책 집행의 실패 요인을 연구하는 가운데 사람들이 정책에 대하여 불순응하기 때문이라는 점에 착안하여 정책 불순응 이론을 주장하게 되었다. 그는 정책에 대한 불순응의 원인에 대하여 의사소통 관련 불순응, 자원 관련 불순응, 정책 관련 불순응, 행위 관련 불순응, 권위관련 불순응 등 다섯 가지 유형으로 나누어 논의를 전개하였다.

1) 의사소통 관련 불순응

의사소통 관련 불순응은 정책의 내용이 정책집행의 대상집단에게 명료하게 전달되지 못했기 때문에 발생한다. 정책결정자로부터 정책집행자 및 대상집단에 대한 의사전달과정에서 차질이 발생할 가능성은 발신자의 왜곡된 전달, 수신자의 잘못된 이해, 그리고 전달체계의 붕괴나 과다한 정보량 등에 기인한다. 한편 정책과정에서 정책의 통과에 필요한 다양한 정치세력을 연합시키기 위하여 의도적으로 정책의 주요 내용을 추상적이고 애매하게 규정하는 경우도 있다.

2) 자원관련 불순응

자원 관련 불순응은 정책대상 집단이 정책의 요구사항을 충분히 이해하고 있는 경우라도 순응에 필요한 자금, 능력, 시간 또는 에너지 등 자원이 부족하여 발생하는 경우이다. 2025년 전면 도입 예정인 고교학점제에 대하여 교사 집단이 학교 현장의 여건 준비 부족으로 반대하는 이유도 자원 관련 불순응으로 이해된다(남윤서, 2021). 이러한 유형의 불순응은 예컨대 필요한 자원의 조달능력을 고려하지 않고 대상집단에게 의무를 부과시키는 법률안을 국회에서 제정하는 경우에 발생한다.

3) 정책관련 불순응

정책관련 불순응은 정책 대상 집단이 정책을 따르게 됨으로써 받게 될 불이익 때문에 생기는 것으로, 목표 불순응과 신념 불순응으로 나누어진다. 목표 불순응은 정책 대상 집단이 가치관이나 이해관계로 인하여 정책의 목표를 반대하고 있을 때, 신념 불순응은 정책의 목표에는 어느 정도 찬동하나 정책의 효과에 대한 신념을 가지고 있지 못할 때 각각 발생한다.

4) 행위관련 불순응

행위 관련 불순응은 정책이 요구하는 행위가 정책 대상자들에게 혐오감을 주거나 기존 가치관에 위배되는 경우에 주로 발생한다. 미국의 경우 통학버스 정책을 통해 흑인과 백인을 한 학교에 재학하도록 하는 정책에 대해 정책집행 초기 단계에서 백인들이 반발한 것은 행위관련 불순응으로 설명될 수 있다. 이 경우 그 정책의 목표를 바람직한 것으로 받아들이고, 그 목표를 달성하기 위한 수단도 적절한 것으로 인식하고 있지만, 백인 자녀가 흑인과 같은 버스를 타고 한 학급에서 공부하는 것 자체가 그냥 싫기 때문에 반대한 것으로 이해할 수 있다.

5) 권위관련 불순응

권위 관련 불순응은 정책을 결정하고 집행하는 주체가 비합법적으로 힘을 행사하고 있거나 정책으로부터 부당한 이익을 취하려고 할 때 발생하는 경우이다. 특히 정권의 지지 기반이 약한 개발도상국에서 흔히 발견되는 유형이다. 우리나라의 교육정책은 그 집행에 앞서서 충분한 공감을 형성하는 데 소홀한 경우가 많다. 또한 개발도상국에서 쉽게 발견되는 권위주의식 추진의 흔적이 아직도 남아 있다. 이러한 가운데 쿰스가 주장하고 있는 여러 가지 정책 불순응이 나타나는 것은 자연스러운 결과라고 할 수 있다.

6. 교육정책의 평가

교육정책의 평가를 좁게 해석하면, 교육정책의 결과를 평가하는 것이다. 그러나 많은 학자들은 정책의 평가가 정책의 결과뿐 아니라 정책의 투입이나 집행과정에서도 이루어져야 하는 것으로 보고 있다. 이렇게 정책의 전 과정에서 연속적으로 평가를 하고 그 결과를 정책의 과정에 환류함으로써 정책을 개선하는 데 도움을 줄 수 있는 것이다.

교육정책을 평가하는 데 있어서 가장 중요한 것은 어떤 기준에 따라 평가하느냐 하는 것이다. 똑같은 정책 결과를 놓고 기준에 따라 정책의 성패에 대한 해석이 달라질 수 있기 때문이다. 따라서 정책평가의 기준을 마련하는 일은 가치 판단의 기준을 마련하는 일과 다르지 않으며, 이것은 곧 정책평가가 정치적 성격을 띨 수밖에 없음을 말해 주는 것이기도 하다. 왜냐하면 가치 기준이란 사람마다 다르고, 가능한 한 자기에게 유리한 쪽으로 정책 결과에 대한 판단 기준을 적용하려 하기 때문이다. 이러한 점에서 보면 객관적인 정책평가란 불가능한 것처럼 보인다. 그럼에도 불구하고 정책학자들은 가능한 한 객관적인 평가 기준을 제시하려고 노력해 왔다.

여기에서는 가장 널리 활용되고 있는 정책평가 기준 가운데 하나로서 던(Dunn, 1994)이 제시하고 있는 것을 소개하고자 한다. 그는 정책평가의 기준으로서 ① 효과성, ② 능률성, ③ 충족성, ④ 형평성, ⑤ 대응성, ⑥ 적합성을 들고 있다. 이러한 준거들은 교육정책의 평가에 그대로 적용해도 무리가 없을 것이다.

가. 효과성(effectiveness)

이것은 정책평가의 기본이 되는 기준으로서 정책의 목표를 얼마나 달성했느냐를 문제 삼는 것이다. 이 기준은 정책 집행의 과정은 문제 삼지 않으며, 단지 그 결과가 원래 정책이 목표로 삼은 것인가 또는 목표에 대하여 얼마만큼 도달했는가 하는 것에 관심이 있다.

나. 능률성(efficiency)

이것은 가치 있는 성과, 즉 정책 목표를 달성하기 위해 투입한 노력의 정도를 문제삼는 것이다. 예컨대, 똑같은 정책 목표를 달성하는 데 있어서 많은 비용보다는 적은 비용으로 달성하는 것이 능률성이 높은 것이다. 능률성의 측정 지표로 많이 사용되는 것이 단위 비용(unit cost), 비용-편익 비율(cost-benefit ratio), 순 편익(net benefits) 등이다. 교육정책의 경우 양화할 수 없는 경우가 많아 능률성 기준을 엄격하게 적용할 수 없는 경우가 많다.

다. 충족성(adequacy)

이것은 가치 있는 성과, 즉 정책 목표의 달성이 문제 해결에 어느 정도 공헌하고 있는가에 대한 것이다. 정책 목표를 달성한 결과 정책 대상 집단이 문제 삼던 상황이 사라지면서 그들의 욕구가 충족이 되었다면 그 정책의 충족성은 매우 높은 것이 된다. 예컨대, 중학교 무시험제라는 정책의 시행 결과 사회 문제화되었던 초등학교에서의 과외가 사라졌다면, 이 정책의 평가에 있어서 적어도 충족성은 매우 높은 것으로 평가할 수 있을 것이다.

라. 형평성(equity)

이것은 한 정책의 집행에 따르는 비용과 혜택이 여러 집단에 평등하게 배분되고 있는가에 관심을 가지고 있다. 교육정책의 경우 교육정책의 집행 과정과 그 결과에 있어서 지역 간, 남녀 간, 계층 간 형평성을 문제 삼을 수 있을 것이다. 이러한 형평성을 측정하기 위한 지표에는 파레토(Pareto) 기준, 롤스(Rawls) 기준, 지니(Gini) 계수 등이 있다.

마. 대응성(responsiveness)

이것은 정책의 결과가 특정 집단의 요구, 선호, 가치 등에 어느 정도 부합하느냐에 대한 것이다. 예컨대, 공식적인 정책 목표가 달성된 경우, 즉 정책의 효과성에서는 높은 평가를 받은 경우일지라도 정책의 수혜 집단이 그 결과에 대하여 만족하지 못하고 있다면 정책의 대응성은 낮은 것으로 볼 수 있다. 이것은 비유컨대 여행의 목표를 부산으로 정해서 부산까지 잘 오기는 하였으나, 사람들이 진짜 원한 것은 목포인 경우라고 할 수 있다.

바. 적합성(appropriateness)

이것은 해당 정책이 당시에 꼭 필요한 것이었는지 확인하는 것이다. 이 기준은 정책 평가자가 정책의 결과에 대하여 가치중립적으로 객관적인 정보와 자료만 가지고 평가할 수 있을 것이라는 실증적인 관점에서는 찾아볼 수 없는 것이다. 이 기준은 때때로 정책 평가자가 정책 결정자 또는 집행자와 갈등 관계에 놓여 있을 수 있음을 시사하는 것이다. 특히 정책 평가자가 가지고 있는 신념과 가치 체계에 비추어 정책의 목표가 바람직하지 않게 설정된 것이라는 평가를 내리게 되는 경우, 정책 평가자는 싫든 좋든 정책의 과정에 개입하게 되는 것이라고 할 수 있다. 이와 관련하여 정부는 정부의 교육정책을 지지하는 학자, 이른바 어용학자에게 정책의 평가를 위촉하여 정부 정책의 합법성과 타당성을 검증받으려 하는 경향이 있다.

위에서 설명한 6가지 정책평가 기준을 동시에 만족시키는 정책은 아마 거의 없을 것이다. 대체로 어떤 기준에 비추어 볼 때는 성공적이지만, 다른 기준에 비추어 볼 때는 그다지 성공한 정책이 아닐 수가 있는 것이다. 따라서 중요한 것은 정책의 기준 가운데 어떤 기준을 더 중요하게 여기느냐에 따라 정책의 성패를 논의하는 것이 합리적인 태도라고 생각된다. 그러나 이 정책 평가 기준의 우선순위 자체도 정책 관련 집단 가운데 가장 힘 있는 자에 의해 결정될 가능성이 높다는 점에서 정책평가가 정치적인 성격을 띨 수밖에 없음을 이해하는 것은 매우 중요하다.

7. 교육정책의 종료

교육정책은 한번 결정되어 집행되면 이변이 없는 한 지속된다고 할 수 있다. 이렇게 한 정책이 같은 목표 아래 기본적인 노선의 변경 없이 지속되는 것을 정책의 연속이라고 한다. 물론 한 정책을 계속 유지시킬 것인지 여부를 결정하기 위하여 정책평가의 결과에 의존하기도 한다. 정책의 종결은 한 정책이 소기의 목적을 달성하여 더 이상 존속시킬 필요가 없거나 그 정책을 지속시키는 경우 사회적인 혼란과 비용증가가 예상되는 경우 정책을 중지시키는 것이다.

제3절 교육정책과정의 참여자

지금까지 설명한 교육정책과정에 누가 어떤 방식으로 참여하고 있는가 하는 것은 나라의 정치 · 경제 · 문화 · 사회체제에 따라 다르다. 또 교육정책 사안별로도 관련집단의 수나 이 집단들이 참여하는 방식이 다를 수 있다. 국민이 느끼고 있는 여러 가지 교육 문제가 사회적 이슈로 변하는 과정에서는 비공식적 참여자들인 일반 국민(여론), 신문 · 잡지 · TV · 라디오 등 언론매체, 학부모 단체 · 교직단체 등 교육관련 이익집단, 연구소와 학자 집단 등이 적극적으로 참여한다. 이들은 사회적 이슈화된 교육 문제가 교육정책 의제로 채택되는 과정에서도 자기들의 이해관계에 따라 계속 영향을 미친다. 정책의제를 채택하는 주체는 정부이기 때문에, 이 단계에서의 교육부의 역할은 매우 중요하다고 할 수 있으며, 대통령(청와대)이 참여하기도 한다.

교육정책의제가 교육정책으로 결정되는 과정에서는 교육부, 국무회의, 국회, 대통령 등 공식적 참여자가 주로 참여한다. 새로운 교육정책을 집행하는 데 필요한 법령이 수준에 따라 교육부에서 끝날 수도 있고 대통령까지 갈 수도 있다.

결정된 교육정책을 집행하는 것은 교육부, 교육청 등 공식적 참여자의 몫이다. 그러나 사안에 따라 비공식 참여자인 이익집단의 참여가 필수적으로 요청될 수도 있다.

집행된 교육정책을 평가할 책임은 일차적으로 교육부, 교육청 등 교육행정기관에게 있다. 국회는 고유한 감사 기능을 통하여 정책평가에 참여한다고 할 수 있다. 그리고 사법부도 교육정책 집행과정에서 생기는 여러 문제에 관하여 법률이나 헌법의 위반 여부를 최종적으로 판단한다는 점에서 나름대로 교육정책의 평가 기능을 담당하고 있다고 할 수 있다. 그러나 이 단계에서 전문성을 가진 연구소와 학자들의 역할은 때때로 매우 중요하며, 정책 사안에 따라 정책 대상 집단들이 평가에 직접 참여하기도 한다. 언론기관도 고유의 사회 고발 또는 비판 기능으로서 교육정책 평가에 참여하고 있다. [그림 13-2]는 이러한 교육정책 참여과정을 그림으로 나타낸 것이다.

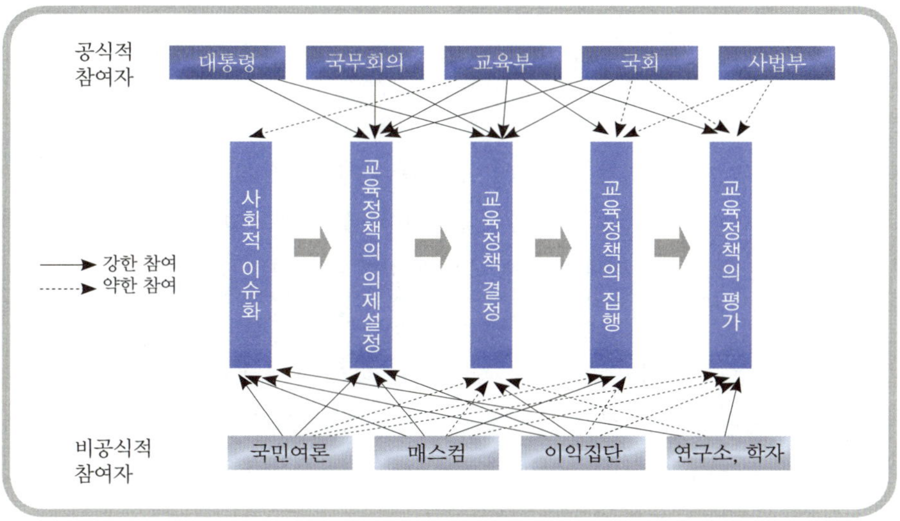

[그림 13-2] 우리나라 교육정책 참여과정 모형

제4절 교육정책과 법률

모든 교육정책은 결국 법률로 표현되어 구속력을 지니게 된다. 일반적으로 법률은 성문법과 불문법으로 구분된다. 성문법은 일정한 절차에 따라 문자로 기술된 법이고, 불문법은 판례나 관습과 같이 일정한 절차에 따라 문자로 제정되지 않은 법이다. 대체로 전자는 제정법을 근간으로 하는 대륙법의 계통을 따르고 있고, 후자는 제정법을 가지고 있지 않거나 가지고 있더라도 법률 적용의 원리를 판례법이나 관습법에 의존하는 영미법 계통을 따르고 있다고 할 수 있다. 우리나라의 경우 성문법 중심의 대륙법 계통의 법률체계를 지니고 있다. 구체적으로 헌법에서 교육과 관련하여 "학교교육 및 평생교육을 포함한 교육제도와 그 운영, 교육재정 및 교원의 지위에 관한 기본적인 사항은 법률로 정한다"(제31조 6항)라고 규정하고 있으며, 이는 성문법의 전통을 따르고 있음을 보여주는 것이다.

성문법에는 헌법, 조약, 법률, 명령, 지방자치단체의 자치법규 등이 있고, 불문법에는 관습법, 판례법 등이 있다. 여기에서는 성문법 가운데 헌법, 법률, 그리고 명령을 중심으로 간단하게 교육행정 관련 내용을 살펴보고자 한다. 먼저, 국민의 모든 삶의 영역과 관련하여 기본원리와 방향을 제시하고 있는 헌법 제31조에서는 위에서 지적한 6항을 포함하여 교육에 관하여 다음과 같이 규정하고 있다.

① 모든 국민은 능력에 따라 균등하게 교육을 받을 권리를 가진다.
② 모든 국민은 그 보호하는 자녀에게 적어도 초등교육과 법률이 정하는 교육을 받게 할 의무를 진다.
③ 의무교육은 무상으로 한다.

④ 교육의 자주성 · 전문성 · 정치적 중립성 및 대학의 자율성은 법률이 정하는 바에 의하여 보장된다.

⑤ 국가는 평생교육을 진흥하여야 한다.

이와 같은 헌법의 정신을 구현하기 위한 교육관련 법률에는 교육기본법이 있고, 그 아래에 소위 '교육3법'이라고 불리는 초 · 중등교육법, 고등교육법, 평생교육법이 있다. 그리고 각 법의 내용을 구체적으로 실행하기 위하여 성문법의 명령 형태인 초 · 중등교육법시행령, 고등교육법시행령, 평생교육법시행령이 대통령령으로 마련되어 있다. 명령은 국회의 의결을 거치지 않고 헌법이나 법률의 위임에 따라 행정부가 제정하는 법규를 말한다.

이 가운데 교육에 관한 국민의 권리 · 의무 및 국가 · 지방자치단체의 책임을 정하고 교육제도와 그 운영에 관한 기본적 사항을 규정함을 목적으로 하는 교육기본법은 전체 3장과 부칙으로 구성되어 있는데, 제1장 총칙에는 제2조 교육이념, 제3조 학습권, 제4조 교육의 기회균등, 제5조 교육의 자주성 등, 제6조 교육의 중립성, 제7조 교육재정, 제8조 의무교육, 제9조 학교교육, 제10조 사회교육, 제11조 학교 등의 설립 등을 규정하고 있고, 제2장 교육당사자와 관련해서는 제12조 학습자, 제13조 보호자, 제14조 교원, 제15조 교원단체, 제16조 학교 등의 설립자 · 경영자, 제17조 국가 및 지방자치단체 등에 관하여 규정하고 있다. 제3장 교육의 진흥에서는 남녀평등교육의 증진, 학습윤리의 확립, 건전한 성의식 함양 등 주요 과제와 함께 특수교육, 영재교육, 유아교육, 직업교육, 과학 · 기술교육, 학교체육 등 주요 영역의 교육에 대한 주요 방향을 제시하고 있다.

위에서 언급한 '교육3법' 이외에도 교육정책에 영향을 미치고 있는 교육관련 법에는 사립학교법, 교육공무원법, 교원지위향상을 위한 특별법, 교육세법, 한국교직원공제회법, 지방교육재정교부금법, 독학에 의한 학위취득에 관한 법률, 과학교육진흥법, 도서 · 벽지 교육진흥법, 자격기본법, 특수교육진흥법, 학교도서관진흥법, 학교급식법, 학교보건법, 대한민국학술원법, 대한민국예술원법, 국민체육진흥법 등이 있다. 각 법률은 성문법의 명령 형태인 각 법률의 시행령을 통해 구체화된다.

지금까지 소개한 모든 교육관련 법은 '법률 ××××호'로 공포되며, 반드시 국회의 의결을 통해 제정 또는 수정되어야 한다. 한편, 대통령령으로 되어 있는 '00법 시행령'과 '00에 관한 규정'은 대통령을 의장으로 하는 국무회의의 의결을 거쳐 제정 또는 수정된다. 그러나 교육부령으로 되어 있는 '○○에 관한 규정', '○○ 처리 규칙', '○○ 규칙' 등은 교육부 장관의 결재를 통해 제정 또는 수정된다.

끝으로, 지방자치단체의 자치법규에는 조례, 규칙, 교육규칙 등이 있으며, 이는 지방자치법과 지방교육자치법에 근거하고 있다. 조례는 지방자치단체가 지방의회의 의결을 거쳐 제정한 법규를 가리키고, 규칙은 지방차지단체의 장이 법령이나 조례가 위임한 법위 안에서 자기의 권한 내에서 규정한 법규를 가리킨다. 한편, 교육규칙이란 교육감이 법령이나 조례가 허락하는 범위 안에서 제정하는 규칙을 말한다.

학습과제

01

정책의제설정의 개념을 설명하고, 그것이 교육정책의 과정에서 지니는 의미에 대하여 논의해 보자.

02

교육정책의 집행과정을 정책 결정과정과 독립적으로 탐구하게 된 배경에 대하여 설명하고, 정책 불순응 모형을 고려하여 성공적인 정책 집행을 위해 갖추어야 할 조건에 대하여 검토해 보자.

03

교육정책평가의 기준을 열거하고, 그것에 따라 구체적인 교육정책 사례를 평가해 보자.

참/고/문/헌

김종철(1982). **교육행정의 이론과 실제**. 서울: 교육과학사.

남윤서(2021). 교사는 반대, 학부모 외면…文 대표 공약 '고교학점제'의 위기. 중앙일보. https://www.joongang.co.kr/article/24123223.

안해균(1984). **정책학 원론**. 서울: 다산출판사.

Bardach, E. (1977). *Implementation game: What happens after a bill becomes a law*. Cambridge, MA: MIT Press.

Cohen, M., March, J. & Olsen, J. (1972). A garbage can model of organizational choice, *Administrative Science Quarterly*, 17(1), 1–15.

Coombs, F. (1980). The bases of noncompliance with a policy. *Policy Studies Journal*, 8(6). 885–892.

Dunn, W. N. (1994). *Public policy analysis: An introduction*(2nd ed.). Englewood Cliffs, NJ: Prentice-Hall.

Etzioni, A. (1967). Mixed scanning: A third approach to decision-making. *Public Administration Review*, 27(5), 385–392.

Lindblom, C. E. (1959). The science of muddling through. *Public Administration Review*, 19(1), 79–88.

Lowi, T. J. (1972). Four systems of policy, politics and choice. *Public Administration Review*, 32(4), 298–310.

March, J. G., & Simon, H. A. (1958). *Organizations*. New York: John Wiley & Sons.

Ripley, R. B., & Franklin, G. A. (1986). *Policy implementation and bureaucracy*(2nd ed.). Chicago, IL: Dorsey.

Wildavsky, A. (1966). The political economy of efficiency: Cost-benefit analysis, systems analysis and program budgeting. *Public Administration Review*, 26(4), 293–310.

CHAPTER_ 14

교직과 교사

교사란 누구인가? 아무리 조직을 멋지게 만들어 놓고, 조직운영에 필요한 재정을 충분히 투입한다 하더라도 그 조직 안에서 일하는 사람들의 전문성이 부족하고 열의가 부족하면 조직 목표를 달성하기가 쉽지 않다. 여기에서는 학교 조직에서 핵심적인 역할을 수행하고 있는 교사의 개념과 중요성, 전문직에 비추어 본 교직의 특성, 그리고 교사가 갖추어야 할 능력과 지식에 대하여 알아본다.

제1절 교사의 개념과 중요성

1. 교사의 개념

교사란 누구인가? 예로부터 교사란 다른 사람들에게 인격적 감화를 끼치고 삶의 본을 보이는 사람, 학술이나 기예를 가르치는 사람 등을 가리킨다. 이러한 의미의 교사는 반드시 생업으로서 가르치는 일만을 할 필요가 없다. 그러나 공교육제도가 도입되면서 하나의 직업으로서 교사는 유치원, 초등학교, 중학교, 고등학교에서 일정한 자격증을 가지고 일정한 교과과정을 따라 학생들을 지도하는 사람을 가리키게 되었다.

흔히 교사를 선생님으로 부르는 경우도 많이 있으나, 선생님이라는 호칭은 학교의 교사 이외에도 학원의 강사, 한 분야에서 높은 업적을 보인 사람, 한 분야의 권위자로서 후학들에게 자기의 지식과 기예를 전수하고 있는 사람, 또는 사회에서 존경받을만한 사람을 가리키기도(예: 김대중 대통령을 김대중 선생님으로 부르는 경우) 하기 때문에 여기에서 논의하고자 하는 교사와는 구별되어야 할 용어이다. 그리고 제자에게 깊은 사랑과 모범을 보여줌으로써 인격적 감화를 주며 그의 삶에 큰 전환점을 마련해 준다는 점을 강조하는 용어로서 스승이 있으나, 이것도 제도적 개념인 교사와는 다른 뜻으로 사용된다고 보아야 한다.

한편, 교사를 교원과 같은 의미로 사용하기도 하지만, 교육법상으로 이 둘은 구별되어야 마땅하다. 교육관련법에서 교원은 유치원 교사, 유치원장(감), 초등학교부터 고등학교까지의 교사 및 교장(감), 대학의 총(학)장, 교수, 부교수, 그리고 조교수를 모두 포함한다. 다시 말하면, 교사는 교원의 하나이다. 그러나 실제로는 교사양성과 교원양성, 교사단체와 교원단체, 교사연수와 교원연수, 교원의 전문성과 교사의 전문성 등의 사례에서 알 수 있듯이, 교사와 교원을 혼용하는 경향이 있다. 일상용어로서는 이 둘을 바꿔서 사용하는 것이 허용될지 모르나, 교육법적으로 또는 학문적인 이론을 펴나갈 때는 반드시 이 둘을 구분하여 사용할 필요가 있다. 여기에서는 관심의 초점을 교사에게 두고 논의를 전개하고자 한다.

교사의 개념을 논할 때 특히 유의해야 할 사항은 교사를 "학생들의 교육을 전담하는 사람" 또는 "가르치는 일만" 하는 사람으로 볼 수 있는가 하는 것이다. 학교와 교육을 구분하지 않으면 이러한 개념 정의에 문제가 없다고 할 수 있으나, 학교와 교육이 개념적으로 구별되는 현상이라고 한다면 교사에 대한 위의 정의는 재고해 보아야 한다. 교사를 학교라는 조직에서 학생을 교육하고 지도하기 위해 전일제로 일하는 사람이라고 할 때, 학생들의 "교육"만 담당하는 사람이라고 보기 어렵다. 학교는 교육 이외에도 다양한 일이 발생하는 공간이고 교사는 이러한 모든 일에 관여하고 있기 때문이다.

[그림 14-1]에서 알 수 있듯이, 학교는 교육 이외에도 다양한 기능을 수행하고 있으며 학교의 주요 구성원으로서의 교사는 이러한 일에 직·간접적으로 관여하고 있다. 우선, 학교는 정치적 기능을 수행하고 있다. 동서고금을 막론하고 정치권력을 잡은 집단은 학교를 집권 세력의 정당성을 확보하고 연장하려는 정치적인 목적으로 이용해 왔다. 교과서의 내용에서, 교원의 양성과 임용에서, 각종 행정 지시 등에서 우리는 그러한 증거를 발견할 수 있다. 오늘날 교사는 이러한 학교의 정치로부터 자유롭지 않다.

둘째, 학교는 경제적 기능을 수행하고 있다. 경제는 돈의 흐름과 관련이 있다. 국가적으로 학교교육을 위해 얼마만큼의 재정을 투입할 것인가부터 개별 학교에서 거두어지고 있는 등록금과 학급 수준에서 발견되는 잡부금과 촌지에 이르기까지 돈과 관련된 일이 학교 안에서는 매일매일 발생하고 있다. 교사도 학교 안의 이러한 경제활동과 직·간접적으로 관련을 맺고 있다.

셋째, 학교와 관련해서 사람들의 관심을 끄는 기능은 학교의 사회적 기능이다. 이것은 개인이 사회경제적 지위를 획득하는 데 있어서 학교 교육체제 안에 얼마나 오랫동안 머물러 있었느냐(學歷)와 어느 학교를 졸업했느냐 하는 것이 얼마나 큰 영향을 미치는가의 문제이다. 많은 학부모는 교사가 이러한 일에 보다 적극적이기를 기대한다.

넷째, 학교 안에는 행정이나 법과 관련된 일이 매우 많다. 학교를 설립할 때 지켜야 하는 법, 교사를 임용할 때 지켜야 하는 법, 교재를 선택할 때 지켜야 하는 법, 학생들을 평가할 때 지켜야 하는 법 등, 학교에서 이루어지는 많은 일들은 법률과 관련된 사항이 많다. 아울러, 교육행정기관으로부터 오는 각종 공문을 처리해야 하고, 학교장으로서 학교를 운영하는 데 필요한 각종 활동을 전개해야 하고 교사들도 때로는 가르치는 일 이외의 업무에 시달리기도 한다. 이러한 일들이 매우 중요하고 아무리 많다 하더라도 그것은 교육이 아니다.

그 외에, 학교는 학생의 안전과 외적 아름다움 등을 골고루 만족시킬 수 있는 학교 건물과 시설을 마련해야 한다는 점에서 건축과 관련된 일이 있다. 학교에서는 교사와 학생들의 기쁨과 슬픔 등 감정과 정서와 관련된 사회심리학적인 현상도 종종 일어난다.

물론 학교 안에서 우리는 교육이라는 삶의 양상을 발견할 수 있다. 이것은 교육학적 관점으로 보아야 잘 보이는 인간의 활동이다. 교사와 학생 간에, 그리고 학생 간에 가르치고 배우는 과정이야말로 학교라는 사회적 기관이 설립된 취지의 핵심에 있다고 할 수 있다.

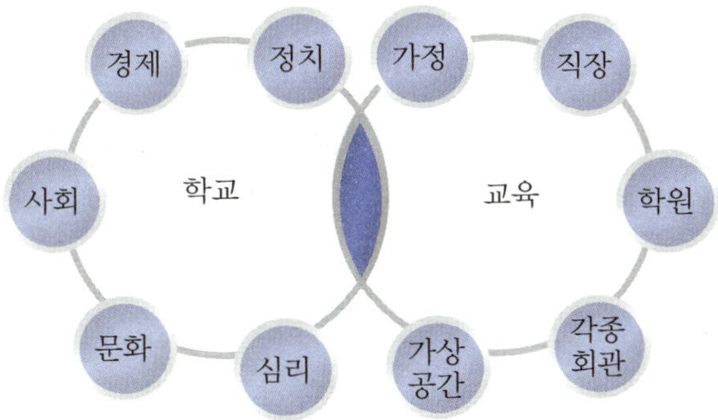

[그림 14-1] 학교와 교육

한편, 교육은 자격증이 있는 교사에 의해서 학교라는 공간에서만 이루어지지 않는다(장상호, 1997, 2005, 2009). [그림 14-1]이 보여주듯이, 교육은 학교뿐만 아니라 가정, 놀이터, 학원, 직장, 박물관, 문화원, 극장, 매스컴, 인터넷 등 삶의 전 공간에서 일정한 조건만 충족된다면 발생할 수 있는 인간의 고유한 활동이다. 교육의 소재도 국가가 배우라고 지정해준 커리큘럼에 한정될 필요가 없다.

그리고 교육을 중심으로 보면, 소위 '공부 못하는 사람'도 얼마든지 배움의 기쁨을 맛볼 수 있고, 가르치는 기쁨에서도 박사과정 학생을 지도하는 교수와 초등학교 학생을 가르치는 교사 사이에 차이가 없다. 요컨대 교사는 교육을 주된 기능으로 하면서 학교가 수행하고 있는 다양한 기능을 수행하면서 생업을 유지하는 직업인이다. 이러한 점에서 교사와 교육자를 동일시하는 것은 학교와 교육을 동일시하고 있는 것과 똑같은 오류를 범하고 있는 것이라고 할 수 있다.

2. 교사의 중요성

위에서 우리는 교사를, 교육을 중심으로 학교에서 전일제로 일하는 직업인으로 규정하였다. 거의 모든 학생은 바로 그 학교에서 깨어 있는 시간 중 가장 많은 시간을 교사와 함께 보내고 있다. 학생들은 수업, 상담, 그리고 다양한 학급활동 등의 이름으로 교사를 만나고 있으며, 이들은 다양한 방식으로 교사의 영향을 받을 수밖에 없는 상황에 놓여 있다. 물론 학생들의 삶에서 교사의 영향력이 전부는 아닐 것이다. 학생들은 자기가 속한 가정의 부모와 형제의 영향도 받고 있을 뿐만 아니라 또래 학생들을 결코 무시할 수가 없다. 오늘날 매스컴과 인터넷이 젊은 청소년들에 미치는 영향은 그 어느 것보다도 커지고 있다. 요컨대, 다음과 같은 진술들에 비추어 볼 때 학생들은 교사의 영향을 적지 않게 받고 있다는 사실을 보여준다고 할 수 있다.

– 나는 세계사를 소설보다 더 좋아했는데, 고등학교 때 세계사를 선택하면서 정

나미가 떨어졌다.

- 나는 고등학교 2학년 국어 선생님으로부터 받은 강렬한 인상 때문에 국문과에 지원하였다.
- 중학교 2학년 때 담임선생님이 딴 분이었다면, 나는 아마도 비행청소년이 되었을 것이다.
- 나는 고등학교 3학년 영어 선생님으로부터 칭찬을 한번 받아보기 위해서 영어 공부를 열심히 하였다. 지금, 나는 영어로 먹고 산다.
- 나는 중학교 1학년 음악시간에 선생님으로부터 무안을 당한 후 지금까지 많은 사람들 앞에서는 절대로 노래를 부르지 않는다.
- 우리 중학교 동기생들은 학창시절 얘기를 할 때에도 당시 훈육 주임에게는 '선생님'이라는 존칭을 사용하지 않는다.
- 나는 딸의 담임선생님을 만나보고 나의 시골 초등학교 시절 4학년 담임선생님이 생각나서 마음이 찡하였다.
- 학교가 나에게 가르쳐 준 것들 가운데 가장 뚜렷하게 남아 있는 것은 "내가 별 볼일 없는 사람이라는 사실"이다.
- 나는 학창시절에 인상적이었던 선생님을 만난 적이 없다.
- 나는 학교 선생님들보다는 학원 강사들로부터 공부는 물론이며 인생살이도 더 많이 배웠다. (오욱환, 2005, 25-26)

이렇듯, 학생들에 대한 교사의 긍정적 또는 부정적 영향은 그들이 학교를 떠난 후에도 남아 있는 경우가 많다. 고대 수메르의 쐐기문자 점토판에도 "요즘 애들은 버릇이 없다"라는 글이 적혀 있는 것을 보면, 청소년은 성인과 어린이의 중간자로서 아직은 자아형성이 미숙한 단계에 있다고 할 수 있다. '질풍노도'의 시기를 지나고 있는 청소년들의 충만한 에너지는 어떤 방식으로 유도되느냐에 따라 얼마든지 긍정적인 방향으로 분출될 수 있는 것이다. 이러한 일의 한가운데에 교사가 자리하고 있다고 할 수 있다. 우리는 청소년들은 아직은 말랑말랑한 상태에 있기 때문에, 교사의 의한 자성예언(self-fulfilling prophecy), 피그말리온(Pygmalion) 효과, 로젠탈(Rosenthal) 효과가 작동될 수 있다고 믿는다.[1)]

학생들에게 교사가 특히 중요한 것은 학생들이 교사를 선택할 수 없다는 사실에 있다. 따라서 학년 초가 되면 누가 담임을 맡게 되는가에 대해 학생과 학부모는 극도로 민감해지기도 한다. 담임교사를 잘못 만나 학교를 영원히 떠나는 사례가 발생하기도 한다. 학생과 학부모의 입장에서는 어떤 교사를 만나는가가 그들의 1년 생활의 행복과 불행을 결정하게 된다고 믿고 있다는 점에서, 그리고 국가의 입장에서는 학생과 학부모가 어떤 교사를 만나더라도 일정 수준 이상의 만족감을 얻게 해야 한다는 점에서, 전체 교사의 전문성은 매우 중요한 주제가 될 수밖에 없다.

---

1) 자성예언(自成豫言, self-fulfilling prophecy)은 자기충족예언 또는 피그말리온 효과(Pygmalion effect)라고도 불린다. 자성예언은 자기가 예언하고 간절히 바라는 것이 실제 현실에서 실현된다는 것이다. 이는 그리스 신화에 나오는데 신화의 내용은 다음과 같다. 피그말리온(Pygmalion)이란 키프러스의 왕이자 조각가였던 신화 속 주인공의 이름이다. 그리스 신화에 등장하는 피그말리온은 여성들의 결점을 너무 많이 알기 때문에 여성을 혐오했다. 결혼을 하지 않고 한 평생 독신으로 살 것을 결심한다. 하지만 외로움과 여성에 대한 그리움 때문에 아무런 결점이 없는 완벽하고 아름다운 여인을 조각했다. 피그말리온은 신에게 자신이 조각한 여인상이 아내가 되게 해달라고 간절히 빌었다. 그런데 놀라운 일이 일어났다. 피그말리온이 조각상인 그녀를 손으로 어루만지자 점점 따스한 체온이 느껴지며 사람으로 변해가기 시작한 것이다. 자성예언이나 피그말리온 효과에 의하면, 무엇이든지 간절히 바라면 소원이 이루어진다는 것이다. 이것을 학생들에게 적용하면, 학생들이 자신의 꿈을 글로 적어서 책상에 붙여 놓고 하루에 간절히 바라면서 몇 번씩 소리 내어 읽고 외치고 면 꿈이 실현된다는 것이다. 그런데 흥미있는 사실은 '중요한 타자' 가운데 하나인 교사가 학생들에게 "너는 이러이러한 사람이 될 수 있어"라고 말해주면 학생들이 그것을 믿고 그렇게 행동하며 궁극적으로 그렇게 되어 간다는 것이다.이것을 잘 보여주는 것이 로젠탈 효과이다. 미국의 교육학자인 로젠탈과 제이콥슨(Rosenthal & Jacobson)은 1968년 샌프란시스코의 한 초등학교에서 전교생 650명을 대상으로 지능검사를 하였다. 그리고 이 검사의 실제 점수와는 아무런 상관없이 무작위로 20%의 학생을 뽑아 지능지수가 높은 학생들이라고 해당반의 교사들에게 알렸다. 8개월 후에 이들을 지능지수와 학업성적을 처음과 비교해 보았다. 그 결과 명단에 속한 학생들은 지능지수와 성적이 많이 향상되었다. 이는 교사들이 이 아이들은 지능지수가 높은 아이들이므로 지적 발달과 학업성적이 향상되리라는 기대를 가지고 정성껏 돌보고 칭찬한 결과로 나타난 것이다. 결국 교사의 우호적인 관심과 높은 기대수준이 학생의 능력을 향상시킨 것이다. 이것을 연구자의 이름을 따서 로젠탈 효과라고 한다.한 마디로, 교사는 칭찬, 격려, 신뢰, 인정, 애정, 사랑, 긍정, 확신, 그리고 믿음을 가지고 학생들에게 긍정적인 메시지를 끊임없이 던짐으로써 학생들로 하여금 미래의 꿈을 자성예언으로 실현시킬 수 있다고 할 수 있다.

제2절 전문직의 특성에 비추어 본 교직의 특성

전통적으로 교직은 성직(聖職)으로 간주되기도 하였다. 이러한 교직관은 세속적, 물질적 보상에 초연한 교사의 이미지를 강조하는 한편, 교사의 소명의식(calling), 헌신과 사랑, 봉사정신, 높은 도덕적 행동규범 등을 강조한다. 그러나 이 관점은 교사에게 지나친 청빈과 금욕생활을 요구하면서 생활인으로서 교사에 대한 고려가 미흡하다는 단점이 있다. 이에 대하여 극단적인 입장으로 교사를 노동의 대가로 임금을 받는 노동자로 보는 관점이 나타나기도 하였다. 교직을 전문직으로 보려고 하는 관점은 이러한 두 교직관의 중간에 해당한다고 할 수 있으며, 최근 들어 가장 지배적인 관점이라고 할 수 있다. 여기에서는 전문직의 특성을 살펴보고 이에 비추어 교직의 특성을 분석해 본다.

1. 전문직의 특성

일반적으로 특정 분야의 일에 대해 전문적인 기술과 이해가 있는 사람을 전문가라고 하고, 이들이 종사하고 있는 직업을 전문직이라고 한다. 학문적인 관점에서 전문직에 대한 최초의 정의를 내린 사람은 플렉스너(Flexner, 1915)로 알려져 있다. 그는 당시 미국 사회의 의사 직업을 중심으로 전문직의 특징을 다음과 같이 규정하였다.

① 전문직의 활동은 근본적으로 지적이고, 개인적 책임을 완수한다.
② 전문직은 단순히 일상적이 아닌 지식에 근본을 두고 학습되어진다.
③ 전문직은 학구적이고 이론 중심이기보다는 실질적이다.

④ 전문직은 전문적 교육에 의해서 그 기술이 교습된다.
⑤ 전문직은 내적으로 조직화된다.
⑥ 전문직은 사회의 선을 위한 이타주의에 기반을 두고 있다.

그 이후에 리버만(Liberman, 1956)은 기존의 전문직에 관한 논의를 종합하여 다음과 같이 전문직의 특징을 정리하였으며, 이는 현재 가장 널리 사용되는 전문직의 기준으로 사용되고 있다.

① 전문직은 독특하고 분명한 그리고 사회적으로 꼭 필요한 서비스를 가지고 있다.
② 서비스를 제공하는 방법이 지적이다.
③ 장기간의 전문화된 훈련이 필요하다.
④ 전문직 종사자 개개인, 그리고 전문직 종사자 집단 모두에게 광범위한 자율권이 있다.
⑤ 전문적인 자율성의 범위 내에서 이루어진 판단과 행동에 대해 개인적인 책임을 진다. 광범위한 자율성은 광범위한 책임을 의미한다.
⑥ 경제적인 보상보다는 제공되는 서비스에 강조를 둔다.
⑦ 전문직 종사자들의 포괄적인 자치기구가 있다.
⑧ 불분명하거나 의심스러운 상황에서 구체적인 사례에 의해 명료화되고 재해석되어 온 윤리 강령이 있다.

그러나 일부 갈등론이나 경쟁론을 지지하는 학자들은 이러한 전문직에 대한 정의에 대하여 비판을 제기하고 있다(Friedson, 1986; Parkin, 1979; Parry & Parry, 1976; Skyes, 1987; Starr, 1982). 이들은 전문직에 대한 전통적인 관점을 제시하고 있는 기능주의자들과는 달리, 주요 전문직의 높은 사회적 지위가 이타적인 공공 서비스에 기인하는 것이 아니라 이러한 서비스의 독점으로 인한 이익을 유지하기 위해 다른 사람들이 시장에 들어올 수 있는 장벽을 높인 데에 따른 것으로 해석한다. 이들은 전문직에 진입하는 데 필요한 학력은 실제로 그 업무를 수행하는 데 필요한 것보다 현저하게 높으며, 이러한 장치는 일종의 사회적 배제의 수단이 되고 있다고 주장한다. 이들이 볼 때, '전문성' 또는 '전문직'이라는 용어는 작은 비율의 인구만이 전문가가 될 수 있다는 특권의식을 내포하고 있으며, 그들이 수행하고 있는 업무에 대한 전문성 평가에서 유래 했다기보다는 전문직 엘리트의 합리화를 위해 고안된 것일 뿐이다.

2. 전문직의 특성에 비추어 본 교직의 특성

흔히 교직도 전문직에 속한다고 한다. 특히 교사 양성과정에서는 예비교사들에게 교사의 전문성을 강조하며 교직도 전문직이라는 인식을 심어주고 있다. 위에서 살펴본 전문직의 특성에 비추어 볼 때, 과연 교직도 전문직이라고 할 수 있을까? 우선, 관련 교육법규와 문서에서는 교직을 전문직으로 인정하고 있는 것으로 보인다.

첫째, 우리나라 교육기본법 14조에서는 "학교교육에서 교원의 전문성은 존중되며 교원의 경제적, 사회적 지위는 우대되고 그 신분은 보장"되며(제1항), "교원으로서 갖추어야 할 품성과 자질을 향상시키기 위하여 노력하여야 한다."(제2항)라고 규정하고 있다.

둘째, 교육공무원법 제38조 제1항에서도 "교육공무원은 그 직책을 수행하기 위하여 부단히 연구와 수양에 노력하여야 한다."라고 규정하고 있다.

셋째, 유네스코(UNESCO)와 국제노동기구(ILO)에서 1966년 채택한 '교원의 지위에 관한 권고'에서도 "교원은 전문직으로 간주되어야 한다."라고 선포하면서 교원은 엄격하고 계속적인 연구를 수행하는 한편, 학생의 교육과 복지를 위해 개인적, 집단적으로 책임감을 지녀야 한다고 요구하고 있다.

더 나아가, 교직은 다음과 같은 점에서 다른 전문직의 특성을 공유하고 있는 것으로 평가되고 있다. 첫째, 교직은 인간을 대상으로 하는 사회봉사직으로 국가와 민족에 큰 영향을 주며, 국가가 인정하는 자격을 소지해야 입문할 수 있다. 따라서 교사들은 교직에 관하여 독점적인 권한을 가지고 있다.

둘째, 교직은 고도의 지적 능력을 필요로 하며 비교적 장기간의 교육을 받아야 교사가 될 수 있다.

셋째, 교사는 고도의 지식과 전문적 식견으로 그 직무를 수행할 때 어느 정도 자율성을 지니고 있다. 즉 교사는 주로 닫힌 교실 안에서 일을 하고, 다른 성인에 의해 관찰되는 경우가 거의 없으며, 교실 환경 조성에 대하여 높은 자율성을 지니고 있다. 예컨대 교사는 자기의 수업을 강의식으로 할 것인지 토론식으로 할 것인지 스스로 결정할 수 있고, 어떤 학생에게는 특별한 요구를 하지만 다른 학생에게는 그렇게 하지 않을 수도 있다.

넷째, 교사는 고도의 윤리성이 요구된다.

다섯째, 교사들의 권리를 확보하고 그들의 직무를 효과적으로 수행하기 위해 조직적인 행동이 요구된다.

그러나 이러한 주장과는 달리, 일부에서는 교직이 직업윤리 측면 이외에 다른 기준은 제대로 충족시키지 못하고 있다는 비판도 있다. 예컨대 에치오니(Etzioni, 1964)는 교사를 간호사와 사회사업가와 함께 준전문가로 분류하고 있다. 그는 그 이유로서 다음의 여덟 가지를 제시하고 있다.

〈표 14-1〉 전문직과 준전문직의 차이

범 주	전 문 직	준 전 문 직
지식	창조와 적용	전달
의사 전달의 특권	보호를 받음	적게 보호받음
생사에 대한 관심	자 주	거의 없음
자율성	상당함	부족함
외부인에 대한 통제	내적(그 자신)	외적(행정가, 비전문가위원회)
종사자가 일하는 조직	독립적이거나 덜 관료화됨	관료제적임
성별	남성이 지배적	여성이 지배적
훈련기간	5년 이상	4년 이하

이렇게 볼 때, 분명히 교직은 전문직에 대한 전통적인 기준에 비추어 전문직이라고 보기 어려운 측면이 있는 게 사실이다. 이미 교사의 학력을 넘어서고 있는 일반 국민과 학부모도 교사가 수행하고 있는 업무에 대하여 그 전문성을 인정하려고 하지 않는 경향을 보인다. 교사들은 의사나 변호사와는 달리 그들에게 보내진 모든 '고객들'을 받아들여야 한다는 점에서도 전통적인 전문직과 다르고, 정부가 가르치라고 하는 내용만을 가르쳐야 한다는 점에서도 자율성의 한계가 있다. 또한 교사들은 교사가 아닌 사람, 즉 교장이나 장학사 등 관료체제에 의하여 평가받는다는 점에서 다른 전문직과 구분되기도 한다. 그리고 갈등론자의 관점에서 볼 때도 교직은 다른 전통적인 전문가 집단(의사, 법조인 등)과 비교해 볼 때, 교사 임용고시를 통한 자격 통제 및 사회적 배제 장치가 없는 것은 아니지만, 사회적인 특권과 보상을 충분히 누리고 있다고 볼 수 없다.

그러나 우리는 교사의 전문성이 교사의 자격이나 학력에 의해 저절로 보장되지 않는다는 점을 강조하고자 한다. 교사의 전문성은 교사가 현직에서 어떻게 행동하느냐에 달려 있다. 이러한 점에서 외부적 조건에 의해 '구비된 전문성'보다 학교 현장에서 드러나는 '실현된 전문성'이 더 중요하고, '입문할 때까지의 전문성'보다 '입문한 후의 전문성'이 더 중요하다(오욱환, 2005). 학생들의 삶에 직접적으로 영향을 미치는 교사의 전문성은 바로 후자이기 때문이다.

제3절 교사가 갖추어야 할 지식과 능력

교사가 학교에서 맡은 업무를 전문적으로 수행하는 데 필요한 지식과 능력에는 어떤 것이 있을까? 오천석 선생은 일찍이 교사라면 비전과 소명, 사랑과 겸허와 열린 마음, 그리고 구도자적 자세를 갖추고 있어야 한다고 말하였다. 이는 성직으로서의 교직관을 반영한 것으로 나름대로 의미 있는 기준이라고 할 수 있으나 다소 추상적이고 오늘날 교직 및 교사의 특성을 제대로 반영하는 데에는 한계가 있다고 할 수 있다.

한편, 학생들에게 어떤 교사가 좋은지 물어보면, 이들은 대체로 학생들을 편애하지 않는 공정한 교사를 가장 선호하고, 교과를 잘 가르치는 실력 있는 교사, 이해심 많고 친절한 교사, 열정적인 교사, 명랑하고 재미있는 교사 등을 선호한다고 응답한다. 교사에 대한 이러한 요구는 분명히 학생의 편에서 중요한 측면을 지적해 주고 있다. 그러나 학교라는 조직을 직장 삼아 생업을 꾸려나가는 교사가 갖추어야 할 지식, 기술, 능력, 그리고 성품과 태도 등을 종합적으로 드러내는 데에는 한계가 있다고 할 수 있다.

이러한 문제는 교사 전문성의 하위 요인을 규명하고자 하는 연구과 밀접히 관련되어 있으며, 여러 학자들은 학교에서 교사가 담당해야 하는 주요 업무를 고려하여 교사가 갖추어야 하는 전문성의 요인들을 다음과 같이 확인하고 있다. 슐만(Schulman, 1987)은 교사 전문성의 하위 요인으로 ① 교과내용 지식, ② 일반 교육학 지식, ③ 교육과정 지식, ④ 학습자의 특성에 관한 지식, 그리고 ⑤ 교육의 목적, 가치 및 철학적 · 역사적 배경에 관한 지식 등을 들었다. 핀처와 슈켐프(Fincher & Schcemp, 1994)도 이와 유사하게 전문적인 교사는 ① 학습자 지식, ② 교육내용 지식, ③ 교육과정 지식, ④ 교육학적 지식, 그리고 ⑤ 수업지도 지식을 갖추어야 한다고 보았다. 이돈희(2000)는 교사 전문성의 구성요인으로 ① 가르치는 내용에 대한 지식, ② 효과적으로 지도할 수 있는 기술(교수 기술), ③ 학생의 성장을 전인적으로 관리하는 능력, 그리고 ④ 도덕적 모범의 실천으로 보았다. 김혜숙(2003)은 교사가 교과에 관한 지식과 교수법에 대한 능력, 즉 교과 전문성을 갖추고, 학급경영 전문성을 지니고 있으며, 자기계발능력 등 교육자적 인성을 갖추고 있을 때 전문적인 교사가 될 수 있다고 하였다.

한편, 수업 전문성을 교사가 갖추어야 할 최상의 요소로 보고 있는 오욱환(2005)은 '전문가 교사'가 갖추어야 할 조건에 대하여 ① 교실에서 전개되는 교과과정을 스스로 구성해 나가는 교육주체 의식, ② 자신에게 높은 기대감을 갖고 교육환경을 효과적으로 조성해 가는 환경통제감, ③ 개별 학생에까지 관심을 기울이는 목적지향성, ④ 끊임없이 발전을 추구하는 자기개발, ⑤ 실패의 위함을 감수하는 실험정신, ⑥ 가르치는 일에 초점을 맞춘 학교 또는 지역 공동체 구성, ⑦ 자기 수업을 객관적으로 평가하고 더 나은 수업을 위해 애쓰는 반성적 실천, ⑧ 외부로부터 이루어지는 평가의 수용, ⑨ 맡고 있는 학생들에 대한 교육가능성에 대한 확신, ⑩ 학생, 교장, 동료교사, 학부모, 언론 등과의 관계에서 인내와 감정 조절, 그리고 ⑪ 수업과 학생지도를 우선순위에 두기 등을 들고 있다. 이러한 조건들을 분명히 교사가 갖추어야 하는 것이지만, 교사가 학교에서 수행하고 있는 일이 수업이 전부가 아니라는 점에서 한계가 있다고 하겠다.

여기에서는 이와 같은 논의를 종합하여 교사가 학교에서 전문적으로 과업을 수행하기 위해 필요한 지식과 기술을 ① 교과에 대한 지식과 열정, ② 교수방법에 대한 지식과 기술, ③ 학생 및 생활지도에 대한 지식, ④ 학교운영에 대한 지식, 그리고 ⑤ 교육자적 태도와 성품 등을 중심으로 정리하고자 한다.

1. 교과에 대한 지식과 열정

사범대학이나 일반대학 또는 교육대학원에서 교직과정을 성공적으로 이수하는 사람들에게는 중등 2급 정교사가 발급된다. 이들은 기본적으로 자기가 전공한 교과를 가지고 교과과정에서 주어진 시간표에 따라 학교에서 학생들을 만난다. 즉 교사는 자기의 교과를 매개로 하여 수업이라는 형태를 통해 학생들과 상호작용한다. 학생들은 바로 이러한 수업에 참여하기 위해 학교에 간다고 할 수 있다. 따라서 교사든 학생이든 이 수업에서 실패하면 학교생활 전체에 의미가 사라진다고 할 수도 있다.

이것이 교사가 담당하는 교과에 대하여 학생들과는 차별화된 지식과 열정을 갖추고 있어야 하는 이유이다.

각 교과는 그 교과가 소재로 하는 독특한 세계가 있다. 교사는 먼저 이 세계의 매력에 흠뻑 빠져야 하고, 그 세계의 아름다움과 오묘함에 대하여 학생들에게 알려주고 싶어 못 견뎌 하는 심정으로 가득 차 있어야 한다. 그 세계는 수학일 수도 있고, 물리학일 수도 있으며 역사학일 수도 있다. 음악이나 미술, 체육의 세계일 수도 있으며, 국어나 영어의 세계, 또는 컴퓨터의 세계일 수도 있다. 교사가 보이는 교과에 대한 탁월한 지식과 열정의 영향을 받은 일부 학생들은 그 교과에 관한 관심으로 인하여 대학에 가서 그 전공을 택하기도 한다. 적어도 자기가 담당하는 교과에 관한 한 학생들의 이해 수준을 훨씬 뛰어넘어야 학생들로부터 교사의 권위에 대한 자발적인 승복을 얻어낼 수가 있다.

이와 관련하여 교육행정의 효율성을 위하여 어쩔 수 없이 전공과목이 아닌 과목을 담당하거나 자신감이 떨어지는 복수전공의 과목을 가르치는 사례가 발생하기도 한다. 이러한 일은 고교학점제가 전면 도입됨에 따라 일부 학교에서 나타날 가능성이 높다. 설사 이러한 경우에라도 교사의 교과에 대한 전문적 지식과 열정의 부족은 용서가 안 된다. 오늘날 입시위주 교육이 교사에게 압박으로 작용하는 것은 사실이나, 이러한 상황에서도 교사의 교과에 대한 전문적 지식과 열정의 부족은 용서가 안 된다. 왜냐하면 교사의 교과에 대한 전문적 지식과 열정이 결핍된 가운데 이루어지는 수업은 교육적 효과가 전혀 없을 뿐만 아니라 일종의 역할놀이에 불과하며, 이러한 수업에 억지로 앉아 있어야 하는 학생들에게는 일종의 고문일 뿐이기 때문이다.

2. 교수방법에 대한 지식과 기술

흔히 사람들은 교사 전문성의 근거로서 바로 교수방법에 대한 지식과 기술을 들기도 한다. 위에서 제시한 교과에 대한 전문적 지식과 열정을 기준으로 보면 교사 양성과정이 아닌 일반대학의 학과에서 공부한 사람들과 교사가 차별화되지 않기 때문일 것이다. 소위 교수법에 대한 전문성이 요구되는 상황은, "저 사람은 실력은 되게 많은 것 같은 같은데, 학생들에게 전달하는 데 실패하고 있는 것 같애."라는 말과 관련이 있다. 어떤 것을 잘 알고 있다는 것과 그것을 어떤 대상에게 적절하게 알려주는 일은 별개의 일이다. 현재 우리나라는 유치원 교사, 초등학교 교사, 중등학교 교사, 그리고 대학교수가 각각 다른 교육기관과 경로를 통해 양성, 배출되고 있는데, 이는 대상 학생의 특성에 따라 교수방법이 다르다는 것을 가정하고 있기 때문이라고 할 수 있다.

수업도 하나의 의사소통이라고 할 때, 교사가 수업에서 교과와 관련하여 전달하고 있는 메시지가 학생들의 관심과 이해 수준에 비추어 효과적으로 전달되고 있는가가 중요하다. 이와 관련하여 교사가 항상 염두에 누어야 할 것은 자기에게는 익숙한 세계 또는 이미 극복하여 지루한 세계가 그 세계의 맛을 알지 아직 못하고 있는 학생들에게는 여전히 신비로운 세계이고 버거운 세계라는 점이다. 개구리가 올챙이 적을 기억하지 못한다는 말이 시사하듯이, 교사가 한때 자기도 그런 시절이 있었음을 늘 상기하고, 학생들의 눈높이로 내려갈 줄 아는 지혜가 요구된다. 아울러 오늘날 영상과 인터넷 등 첨단 IT에 익숙한 학생들의 특성을 고려하여 교과의 내용을 가르치는 데 교수 공학 매체를 적절하게 활용할 필요가 있다.

한편, 같은 학년의 학생에게도 수학을 가르치는 방법과 역사를 가르치는 방법이 같지 않을 것이고, 영어를 가르치는 방법과 과학을 가르치는 방법이 같지 않을 것이다. 음악을 가르치는 방법과 체육을 가르치는 방법이 다를 것임은 쉽게 예측할 수 있다. 이러한 사실이 반영되어 오늘날, 교사 양성과정에서는 〈○○ 교과교육론〉, 〈○○ 교과 교재 및 연구법〉, 〈○○ 교과 논리 및 논술〉 등 교과교육 관련 과목을 세 과목 이상 필수적으로 이수하도록 하고 있다. 물론 교과의 종류에 상관없이 일반적으로 따라야 하는 교수방법과 기술과 관련하여 〈교육심리학〉이나 〈교육방법 및 공학〉 등의 교직과목에서 다룰 수는 있을 수 있으나, 교사의 수업은 교과의 특성에 따라 다르게 이루어져야 하는 것이므로 교과교육학은 그 중요성이 점점 더 커질 것으로 생각된다. 물론 소위 교사의 수업 전문성은 대학에서 관련 과목 몇 개를 이수한다고 생기는 것은 아니다. 교사가 자기의 수업에 대하여 끊임없이 반성적으로 성찰하여 그 결과를 자기의 수업에 적용해 보기를 반복하는 데에서 생기는 것이다(Schön, 1983). 한마디로 교사의 수업 양상은 그 대상과 과목의 특성에 따라, 그리고 수업이 놓여 있는 상황에 따라 그때그때 달라지기 때문에 만병통치 교수방법은 없다고 할 수 있다. 이러한 점에서 교사의 수업은 과학적 처방에 의한 것이라기보다는 차라리 '예술'에 더 가깝다고 할 수 있다.

이와 관련하여 교사 양성과정에서 종사하고 있는 대학교수들의 책임이 크다. 이들이 '닮고 싶은 수업'의 전형을 보여줄 때, 여기서 배출된 학생들이 학교 현장으로 나아가게 될 때, 그것을 흉내 내려고 할 것이기 때문이다. 교사 양성과정에 속한 교수들이 '좋은 수업'이란 이러한 것이라고 말만 하고 정작 자기는 그러한 수업을 진행하지 못한다면 그 영향력은 반감될 수밖에 없다.

3. 학생 및 생활지도와 상담에 대한 지식

교사는 교과를 매개로 교실에서 학생들을 만나기도 하지만, 교과 내용과 상관없이 학교 안팎에서 인간으로서의 학생들을 만나기도 한다. 이 학생들은 여러 가지 측면에서 성인인 교사와 다르다. 일부 교사들은 학생들과의 세대 차이로 인하여 진정한 소통이 어려움을 호소하며, 그들을 '화성에서 온 학생', 또는 심지어 '지옥에서 온 학생'이라고 부르기도 한다. 어떤 초임 여교사의 경우, 담임교사를 맡게 되면서 자기를 왕따 시키고 놀려 대는 학생들을 만나는 게 두려워 학교 가는 게 싫다고 고백하기도 한다. 이것이 교사가 그들이 만나고 있는 학생들이 도대체 어떤 특성이 있는 인간인가에 대한 지식이 필요한 이유이다. 이와 관련하여 〈청소년 문화론〉, 〈인간발달론〉 등의 과목이 도움이 될 것이다.

중등학교에 다니고 있는 학생들은 지적으로, 신체적으로, 심리적으로 성인과는 다른 상태에 놓여 있다. 따라서 교사가 이들의 특성을 이해하지 못한 채 이들을 대하는 경우 교사와 학생은 기름과 물처럼 서로 겉도는 관계에 있을 가능성이 있다. 학생들과의 소통이 원활하게 이루어지려면, 교사는 학생의 지적 · 신체적 · 심리적 특성 이외에도 이들의 가정환경, 교육경험, 문화, 정신세계, 취미, 친구관계, 미래 설계 등에 대해서도 알 필요가 있다. 특별히 우리나라의 교사들이 대체로 중 · 고등학교와 대학 시절 공부만 하는, 소위 '범생이'로 생활한 경우가 태반이어서 자기가 살아온 것과 다른 길을 걷고 있는 학생들을 전혀 이해하지 못할 가능성이 높다. (이러한 점에서 학창 시절에 조금은 '문제아' 체험을 해 본 사람들이 교사가 되는 것도 그리 나쁘지 않을 것 같다.)

소위 4 i's, 즉 '즉각반응(instict)', '영상매체에의 대량 노출(image)', '탈권위(independence)', '개인주의(individualism)'로 표현되고 있는 청소년들의 특징에 비추어 성인의 대표자인 교사의 영향력이 크지 않다고 할 수도 있다. (이러한 입장을 지지하고 있는 사람들은 이러한 특징을 최근 화두가 되고 있는 '교실붕괴'의 한 원인으로 보기도 한다.) 그러한 점이 있기는 하지만, 오늘날 많은 학생은 여전히 성인, 특히 교사의 사랑과 관심을 필요로 한다. 이와 관련하여 교사가 갖추어야 하는 전문성 가운데 하나가 생활지도와 상담에 관한 지식과 기술이다.

학교에서는 생활지도와 상담을 같은 뜻으로 사용하기도 하지만, 이 둘 사이에는 특성 상 다음과 같은 차이점이 있다. 생활지도는 모든 학생을 대상으로 처벌보다는 선도를, 치료나 교정보다는 예방의 차원에서 이루어지는 활동으로서 ① 지능, 적성, 인성, 자아개념, 가치관 등에 대한 심리검사, ② 상급학교 진학 및 직업 진로 관련 정보 봉사(information service), 그리고 ③ 학생들의 학사와 학교적응 관련 상담을 포함한다.

이와는 달리 상담은 정서적 · 감정적 상태의 불안정으로 인하여 일상생활을 정상적으로 하기가 어려운 사람에 대하여 전문적으로 도움을 주는 활동을 가리킨다. 학교에서는 전문 상담교사 이외에도 모든 교사가 부분적으로 대상 학생에 대한 상담을 담당할 것이 기대되고 있다. 이와 관련하여 교직과목으로 〈생활지도와 상담〉이 개설되어 있다. 물론 학생이 교사가 감당할 수 없는 수준의 심각한 문제를 안고 있는 경우에는 외부의 전문 상담자 또는 정신과 의사에게 해결을 의뢰해야 할 것이다. 상담이 성립되기 위해서는 기본적으로 래포(rapport)가 형성되어 있어야 한다. 래포란 상담자와 내담자 사이에 서로 마음이 통하고 무엇이든지 흔쾌히 털어놓을 수 있는 친밀한 관계를 가리킨다. 교사는 무엇보다도 상담에 앞서 학생들과 래포를 형성하는 데 주력하는 한편, 다음과 같은 상담의 원리를 이해하고 적용하도록 할 필요가 있다(박성희, 1999).

첫째, 공감적 이해(감정이입)의 원리이다. 이는 나의 눈이 아닌 그의 눈으로 상황과 문제를 볼 줄 아는 능력으로서 상대방의 개인 세계를 존중해야 한다는 것을 뜻한다. 공감적 이해를 위해서는 상대방이 사용하는 낱말의 의미를 정확하게 파악하고, 때때로 상대방의 엉뚱한 논리를 인정하고 존중해 주어야 한다.

둘째, 수용(긍정적 존중)의 원리이다. 즉 상담가는 내담자로 하여금 진정한 자기 모습에 대한 가치를 발견하도록 도와주어야 하는데, 이 과정에서 내담자를 있는 그대로 인정하고 받아들일 필요가 있다는 것이다. 학생이 자기의 부족하고, 그늘지고, 숨기고 싶고, 바꾸고 싶고, 없애고 싶은 부분까지 그대로 받아들여질 때, 다시 말하면 진정한 수용을 경험하게 될 때, 마음의 상처는 치유되기 시작하는 것이다. 교사로부터 무조건적 긍정적 존중과 온정 어린 배려를 체험하는 학생은 자기가 따뜻하게 받아들여지고 있다는 생각에 편안해지고 마음의 안식처에서 쉬고 싶다는 느낌을 갖게 될 것이다.

셋째, 진실성의 원리이다. 이는 상담자가 신뢰성, 투명성, 순수성, 그리고 성실성을 가지고 내담자를 만나라는 원리이다. 그렇지 않으면, 내담자는 사기 당한 느낌을 갖게 되고 상담 현장을 회피하고 싶은 마음을 갖게 된다. 상담자가 정성을 다해 내담자에게 관심을 갖고 내담자의 세계에 몰입해 주기만 해도 내담자는 문제를 해결하기도 한다. 자살 직전에 '생명의 전화'에 신고나 하고 죽으려던 한 여성이 상담자가 밤새도록 들어주는 정성에 감동하여 자살을 포기하고 살기로 결심했다는 이야기가 있다. 그녀는 한 번도 자기 이야기를 정성껏 귀담아 들어주는 사람을 만나본 적이 없다고 하면서 이제 살 이유를 발견했다고 한다. 상담실에서 교사 앞에서 한 시간 동안 실컷 울기만 한 사춘기 여학생이 "이제 됐어요." 하며 기쁜 얼굴로 돌아갔다는 이야기도 같은 맥락에서 이해할 수 있다. 사람은 자기를 받아주고 믿어 주는 사람 앞에서는 속내를 솔직하게 드러내기 마련이다. 학교 안에는 의외로 남에게 이야기하지 못할 속사정이 있는 학생들, 맘 둘 곳 없어 방황하고 있는 학생들이 많이 있으며, 이들은 상담의 전문성을 지닌 교사의 따뜻한 말 한마디와 손길을 기다리고 있다고 할 수 있다.

4. 학교조직 및 학교운영에 대한 지식

교사는 조직으로서의 학교의 특성을 정확하게 이해할 필요가 있다. 또한 학교가 어떠한 방식으로 운영되고 있는지에 관하여 관심을 가지고 이해할 뿐만 아니라, 조직의 일원으로서 적극적으로 학교운영에 참여하기도 해야 한다. 이러한 측면은 교사 양성과정에서는 주로 〈교직실무〉와 〈교육행정 및 경영〉이라는 과목에서 다루고 있다.

이와 관련하여 짚고 넘어가야 하는 것은, 교사가 학교운영과 관련하여 하는 각종 서류 처리를 '잡무'라고 할 수 있는가의 문제이다. 교사가 학교에서 수행해야 하는 업무를 '수업' 하나에 한정한다면, 그 이외 교사가 하는 모든 업무는 잡무가 될 것이다. 그러나 교사는 학교라는 조직의 일원으로서 학교의 다양한 기능을 수행하고 있는 사람이다. 따라서 수업이 교사가 담당해야 하는 가장 중요한 업무임에는 틀림없지만, 교사는 그 외에도 학생 상담, 학급경영, 학교 운영 등에도 참여해야 하며, 그러한 점에서 교사가 담당하는 각종 문서처리는 잡무라기보다는 필수업무 가운데 하나이다. 따라서 교사는 학교운영과 관련된 법규를 숙지하고 있어야 하며, 효율적으로 문서를 처리하는 지식과 기술도 겸비할 필요가 있다. 문서처리 없이 운영되는 조직은 하나도 없다. 문제는 어떻게 하면 이러한 문서의 양을 줄이는 한편 효율적으로 처리할 것인가에 있다. 교사가 문서처리를 잡무로 인식하는 한 그것은 시간 낭비요 짜증스러운 일이지만, 그것을 필수업무로 인식하게 되면 어떻게 하면 효율적으로 할 수 있을까 고민하게 되고 나름대로 해결책을 모색하는 가운데 새로운 전문성을 개발하게 될 것이다.

학교라는 조직은 분명히 다음과 같은 측면에서 관료제의 특성을 지니고 있다. 교무부, 학생부, 연구부, 행정실, 그리고 각 교과별 조직과 학년별 조직 등 분업이 이루어져 있고, 그 층이 많지는 않지만 교장, 교감, 교사 등 위계화 되어 있다. 그리고 조직 운영상의 법규 중심으로 학교가 운영되고 있고, 전문성에 기초하여 교원이 충원되며, 교사들의 승진이 대체로 연공서열에 따라 이루어지고 신분이 보장된다는 점도 학교가 지니는 관료제의 특성 중의 하나이다. 그러나 학교는 이러한 관료제적인 특징을 지니는 것이 사실이지만 정부 조직이나 기업체와는 달리 관료제적인 원리가 엄격하게 적용되기 어려운 것도 사실이다. 그 이유는 학교가 가지고 있는 전문적 조직의 성격 때문이다. 아울러 학교는 다양하고 모순된 조직의 목표가 동시에 추구되고 있을 뿐만 아니라 조직 목표의 달성 또는 실패의 원인을 가려내기가 쉽지 않으며, 하위 부서 간 과업의 연계성이 낮은 것도 특징이다. 학교 조직의 이러한 특성은 흔히 느슨하게 결합된 체제(loosely coupled system)라고 불린다(Weick, 1976).

아울러, OECD도 강조하고 있듯이(Instance, 2010), 진정한 교육의 질을 향상시키기 위해서는 자원과 구조에 치우친 개혁보다는, 학습 자체에 초점을 둔 개혁이 절실하다. 이와 관련하여 최근 들어 학교에 대한 이미지로서 학교의 구성원, 즉 교사와 학생, 그리고 교사들이 함께 만들어 가는 창조적 학습공동체가 강조되고 있다.

5. 교육자적 태도와 성품

무엇보다도 교사는 학생을 사랑하는 마음이 있어야 한다. 사랑의 본질은 희생이다. 교사는 학생의 성장을 위한 것이라면 모든 지식과 감정과 노력을 아끼지 말아야 한다. 전문적인 교사는 개별 학생의 가능성에 대한 신뢰를 지니고 있으며, 결코 학생의 배경 변인으로 인하여 그에 대한 편견을 지니고 대하지 않는다. 이러한 교사는 모든 학생을 인격체로 대하고 믿고 있으며, 교과와 생활면에서 학생의 성장을 바라보는 것을 최대의 기쁨으로 생각한다. 그렇지 않은 교실에서 교사는 교과의 객관성과 권위의 허울 뒤로 숨어 버리고, 학생은 이에 대해 침묵으로 때로는 이탈로 저항한다. 사랑이 없는 교실에서 교사와 학생은 서로가 서로에게 소외를 경험할 뿐이다.

교사는 앞에서 소개한 자성예언과 피그말리온 효과의 힘을 믿고 학생 하나가 '사랑받기 위해 태어난 사람'임을 실천을 통해 보여주어야 한다. 그러나 학생들의 인지적 · 정의적 성숙과 발달은 기대한 것만큼 바로 나타나지 않는 경우가 많다. 성숙하기 전에 열매를 바라는 어리석음을 범해서는 안 될 것이다. 예로부터 교육을 '백년지대계(百年之大計)'라고 본 이유가 여기에 있다. 이러한 점에서 교사가 지녀야 할 또 하나의 성품은 인내라고 할 수 있다. 학생의 성숙과 발전을 묵묵히 기다려 주는 지혜가 필요하다. 전문적인 교사는 학생의 미숙함과 실수에 대하여 관용을 베풀 줄 알며, 어떠한 경우라도 학생에 대하여 희망을 버리지 않는다. 물론 그는 학생의 학습 과정과 성장 발달의 특성에 대하여 세심한 관찰을 하고 필요한 조치를 적절하게 취할 줄 안다.

사실 교사가 학생을 사랑하려면 먼저 자기를 사랑해야 한다. 다시 말하면, 자기 삶에 대한 긍정과 사랑, 즉 자기애(自己愛)가 있어야 한다. 교사는 자신의 인격과 품위가 노출되는 상황에서 일할 수밖에 없는 매우 특수한 직업인이다. 교사가 가능하면 도덕적으로 모범을 보여야 하는 이유도 여기에 있다.

그리고 교사는 평생학습 사회에서 평생학습자의 모범을 보여야 한다. 가르친다는 이유로 배움을 게을리해서는 안 된다. 지식과 기술이 너무 빠르게 변하는 상황에서 대학 다닐 때 배운 것만으로 직업 생활을 평생 할 수 없는 것은 모든 직장이 마찬가지이겠지만, 교직의 경우 계속 학습의 필요성은 교육관련 지식과 기술을 새롭게 습득해야 할 필요성 이외에 한 가지가 더 있다. 이것은 교사 스스로 평생 학습자로 살아가는 모습 그 자체가 학생들에게 일종의 잠재적 교육과정으로 작용할 가능성이 높다는 사실과 관련 있다. 한마디로 교사는 배움 자체를 즐거워하는 사람이어야 한다.

끝으로, 즐거운 교실을 만들기 위해 교사가 갖추어야 하는 성품은 유머 감각이다. 이것은 교사의 정신 건강에도 좋지만, 무엇보다도 삭막할 가능성이 있는 교실의 분위기를 전환하는 데에도 도움이 된다. 유머 감각이 있는 교사는 평소에 청소년들의 세계에 관심을 갖고 그들이 사용하고 있는 언어, 그들이 즐겨 보는 드라마, 즐겨 듣는 음악, 즐겨 찾는 인터넷 카페, 즐겨 읽는 만화 등을 지속적으로 추적하며 탐구한다. 따라서 유익하고 재밌는 유머를 발견했을 때 메모하고 적당한 기회에 그것을 사용하는 습관을 들일 필요가 있다.

참/고/문/헌

김혜숙(2003). 교원선문성과 실의 개념 및 개선전략 탐색. **교육학연구**, 41(2), 93-114.

박성희(1999). **상담실 밖 상담 이야기**. 서울: 학지사.

오욱환(2005). **교사전문성: 교육전문가로서의 교사에 대한 논의**. 서울: 교육과학사.

이돈희(2000). 21세기의 교사상과 교직. **한국교사교육**, 17(1), 1-18.

이윤식(2004). 교사평가제도의 쟁점 및 발전적 대안 탐색. **한국교원교육연구**, 21(3), 329-361.

장상호(1997). **학문과 교육(상): 학문이란 무엇인가**. 서울: 서울대출판부.

장상호(2005). **학문과 교육(중-1): 교육이란 무엇인가**. 서울: 서울대출판부.

장상호(2009). **학문과 교육(중-2): 교육본위의 삶**. 서울: 서울대출판부.

Etzioni, A.(1964). *Modern organizations*. Englewood Cliffs, NJ: Prentice-Hall.

Fincher, M. D. & Schemp, P. (1994). Teaching physical education: What do we need to know and how do we find it?, *GAHPERD Journal*, 28(3), 7-10.

Flexner, A. (1915). Is social work a profession? *School and Society*, 1.

Friedson, E. (1986). *Professional powers. A study in the institutionalization of formal knowledge*. Chicago: University of Chicago Press.

Istance, D. (2010). *Innovations at the micro level: Lessons and approaches from OECD Innovative Learning Environment 's Project*. 학교 혁신을 위한 혁신적 학습환경 설계에 관한 국제세미나 자료집(11-39). 한국교육과정평가원 연구자료 ORM 2010-45.formal knowledge. Chicago: University of Chicago Press.

Liberman, M. (1956). *Education as a profession*. Englewood Cliffs, NJ: Prentice-Hall.

Parkin, F. (1979). *Marxism and class theory: A bourgeois critique*. London: Tavistock Publications.

Parry, N. & Parry, J. (1976). *The rise of medical profession*. London: Croom Helm.

Rosenthal, R. & Jacobson, L. ([1968] 1992). *Pygmalion in the classroom: Teacher expectation and pupil's intellectual development* (newly and expanded edition). Williston, VT: Crown House.

Schön, D. (1983). *The reflective practitioner*. New York: Basic Books.

Shulman, L. S. (1987). Knowledge and teaching: Foundations of the new reform, *Harvard Educational*

Review, 57(1), 1–22.

Skyes, G. (1987). Reckoning with the spectre. *Educational Researcher*, 16, 19–21.

Starr, P. (1982). *The social transformation of American medicine*. New York: Basic Books.

Weick, K. E. (1976). Educational organizations as loosely coupled systems. *Administrative Science Quarterly*, 21. 1–19.

찾아보기

인명

주제

저/자/약/력

홍 은 숙

서울대학교 교육학과 학사 및 석사
미국 시라큐스대학교 교육문화기초학과 박사
(Ph. D., 교육철학 전공)
前 성결대학교 교직부 교수, 교직부장
교육대학원장
한국교육철학학회 회장
現 성결대학교 교육대학원 명예교수

〈주요 저서〉
지식과 교육(1999)
현대사회와 교육의 이해(개정판)(2004, 공저)
교육의 개념: 실천전통에의 입문으로서의 교육(2007)

우 용 제

서울대학교 교육학과 학사, 석사 및 박사
(교육학박사, 교육사 전공)
前 청주교육대학교 교수
교육사학회 회장
한국교육사학회 회장
現 서울대학교 교육학과 명예교수

〈주요 저서〉
한국교육사(1997, 공저)
근대한국초등교육연구(1998, 공저)
조선후기 교육개혁론 연구(1999)
한국유학사상대계(5): 교육사상편(2006, 공저)

이 한 규

서울대학교 교육학과 학사 및 석사
미국 위스콘신대학교 교육심리학과 박사
(Ph. D., 교육심리학 전공)
前 위스콘신대학교 와이즈만센터 연구원
인제대학교 교육대학원장
現 인제대학교 특수교육과 명예교수

〈주요 저서〉
언어발달과 언어처리(2002)
성격탐구(2005, 공역)
성격과 인간관계(2017)

김 재 춘

서울대학교 교육학과 학사 및 석사
미국 UCLA 대학원 교육학과 박사
(Ph. D., 교육과정 전공)
前 한국교육개발원/한국교육과정평가원 책임연구원
대통령비서실 교육비서관, 교육부 차관,
한국교육개발원장, 영남대학교 부총장
現 영남대학교 교육학과 교수

〈주요 저서〉
들뢰즈와 교육(2016, 공저)
학교의미래 미래의학교(2018)
대학의 역사(2023)

김 영 화

서울대학교 교육학과 학사 및 석사
미국 스탠포드대학교 교육사회과학 프로그램 박사
(Ph. D., 교육사회학 전공)
前 한국교육개발원 선임연구위원, 연구본부장
국제노동기구(ILO) 제네바본부 수석연구원
홍익대학교 교육학과 교수, 사범대학장/교육대학원장/대학원장
한국교육사회학회 회장

〈주요 저서〉
지역사회 교육개혁을 위한 시민사회조직의 참여(2010)
한국 산업화 시기의 교육과 경제성장(개정판, 2015)
피에르 부르디외와 교육(2020)
교육사회학(3판, 2022)

김 재 웅

서울대학교 교육학과 학사 및 석사
미국 일리노이대학교 교육정책학과 박사
(Ph. D., 교육정책 및 행정 전공)
前 한국교육개발원 책임연구원
한국방송통신대학교 교수
한국열린교육학회 회장/한국교육정치학회 회장
現 서강대학교 교육문화 전공 명예교수

〈주요 저서〉
정치로부터 자유로운 교육(2001)
홈스쿨링의 정치학(2010)
교육행정 및 학교경영의 이해(제2판)(2011, 공저)
미국 공교육의 역사 새로 보기(2013)

〈제3판〉 교육학에의 초대

2011년 2월 20일 1판 1쇄 발행
2016년 2월 20일 1판 8쇄 발행
2016년 8월 30일 2판 1쇄 발행
2020년 2월 25일 2판 5쇄 발행
2023년 9월 5일 3판 1쇄 발행
2024년 3월 25일 3판 2쇄 발행

공저자 : 홍은숙 · 우용제 · 이한규 · 김재춘 · 김영화 · 김재웅
발행인 : 한정주
발행처 : 교육과학사

경기도 파주시 광인사길 71
전화 : (031) 955-6956~8 팩스 : (031) 955-6037
Home-page : www.kyoyookbook.co.kr / E-mail : kyoyook@chol.com
등록 : 1970년 5월 18일 제2-73호

값 23,000원

ISBN 978-89-254-1819-3

Printed in Korea.